Jost Herbig

Das Ende der bürgerlichen Vernunft

Wirtschaftliche, technische
und gesellschaftliche Zukunft

Carl Hanser Verlag
München

ISBN 3 446 11949 3
Alle Rechte vorbehalten
© 1974 Carl Hanser Verlag, München
Gesetzt aus der Times-Antiqua
Umschlagentwurf: Hannes Jähn
Gesamtherstellung:
Druck- und Buchbinderei-Werkstätten
May & Co Nachf., Darmstadt
Printed in Germany

Inhalt

Am Ende der bürgerlichen Vernunft   7

Menschbild und Geschichte

1. Biologische und geschichtliche Grundlagen technischer Macht

Technik als Projekt der Natur?   17
Vom Ursprung der Technik-Mythen (Denken und Produktions-
weise)   28
Technik und soziale Umwelt   38

2. Bewußtsein und Geschichte

Geschichte und Natur   43
Wahrnehmung und Verhalten (Über das sogenannte
»SOGENANNTE BÖSE«)   54
Anpassung   58
Veranlagung   64

Ungestörte Produktion

1. Vergangenheit

Die gesellschaftliche Funktion von Technik und Naturwissen-
schaft   79
Die Spielregeln   82
Die Lebensbedingungen   85
Die geschichtliche Bedeutung technischen Fortschritts   89

2. Gegenwart

Gründe des Wirtschaftswachstums   93
Forschung und Entwicklung (FE) als Wirtschaftsfaktoren   99
Bildung als Wirtschaftsfaktor   105
Bedarf und Konsum   108
Repräsentative Demokratie   112

3. Der Alltag (Verdrängung von Widersprüchen)

Marktwirtschaft und Illusionen   119
Produktivitätsfortschritt und Arbeit   121
Das Leben in der Stadt   126
Verdrängung   130
Ausschluß der Zeit   132

Störung und Veränderung

1. Widersprüche der Expansion

Die Reformversuche der kapitalistischen Industriegesellschaft   139
Probleme der nichtindustrialisierten Länder und das Verhältnis zu den Industrieländern   147
Nahrungsproduktion   157
Energie   169
Rohstoffe und Abfallprodukte   183
Lebensweise und psychische Deformation (Umkehrung der Vernunft)   192
Lebensweise und organische Krankheit (Selbstzerstörungsmechanismen)   200

2. Zukunft

Lebensqualität und Produktionsweise   207
Voraussetzungen der Veränderung   213
Technische Lösungen?   227
Ethik, Ökonomie und Technik   241
Utopie, Spekulation und Wirklichkeit   256

Anmerkungen   267

Am Ende der bürgerlichen Vernunft

Wer gewohnt ist, Politik als das im Licht der liberalen Vernunft unserer »sozialen Marktwirtschaft« zu betreibende Geschäft des wirtschaftlichen und sozialen Fortschritts zu betrachten, wird für die Zukunft mit Wackelkontakten und mit Kurzschlüssen rechnen müssen. Für ihn ist schon heute aufflackernde Irrationalität – Inflation, Zunahme der Interessengegensätze zwischen bisher »konzertierenden« Klassen, Wirtschaftsbereichen und Staaten, Tendenzen einer Regression zu archaischen Tauschhandelsgeschäften auch in hochentwickelten Industriewirtschaften – bedrohlich und Anlaß genug, nach festem Halt zu suchen. Moderne Industrieunternehmen beginnen Waren zu horten. Der in drei Jahren (1971 bis Februar 1974) vervierfachte Goldpreis weist auf ein mindestens ebenso starkes Wachstum der wirtschaftlichen Ratlosigkeit des Bürgertums und die Neigung, in Krisenzeiten das Prinzip, Geld produktiv anzulegen, gegen den Fetisch Gold zu tauschen.

Wie sehr die Krisenerscheinungen nur als partielle Fehlleistungen einer Wirtschaftsordnung verstanden werden, die über alle Gegensätzlichkeiten hinweg den westlichen Industrieländern Fortschritt und Wohlstand brachten, zeigt ihre »Untersuchung und Erklärung« in der Öffentlichkeit: Schuld an der Ölkrise seien die OPEC-Beschlüsse. Für wirtschaftliche Rückständigkeit und Hunger in anderen Teilen der Welt verantwortlich zeichneten Wetter und die sogenannte Bevölkerungsexplosion. Innerhalb Jahresfrist vervielfachte Rohstoffpreise seien spekulativ überhöht. Die Währungskrisen seien durch riesige, zwischen den Ländern verschobene Geldmengen ausgelöst worden. Lohnforderungen der Gewerkschaften, die sich im Rahmen des Gewohnten bewegen, seien unvernünftig, sogar gesamtgesellschaftlich verantwortungslos, wenn das Sozialprodukt stagniere. Sie oder die Maßlosigkeit der Unternehmer seien schuld an der Inflation. Der Automobilabsatz stagniere wegen der Tempobeschränkung und der allgemeinen Verteufelung des Automobils.

So gibt es viele Symptome und für jedes einen, vielleicht zwei oder sogar drei Gründe. Und die angegebenen Gründe lassen die Probleme überwindbar erscheinen. Man ist in der Lage, all das rational zu verarbeiten. Doch obwohl sich so zeigen läßt, die Probleme seien mit dem Instrumentarium und im Rahmen »unserer freiheitlichen und sozialen Marktwirtschaft« lösbar und weiterer Fortschritt *gerade* durch konsequente Anwendung eben jener technischen und wirtschaftlichen Prinzipien möglich und notwendig, verhalten sich die, die es am nachhaltigsten propagieren, so, als glaubten sie ihren Behauptungen selbst am wenigsten. Katastrophenangst und Weltuntergangsstimmung, aber auch blanker Zynismus sind bei ihnen verbreitet. Das ist die Lage, in der »man« umsteigt in Gold, Sachwerte hortet, nach einem Sitz im sicheren Ausland äugt oder aus der unangreifbaren Situation des »multinationalen« Unternehmens die Marktmechanismen unterläuft, wo es nur geht. Freies Spiel der Kräfte und der Marktwirtschaft waren gut und sind es auch heute noch, aber vor allem für die anderen. Selbst glaubt man nicht mehr an den Erfolg. Auf einem theoretisch gesicherten Fundament bröckeln bereits die Fassaden. Spannung, Unsicherheit und Angst verbreiten sich im angeblich krisenfesten Gebäude. Wachsende Resonanz findet diese unbestimmte Angst, weil die Frage nach dem inneren Zusammenhang und der Überwindbarkeit der Krisensymptome die Oberfläche nicht durchdringen darf. Das Denken muß auf die Grundstücksgrenzen beschränkt bleiben. Als bedrohlich wird nicht mehr die Entwicklung verstanden, sondern die Frage nach ihrer Überwindung. Man tut, als habe erst die Frage die vor kurzem noch so schöne Fassade bröckeln lassen.

Auch in einer Welt, deren Endlichkeit zunehmend erfahrbar wird, prägt noch die »Erfindung« des frühen Kapitalismus die Vorstellung, es gelte, die Unbegrenztheit des Reichtums der Natur in einen der »Nationen« umzuwandeln. Das meinte bereits Adam Smith vor 200 Jahren. Die partikularen wirtschaftlichen Interessen zum Antriebsmoment des gesellschaftlichen Fortschritts zu machen, scheint auch heute noch das Gebot der Stunde. Zwar gilt es heute mehr als zu Smiths Zeiten, die Entwicklung zu kontrollieren und den Wirtschaftsapparat in Regie zu nehmen – jedoch nur so weit, als dessen Expansionsbasis nicht ernsthaft gefährdet würde, da diese Störung weitaus verheerendere Folgen hätte. Es ist die Fortsetzung jener im 18. Jahrhundert eingeleiteten Gratwanderung zwischen partikularen und kollektiven Interessen, die auf der einen Seite durch die Gesellschaftsstruktur, auf der anderen durch den technischen Fortschritt begrenzt wird. Es muß das dem jeweiligen Stand der Technik entsprechende Optimum zwischen dem durch partikulare Interessen gesicherten Prinzip der Wirtschaftlichkeit und dem sozialen Nutzen gefunden werden. Das Vollbeschäftigungsziel, als kategorischer Imperativ der »sozialen Marktwirtschaft«, läßt eben nur wenig Raum für theoretische und noch weniger für praktische Alternativen, indem es mit der wirtschaftlichen Expansionsrate auch die Reformkapazität beschränkt.

So hat die bekannte Hierarchie entgegengesetzter Ziele nicht nur den gegenwärtigen Zustand verursacht, sondern begrenzt auch die Möglichkeit seiner Überwindung. Zur mentalen Bewältigung dieses vermeintlichen Rahmenproblems technischer und wirtschaftlicher Sachzwänge ist schon einige Kurzsichtigkeit und ein beachtlicher Verdrängungswille notwendig. In Wirklichkeit gelingt es jedoch recht gut, das Elend der nichtindustrialisierten Länder als selbstverschuldet, die Geographie des Erdöls als zufällig, Hungersnot auf »Bevölkerungsexplosion« oder Dürre, Umweltschäden auf fehlerhafte Steuerung der Technik, psychische und psychosomatische Krankheiten als der Entwicklung notwendigerweise anhaftende Begleiterscheinungen, als Preise des Fortschritts zu rationalisieren und vor allem jeden Zusammenhang zwischen den Symptomen zu negieren.

Dem Krisenmanagement geht es eben nicht darum, Lösungen der gesellschaftlichen, wirtschaftlichen und politischen Probleme zu suchen und zu entwickeln, sondern das Kamel der Gesellschaft durch das Nadelöhr der Marktwirtschaft zu prügeln.

Will man versuchen, den Circulus vitiosus zwischen wirtschaftlicher und ideologischer Reproduktion des immer gleichen Prinzips zumindest gedanklich zu durchbrechen, bedarf es einiger Mühe, sachbezogenes Wissen zwar nicht zu finden, wohl aber zu organisieren. Die Struktur unserer Wissenschaften bringt es mit sich, daß das große Tabu des sachlichen Alleinvertretungsanspruchs der Spezialisten verletzt werden muß, wenn Daten aus den unterschiedlichsten Wissensgebieten – wie Wirtschaftswissenschaft, Medizin, Soziologie, Psychologie oder Geschichte – aufgenommen und teilweise gegen die fachlich sicher kompetenteren Spezialisten ins Feld geführt werden. Über den Vorwurf des Dilettantismus wird der Zorn der Gerechten den treffen, der sich anmaßt, die gewachsenen Grenzen der Fachgebiete zu überschreiten.

Doch sollte der zornige Spezialist nicht vergessen, daß sein Verfahren, das Kontinuum der Welt nur im Raster eines methodologisch und organisatorisch unzusammenhängenden Systems kleiner schwarzer Punkte zu erfassen, der Wirklichkeit größeres Unrecht zufügt. Ihm erscheinen nämlich bereits die schwarzen Punkte des Rasters als das eigentliche Bild, allenfalls noch umgeben von schmalen weißen Zonen des gesunden Menschenverstandes. So wird mit der größeren Distanz des Nichtfachmanns zwar das Bild des einzelnen Fleckens an Schärfe verlieren, dafür aber die Kontur des von den Wissenschaften erfaßten Teils der Welt erst sichtbar.

Nur in der praktischen Umsetzung der Ergebnisse der Wissenschaften erinnert nichts mehr an das ursprüngliche Fehlen interdisziplinärer Verbindungen. Hier stellen ökonomische und gesellschaftliche Interessen in der konsequenten Auswertung der Forschungsergebnisse – die als systematisch geplante und geförderte Produktionsfaktoren den gleichen Marktgesetzen und daher Verwertungszwängen wie andere Investitionsgüter auch unterworfen sind – jene Beziehung zur wirtschaftlichen Praxis her, gegen die sich die Wissenschaften in der Theorie so heftig sträubten. Auf dieser Ebene der Verwertung der teuer genug bezahlten Theorien verdampft der leichtflüchtige Vorbehalt des Wissenschaftlers, die Folgen seien noch nicht hinreichend bedacht, Zusammenhänge ambivalent, oder es bedürfe weiterer Bemühungen, um Gefahren auszuschließen. Auf diesem Markt, der Erkenntnis zu einer beliebig gegen Geld eintauschbaren und innerhalb gewisser Grenzen auch vermehrbaren Ware macht, erstaunt weniger die Tatsache dieses Zusammenhanges an sich als vielmehr die Heftigkeit, mit der die Betroffenen sie zu ignorieren sich bemühen. Zwar ist man in vielem ein bißchen weitergekommen, im Verhältnis von Wissenschaft und Politik hängt man noch immer dem platonischen Staatsideal nach. Die Vorstellung, Gesellschaftspolitik über eine langfristig angelegte und auf öffentlicher Diskussion bauende Forschungspolitik zu verändern, erweist sich angesichts der Realität der Reproduktionsmechanismen nicht nur als naiv. Sie stellt letztlich auch wenig anderes dar als eine Adaption der platonischen Utopie vom Philosophen als Regenten auf marktwirtschaftliche Verhältnisse.

In einer weiteren Stufe wird die über gesellschaftliche Praxis vermittelte Einheit der Folgen der Wissenschaften wieder gesprengt, wenn es mit der Therapie der Schäden um den Entwurf notwendiger Veränderungen geht. Hier wird die Totalität der Schäden minuziös nach Fachgebieten aufgegliedert und zur Bearbeitung Spezialisten zugewiesen. Dem Anspruch der Disziplinen, eine heile Welt aus der Sicht des Ethologen, Arbeitsmediziners, Kybernetik-Spezialisten, Hygienikers, Volks- und Betriebswirts, Ökologen, Agronomen, Biologen, Forstwirts etc. zu schaffen, wird die praktische Unmöglichkeit dazu entgegengehalten, und es kommt zu dem Reform genannten Kompromiß. Man könnte den Vorgang dialektisch nennen, würde nicht die lange Liste auf diese Weise zustande gekommener Reformen zeigen, daß die Antithese wenig mehr ist als eine Wolke blauen Dunstes aus Utopia, die der harten Realität des wirtschaftlichen und technischen »Fort-Schritts« und der mit ihm verbündeten gesellschaftlichen Interessen ins Gesicht gehaucht wird.

Es sei nicht bestritten, daß die Mehrzahl dieser »man müßte nur ... dann ...« auf dem jeweiligen Sektor zu deutlichen Verbesserungen führen könnte und auch, für sich betrachtet, vielleicht durchführbar wäre. Dennoch verbirgt sich aus der Sicht des Ganzen hinter dieser Vielzahl von Konditionalsätzen der Spezialisten ihr großer Irrtum. Die Lösung jedes Einzelproblems erscheint naheliegend und möglich, nur wird nicht die ihrer Summe und ihrer Wechselwirkungen berücksichtigt.

In Politik umgesetzt liefert diese Detaillierung und Zerlegung der Probleme das große Alibi, sich nie mit ihrer Gesamtheit auseinandersetzen zu müssen. Man hat sich von Experten beraten lassen und kann sich dann guten Gewissens für den politisch opportunen Bruchteil der Reformen entscheiden, der im »Bereich technischer Möglichkeiten liegt und wirtschaftlich sinnvoll ist«. Die schöne Rhetorik von Präambeln der Reformwerke wird dann schon in den eigentlichen Texten oder den Ausführungsbestimmungen unterlaufen. Ohne daß je das Gesamtproblem angefaßt werden müßte, kann sich Politik von Reform zu Reform in die nächste Wahlperiode schmuggeln, bis die Entwicklung ein Stadium erreicht, in der die Veränderungen sich unkontrolliert und daher schmerzlich erzwingen.

Daher verlangt das Thema, vor allem die zur längerfristigen wirtschaftlichen und damit gesellschaftlichen Entwicklung beitragenden Faktoren zu integrieren. Da die Reproduktionsfähigkeit des industriellen Kapitalismus (ebenso wie die gegenwärtiger kommunistischer Industriestaaten) von ganz bestimmten wirtschaftlichen und gesellschaftlichen Voraussetzungen abhängig ist, wird deren Untersuchung die zentrale Achse bilden, in die die Veränderungen der einzelnen Unterbereiche einfließen, sie beeinflussen und ihrerseits beeinflußt werden. Es geht also nicht darum, eine Hochrechnung gegenwärtiger Trends durchzuführen, um der Menschheit im 21.

Jahrhundert das Ende zu prophezeien, »wenn sie nicht sofort . . .« Ebensowenig wird aus einer antikapitalistischen Ideologie das schon öfters proklamierte Ende des Kapitalismus verkündet. Vielmehr wird die Existenz dieser Produktionsweise als zunächst gegeben angenommen und untersucht, ob die gegenwärtig sich schemenhaft abzeichnenden Grenzen ihrer Entwicklungsfähigkeit überwunden werden können. Jene wirtschaftlichen und gesellschaftlichen Zirkelschlüsse sind zu vermeiden, in denen jede Partei im Spannungsfeld der Ideologien äußere Anlässe spitzfindig zur ideologischen Nabelschau hernimmt und praktisch nichts anderes produziert als inhaltslose Klügelei um nicht mehr haltbare Positionen. Wenn Veränderung unumgänglich ist, so wird sie nicht von Ideologen bestimmt, auch nicht von einem spontanen Bewußtseinswandel der Menschen, sondern vom materiellen Rahmen und einer nicht mehr tragfähigen Wirtschaft. Und in einer zukünftig möglichen Wirtschaft und Gesellschaft wird sich Ideologie – oder bürgerlich: Bewußtsein – einzurichten haben.

Heute schon läßt sich zeigen, daß mit zunehmender wirtschaftlicher, technischer und demographischer Entwicklung die Ansprüche der Armen und Machtlosen innerhalb dieses Rahmens die Größe des Anteils auch der bislang Reichen und Mächtigen mitbestimmen werden. Langfristig muß die wirtschaftliche Existenz der heutigen Industriestaaten davon abhängen, wie sie die Interessen der vorindustriellen Länder berücksichtigt. Sie wird deren intensive und bedingungslose Förderung voraussetzen. Heute verblüfft uns dieser Anspruch einzelner Entwicklungsländer (sofern er nicht als Bitte um Almosen vorgetragen wird) noch so, daß es uns ob dieser »Dreistigkeit« zwar nicht die Sprache, wohl aber das Denken verschlägt. Gleichzeitig zeigt sich die Fragilität wirtschaftlicher Macht unter den gegenwärtigen Bedingungen. Die Erdölkrise kann als erstes Indiz dafür gelten, daß die berechtigten Interessen selbst schwacher Mächte zu negieren eine Gegenreaktion auszulösen bedeutet, die auch auf die starken zurückschlägt. Zukünftige wirtschaftliche Machtkämpfe werden sich nicht mehr nur im wachsenden Elend der Armen abzeichnen, sondern auch auf die Reichen zurückfallen.

Bürgerliche Vernunft hat seit dem ausgehenden Mittelalter die Welt erfaßt und verändert. Ihre Trümmer finden sich selbst noch in den Gesellschaftssystemen der Mehrzahl sozialistischer Industriestaaten. Sie bestimmen deren Gegenwart stärker als die Ideologie ihrer Gründer. Die Struktur dieser Vernunft hat nicht nur die Errungenschaften geprägt, die gewöhnlich der bürgerlichen »Revolution« zugeschrieben werden – Markt, repräsentative Demokratie und Industrie –, sondern auch die modernen Wissenschaften. Sie machten jene bürgerliche Welt erst möglich und geben vor, sie wertfrei zu erfassen.

Daher wird eine Untersuchung der Entwicklungsmöglichkeiten bürgerlicher Vernunft (innerhalb des gegebenen materiellen Rahmens), die ja nicht mit der Realität, sondern mit der Vorstellung dieser Realität umzugehen hat, sich zunächst mit den Faktoren auseinandersetzen müssen, die jene Vorstellung prägen. Will man sich nicht in die leicht widerlegbare Behauptung versteigen, das menschliche Denken erfasse die Dinge, wie sie sich im biologischen Apparat der Sinneswahrnehmung und -verarbeitung wertfrei eben erfassen ließen, wird man sich zunächst mit jenen Faktoren zu befassen haben, die diese »unmenschliche« Objektivität verhindern.

Nur wenig kritische Distanz genügt, Einflüsse freizulegen, die aus dem gesellschaftlichen Umraum kommen, obwohl das Individuum sie als autonome Elemente seines Bewußtseins versteht. Diese Einstimmung lenkt das Denken von Mitgliedern gesellschaftlicher Gruppen, ganzer Nationen oder Zivilisationsstufen in Bahnen, die als legitim erscheinen, ohne je sich legitimiert zu haben.

Daher geht es im ersten der drei Teile des Buches unter dem Titel *Menschenbild und Geschichte* um eine Archäologie der bürgerlichen Vernunft. Damit der geschichtliche Stellenwert dominanter Motive unserer Vorstellung vom Wesen des Menschen und vom »Ziel« der Geschichte richtig eingeordnet werden kann (ein Thema, das letztlich auf die Frage nach der Überwindbarkeit der gegenwärtigen Zwänge zielt), wird unser Denken mit dem sogenannter Primitiver konfrontiert. Das geschieht nicht in der modischen Absicht, zu archaischen Lebens-, Denk- und Gesellschaftsformen zurückzufinden, sondern um eine Basis zu suchen, von der aus geschichtlich entstandene Prägungen als solche erkannt werden.

Nachdem die historische Relativität der eigenen Vorstellungswelt aufgedeckt ist, wird die Art und der Verlauf dieser »Indoktrination« der bei Geburt »freien« Individuen untersucht. Damit wird auch die Ursache der scheinbaren Freiwilligkeit und der Spontaneität gesellschaftlich geforderter und geförderter Verhaltensweisen offenkundig. Die Prägung liegt so tief, daß sie das Individuum nicht nur in Widersprüche zu sich selbst bringt, sondern auch die Ursachen der so ausgelösten psychischen oder psychosomatischen Krankheiten in seiner Natur und nicht in der Gesellschaft suchen läßt.

Der zweite Teil des Buches *Ungestörte Produktion* beginnt mit einer Skizze der Entwicklung der bürgerlichen Welt vom Mittelalter bis in die Gegenwart. Er versucht, die historische Kausalität jener wirtschaftlichen, technischen, wissenschaftlichen und gesellschaftlichen Zusammenhänge offenzulegen, die die Gegenwart so eindeutig bestimmen. Eine Untersuchung der grundlegenden Mechanismen und Voraussetzungen der wirtschaftlichen und gesellschaftlichen Reproduktion in den am weitesten entwickelten kapitalistischen Industriestaaten schließt sich an.

Der dritte Teil des Buches *Störung und Veränderung* konfrontiert die Entwicklungszwänge der bisherigen Produktionsweise mit bereits vorhandenen oder zu erwartenden Restriktionen. Untersucht wird, wie der vorgegebene materielle Rahmen – die Endlichkeit der äußeren Welt und die Grenzen der Anpassungsfähigkeit der Menschen – im Konflikt mit den Zwängen wirtschaftlicher Entwicklung die Veränderung der Wirtschaft und damit auch der Gesellschaft unumgänglich macht.

Menschenbild und Geschichte

1. Biologische und geschichtliche Grundlagen technischer Macht

Technik als Projekt der Natur?

Die Vorstellung ist angenehm, *den* Menschen im Dienst seiner Triebe und damit der Natur ein Vorhaben vollenden zu lassen, das »die Evolution« mit der Entwicklung höherer und differenzierterer Arten begonnen habe. Bei dem vorgestellten Projekt handelt es sich um eine Imagination, besser Fiktion. Fest steht, daß Menschen in den verschiedensten Kulturen sich mit der »Erfindung« und Herstellung technischer Geräte beschäftigten, um damit ihre beschränkte natürliche Leistungsfähigkeit zu vergrößern. Indem diese mannigfaltigen und auf den unterschiedlichsten Stufen »stehengebliebenen« Ansätze, die Funktion menschlicher Organe technisch zu verstärken, zum menschlichen Triebschicksal erklärt werden, bequemt man sich, gesellschaftliche Reproduktionszwänge der Gegenwart aus einem umfassenderen Vorhaben von Natur abzuleiten. Aus der Perspektive des 20. Jahrhunderts werden in Evolution und Geschichte jene Stellen angeleuchtet, die das gewünschte Muster ergeben.

Universell, um nicht biologisch zu sagen, ist allenfalls das Verlangen, menschliches Verhalten aus übermenschlichem Wollen abzuleiten. Dem Verständnis des alttestamentarischen Schöpfungsmythos, ein göttlicher Auftrag verpflichte die Menschen, sich die Erde zu unterwerfen, unterliegt eine heutigen Interpretationen von Evolution und Geschichte vergleichbare Absicht. Einen gern bemühten, wenn auch weniger gut abgehangenen Mythos liefert Arnold Gehlen, indem er technische Entwicklungen als eine die Menschheitsentwicklung durchziehende Konstante fortschreitenden Ersatzes natürlicher durch technische Funktionen biologisiert: Zuerst die Objektivierung der Funktionen von Händen und Beinen, dann die der Energieerzeugung, die der Sinneswahrnehmung, schließlich die des Zentralnervensystems, bis endlich ein natürlicher Abschluß mit der vollständigen Automation erreicht sei, da keine »weiteren menschlichen Leistungsbereiche angebbar (sind), die man objektivieren könnte«. Besonders darin äußert sich die List von Gehlens Natur, im Menschen eine Art zu ihrer Entlastung und schließlich Ablösung gefunden zu haben, daß sie dem Menschen seinen Auftrag verborgen halte. Gewissermaßen ist er in einer so geheimen Mission unterwegs, daß er selbst den Auftrag nur unbewußt ausführe: »Das Gesetz sagt ein innertechnisches Geschehen aus, einen Verlauf, der vom Menschen als Ganzes nicht gewollt ist, sondern dieses Gesetz greift sozusagen vom Rücken her oder instinktiv durch die gesamte menschliche Kulturgeschichte hindurch.«[1]

Der Vergleich der ersten Faustkeilkulturen mit den heutigen, der eine Entwicklungsperiode von ein bis zwei Millionen Jahren ausschließt, läßt keinen Zweifel, daß auch in den heutigen »primitivsten« Kulturen der Mensch die Natur besser »in den Griff bekommen hat«. Falsch wäre jedoch, daraus ein durch die Zeiten kontinuierlich und für alle mit der gleichen subjektiven Motivation und Intensität – nicht aber mit dem gleichen Erfolg – verfolgtes Menschheitsziel abzuleiten. Das aber geschieht, wenn man dem Menschen eine »›Tiefenbindung‹ an rhythmische, periodische, selbstläufige Außenweltprozesse« unterschiebt, welche eine »in der Technik liegende Triebkomponente« begründen sollen[2], die Antriebskraft sowohl des magischen als auch des funktionalen »technischen Handelns« sei. Um diese Vereinigung von Magie und funktionaler Technik auf ein und dieselbe menschliche Triebkomponente zu erreichen, ist es notwendig, Magie als eine Art fehlorientierter Technik zu erklären, die die Dinge zugunsten des Menschen überlisten möchte[3]. Daß damit das Wesen der Magie nur aus unserer Sicht gedeutet wird, nicht aber aus der Sicht und der Motivation der sie Praktizierenden, liegt auf der Hand. Die Kluft zwischen zwei Welten, von denen eine durch geistige oder kosmische, die zweite aber durch mechanische und elektromagnetische Kräfte regiert wird, läßt sich nicht dadurch überbrücken, daß man behauptet, in beiden Naturinterpretationen und Veränderungspraktiken ginge es schließlich um dasselbe: die Natur in den Dienst des Menschen zu stellen.

Eine überaus kuriose Nutzanwendung dieses Gehlenschen Gesetzes erklärt uns die Raumfahrt als irrtümliche, aber natürliche Fortsetzung des Dranges »des Lebens«, das ihm angestammte Medium zu verlassen, um neuen Lebensraum zu gewinnen. Den Versuchen von ein paar tausend Technikern, lebende Versuchsobjekte in den Weltraum zu schießen, unterliege eine genetische Disposition »des Lebens«, »seine natürliche Umgebung zu verlassen«, vergleichbar mit der Besiedlung des Landes durch Meeresbewohner vor 400 Millionen Jahren. Auch hier sind sich die Akteure ihrer Mission nicht bewußt. Die Raumfahrt ist »nur als Ausdruck der . . . Entwicklungstendenz zu begreifen . . ., die viel älter ist als wir selbst und deren überindividuellem Einfluß wir heute noch unterliegen . . . Das Ziel entspricht der Logik, die uns hervorgebracht hat.«[4]

Indem nicht mehr die Rede sein kann von den wirtschaftlichen und militärischen Aspekten der Raumfahrt, den Propagandaeffekten zugunsten des russischen oder des amerikanischen Systems, sondern ein vierhundertmillionen Jahre alter Instinkt unterschoben wird, offenbart sich auch eines der Ziele derartiger Mythen: die Apologie des Elends der Geschichte, indem man es auf Natur zurückführt.

Und wie gut paßt es uns in den geistigen Kram, zu erfahren, *der Mensch* habe die Methoden der Natur, »die Arbeitsteilung, auf der die Überlegenheit der höheren Organismen im Wettbewerb(!) der Evolution beruht«, vervollkommnet. »Die Natur ertastet diese Erleichterung über Umwege in einem langwierigen Verfahren: über Mutation und Selektion, über Entwurf und Prüfung gelangt sie zu immer differenzierteren und arbeitsteiligen Wirkungsgefügen. Der Mensch setzt das Werk der Natur fort, aber mit einem wesentlichen Unterschied: Es kommt ihm zu Bewußtsein, daß Ziele über Umwege, über Verwendung von Hilfsmitteln leichter erreichbar sind.« So offenbart sich, »daß sich die biologische wie die technische Entwicklung bis zu den modernen technisch-wirtschaftlichen Potentialen der Supermächte auf der Grundlage der gleichen Naturgesetzlichkeit entfalten«.[5]

Beziehen wir die im Mythos versteckte »Botschaft« auf das jeweilige System der ökonomischen Reproduktion, so bemerken wir wenig grundsätzliche Unterschiede zwischen den soeben angeführten Technik-Mythen und etwa dem Schöpfungsmythos des neuguineischen Volks der Baruya, von dem Maurice Godelier berichtet[6]. Da für die Reproduktionsfähigkeit des Naturvolks eine biologische Ökonomie entscheidend ist, liegt ein wesentlicher Teil des Schöpfungsakts im Öffnen der zuvor verschlossenen Penis und Vagina von Mann und Frau und der Geschlechtsorgane der Hunde durch die Sonne. Dem Sexualtrieb als Voraussetzung der primitiven Ökonomie entspricht im kapitalistisch-industriellen System Gehlens Trieb zur Substitution der Organfunktionen durch Technik und Sachsses Wettbewerb und Arbeitsteilung, alles als Prinzipien der Natur. In jedem Fall handelt es sich um Erklärung und damit um Legitimation von Kultur oder Geschichte durch Natur, nicht aber um die Beschreibung objektiver Zusammenhänge.

So kreisen in allen Kulturen Mythen um die Entstehung des Menschen und die Legitimation seines Handelns. Sie führen die Geschichte in eine Welt zurück, in der sich göttliche oder natürliche und menschliche Ordnung decken, und beziehen das Handeln des Menschen auf die Gesetze der Natur. Aus der Notwendigkeit entstanden, menschliches Leben und gesellschaftliche Praxis auf einen äußeren Plan zu beziehen, vermitteln sie die Bezugsebenen, von denen die verborgenen Gesetze erkennbar werden, die das Chaos der äußeren Erscheinungen zu regieren scheinen. Die Mythen weisen auf ein universelles menschliches Verlangen, Geschichte und Kultur auf ein System zu beziehen, das sich durch menschliche Natur oder göttlichen Willen legitimiert, um damit jene Spaltung des Menschen, Natur und Nichtnatur zu sein, auf einer höheren Ebene zu überwinden.

Wie der Ethnologe Claude Lévi-Strauss gezeigt hat, unterliegt auch dem Denken der »Wilden« ein dem wissenschaftlichen vergleichbarer Drang nach der Erkenntnis jener universalen Gesetze[7]. Im Gegensatz zum wissenschaftlichen Denken orientiert es sich nicht am funktionalen Zusammenhang der Dinge und beschränkt sich nicht auf die Welt des Objektivierbaren, sondern bezieht sich auf die konkrete Bedeutung, die die Dinge für die Menschen angenommen haben. Es ist nicht weniger komplex und in sich logisch als das wissenschaftliche Denken. Für Lévi-Strauss ist wahrscheinlich, »daß wir eines Tages entdecken, daß im mythischen und im wissenschaftlichen Denken dieselbe Logik am Werk ist«[8], die sich nur auf andere »Objekte« bezieht.

So zeigt die verbreitete Mythologisierung wissenschaftlicher Erkenntnis, daß Lévi-Strauss' Hypothese über die Logik des menschlichen Denkens wahrscheinlich auch in umgekehrter Richtung zutrifft: Nicht nur, wie Lévi-Strauss meint, indem im (uns unlogisch erscheinenden) »wilden Denken« Logik am Werk ist, sondern sich die strenge Logik des wissenschaftlichen Denkens schließlich doch in den Dienst einer »Unlogik« zu stellen trachtet, die eine generelle menschliche Eigenschaft zu signalisieren scheint.

Das Prinzip der Naturwissenschaft hat sichtbar über das der Mythen gesiegt. Die Darwinsche Evolutionstheorie hat die alten Mythen um die Entstehung des Menschen ins Museum der Religionsgeschichte und der Ethnologie verbannt. Auch den Mythos, der jahrhundertelang die Entwicklung unserer Kultur beeinflußte, können wir heute bestenfalls als Verschlüsselung einer anderen Wirklichkeit rationalisieren. Unser besseres Wissen ist noch nicht sehr alt. Noch zu Beginn des 17. Jahrhunderts wurde in Europa die alttestamentarische Schöpfungsgeschichte für bare Münze genommen. James Usher, ein Erzbischof, kalkulierte aus der Heiligen Schrift, der Mensch müsse exakt im Jahr 4004 v. Chr. geschaffen worden sein. Bis zur Mitte des 19. Jahrhunderts waren bedeutende Naturforscher wie Cuvier allenfalls bereit, diesen Zeitpunkt um ein paar zehntausend Jahre vorzuverlegen, da die rasch wachsende Zahl prähistorischer Fossilien einige Zeitschwierigkeiten verursachte, nicht aber den Realitätsgehalt der Schöpfungsgeschichte prinzipiell anzuzweifeln[9].

Inzwischen wähnen wir uns, dank Darwin und der Molekularbiologie, im Besitz der endgültigen Wahrheit. Wenn auch die Frage nach dem Schöpfer für immer ausgeklammert bleiben muß, da der Sprung von nichtlebender zu lebender Materie wahrscheinlich experimentell nicht reproduzierbar sein wird, wissen wir heute, daß die Schöpfung nicht eine Woche, sondern Milliarden von Jahren dauerte, und Adam nicht von Gottes Hand aus Lehm geschaffen wurde, sondern allenfalls der x-te Abkömmling der kosmischen Ursuppe ist, aus der die erste lebende Zelle wahrscheinlich alles andere Leben auf der Erde begründete[10].

Heute läßt sich unsere Ahnenreihe recht genau angeben. Sie führt über den frühen Homo sapiens, den Prä-sapiens – wobei es uns schmeichelt, den späteren, aber archaischeren Neandertaler als Irrweg der Natur streichen zu können –, bis zu den ersten aufrecht gehenden Wesen, denen wir heute einen menschlichen Status zuerkennen, da ihre Fähigkeit, primitive Faustkeile herzustellen, auf eine gewisse mentale Kapazität schließen läßt. Vom äffischen Prokonsul an verliert sich der Weg langsam im Dunkel. Mit zunehmender zeitlicher Distanz führen uns mehr Theorie und immer schütterer werdende Fossilienreihen auf die Ahnen der Vorzeit zurück; Säugetiere, Reptilien, Amphibien, Fische, wirbellose Meerestiere und schließlich über weitere Zwischenstufen auf die sagenumwobene Urzelle der genetischen Theorie.

Überblicken wir die heutige Flora und Fauna und vergleichen sie mit der früherer Epochen der Erdgeschichte, so drängt sich in der Tat der Schluß auf, die Evolution habe die Entwicklung höherer Arten verfolgt. Betrachten wir die Natur als ein Labor zur Entwicklung möglichst differenzierter mentaler Apparate, so läßt sich nur in der menschlichen Ahnenreihe ein ununterbrochener Fortschritt feststellen, während alle anderen Entwicklungsreihen auf irgendeiner intermediären Stufe in »Sackgassen« gerieten. In den Worten des Biologen Julien Huxley besteht die Evolution »also aus einer ungeheuren Anzahl von Sackgassen, und nur selten führt ein Weg zur Höherentwicklung. Sie ist so etwas wie ein Labyrinth, in welchem fast alle Abzweigungen falsche Abzweigungen sind.«[11] Nur die zum Menschen führende Linie hat eine stetige Aufwärtsentwicklung erlebt, in der sich physische und geistige Veränderungen glücklich ergänzten und den Homo sapiens hervorbrachten.

Auch die Veränderungen vom Menschen der ersten Faustkeilkulturen vor zwei Millionen Jahren zu dem des Atomzeitalters bestärkt die Interpretation mentaler und technischer Höherentwicklung als Ziel der Evolution und der Geschichte. Als entscheidendes Merkmal für die zunehmende zerebrale Kapazität bietet sich neben einem vergrößerten Schädelvolumen die stetige Verbesserung der technischen Fähigkeiten an, Werkzeugherstellung, Nutzung von Feuer, Entzündung von Feuer, Bau von Zelten und Hütten, Domestizierung von Tieren, Veredlung und Anbau von Nutzpflanzen etc., und zeigt, wie der sich entwickelnde Mensch aus seiner ursprünglichen Abhängigkeit von der Natur befreit und aus den ökologischen Nischen, die sie ihm zugewiesen hatte, heraustritt.

Diese Darstellung ist kongruent mit den bekannten Fakten. Die Sackgassen der Evolution, in denen sich Arten oft Hunderte von Millionen Jahren nicht veränderten, existieren. Dagegen steht die kontinuierliche Entwicklung der menschlichen Linie, die im Verlauf der letzten Million Jahre eine im evolutionären Zeitmaß rasante Beschleunigung durchlaufen hat. So scheint nichts dem Mythos vom Menschen als Höhepunkt der Schöpfung zu widersprechen, den bereits die alttestamentarische Schöpfungsgeschichte verbreitet. Vom Gesichtspunkt der Hierarchie und des menschlichen Naturverhältnisses hat sich auch durch die Erkenntnisse der Wissenschaft seit zweieinhalbtausend Jahren bei uns nicht nur wenig verändert, sondern der alte Mythos wurde wissenschaftlich bestätigt, aktualisiert, indem ihm eine neue und diesmal »wahre« Geschichte untergeschoben wurde.

Im Evolutionismus naturalisiert Wissenschaft menschliche Geschichte, indem sie eine Hierarchie der Gesellschaften, ihrer Technologien und Wirtschaftssysteme und nach unten, als Wurzel in die Urzeit, eine anthropozentrische Theorie der Evolution entwirft. Um Geschichte glaubhaft zu naturalisieren, muß Natur zunächst »vergeschichtet« werden. Die Mythologisierung von Natur- und Menschengeschichte liefert den Stoff, eine Linie von den Industriestaaten der Gegenwart zur Urzelle zu ziehen und alles, was übrigbleibt, zu Sackgassen einer Entwicklung zu erklären, die gewissermaßen nur ein Ziel verfolgt und sich leider auch öfters geirrt habe. Wo von *dem* (Menschen, Leben) oder *der* (Geschichte, Kultur) geredet wird, ist Vorsicht angebracht, da der Verdacht des Mythos besteht.

Im modischen Kleid der Wissenschaft wandeln heute die alten Geschichten einher. Die Evolution der Arten besteht im wesentlichen nur noch aus der zum Homo sapiens führenden Linie und aus Sackgassen. Die Geschichte ist eine »Ahnenreihe« des Industriesystems. Obwohl zunächst alles mit den Fakten übereinzustimmen schien, wird doch allmählich die Notwendigkeit einer Trennung von Mythos und Wissenschaft bewußt. Mit größerer Berechtigung als man versuchen darf, magische Praktiken »primitiver« Völker als fehlorientierte Versuche zu Wissenschaft zu deuten, kann man die verbreitete Mythologisierung wissenschaftlicher Fakten als Versuche zur Kontrolle des Bewußtseins durch Magie verstehen.

Zur Entmythologisierung des Evolutionismus wollen wir die Evolution unter einem anderen Aspekt betrachten. Dazu vergleichen wir die Situation »des Lebens« vor dreieinhalb Milliarden Jahren mit dem heutigen Zustand der Biosphäre.

Für die heutigen Organismen wäre die damalige Atmosphäre von Wasserdampf, Kohlendioxyd, Ammoniak und Stickstoff ebenso tödlich gewesen wie umgekehrt. Eine Ozonschicht, die heute den lebensbedrohenden ultravioletten Anteil der Sonnenstrahlung absorbiert, war nicht vorhanden. Daher müssen die ersten Lebewesen unter der schützenden Wasserschicht eines flachen Ozeans entstanden sein. Sie lebten von der Zersetzung organischer Moleküle. Aus ihnen entwickelten sich die ersten photosynthetischen Algen, d. h. Algen, die aus Kohlendioxyd und Wasser unter Verwendung der Energie des Sonnenlichtes körpereigene Substanz aufbauten.

Da sie noch keine sauerstoffübertragenden Enzyme besaßen und folglich an dem selbsterzeugten Sauerstoff zugrunde gegangen wären, mußten sich erst Organismen mit diesen Enzymen und der Fähigkeit, freien Sauerstoff zu ertragen, entwickeln. Erst auf dieser

Stufe konnte Sauerstoff in die Atmosphäre entweichen und sich aus ihm jene gegen ultraviolette Strahlung abschirmende Ozonschicht bilden, die das Leben auf dem Land ermöglicht. Damit waren die Bedingungen für die rasche Vermehrung der photosynthetischen Organismen geschaffen und die Voraussetzung für den weiteren Anstieg des atmosphärischen Sauerstoffgehalts auf den heutigen Wert.

In dieser Phase, vor etwa einer Milliarde Jahren, entwickelten sich auch die ersten Organismen mit respirativem Stoffwechsel, die von der Zersetzung abgestorbener Lebewesen lebten. Der heute noch wirksame Kreislauf der Materie begann, in dem die eine Gruppe von Organismen aus Kohlendioxyd, Wasser und Sonnenenergie lebende Materie aufbaut und dabei Sauerstoff produziert (Pflanzen), während die andere Gruppe von genau dem umgekehrten Vorgang lebt, indem sie die in der pflanzlichen Materie gespeicherte Sonnenenergie verbraucht (Tiere)[12].

In der Bilanz der beiden sich zu einem Kreislauf von Energie und Materie ergänzenden Vorgänge von Photosynthese und Respiration erscheinen die aus der Urzelle entwickelten Millionen verschiedener Arten und Milliarden von Individuen als vergängliche Zwischenträger von Energie und Materie. Doch sagt das nichts über das Wesen des Lebens oder einen Sinn in der Natur. Vom Gesichtspunkt der globalen Speicherung und des Transports von Sonnenenergie kann das Leben als Zwischenstufe vernachlässigt werden. Hier dominieren meteorologische Vorgänge, während der durch die Biomasse transformierte Anteil nur etwa 0,1 Prozent der die Erdoberfläche erreichenden Sonnenenergie ausmacht[13].

Sinn in der Evolution liegt auf einer anderen Ebene. Aus einer leblosen, sogar lebensfeindlichen Umwelt entsteht durch eine Verkettung von Umständen von einer unvorstellbar geringen Wahrscheinlichkeit die erste lebende und reproduktionsfähige Zelle. Es ist sehr wahrscheinlich, daß vorher und nachher unvorstellbar viele ähnliche »Versuche« gescheitert sind. Diese erste Zelle verändert über ihre Nachkommen die Bedingungen auf der Erde, indem diese eine lebenerhaltende Atmosphäre schaffen und sich ständig den durch ihre eigene Aktivität erzeugten Veränderungen anpassen.

In Hunderten von Millionen Jahren entstehen Millionen von Arten mit Milliarden von Individuen, die sich in den durch »das Leben« gehenden Transformationsprozeß von Energie und Materie einschalten und ihn zu stabilisieren helfen. Die Erzeugung dieses

Gleichgewichts, in dem über längere Zeiträume ebensoviel Energie und Materie von Lebewesen aufgebaut wie verbraucht wird, seine Stabilisierung durch die Differenzierung der Arten und ihrer Wechselwirkungen ist das eigentliche Ergebnis der Evolution und nicht die einzelner Arten. In der Natur wird die Überlebensfähigkeit der Individuen vererbt. »Erfahrungen« zur Anpassung an vorgegebene Umweltbedingungen sammeln nicht die Individuen, sondern die Arten, oft über Hunderte von Millionen Jahren. Demgegenüber steht die menschliche Fähigkeit des individuellen Lernens und des freien Handelns. Sie ist Voraussetzung einer raschen kulturellen Entwicklung einer Gesellschaft wie der unseren, deren Überleben nur durch die fortwährende Veränderung des Bestehenden möglich ist.

Angesichts einer Welt, in der zivilisatorischer »Fortschritt« auch den letzten Amazonasindianer zu erfassen beginnt (und auszurotten droht), mag die Tatsache erstaunen, daß vielleicht sogar die Mehrzahl aller Kulturen der Gattung Homo sapiens auf Weiterentwicklung verzichtete, nachdem eine gewisse Stufe der wirtschaftlichen Entwicklung und gesellschaftlichen Organisation erreicht war. Wie wenig das auf Unfähigkeit und Primitivität zurückzuführen ist, bezeugt die Tatsache, daß die entscheidenden Erfindungen der Menschheit bis zur industriellen Revolution von Menschen im Zustand sogenannter Primitivität gemacht wurden. Dem verwirrenden Anschein der Gebräuche und der Riten dieser primitiven Gesellschaften, der Komplexität ihrer Verwandtschaftssysteme, ihrer Tauschsysteme und Tabus unterliegt, wie die Ethnologie aufzudecken beginnt, ein wohldurchdachter (also keineswegs instinktiver) Plan, wirtschaftliche und gesellschaftliche Existenz dauerhaft auf den materiellen Rahmen der sie ernährenden Natur zu beziehen. Die Auflösung oder Auslöschung dieser Gesellschaften erfolgte meist durch äußere Eingriffe, nicht durch innere Instabilität.

So begegnet uns das Mißverständnis der Evolution in dem der Geschichte wieder, wenn wir diese zu einer Menschheitsgeschichte ordnen, deren vorläufiger Höhepunkt selbstredend wir wären. Die Entwicklung der neolithischen Prinzipien, der Bewässerungswirtschaft, der daraus entstandenen ersten Großreiche als Zentren expansiver wirtschaftlicher und militärischer Macht etc. unterschiebt der Gattung Homo sapiens einen nur in unserer Vorstellung vagabundierenden Geschichtstrieb. Die Ziele der industriellen Gesellschaft im Überfluß werden mit denen der Gattung verschmolzen, und es entsteht jener Herrschaftsanspruch, der uns erlaubt, auch noch den letzten Wilden zu unterwerfen oder ihn, wenn er sich als »kulturunfähig« erweist, umzubringen.

Betrachtet man Überfluß als Freiheit von ökonomischen Zwängen, so steht unserem Anspruch die Tatsache entgegen, daß in diesem Sinn wirkliche Überflußgesellschaften vorneolithische Jäger- und Sammlerhorden waren. In ihnen konnte der materielle Bedarf nur mit einem Bruchteil des möglichen Arbeitsaufwands gedeckt werden[14].

Daher wiederholt sich der Mythos in der Verpflichtung unseres Erkennens auf eine Menschheitsgeschichte, die eine direkte Linie von den mythischen Königen der ersten vorderasiatischen Hochkulturen zu Richard Nixon und Leonid Breshnew zieht. Aus dieser Perspektive wird Geschichte als eine Art Staffellauf verstanden, in dem der Stab des Fortschritts stets der Kultur übergeben wird, die den größten Beitrag zur technischen und wirtschaftlichen Entwicklung zu leisten bereit ist.

Der Lauf beginnt bei den Hochkulturen des Vorderen Orients, geht nach ein paar tausend Jahren zu den Phöniziern, Griechen, Römern, wechselt zum Islam und nach Byzanz und gelangt schließlich ins christliche Abendland. Ausgeschlossen oder am Rande bleibt der Rest der Welt und erregt nur als Beuteobjekt vorübergehendes Interesse. Die Hochkulturen Indiens, Chinas, Mittel- und Südamerikas stehen am Ende von Sackgassen, sie sind die Neandertaler der Geschichte.

Der Rest ist ohnehin bereits vergessen.

Geschichte hat technischen Fortschritt zu produzieren, und »Rückständigkeit ist der Zustand von Gesellschaften, deren adaptives System auf einer Technologie niedrigerer produktiver Effizienz beruht als die ihnen zeitgenössischer Gesellschaften«[15], stellt Darcy Ribeiro in seiner umfassenden Theorie »soziokultureller Evolution« fest. Geschichte hat auch möglichst heroisch zu sein, um Ribeiros und unseren Beifall zu finden. Daß es den Menschen in Perioden der kulturellen »Mittelmäßigkeit« nur zu oft besser geht, zählt da nicht[16]. Wen wundert es da, wenn Ribeiros »zivilisatorischer Prozeß« aller menschlichen Gesellschaften im technologischen und ökonomischen Paradies der unbeschränkten und mühelosen Produktion der »Thermonuklearen Revolution« münden soll.

So erscheinen uns Evolution und Geschichte als ein Labyrinth mit vielen Irrwegen, aber nur einem Ausgang – dem unseren. Von den ersten Faustkeilkulturen führen zwar lückenhaft belegte, in der Deutlichkeit der Nachzeichnung aber um so breiter ausgetrampelte Pfade in die Epoche der künstlichen Atomspaltung, der elektronischen Prozeßsteuerung und der Psychopharmaka, die Naturbeherrschung und -verdrängung als Lehre und Auftrag von Evolution und Geschichte vermitteln. Der primitive Faustkeil des Homo habilis tritt als Vorgänger der Atombombe auf[17], und die notwendig gewordene Verdrängung der Angst durch Psychopharmaka wird von wohlmeinenden Propheten als bloße Verbesserung der uns von der Evolution unvollkommen hinterlassenen Abstimmung zwischen »menschlichen« und »tierischen« Bereichen der menschlichen Psyche gepriesen[18].

Auf dieses Weltbild trifft Roland Barthes' Analyse der »Mythen des Alltags« zu, die nichts verbergen und nichts zur Schau stellen, sondern deformieren: »Der Mythos ist weder eine Lüge noch ein Geständnis. Er ist eine Abwandlung ... Vor der Alternative, den Begriff (das Bedeutete des Mythos) zu entschleiern oder zu liquidieren, findet der Mythos einen Ausweg darin, ihn ›natürlich‹ zu machen ... Er verwandelt Geschichte in Natur.«[19]

Scheinbar bestätigt wird diese These des von der Natur angelegten einen Ausgangs aus dem Labyrinth der Evolution noch durch die verzweifelten Bemühungen von zwei Dritteln der unter vorindustriellen Bedingungen lebenden Menschheit, ihre desolate Armut durch Übernahme unserer Wertskala (und natürlich des Produktionsapparats) zu verbessern. Hinter diesem scheinbar überzeugten und überzeugenden Bekenntnis verbirgt sich die Realität des durch Kolonialismus, unüberlegte Eingriffe und wirtschaftliche Ausbeutung von den Industrieländern hinterlassenen Erbes von Elend und »Bevölkerungsexplosion«. Auf welche Gründe man diese Situation auch zurückführen mag, ändert das nichts daran, daß die Zwangslage induziert ist und das Bekenntnis unfreiwillig.

Unsere geistigen Landkarten, die die Welt in Entwickelte und Unterentwickelte einteilen, unterscheiden sich nicht wesentlich von denen der Antike, in denen Nichtgriechen als Barbaren verzeichnet waren. Auch der wohlmeinende Euphemismus der »Entwicklungsländer« vermag nicht über den bornierten Hochmut hinwegzutäuschen, der unsere Position kennzeichnet. In diesem Sinne klassisch genannt zu werden verdient eine Schilderung der Voraussetzungen für wirtschaftliche Entwicklung durch den amerikanischen Nobelpreisträger für Wirtschaftswissenschaft, Samuelson: »Materieller Fortschritt hängt davon ab, inwieweit es gelingt, den Glauben an Magie und den Aberglauben durch die Einsicht von Ursache-Wirkung-Beziehungen zu ersetzen. Wenn ein Volk traditionell die körperliche Arbeit oder die Arbeit allgemein verabscheut, wenn seine Bevölkerung das jenseitige Leben gegenüber dem Diesseits betont, wenn sie materiellen Wohlstand verachtet, wenn sie keinen Wert auf die übliche (!) Ehrlichkeit in vertraglichen Vereinbarungen mit Fremden legt, wenn ihre Lebensgewohnheiten eine besondere Neigung zu gegenwärtigem Konsum statt zur Zukunftsvorsorge fördern, wenn die Staatsmänner korrupt und unfähig sind (!) – alle diese besonderen Eigenschaften sind für die wirtschaftliche Entwicklung nicht besonders förderlich.«[20] Die verlogene Selbstzufriedenheit dieser »Analyse« offenbart sich vor dem Hintergrund auch der neueren Geschichte. In der Geschichte des Abendlandes hat sich politischer und wirtschaftlicher Machthunger noch immer mit dem Mäntelchen eines, heute säkularisierten, Missionsdranges umgeben. Von den Kreuzzügen, als mit Christi Namen kaschierten Beutezügen, über die »Missiontätigkeit« der spanischen Konquistadoren und die systematische »Zivilisierung« der nordamerikanischen Indianer zieht sich ein roter Faden bis in unsere Zeit, in der unter dem Vorzeichen eines für alle vorteilhaften Welthandels sich das schon gegenwärtig skandalöse wirtschaftliche Ungleichgewicht zwischen Entwickelten und Zu-Entwickelnden ständig weiter vergrößert. In allen Fällen diente missionarischer Auftrag oder kulturelle Mission ebenso wie der heutige verlogene Altruismus der reichen Onkel aus Europa oder Nordamerika ihrem Machtanspruch.

Vom Ursprung der Technik-Mythen
(Denken und Produktionsweise)

Dieser Versuch, Entstehung und Verbreitung von Mythen der technisch industriellen Gesellschaft zu deuten, die eine geschichtlich entstandene Situation biologisch verankern, wird sich zunächst mit dem Vorgehen und der Methode des Denkens auseinandersetzen. Hier kann ein Ansatz des Verständnisses durch die Konfrontation des »wilden Denkens« (Lévi-Strauss) der »Primitiven« gewonnen werden. Dabei geht es zunächst nicht darum, dieses wilde Denken als das natürliche zu verstehen und das wissenschaftliche als das zivilisatorisch angekränkelte, sondern es wird sich sogar zeigen, daß beiden Methoden vom materiellen Substrat des Prozesses, dem menschlichen Gehirn, das gleiche Vorgehen aufgezwungen wird, wenn auch die Ergebnisse so grundsätzlich verschieden sind.

Die Analyse der Mythen »primitiver« Völker durch Lévi-Strauss und einige unter dem Titel »Ökonomische Anthropologie« veröffentlichte Aufsätze seines Schülers Godelier belegen die Marxsche These vom Bezug der Überbauphänomene zur ökonomischen Basis. Wenn ich mich auf diese Ergebnisse stütze, so ist ohne jeden Belang, ob, wie die marxistische Theorie annimmt, personifizierte überirdische Mächte, die die Kosmogenien der »Primitiven« bevölkern, menschliche Fiktionen sind oder nicht auch Indikationen einer anderen, wissenschaftlich nicht zu entschlüsselnden Realität. Die hier interessierende Realität ist nicht die des möglichen Antagonismus überirdischer Mächte und materieller Prinzipien, sondern die Realität des menschlichen Denkens, wie sie sich in Naturdeutungsprozessen reflektiert und sich auf die Produktionsweise der Gesellschaften bezieht.

Ganz allgemein demonstrieren diese Versuche der Weltdeutung, seien sie nun wissenschaftlich oder nicht – Lévi-Strauss nennt die Naturdeutungen der Primitiven die »Wissenschaft vom Konkreten« –, ein universelles, in der Gattung angelegtes Bedürfnis des Weltverständnisses. Es gilt auch, den sichtbaren und ohne »Theorie« unverständlichen, vor allem auch nicht beherrschbaren, sichtbaren Ablauf der Dinge, der schließlich die wirtschaftliche Existenzfähigkeit der Gesellschaften bestimmt, zu deuten und in ein allgemeingültiges System zu bringen. Die Mythen der Primitiven zeigen eine weitgehende strukturelle Übereinstimmung der sichtbaren Wirklichkeit, der ökonomisch bedeutsamen Umweltbedingungen und der gesellschaftlichen Organisation ihrer Erfinder mit der unsichtbaren Wirklichkeit personifizierter Mächte und deren Organisationsform, welche die sichtbare Wirklichkeit steuern. Es ist nach Godelier die Projektion der sichtbaren Welt, wie sie von den Schöpfern der Mythen erlebt werden kann, in die imaginäre Welt der Illusion. Hier nehmen die Kräfte, die die sichtbare Welt steuern, menschliche Eigenschaften an, deren für die Konfrontation mit dem wissenschaftlichen Kosmos hervorstechende Eigenschaft die Intentionalität ihrer Aktionen ist. In anderen Worten: Während das wissenschaftliche Denken allgemeingültige deterministische Naturgesetze unterstellt, steuern die Naturmächte der »Wilden« intentional. Diese zur Theoriebildung geschaffene Welt hinter der sichtbaren ist aus der Wirklichkeit durch Denkprozesse mittels *Analogien* geschaffen worden. Godelier: »Mittels Analogie werden den Ursachen und unsichtbaren Kräften, die die nicht-menschliche Welt (Natur) und die menschliche Welt (Kultur) her-vorgebracht haben und beherrschen, Attribute des Menschen zuge-sprochen, d. h. stellen sie dem Bewußtsein spontan als mit Willen, mit Bewußtsein, mit Autorität und mit Macht begabte Wesen dar, also als dem Menschen analoge Wesen, die sich von ihm jedoch insoweit unterscheiden, als sie wissen, was der Mensch nicht weiß, tun, was er nicht tun kann, beherrschen, was er nicht beherrscht, sich also vom Menschen dadurch unterscheiden, daß sie ihm über-legen sind.«[21]

Demgegenüber steht die naturwissenschaftliche Welt eines grund-sätzlich nichtintentionalen, deterministischen Weltablaufs, der nach prinzipiell mathematisierbaren Regeln gesteuert ist. Analogien tau-chen nicht auf oder dienen nur als Krücken des Verständnisses. Im Raster ihres Maßsystems der Objektivierbarkeit versucht die Wissenschaft, die Wirklichkeit zu erfassen – so wie sie sich damit eben erfassen läßt. Widersprüche zu den Grundpostulaten, wie et-wa eine Reihe von Phänomenen im Bereich der Atome (radioak-tiver Zerfall oder Phänomene der Heisenbergschen Unschärfe-relation), als Kontradiktionen des prinzipiellen Determinismus in der Natur bleiben unaufgelöst, da sie möglicherweise eine Revi-sion der Grundpostulate oder des Ordnungssystems nach sich zie-hen könnten.

Die Transformation des christlichen Kosmos – einer noch dem Mythischen verhafteten Naturdeutung – durch die Vorkämpfer der modernen Naturwissenschaft zeigt das Ineinandergreifen und die Verdrängung des mythischen durch das wissenschaftliche Prin-zip. Mit dem Fortschritt der wissenschaftlichen Erkenntnis rundete sich nicht nur die bis dahin flache Erde, rückte aus dem Zentrum des Weltalls, sondern wurde auch Gottes Himmel von noch gläubi-gen Wissenschaftlern an den sich immer weiter entfernenden Rand des bekannten Universums gedrängt, um schließlich allenfalls noch als geistiges Prinzip einen imaginären Raum besetzen zu dürfen.

Aufschlußreich ist die Verdrängung des mythischen (religiösen) Wissens durch das naturwissenschaftliche in dieser Phase deshalb, weil hinter der Unvereinbarkeit der Ergebnisse – deren Symptom die Verdrängung Gottes ist – auch im neuen »wissenschaftlichen« Denkprozeß die Latenz des »wilden« Denkens hervortritt.

Vor Kepler bewegte sich die Erde in den Theorien der Astronomen auf einer Kreisbahn um die Sonne, die, als Konzession an die Meßdaten, immer wieder von außerhalb liegenden Schleifen durchbrochen wurde. Der Widerspruch Keplers entzündete sich ausgerechnet an seiner religiösen »Theorie« von der Harmonie der Welt als Schöpfung Gottes. Gott könne unmöglich diese Harmonie durch derart unschöne Umlaufbahnen stören lassen (und hier zeigt sich, daß der Wissenschaftler Kepler einen intentionalen Weltablauf unterstellt), es gelte daher, die Meßdaten mit einfacheren und harmonischeren geometrischen Grundkörpern in Verbindung zu bringen. (Damit versucht der Wissenschaftler Kepler, das noch Unbekannte der Umlaufbahn über Analogie mit bekannten Kategorien geometrischer Grundkörper zu finden.) Es muß so fast als Zufall betrachtet werden, daß die Ellipse sowohl mit Keplers Harmonievorstellungen als auch den Meßdaten übereinstimmte.

Etwa 300 Jahre nach Kepler revolutionierte Albert Einstein das Weltbild der Physik. In der 2. Hälfte des 19. Jahrhunderts häuften sich Meßergebnisse, die mit der klassischen Newtonschen Physik nicht mehr zu vereinbaren waren. Einstein stellte eine einheitliche neue Theorie auf, die in wenigen mathematischen Gleichungen die aufgetretenen theoretischen Probleme löste, indem sie die klassische Physik als Sonderfall allgemeinerer Zusammenhänge erkärte. Diese nunmehr mit den bis dahin bekannten Meßergebnissen übereinstimmende Theorie öffnete eine Kluft zu grundlegenden Kategorien der subjektiven menschlichen Erfahrung, wie sie größer wohl kaum vorstellbar war. Denn Einsteins Theorie verlangte, daß im Gegensatz zu jeder menschlichen Erfahrung Zeit, Raum und Materie nicht mehr als absolute und von allen anderen unabhängige Größen angesehen werden konnten, sondern daß Zeit und Raum »Eigenschaften« von Materie und von ihrer Geschwindigkeit abhängig sind, daß darüber hinaus Materie eine Form von Energie ist.

Einsteins Theorie leitete eine rasche Entwicklung der Atomphysik ein. Das wichtigste theoretische Ergebnis dieser Entwicklung war, daß der in der Natur postulierte Determinismus aufgegeben werden mußte. Galt bis zu diesem Zeitpunkt, daß die Kenntnis aller Parameter in der Natur und ihrer mathematischen Beziehungen es erlaubten, aus Vergangenheit und Gegenwart theoretisch die

Zukunft mit beliebiger Genauigkeit zu berechnen, entdeckte man nun, daß dies im Bereich der Grundbausteine der Materie, der Atome, nicht nur de facto, sondern prinzipiell unmöglich war. Das »Verhalten« von Materie im Bereich der atomaren Größen ist nicht determiniert, hier regiert der Zufall. Die Phänomene lassen sich nicht mehr kausal, sondern nur noch statistisch beschreiben.

Obwohl die neue Theorie, die Quantenmechanik, die Phänomene widerspruchsfrei erfassen und etwa ab Ende der zwanziger Jahre dieses Jahrhunderts nicht mehr ernsthaft angezweifelt werden konnte, hielt Einstein bis an sein Lebensende 1955 an der Vorstellung fest, noch unerkannte Gesetzmäßigkeiten bestimmten dieses willkürliche »Verhalten« der Materie im atomaren Bereich doch deterministisch. Der Mann, der gezeigt hatte, daß im Gegensatz zur täglichen Erfahrung jedes Menschen Raum, Zeit und Materie *nicht* absolute Größen sind, widersetzte sich erbittert der Aufgabe des Determinismus. Wie einer seiner Biographen, R. W. Clark, berichtet, vergeudete Einstein einen großen Teil seiner Potenz als Wissenschaftler in seinen letzten 25 Jahren damit, raffinierte Einwände gegen die Quantenmechanik zu ersinnen, die jedoch postwendend von seinen jüngeren Kollegen widerlegt wurden. Selbst als die Argumentation wissenschaftlich nicht mehr fortzuführen war, da vernünftige Gegenargumente nicht mehr existierten, klammerte sich Einstein an sein letztes Argument: »Der liebe Gott würfelt nicht.«

Diese Episode wirft nicht nur ein Licht auf die persönliche Tragik und Größe des Mannes, der in jungen Jahren von seinen Kollegen als größter Physiker seit Newton anerkannt wurde, wenig später aber auch als lebendes Fossil der Wissenschaftsgeschichte galt, da er an einen universellen deterministischen Plan in der Natur glaubte. Sie weist auch auf jene grundsätzliche Divergenz zwischen subjektiven Vorstellungen und deren objektiver Grundlage. Der Mann, der aus ein paar Gleichungen ableiten konnte, daß Raum und Zeit relative und nicht absolute Größen sind und Materie eine Form von Energie (was nicht sehr viel später die Atombombe ermöglichte), wollte nicht glauben, daß nicht prinzipiell jedes Ereignis berechenbar sei.

Eben jener unbeirrbare Glaube an einen universellen Plan in der Natur, der die Dinge und Ereignisse prinzipiell berechenbar mache, der den mit (außergewöhnlichen) intellektuellen Fähigkeiten ausgestatteten Menschen Einstein mehrere der wichtigsten Entdeckungen in der Physik hatte machen lassen, mußte eben wegen dieser Unbeirrbarkeit vor den prinzipiell divergierenden Problemen der Quantenmechanik versagen. Jenes ausgeprägte subjektive Moment, das Einstein zuvor aus einer großen Anzahl intellektuell ähnlich qualifizierter Physiker hervorgehoben hatte, indem es ihn veranlaßte, nach *einem* Gesetz hinter den Gesetzen zu suchen und die Widersprüche auf höherer Ebene aufzuheben, führte nun den »größten Physiker seit Newton« in die Sackgasse der Wissenschaft. Sein Wort vom lieben Gott, der nicht würfle, das objektiv durch keine Fakten zu belegen war, ist ein Ausdruck eines vorwissenschaftlichen, »wilden« Denkens.

Könnte man die Keplersche Methode des Denkens noch als einen Übergang vom »wilden« zum wissenschaftlichen Denken betrachten, zeigt die weitere Geschichte wissenschaftlicher Erkenntnis, daß an entscheidenden Stellen Neuland immer wieder mittels Analogien und der Unterstellung von Intentionalitäten gesucht und erfolgreich gefunden wurde. Wissenschaftliche Kreativität entzündete sich dort an der Vorstellung von Analogien, die der Natur, ohne es offen auszusprechen, Intentionalität insofern unterschob, als sie die Verbreitung bekannter Modelle unterstellte, die sie mit den neuen Meßergebnissen konfrontierte und nur sehr unwillig zu gänzlich neuen Vorstellungen vordrang. So wäre das »wilde« das eigentlich kreative Denken, das Denken im Urzustand, das sich der Forderung nach Wissenschaftlichkeit nur insofern unterwirft, als es seine Produkte der durch Apparate bestimmten Wirklichkeit konfrontiert.

Gerade in den Bereichen der Wissenschaft, in denen sich das Objekt des Denkens der visuellen Erfahrung und allen bekannten Kategorien entzieht, wo die Wissenschaft in den Mikrobereich der Materie und der Lebensvorgänge vorstößt, erlebt das Denken in Analogien seinen Höhepunkt. Das Arsenal abgelegter, aber immer wieder bemühter Atommodelle ist nur ein Beispiel. Vom gut vorstellbaren Bohrschen Modell, einem Planetensystem, in dem alles seinen Platz und seine klassische Ordnung hat, bis zur nicht mehr darstellbaren Wirklichkeit des Atoms in den Schrödingergleichungen, die man sich als verschmierte Wolken in wechselnden geometrischen Mustern vorzustellen versucht, demonstriert die Entwicklung den verzweifelten und letztlich vergeblichen Versuch, sich an Kategorien der visuellen Erfahrung zu klammern.

Immer wenn die Meßergebnisse nicht mehr mit den bisherigen

Kategorien der Vorstellung übereinstimmten, wurden neue gesucht und gefunden, die die Wirklichkeit der Daten theoretisch vorstellbar machten und ihrerseits durch neue Ergebnisse infrage gestellt wurden.

So verfährt das wissenschaftliche Denken zu einem wesentlichen Teil nach eben der Methode, die es als »wildes Denken« zu überwinden trachtet und tendenziell auch überwindet. Dieser Vorgang ist an sich nicht so bemerkenswert, wie es den Anschein hat. Immerhin resultiert das Denken aus demselben Substrat, dem Gehirn *des* Menschen. Die gemeinsame Grundstruktur der menschlichen Sprachen deutet auf die gemeinsame und äquivalente Fähigkeit der Menschen zu kognitiven Prozessen. Entscheidend ist vielmehr, auf welche Weise das wissenschaftliche Denken zu den Ergebnissen, die es weit über das »wilde« hinauszuheben scheinen, gelangt, *obwohl* es nach den gleichen oder zumindest sehr ähnlichen Verfahren vorgeht.

Das wissenschaftliche Denken tastet sich von einer Arbeitshypothese zur nächsten vor – die nichts anderes ist als eine Analogie des Neuen mit Kategorien der Erfahrung – und konfrontiert sie ständig mit der Realität der apparativ gewonnenen Meßdaten, um sich dem wissenschaftlichen Ideal der nicht mehr erlebbaren mathematischen Formel anzunähern. Die subjektive Vorstellung der Objektivität (jedoch auch Einseitigkeit) der apparativ gemessenen Wirklichkeit zu konfrontieren und zu unterwerfen, unterscheidet das wissenschaftliche vom wilden Denken. Bei jedem Schritt der wissenschaftlichen Überprüfung von Arbeitshypothesen (Analogien) wird der subjektive und nicht mit den objektiven Daten übereinstimmende Teil dieser Analogien eliminiert, oder es werden gänzlich neue Analogien aufgestellt, so lange, bis die Vorstellung mit dem meßbaren Teil der Wirklichkeit übereinstimmt. Betrachten wir den Fortschritt der wissenschaftlichen Erkenntnis als Prozeß einer Entwicklung des Denkens in einer Gesellschaft, so scheint es, als befreie sich Denken von seinem Substrat, den Gehirnen der Menschen, seinem durch die Struktur des Gehirns bedingten menschlichen Anteil von Subjektivität. Es entledigt sich der Vorstellbarkeit und der Intentionalität jedes menschlichen Wollens, um sich in der mathematischen Formel, dem Endzustand des Vorgangs, zu verselbständigen. Es bedient sich der Menschen nur noch als organischer Träger einer instrumentalen Logik.

Fortschritt wissenschaftlicher Erkenntnis bedeutet daher keinen subjektiv positiven Vorgang, primär nicht Reifung des menschlichen Geistes oder der Erkenntnisfähigkeit. Mit ihm wächst nur der Berg abgelegter und verbrauchter Analogien, enttäuschter Hoffnungen, die materielle Wirklichkeit könne auch eine erlebbare sein und müsse sich nicht im fortwährenden Kampf mit dieser befinden, und es wächst auch die Entfernung zu vorstellbaren Kategorien. Nicht umsonst beginnen Einführungsvorlesungen in die verschiedensten Naturwissenschaften damit, den jungen Adepten mit den Müllhaufen verbrauchter Vorstellungen zu konfrontieren und einen halbwegs passierbaren Weg durchs Gerümpel zu zeigen. Der potentielle Wissenschaftler soll davor bewahrt werden, in seinem späteren Denken noch einmal Zuflucht zu »Phlogistron«-Theorien zu nehmen und Haeckelsche Evolutionstheorien nicht als Häresien wider den wahren Geist zu verstehen.

Die unbestritten größere Wirksamkeit der wissenschaftlichen Methode, die meßbare Wirklichkeit zu deuten, wird daher mit einem doppelten Verzicht erkauft: 1. Wirklichkeit nur insoweit gelten zu lassen, wie sie zumindest theoretisch meßbar ist, und 2., wenn nicht aus Prinzip, so aus prinzipieller Unfähigkeit zu erkennen, daß die Wirklichkeit der Dinge nicht nur aus dem besteht, was jeweils objektivierbar ist, sondern sich vor allem in der menschlichen Vorstellung als Totalität abbildet. Ist, wie Lévi-Strauss konstatiert, die Welt der Mythen hohl und rund, so ist sie zumindest mehrdimensional, geschlossen und von Menschen bewohnt – und nicht wie die der Wissenschaft eine Wüste mit Bohrtürmen auf der Suche nach den Blasen der Erkenntnis.

Und in dieser Trostlosigkeit erscheint dem Wissenschaftler seine Vorstellung, Technik im Auftrag seiner Natur oder der Evolution zu betreiben als Fata Morgana der Totalität. Fast erübrigt sich, hinzuzufügen, daß die Vorstellung gegen alle Wissenschaftlichkeit verstößt: Sie unterschiebt der Natur einen Plan und meint, diese beabsichtige etwas. Sie glaubt, über eine Analogie zu entdecken, dieser Plan sei Höherentwicklung oder ein Trieb *des* Menschen, seine organischen Funktionen zu objektivieren. Es ist Religionsersatz einer atheistischen Welt, die heimliche Kompensation der verdrängten Kraft mythischen Denkens. Das wissenschaftlich vertrocknete Gehirn spiegelt sich die Phantasmagorien seines Auftrags zum blühenden Leben der totalen Erkenntnis vor (von der es sich immer weiter entfernt) als Kompensation seiner Verdrängung aus dem subjektiv bedeutungsvollen Teil des Denkens.

Stellen wir die Verbindung zwischen Wissenschaft und Gesellschaft her, wissen wir zwar, daß wissenschaftliche Erkenntnis und technologischer Fortschritt zu primären Produktionsfaktoren geworden sind, erkennen aber auch, daß sie nur deswegen überhaupt in diesem Umfang gefördert werden. Insofern reflektiert die Wissenschaft nicht nur über die materiellen Kausalitäten der Naturerscheinungen und die gesellschaftlichen Strukturen, sondern auch die Reproduktionszwänge der Gesellschaft. Der Erkenntnis sachlicher Zusammenhänge überlagert sich stets die Versuchung, gesellschaftliche Reproduktionszwänge als natürlich und sachlich zu legitimieren. In diese Kategorie wissenschaftlicher Legitimationen gesellschaftlicher Usancen fällt etwa die verzweifelte Suche mancher Tierforscher nach geeigneten Modellen zur Rationalisierung (systemabhängiger) gesellschaftlicher Notwendigkeiten.

Indem die Wissenschaft als systematisch geförderter Produktionsfaktor über ihre Grundpostulate nur in der Lage ist, Partialwirklichkeiten zu reflektieren, die als technische Verbesserungen in den ökonomischen Blutkreislauf gelangen, setzt sie die in der Gesellschaft lebenden Menschen einem Universum unreflektiert zusammengestellter Partialwirklichkeiten aus. Produziert wird ja nicht primär was von gesellschaftlichem Nutzen ist, sondern was ins Kalkül der ökonomischen Verwertung paßt. Obwohl die prinzipielle Divergenz beider Motive nicht behauptet wird, wäre ihre mögliche Kongruenz, wie ich noch zeigen werde, mehr als zufällig.

Daher ist die Wissenschaft aus mehreren Gründen ursächlich an der Divergenz zwischen dem ökonomisch Möglichen und dem menschlich Gebotenen beteiligt. Und sie wird diesen Widerspruch nicht überwinden können. Die naheliegende Entschuldigung ihres geringen gesellschaftlichen Durchsetzungsvermögens, das theoretisch als notwendig Erkannte zu verwirklichen, ist fadenscheinig. Sie kann daher nur zur Reform und nicht zur notwendigen grundlegenderen Veränderung beitragen, weil sie selbst zu sehr an die Prämissen des potentiellen Objekts ihrer Kritik gebunden ist. Dies ist sie nicht nur ihrer materiellen Abhängigkeit, sondern auch ihrer Abhängigkeit von den fundamentalen Prämissen des ökonomischen Systems wegen, nämlich Partialwirklichkeiten zu einem Universum zusammenzustellen, innerhalb dessen sich die menschlichen und gesellschaftlichen Ansprüche zu erfüllen haben.

Und an diesem in der gesellschaftlichen Funktion der Wissenschaft liegenden Widerspruch entzündet sie die zweite Kategorie von Mythen. Dort, wo die Divergenz des Notwendigen mit dem Möglichen zu offenkundig wird, erklärt die Wissenschaft sich entweder für unzuständig, da gesellschaftlich unreflektierte, partikulare Interessen (die, wohlgemerkt, auch sie unterstützen und als Gegenleistung von ihr neues Wissen zur Verwertung erhalten) einer besseren Lösung entgegenständen, oder sie rationalisiert diese Erscheinungen als notwendige Preise des Fortschritts.

Bezieht man diese Phänomene der Verdrängung der menschlichen Subjektivität aus dem wissenschaftlichen Denken und die damit mögliche Steigerung seiner instrumentalen Effizienz, die Wirklichkeit der Materie zu verändern, auf die wirtschaftliche und gesellschaftliche Struktur, aus der sie entstehen, entdeckt man die gleichen Verhältnisse von Effizienzsteigerung, Verdrängung und Kompensation.

So wie die Kosmogenien des »Primitiven« Intentionalität und Gebundenheit ihrer alltäglichen Beziehungen und Handlungen in der Gesellschaft wie in ihrer Wirtschaft reflektieren, spiegelt die Naturwissenschaft (und einige sozialwissenschaftliche Disziplinen) als Kosmogonie des »Bürgers« Freiheit, auch Wertfreiheit und Orientierungslosigkeit. Die Struktur der Marktgesetze reproduziert sich in den Regeln des gesellschaftlichen Alltags ebenso wie in denen der wissenschaftlichen Welterklärung. Güter wie wissenschaftliche Erkenntnisse werden hier für die jeweiligen Märkte produziert, auf dem die Konsumenten ihre Bedürfnisse befriedigen können. Für die Produktion entscheidend ist weniger der Bedarf der Abnehmer als die Verwertungsmöglichkeit über den Markt. Die Arbeit, das Leben außerhalb der Arbeit, die Beziehungen der Menschen in der Gesellschaft sind von einem System anonymer Regeln bestimmt (hinter dem sich massive persönliche Interessen verbergen), das prinzipiell mit der Nichtintentionalität des naturwissenschaftlichen Regelkosmos identisch ist. Die Grundstruktur der bürgerlichen Vernunft reflektiert sich im ökonomischen und gesellschaftlichen Bereich ebenso wie in der Wissenschaft. Kein Zufall, schließlich sind Naturwissenschaft, Marktwirtschaft und parlamentarische Demokratie »Erfindungen«, welche die Interessen des Bürgertums in feudalen Gesellschaften durchzusetzen halfen.

Und in dieser effizienten bürgerlichen Welt ist Effizienz das Ergebnis der Anpassung des individuellen wie des kollektiven Verhaltens an die Regeln der Produktions- und Distributionsmaschinerie. Wie sich das Denken der apparativen Logik zu unterwerfen hat, müssen sich auf dem Markt wie in der Politik die Menschen den sogenannten Sachzwängen der Apparate fügen. Sie werden reich entschädigt: Wie die Technik-Mythen für die Verdrängung von Subjektivität mit einer buntschillernden Ersatzwelt entschädigen, kompensiert der Produktions- und Verteilungsapparat unterdrückte Freiheit und Selbstverwirklichung mit einer Fiktion: der Fiktion der Freiheit des Konsumenten und der Selbstfindung im Besitz. Jenseits ihres bescheidenen Gebrauchswerts sind die reichlich angebotenen Waren Artikel zur Bewältigung des bedrückenden Alltags, sie liefern Aufschub, machen nichtgelebte Zeit vergessen.

Technik und soziale Umwelt

»Zu keiner Zeit der Entwicklung menschlicher Art lebten so viele Menschen, noch nie war das durchschnittliche Lebensalter so hoch, noch nie wurden so viele Menschen satt, noch nie wußten so viele Menschen so viel wie heute. Diese positiven Sachverhalte sind begründet durch einen Schatz von Wissen und Können, den Generationen von Menschen vor uns angesammelt haben.«[22]

Diese Aussage eines bekannten Autors populärwissenschaftlicher Bücher über Zukunftsprobleme sei stellvertretend für eine neue Literatur und die über sie in der Öffentlichkeit verbreitete Einstellung zu Wissenschaft und Technik zitiert. Zwar wird nicht übersehen, daß auf der sonnenabgewandten Seite der Technik noch nie so viele Menschen verhungerten, ohne daß die Überlebenden je die Aussicht auf ein besseres Leben hätten, daß die üblen Begleiterscheinungen einer unreflektiert und nur nach Maßgabe partikularer Interessen eingesetzten Technik die Menschheit in einen Zustand gebracht hat, in der Weltuntergangspropheten nur zu schnell den Zulauf der Massen finden, sofern es ihnen gelingt, den Anspruch von Wissenschaftlichkeit nur pro forma zu befriedigen. Doch sind diese Schattenseiten auf korrigierbare Fehlsteuerungen oder auf menschliche Unzulänglichkeiten zurückzuführen. Denn mit den Worten des soeben zitierten Autors ist »das eigentliche Problem . . . offensichtlich gar nicht die Technik, sondern es sind die Menschen, die außerstand sind, angesichts der unmäßigen Möglichkeiten der Technik sich mäßig zu verhalten«.[23]

Technik vom wirtschaftlichen und sozialen Umraum, aus dem sie entsteht und zu dessen Veränderung sie geschaffen wurde, zu abstrahieren, gleicht einem Taschenspielertrick. Technik an sich gibt es nicht. Schon die erste Steinaxt vor mehr als einer Million Jahren wurde nicht »an sich« geschaffen und erst später zum Töten oder zur Arbeit verwendet. Vielmehr mußte ihren »Erfindern« ein Zweck vor Augen schweben, der die Konstruktion bestimmte. Selbst technische Objekte, bei denen der Zufall die Rolle des Erfinders spielte, wurden mit einer auf den Verwendungszweck gerichteten Absicht gegenüber anderen ausgewählt. Da Technik nicht im wirtschaftlichen und schon gar nicht im gesellschaftlichen Vakuum schwebt und mit zunehmendem technologischem Niveau an die Bereitstellung immer größerer Mittel gebunden ist, muß ihre Realisation immer stärker auf Zwecke hin gerichtet sein und die wachsende Bereitschaft der Gesellschaft einschließen, sich den Folgen zu unterwerfen. Die Geschichte zeigt, in wie starkem Maß größere und autonome technische Entwicklungen dort stattfanden, wo ökonomische Werte eine breite gesellschaftliche Basis fanden. Ich meine, daß der größere Teil der technologischen Überlegenheit Europas seit dem 18. Jahrhundert mehr auf politische und gesellschaftliche Ursachen zurückgeht, indem ökonomische Prinzipien vor anderen dominierten und ein Gutteil Ausbeutung und Unterdrückung im Spiel waren, als auf intellektuelle oder wissenschaftliche Überlegenheit oder gar eine größere Dichte an Genies. In der Tat waren die großen Erfinder der »industriellen Revolution« in England überwiegend ökonomisch motiviert; sie kamen aus dem Handwerk und nicht aus der damaligen Wissenschaft.

Es wäre nach dem technischen und wirtschaftlichen Niveau der Industriestaaten zu fragen, wenn sich »die Menschen« seit dem Beginn der Industrialisierung »stets mäßig« verhalten hätten. Dazu müßten folgende Punkte einbezogen werden:

1. die wirtschaftliche Bedeutung der skrupellosen Ausbeutung der Bauern und Arbeiter im 18. und 19. Jahrhundert und die Zerstörung der alten Gesellschaftsordnung;

2. die wirtschaftliche Bedeutung des Kolonialismus einst und die des wirtschaftlichen Ungleichgewichts zwischen entwickelten und unterentwickelten Ländern heute;

3. die Notwendigkeit, den Menschen und die Gesellschaft an die zum Funktionieren des Prozesses erforderlichen Bedingungen anzupassen;

4. es wäre zu fragen, welche Techniken jemals eingesetzt worden

wären, wenn zuvor der Nachweis der Menschen- und Umwelt-»Freundlichkeit« hätte erbracht werden müssen;

5. die Bedeutung der Rüstungsindustrie und der Kriegsangst für den technologischen und wirtschaftlichen Standard eines Landes.

Diese im Folgenden erhärteten und erweiterten Überlegungen rechtfertigen den Schluß: Wenn die Menschen sich »angesichts der unmäßigen Möglichkeiten der Technik stets mäßig verhalten hätten«, die Eisenbahn wahrscheinlich erst noch erfunden werden müßte.

Aufrichtiger und der Realität entsprechender wäre, in den negativen Folgen der Technik Zwangsersparnisse von Individuen oder der Gesellschaft zu sehen, die erst ihre Entwicklung auf das heutige Niveau ermöglichten. Es ist billig zu postulieren, daß die positiven Aspekte technikimmanent, während die negativen zufällig sind. In Wirklichkeit lassen sich Technik und gesellschaftliche Verhältnisse nicht voneinander trennen, noch nicht einmal objektiv bewerten und gegeneinander abwägen. So trifft trotz erbitterten Widerspruchs durch Naturwissenschaftler auch heute noch Herbert Marcuses zehn Jahre alte Diagnose zu: »Technik als solche kann nicht von dem Gebrauch abgelöst werden, der von ihr gemacht wird; die technologische Gesellschaft ist ein Herrschaftssystem, das bereits im Begriff und Aufbau der Techniken am Werk ist.«[24]

Die Negation sozialer Negativität aus Prinzip ist eine Konstante im Denken der meisten Adepten einer reformierten technischen Gesellschaft. Daher findet sie sich besonders häufig in den Gesellschaftstheorien von Naturwissenschaftlern, die sich zunehmend mit den gesellschaftlichen Folgen ihrer Wissenschaft auseinandersetzen. An die Verfolgung quantifizierbarer Kausalitäten gewöhnt, öffnet sich das geschlossene System Mensch-Gesellschaft-Wirtschaft-Technik dort, wo Quantitäten auf Qualitäten stoßen. Das System öffnet sich für sie beim Menschen und den Motiven, die ihn am Wirtschaftsprozeß teilnehmen lassen. Die Realität der gesellschaftlichen und wirtschaftlichen Reproduktionszwänge existiert für diese Weltverbesserer nicht. Es existieren nur Menschen, die sich (scheinbar) autonom und von äußerer Einflußnahme frei für dieses oder gegen jenes entscheiden und damit die Produktions- und Verwertungsmaschinerie erst in Betrieb setzen. Die Nebeneffekte sind zwangsläufig die von allen beklagten Schäden. So geht es dann schnurstracks in die blaue Welt von Utopia. Einer im Prinzip unverrückbaren technologischen, wirtschaftlichen und gesellschaftlichen Realität wird der Aufruf zu einem Bewußtseinswandel im menschlichen Gemüt hinzugefügt. Dann ist die Forderung, Mensch-Umwelt-Beziehungen kybernetisch zu steuern, etwa so hilfreich wie der Ruf nach christlicher Nächstenliebe. Damit endet das intellektuelle Reformspielchen dann meist im Appell an menschliche Einsicht[25].

Dieses Denken ignoriert, daß zumindest im marktwirtschaftlichen Kapitalismus Ethik und Einsicht nur über die wirtschaftlichen Rahmenbedingungen institutionalisiert sind und nur so weit reichen, als sie die Stabilität des Systems nicht gefährden. Sie sind so an den jeweiligen Entwicklungsstand der Produktivkräfte gebunden. Die größte Verbindlichkeit des Systems besteht gegenwärtig doch darin, daß jeder nach seinen sehr ungleichgewichtigen Möglichkeiten »humane Absichten mit Sachverstand verwirklichen« (Steinbuch) und sich dabei darauf berufen kann, dem System optimal zu dienen. Partikulare technische und wirtschaftliche Effizienz als Grundprinzip der gesellschaftlichen Entwicklung, auch wenn sie einer staatlichen Kontrolle und Regulierung untersteht, erschwert nicht nur, sondern verhindert doch geradezu die Entstehung einer Ethik, die sich anders als ökonomisch legitimiert. Erleichterungen, Veränderungen, Reformen als Anpassungen an außerökonomische Prinzipien sind möglich, aber nur im Rahmen des technologischen und wirtschaftlichen Spielraums und zudem von der Verteilung gesellschaftlicher Macht abhängig.

Nun wird von liberalen Kritikern des gesellschaftlichen Status quo in den marktwirtschaftlich kapitalistischen Ländern die Reformnotwendigkeit durchaus nicht geleugnet. Deren Unzufriedenheit entzündet sich an den gleichen Symptomen wie die derjenigen, welche das System nicht verbessern, sondern durch ein neues ersetzen wollen. Doch ist die Einsicht dieser Gruppen noch zu sehr auf die bürgerliche Erfahrung beschränkt, daß individueller Freiheitsdrang sich im Bereich des Öffentlichen nur über den Markt entfalten könne. Auch bemüht sich diese Spezies von Reformwilligen, den Flug ihrer Gedanken bei der Ausschau nach gesellschaftlichen Alternativen nie in allzu große Höhen geraten zu lassen. Daher landet sie meist sehr schnell in bekannten Gefilden. Alternativen vermag sie sich partout nicht anders vorzustellen als in der Rigidität zentralistischer Planwirtschaften östlichen Musters, die sie zumeist noch mit politischer Diktatur verbindet. Unfähig oder nicht willens, wirkliche gesellschaftliche Alternativen zu überdenken, grenzt sich für sie das Problem voreilig auf die Konfrontation ein: Die relative Freiheit der sozialen Marktwirtschaft sei der relativen Unfreiheit einer Planwirtschaft, wie sie in den gegenwärtigen sozialistischen Industrieländern anzutreffen sei, vorzuziehen. Den Einwand, daß sich hier erstens keine echte Alternative zeige und zweitens auch andere Produktionsweisen denkbar seien, denunziert sie als utopisch. Sie setzt ihm das Modell einer kapitalistisch marktwirtschaftlichen Ordnung entgegen, in der sich die Widersprüche aufgelöst, besser: ins Nichts verflüchtigt haben.

Dieser blinde Glaube an die Anpassungsfähigkeit der kapitalistischen Marktwirtschaft läßt sich nicht beirren. Es gelte nur, materielle oder gesellschaftliche Rahmenbedingungen ins marktwirtschaftliche Vokabular zu übersetzen, und schon laufe das freie, und temporär chaotische Spiel der Kräfte wieder in geordneten Bahnen. Es bedarf nicht einmal mehr einer Überprüfung der Grundbedingungen marktwirtschaftlicher Effizienz. Wenn Materie knapp wird und Umweltgefahren drohen, läßt sich ja verstärkt Information oder Kultur (beides »ressourcenschonende« und »umweltfreundliche« Ware) vermarkten. Vergessen ist auch, daß selbst der im Vergleich zu den Wünschbarkeiten minimale Reformwille sich gegenüber den gesellschaftlich dominierenden Kräften in der Vergangenheit nur zu Bruchteilen durchsetzen konnte. Gleichgültig in welche Bereiche des gesellschaftlichen Lebens man schaut, war Reform in den vergangenen zehn Jahren erstens ausschließlich reaktiv, zweitens unzureichend – und Politik nichts anderes als permanentes Krisenmanagement. So liegt die eigentliche Utopie im durch nichts gerechtfertigten Glauben an die vorausschauende Manipulierbarkeit der marktwirtschaftlich kapitalistischen Ordnung.

2. Bewußtsein und Geschichte

Geschichte und Natur

In einem früheren Abschnitt wurde auf Zusammenhänge zwischen der Entwicklung der Produktionstechniken, der gesellschaftlichen Organisation und den gedanklichen Modellen zur Weltdeutung hingewiesen. In Anlehnung an eine Reihe von Aufsätzen, die Maurice Godelier unter dem Titel »Ökonomische Anthropologie« veröffentlichte, wurde angedeutet, wie sich die Theorien zur Weltdeutung und Naturerklärung auf die Wirklichkeit der Produktionstechniken und der durch sie geprägten gesellschaftlichen Verhältnisse beziehen, sie in jenseits der sichtbaren Wirklichkeit liegende Gesetzmäßigkeiten transponieren und aus diesen den sichtbaren oder meßbaren Ablauf der Dinge erklären. Demonstriert wurde auch, wie wenig sich mythisches und wissenschaftliches Denken in seinen Möglichkeiten, die Wirklichkeit ganz zu erfassen, unterscheiden, indem sie diese Wirklichkeit nur im Raster der auf dem jeweiligen Stand der Produktionstechniken und der gesellschaftlichen Verhältnisse wichtigen Kategorien wiedergeben. Es zeigte sich, daß wissenschaftliches Denken nur insofern Fortschritt gegenüber mythischem bedeutet, als es besser als dies imstande ist, die materielle Wirklichkeit in ökonomisch nutzbare Begriffe umzusetzen, ihre Totalität damit aber zerstört und wesentliche Teile der umfassenderen Wirklichkeit, so wie sie sich dem jenseits der instrumentalen Logik operierenden menschlichen Denken offenbaren würde, negiert und systematisch verdrängt.

Die Folgen dieses Widerspruchs zwischen instrumentaler Logik und ihrem biologischen Substrat, dem menschlichen Gehirn, sind die beschriebenen Technik-Mythen. Ihre Entstehung verdanken sie dem verzweifelten Versuch des instrumental deformierten Denkens, sich auf die »Götter« der Apparatur zu beziehen. So ist die naturwissenschaftlich positivistische Weltauffassung nichts anderes als mythische Reproduktion der gesellschaftlichen Wirklichkeit.

Noch stets reproduzierte sich die Wirklichkeit des gesellschaftlichen Alltags in den Köpfen der Menschen, und die jeweils dominanten Produktionsweisen spiegelten sich in den herrschenden Ansichten über die letzten Ursachen: Daß es dem Primitiven unmöglich ist, eine Logik außerhalb seiner uns wirr erscheinenden mythischen Wirklichkeit zu erkennen, können wir uns leicht erklären. Dafür fällt es um so schwerer, zu verstehen, warum ausschließlich auf quantifizierbare Zusammenhänge beschränkte Naturdeutung nicht in erster Linie ein gesellschaftliches und ökonomisches Phänomen unserer Gesellschaft ist, das zwar einen Teil der Wirklichkeit gut zu erklären vermag, aber nichts über ihre Ganzheit aussagt.

Die gesellschaftlichen Ursachen dieser Beschränkung des Verständnisses in den überkommenen Interpretationsmustern lassen sich aus der Konstruktion des menschlichen Zentralnervensystems verstehen und daraus, wie es in die Vorstellungswelt der Gesellschaft eingewiesen wird. Sinneswahrnehmungen aus der Umwelt und ihre Verarbeitung im Zentralnervensystem werden auf zweierlei Weise verfälscht. 1. Das Zentralnervensystem kann die Wirklichkeit nicht als solche aufnehmen, sondern nur, wie sie sich mit den Sinnesorganen erfassen läßt, wie Wahrnehmungen über Nervenimpulse weitergeleitet und verarbeitet werden und über den inneren Zustand, in dem diese Signale das Gehirn vorfinden. Die Art der Verfälschung der Wirklichkeit durch Sinneswahrnehmung und die Verarbeitung von Nervenimpulsen liegt in der Konstruktion der Sinnesorgane, des Nervensystems und des Gehirns begründet. Sie ist eine generelle Eigenschaft aller Menschen. 2. Die Funktionen des Zentralnervensystems sind nicht mit denen einer unendlich komplizierten, aber vollkommen starren Maschine vergleichbar, bei der ein eindeutiger Reiz (über die Schaltung) eine ebenso eindeutige Reaktion auslöst. Zwar gibt es solche Automatismen auch im menschlichen Zentralnervensystem (indem die Berührung einer Körperstelle willensunabhängig einen Reflex auslöst, etwa den bekannten Kniesehnenreflex), doch sind diese starren Schaltungen für menschliches Verhalten von untergeordneter Bedeutung.

Entscheidend ist vielmehr, daß die Konstruktion des Gehirns für jene komplexeren Verhaltensweisen, die spezifisch menschliches Verhalten ausmachen, einen Freiheitsraum läßt. Dieser Freiheitsraum wird erst im Verlauf der Reifung des kindlichen Gehirns – in der es sich mit seiner Umwelt auseinandersetzt – mit den Normen und dem Wertsystem seiner Gesellschaft teilweise ausgefüllt. Ein anderer Teil des Verhaltens bleibt insoweit frei, als zwar angeborene oder erlernte Verhaltensdispositionen zu bestimmten Umweltreizen bestehen, die das Individuum zu eindeutig fixierten Aktionen veranlassen würden, diese aber zugunsten eines reflektierten Verhaltens aufgeschoben werden können. So bleibt festzuhalten, daß in diese zweite Art, objektive Sachverhalte zu verfälschen, die Prägung der subjektiven Erfahrung durch die Bedeutungsinhalte der gesellschaftlichen Umgebung und so ein geschichtliches Moment eingeführt wird. Den Sinneswahrnehmungen und ihrer Verarbeitung im Gehirn werden auf einer so elementaren Stufe geschichtlich entstandene Bedeutungen unterschoben, daß sie das Individuum als solches nicht mehr erkennt und das Künstliche als selbstverständlich, als natürlich hinnimmt.

Um die Natur des Menschen, die vor allem die Natur seines Denkens ist, zu erfassen, gilt es daher, das Geschichtliche zu isolieren. Dann wird die Bedingtheit des jeweils herrschenden oder vorherrschenden Denkens sichtbar, und es wird möglich, zur Unbedingtheit des menschlichen Denkens und Handelns an sich vorzustoßen.

Da aber die Erkenntnis der Struktur unseres Zentralnervensystems und der Verbindung dieser Strukturen mit einzelnen Verhaltensweisen nicht sehr weit fortgeschritten ist, geht vorläufig der größere Teil dieser Erkenntnisse von der Verhaltensbeobachtung aus. Und diese Beobachtung des Verhaltens am gleichen Objekt, nämlich dem Menschen, der unter bestimmten gesellschaftlichen Bedingungen agiert, führt uns zu zwei sich heftig bekämpfenden Lagern von Theoretikern, die jedoch – und das verdient hervorgehoben zu werden – in fast peinlicher Übereinstimmung sich bemühen, gesellschaftliche Wirklichkeit auf menschliche Natur zurückzuführen: Behavioristen und Triebtheoretiker.

Behavioristen negieren jede spezifisch menschliche Natur bzw. die Natur irgendeiner Tierspezies. Für sie gibt es nur wechselnde Umweltsituationen, die die Objekte ihrer Beobachtung zu bestimmten Reaktionen veranlassen. Rückschlüsse vom äußeren objektivierbaren Verhalten auf innere Kategorien lehnen sie als unwissenschaftlich ab. Für sie gibt es weder Bewußtsein, Geist, Seele, Wille etc. noch für die strenggläubigen unter ihnen irgendeinen Trieb, diese Kategorien seien vielmehr Rationalisierungen des unwissenschaftlichen Gehirns. So unterschieden sich Mensch und Tier zwar in ihrer Lernfähigkeit, doch bestände kein prinzipieller Unterschied zwischen einer Taube, die endlos eine Auslösetaste betätige, um sich am Futterspender zu belohnen, und einem Menschen, der am Fließband, der wöchentlichen Gehaltsüberweisung wegen, sich einer ebenso stupiden Verrichtung unterzöge. Damit entsprechen die Behavioristen zwar dem Wissenschaftsideal von Objektivierbarkeit und Nichtintentionalität, sperren aber ihre Forschungsobjekte, darunter auch den Menschen, in die Kästen ihrer methodologischen Borniertheit. Ihre »Theorie« wird zwar der »Anthropologie der industriellen Welt« in nahezu idealer Weise gerecht (der Mensch eignet sich für alle erlernbaren Tätigkeiten), dafür lassen sie die Menschen als ausschließlich reaktive und beliebig manipulierbare Objekte wechselnder Umweltsituationen erscheinen.

Der behavioristischen Theorie entgegengesetzt, die als menschliche Natur höchstens die überlegene Lernfähigkeit anerkennt, führt die Triebtheorie wichtige Verhaltensweisen des Menschen, vor allem im Bereich des Sozialverhaltens, auf angeborene Verhaltensdispositionen, die sogenannten Triebe, zurück. Sie steckt aber in dem Dilemma, ihre Triebe aus dem Verhalten von Menschen erklären zu müssen. Insofern läuft die Triebtheorie auf umgekehrte Weise als der Behaviorismus Gefahr, die gesellschaftliche Wirklichkeit als der menschlichen Natur angemessen, da angeboren, zu erklären. Indem diese Lehre nicht die Untersuchung der gesellschaftlichen Wirklichkeit und ihrer historischen Ursachen einschließt, ist sie stets in Gefahr, Triebe dort zu entdecken, wo ihr Blick nicht über Verhalten in ihrer Gesellschaft hinausreicht. Damit ist Irrtum zwangsläufige Folge des Unvermögens, triebhaftes Verhalten aus der Struktur des Gehirns abzuleiten.

So werden die aus dem gesellschaftlichen Alltag destillierten Triebe die vom Menschen inhalierten Götter der Vorzeit. Sie sind mittels Analogien aus dem Tierreich gezeugt und von maliziöser Intentionalität, da sie ihre Träger, die Menschen, in fortwährende Konflikte zwischen Kultur und Natur stürzen. Und so führt die Gesellschaftskritik eines Lorenz oder anderer Triebtheorieanhänger in die gesellschaftliche Praxis zurück, indem sie deren Grundpostulate bestätigt und meint, sie an den Symptomen verändern zu können.

Die Verdienste Freuds um die Aufklärung psychischer Vorgänge können kaum überschätzt werden. Und dennoch durchzieht das ganze Werk Freuds der Mythos der durchgehenden »Verwechslung von Bürger und Mensch«. Michael Schneider hat kritische Einwände zur Freudschen Wissenschaft zusammengefaßt; sie habe sich an eben jener Krankheit des Bürgertums, aus dem sich die Freudsche Klientele rekrutierte, infiziert und damit die Pathologie des Bürgertums zum menschlichen Triebschicksal erhoben[26].

Freuds Aggressionstrieb reflektiere das kapitalistisch-marktwirtschaftliche Konkurrenzprinzip und projiziere damit fälschlicherweise kapitalistische Geschichte auf einen Urtrieb des Menschen. Die Kulturneurose, nach der Kultur nur durch wachsenden Triebverzicht erkauft werden kann, sei nichts anderes als der psychische Schatten der »Verzichtsideologie des protestantischen, Kapital akkumulierenden Bürgers«.[27] Der Todestrieb rationalisiere nur die selbstzerstörerische Praxis der Konkurrenz um wirtschaftliche Macht, das biologisierte Leistungsprinzip.

Die Langlebigkeit jenes Mythos kann nur aus der Geschichte verstanden werden. Und mit dem Kapitalismus muß der Aggressionstrieb ebenso überleben wie der Glaube an die Erbsünde dem Schicksal des Katholizismus verhaftet ist. Wie sich jene angebliche Urschuld des Menschen stets in den Dienst der Kirche stellen ließ, läßt sich nun »das sogenannte Böse« seiner destruktiven Macht entkleiden, wenn es sozial urbar gemacht, das heißt in marktwirtschaftlich-kapitalistische Kategorien sublimiert wird. Dazu meint der als Aggressionsspezialist hervorgetretene Psychoanalytiker Friedrich Hacker: »Ritualisierung bindet die individuellen aggressiven Triebe in gemeinsamer kultureller Aktion und erlaubt den schuldfreien Individuen gehorsame Vertreter ihrer Sozietät zu sein.«[28]

Die Frage wird gar nicht erst gestellt – zumindest nicht von den Adepten der Triebpostulate –, ob dieser aus der Pathologie der Gesellschaft abgeleitete Trieb tatsächlich einer ist oder ob sich aggressives Verhalten nicht auch aus der Geschichte der Gesellschaft erklären ließe: etwa durch die hohe Wahrscheinlichkeit, mit Aggression zum Erfolg zu kommen, oder auf die systematische Förderung aggressiver Tendenzen durch gesellschaftliche Faktoren. Es wird nur noch zwischen richtigen, das heißt gesellschaftlich akzeptierten, und falschen, das heißt gesellschaftlich nicht akzeptierten Manifestationen des Triebes unterschieden.

So bemüht sich die Triebtheorie, dem Gesellschaftssystem der kapitalistischen Industriegesellschaft ein nicht näher reflektiertes theoretisches Fundament der Reproduktionszwänge zu liefern, indem sie angeblich notwendige Sublimierung von Aggression durch die speziellen Arbeiten des Systems fordert: »Jede (!) Art von Arbeit hat in dieser Hinsicht als Aggressionsventil, als legitimierter Aggressionsausdruck und als Alternative freier Aggressionsbetätigung auch eine ›therapeutische‹ Wirkung. Überhaupt gäbe es ohne

Arbeitsroutine zweifellos noch mehr gespannte Langeweile und freie Aggressionsbereitschaft – mehr Gewalt.«[29]

Es bedurfte des Psychoanalytikers Hacker, um die bürgerliche Weisheit, daß Müßiggang aller Laster Anfang ist, wissenschaftlich zu fundieren. So können als eigentliche Ursachen von Aggressionen nicht mehr gesellschaftliche Regeln und soziale Mißstände gelten: etwa, ob sie nur schwach sublimiert Voraussetzung des wirtschaftlichen und gesellschaftlichen Erfolgs sind; ob Gewalt nicht in den Elendsvierteln besonders verbreitet ist, den Kindern via Eltern und Fernsehen von frühester Jugend an Gewaltmodelle eines nahezu unbeschränkten Facettenreichtums geliefert werden; ob nicht gerade durch Arbeitsroutine vermittelte Widersprüche zwischen Monotonie und der Notwendigkeit äußerster Konzentration Aggressionsstau hervorrufen; ob Straßenverkehr nicht Aggression in idealer Weise provozieren muß.

Dem Triebmodell der Aggression ist überzeugend widersprochen worden. Der Mensch muß »weder gut noch . . . böse sein; er lernt jedoch Aggression sehr früh im Leben kennen, noch bevor ihm die meisten anderen Verhaltensmöglichkeiten offenstehen, die er statt einer Aggression benützen könnte«.[30]

Nach dem gegenwärtigen Stand des Wissens kann die *Dominanz* menschlicher Triebe nicht nachgewiesen werden. Nachweisen läßt sich aber, daß ein großer Teil des von der Tiefenpsychologie als triebhaft erkannten Verhaltens, etwa die Aggression, *auch* erlernt wird. Die Verbreitung der Aggression läßt sich zumindest teilweise aus der sehr hohen Erfolgsquote aggressiven Verhaltens erklären.

Letztlich beziehen sich die Triebmodelle auf die Kenntnis der stammesgeschichtlichen Herkunft des Menschen von »niederen« triebbestimmten Tieren. Ist die Frage, ob Freud auch ohne Darwin zu den gleichen Schlußfolgerungen gelangt wäre, nur hypothetisch, so bieten die in letzter Zeit vor allem von Ethologen gelieferten Modelle zur Erklärung menschlichen Verhaltens ausreichend Anlaß zur Kritik, nicht nur ihres plumpen Generalisierungsdranges, sondern mehr noch des daraus abgeleiteten gesellschaftspolitischen Anspruchs wegen. Die im Publikum beliebtesten Autoren greifen einzelne Verhaltensmerkmale von Menschen heraus und setzen sie in Bezug zu äußerlich analogen, die irgendwo im Tierreich zu finden sind. Sie lassen sich meist nicht einmal dadurch irritieren, daß sich die Entwicklungslinien der verglichenen Objekte vor mehreren hundert Millionen Jahren trennten. Die Popularität dieser Deutungen erklärt sich leicht. Im Tier sucht sich der Bürger die verlorene Unschuld.

Zwar verwahrt sich der Verhaltensforscher Konrad Lorenz gegen den Vorwurf, die Unterschiede zwischen Mensch und Tier zu ignorieren: »Einer der häufigsten und dümmsten, eigentlich unverständlichsten Anwürfe gegen die Verhaltensforschung ist ja, daß sie den Unterschied zwischen Mensch und Tier ignoriere oder verkleinere. Das genaue Gegenteil ist richtig.«[31] Das hindert Lorenz jedoch nicht, die selbstauferlegte Beschränkung stets dann zu durchbrechen, wenn es ihn in den Fingern juckt, seine privaten, gesellschaftskritischen Ansichten dadurch zu »verwissenschaftlichen«, daß er seine verdienstvollen Erkenntnisse aus der Tierforschung auf den Menschen überträgt. Beispielsweise belegt er seine persönliche Ansicht, Streß beim Menschen sei durch eine biologisch unzuträgliche Überbevölkerung verursacht (und nicht etwa den in Ballungsgebieten besonders krassen Auswirkungen gesellschaftlich geforderter Verhaltensweisen zuzuschreiben), durch Beobachtungen an übervölkerten Populationen von Ratten, Stieren und Primaten[32]. An anderer Stelle schreibt er: »Das Zusammengepferchtsein vieler Menschen auf engstem Raum führt nicht nur unmittelbar durch Erschöpfung und Versandung zwischenmenschlicher Beziehungen zu Erscheinungen der Entmenschlichung, es löst auch unmittelbar aggressives Verhalten aus. Man weiß aus vielen Tierversuchen, daß innerartliche Aggression durch Zusammenpferchung gesteigert werden kann.«[33]

Die Tatsache, daß das Leben in den Städten bei vielen Menschen Streß zur Folge hat, sei unbestritten, ebenso Lorenz geglaubt, daß Streß bei Ratten infolge Überbevölkerung eintritt. Der Lorenzsche Syllogismus jedoch ist unzulässig, von der Gleichartigkeit der Symptome auf die der Ursachen zu schließen. Denn er bleibt den Beweis schuldig, daß in beiden Fällen der gleiche Mechanismus am Werk sei. Als Konsequenz der Lorenzschen Analyse müßten die Städte aufgegeben und die Menschen aufs Land umgesiedelt werden: die wohl mit Abstand dümmste Lösung.

In seinem unseligen Drang zur Anthropologie scheint Lorenz bewußt zu ignorieren, daß die Bevölkerungsdichte eine andere (biologische) Funktion im Leben der Ratten hat als bei den Menschen, da die menschlichen Reaktionen ohne Zweifel mehr durch ihre Individualgeschichte, also durch die Normen und Werte ihrer Gesellschaft, bestimmt werden. Dazu kommt, daß ein großer Teil der Streßsymptome in den Großstädten eindeutig auf technische oder gesellschaftliche Fehlsteuerungen zurückzuführen ist und nicht auf eine prinzipielle biologische Unverträglichkeit des Zusammenseins: Hetze, Lärm, Überbeanspruchung durch Leistungszwang etc.

Eine überzeugende Widerlegung des biologisch räumlichen Streßdogmas, sofern es sich nicht schon durch die methodologische Fragwürdigkeit seines Ursprungs selbst disqualifiziert, liefert Patricia Draper am Beispiel der Lebensgewohnheiten der Kung, eines südafrikanischen Jäger- und Sammlervolks. Obwohl diese Menschen in einer wenig bevölkerten Gegend leben, siedeln sie in winzigen Dörfern auf engstem Raum, so daß sie häufig in unmittelbarem körperlichem Kontakt stehen, ohne daß es zu biologischen Streßerscheinungen käme. Somit müssen nach dem Ergebnis dieser Untersuchung andere, nämlich gesellschaftliche Faktoren Ursache der Streßsymptome in unseren Großstädten sein[34].

Umfassend widerlegt Alexander Alland die ethologischen Versuche, Krankheitssymptome unserer Gesellschaften auf angeborene Triebe und Unvereinbarkeiten zwischen menschlicher Natur und Kultur zurückzuführen. Auch er zeigt am Beispiel primitiver Völker die Haltlosigkeit dieser Theorien und führt Modelle einer gewaltlosen Organisation menschlicher Gesellschaften vor[35].

Als ethologischen Beitrag zur menschlichen Geschichte »von großer soziologischer Tragweite« (Lorenz) beschreibt Lorenz ein Experiment, in dem einem Schwarmfisch mit dem Vorderhirn auch der Sitz des Sozialverhaltens entfernt und das verstümmelte Tier wieder in den Schwarm eingesetzt wurde. Das Tier, das des Zentrums seiner Schwarmbindung verlustig gegangen war, verhielt sich nun für seine Art völlig ungewöhnlich. Seine Enthemmung ließ es ohne Rücksicht auf die anderen Tiere schwimmen, wohin es eben »wollte«. Das Ergebnis des Experiments, daß der Schwarm dem debilen Tier folgte, ist Lorenz' Beitrag zur Pathologie menschlicher Gesellschaften[36].

Theoretisch erscheint dem Tierforscher und Kulturkritiker Lorenz das Dilemma des Menschen aus dem Widerspruch zweier angeborener Eigenschaften zu resultieren. Er stellt fest, daß jene Tiere die stärkste angeborene Hemmung zur Aggression haben, die von der Natur mit den gefährlichsten Waffen ausgerüstet worden sind. Nun sei der Mensch ursprünglich ein physisch relativ harmloses Wesen und daher auch nur mit einem schwachen inneren

Widerstand gegen innerartliche Aggression ausgerüstet. Leider sei dem Menschen aber auch ein überlegener Verstand mitgegeben, der ihn in die Lage versetze, Waffen zu bauen, deren Gefährlichkeit in keinem Verhältnis mehr zu dem schwachen inneren Widerstand stehe, diese gegen seinesgleichen zu richten. Das ist, wie Lorenz meint, das Unglück unserer Art[37].

So richtig die Diagnose der Gefahr der Selbstzerstörung, so gefährlich und unsinnig ist ihre Biologisierung. Das zeigt sich bereits in den von Lorenz vorgeschlagenen Prophylaxen des angeborenen Zerstörungsdranges, der Erbsünde der Ethologen seiner Schule. Aber gottlob läßt sich für Lorenz der innere Schweinehund auch auf andere als artbedrohende Fährten lenken. Lorenz' Therapie enthält folgende Möglichkeiten der Sublimierung von Aggression: Sport, Kunst, Wissenschaft, Lachen und Reisen[38]. Nicht grundlos hat Selg vorgeschlagen, Lorenz' anthropologisches Hauptwerk »Das sogenannte Böse« in der Schmunzelecke des Bücherschranks unterzubringen[39].

Andere Verhaltenstherapeuten, etwa Koestler, fordern zur Bekämpfung des vermeintlichen Aggressionstriebes nichts Geringeres als die Veränderung des menschlichen Zentralnervensystems und damit eine neue Art zu schaffen. Noch bevor die Frage nach der Geschichtlichkeit der Ursachen befriedigend gestellt, geschweige denn beantwortet ist, fordert Koestler die Entwicklung und möglichst globale Verbreitung von Psychopharmaka, um die »inhärente Schizophysiologie im Wesen des Menschen, ... die Spaltung unseres Geistes, die zu der Situation geführt hat, in der wir uns befinden«[40], zu überbrücken. Die Erfindung dieser Wunderdroge, die »keine erkennbare spezifische Wirkung außer der Förderung des harmonischen« Ausgleichs von Emotion und Vernunft« haben würde, garantiere von selbst ihre sinnvolle Anwendung. »Ein solches Mittel würde sich rasch verbreiten – denn die Menschen wollen sich an Geist und Körper lieber gesund als krank fühlen – nicht durch Zwang, sondern durch aufgeklärtes Eigeninteresse.«[41]

Die wichtige Frage, ob die Spaltung des Geistes andere als biologische Ursachen haben könnte, stellt sich für Koestler nicht. Mit einem Seitenblick auf die Werkzeugherstellung meint er, es läge in der menschlichen Natur, deren Unvollkommenheit ständig durch Außensteuerung verbessern zu wollen. Sein Argument ignoriert, daß der Mensch zwar Werkzeuge benutzen kann und dabei Mensch bleibt, nicht aber die Biochemie seines Zentralnervensystems systematisch verändern kann, ohne dabei seine Existenz als Mensch zu gefährden.

Fragen wir nach der Natur der Krankheit, mit der die Menschen sich in der Evolution infiziert haben: Für Koestler ist ausgemacht, »daß der Homo sapiens eine biologische Mißbildung darstellt – das Ergebnis eines kapitalen Fehlwegs im Verlauf des Evolutionsprozesses«.[42]

Von Lorenz' fragwürdiger Anthropologie inspiriert, ist für Koestler »die Koordination zwischen den allzu rasch gewachsenen neuen Strukturen und den älteren Strukturen des Nervensystems ... in jeder Weise unzureichend«[43]. Für ihn zerfällt das Gehirn des Menschen in drei Teile, die den drei entwicklungsgeschichtlichen Stufen seiner Stammesgeschichte entsprechen: das Reptilgehirn, das Säugetiergehirn und das eigentlich menschliche, cortiale Gehirn. Zwar erkennt Koestler an: »Denksysteme sind natürlich nicht ausschließlich das Werk des reptilischen, paläomammalen oder des neomammalen Gehirns, sondern der kombinierten Bemühungen aller drei«[44]; doch sind die Entscheidungsbefugnisse nicht genügend geklärt. Im Normalzustand dominiert zwar die rationale, menschliche, Großhirnrinde, »aber dies objektive, rationale Denken ist eine recht zerbrechliche Neuerwerbung – es wird bei der geringsten Irritation von seiten des Althirns beeinflußt, das, einmal erweckt, die Tendenz zeigt, die Szene ganz zu beherrschen«.[44]

Beklagt Koestler hier noch emphatisch, daß die Schuld »vom Krokodil und vom Pferd, die wir in unsern Schädeln mit uns herumtragen«[45], stammt, hindert ihn das nicht, ein paar Gedanken weiter mit Konrad Lorenz die biologische Verstärkung der innerartlichen Tötungshemmung in den gleichen Zentren, also den stammesgeschichtlichen Rekurs, für wünschenswert zu halten.

An den entscheidenden und vor allem auch unverdächtigen Leistungen des menschlichen Zentralnervensystems (ZNS), wie Erinnerungen, Assoziationen, bei dem, was wir freies Denken nennen, beim Sozialverhalten, sind stets mehrere Gehirnzentren beteiligt, und darunter auch die als böse (auch wenn das Wort mit der Einschränkung »sogenannt« versehen ist) apostrophierten. So offenbart sich nun die ganze Lächerlichkeit und Fragwürdigkeit derartiger Biologisierungen gesellschaftlicher Fehlentwicklungen. Es ist der traurige Versuch, Geschichte durch Negation ihrer Voraussetzungen zu bewältigen, und dient dazu, trotz aller Kritik an einzelnen gesellschaftlichen Symptomen, Zwänge der Gegenwart fortzuschreiben.

Aus einer anderen Perspektive sollte der Blick auf die Kriminalitätsstatistiken und auf die Mortalitätsstatistiken und in die Geschichtsbücher genügen, auch den treuesten Triebadepten davon zu überzeugen, daß die entscheidenden Bedrohungen nicht im emotionalen Bereich von Individuen oder Kollektiven entstehen, sondern im Bereich sachlich vermittelter Interessen.

Das Unbehagen und die Angst, die nach Koestler auch die rasche globale Verbreitung seiner Wunschpille garantierten, ernährt bereits heute florierende Wirtschaftszweige. Doch liegen die Ursachen sicher nicht in einer biologischen Unausgewogenheit der Psyche, sondern im Konflikt der Erfahrung der von gesellschaftlichen Reproduktionszwängen bestimmten Umwelt mit der natürlichen Anpassungsfähigkeit der Menschen. Der Konflikt ist somit kein intrapsychischer, ebensowenig wie die Bedrohung auch nur dem »sogenannten Bösen« im Menschen entspringt. Die Unterdrückung der Krankheitssymptome durch Medikamente kann nicht die Ursachen beseitigen, hilft vielmehr die Situation, die sie hervorrufen, zu stabilisieren. Die Berufung auf das personifizierte Böse durch die katholische Kirche oder das biologisierte Böse der Triebe verhindert die Aufklärung der eigentlichen Ursachen, indem sie diese einnebelt.

Daher schließt die Rückführung der Symptome des zivilisatorischen Zerfalls auf die biologische Unausgewogenheit der menschlichen Psyche den Technik-Mythos zum circulus vitiosus der Geschichte. Die Objektivierung natürlicher Funktionen durch Technik wird als ein in der Natur liegendes Projekt verstanden. Die aus der (so begründeten) gesellschaftlichen Praxis entwickelten Schadenssymptome werden nicht als Ergebnis eines geschichtlichen Vorganges, sondern der Unzulänglichkeit der Natur erklärt. Nun schließt sich der Mythos: Es geht nicht mehr um die Verbesserung der Geschichte, sondern um die Veränderung des menschlichen Denkens und Empfindens, den bislang einzig stabilen Orientierungsgrößen. Es geht um die Einfügung des Menschen selbst.

Wahrnehmung und Verhalten
(Über das sogenannte »SOGENANNTE BÖSE«)

Der gedankliche Schnitt durch das menschliche Gehirn zeigt ein System, in dem die einzelnen Zentren, Rückenmark, Hirnstamm, Zwischenhirn, Großhirn mit Kleinhirn bis zum Frontalteil der Großhirnrinde, eindeutig festgelegte Kompetenzen zur Steuerung von Verhaltensweisen zunehmender Komplexität besitzen. Da die Komplexität des Verhaltens »höherer« Organismen das Ergebnis einer evolutionären Entwicklung ist, ließen sich nach diesem Modell Gemeinsamkeiten des Verhaltens verschiedener Arten, etwa gleichartige Reflexe von Mensch und Frosch, darauf zurückführen, daß gleichartige, relativ niedrigere Regionen des ZNS, hier des Rückenmarks, eingeschaltet seien. Menschliches Verhalten wäre, wie das analoge tierische, von Geburt an vorbestimmt. Und in der Tat ist ein solches starres Modell in der Lage, viele mögliche Verhaltensweisen, die sich gleichermaßen bei Mensch und Tier zeigen, zu erklären. Die Notwendigkeit angeborener reflexartiger oder, wenn man zu komplexeren Verhaltensweisen übergeht, triebhafter Dispositionen auch beim Menschen ergibt sich schon daraus, daß die beim Erwachsenen dominierenden, erlernten oder reflektierten Verhaltensweisen von Zentren gesteuert werden, die bei Geburt zwar vorhanden, aber noch nicht funktionsfähig sind. Insofern wäre es unsinnig, nicht nur die Existenz von Reflexen zu leugnen, die vom Willen oder Verstand unkontrollierbar, dem Individuum in bestimmten Situationen eindeutige Verhaltensweisen aufzwingen, sondern auch zu negieren, daß für die biologische Reproduktion angeborene Verhaltensdispositionen notwendig sind, die später zwar von der Großhirnrinde kontrollierbar und daher nach außen individuelle Unterschiede erkennen lassen, nichtsdestoweniger aber bei allen Individuen vorhanden sind und das Verhalten mitbestimmen.

Verantwortungslos aber wäre, aus der Existenz dieser verschieden flexiblen Gehirnzentren und ihrer Beteiligung an bestimmten Verhaltensweisen zu schließen, sie seien die allein zuständigen Fachbereiche unterschiedlich nützlicher oder erwünschter Verhaltensweisen: daß das Böse angeboren und eigentlich nur das Ergebnis eines Irrtums in der Natur sei (denn böse darf Natur ja nicht sein), es also nur sogenanntes, wenn auch sehr konkretes Böses gäbe. Wie ich zeigte, handelt es sich um nichts anderes als um die Apologie eines Zustandes der Gesellschaft. Richtiger als vom SOGENANN-TEN wäre es, vom sogenannten »SOGENANNTEN BÖSEN« zu reden.

Der wichtigere Teil des menschlichen Verhaltens wird nur verständlich, wenn nicht Verhaltenszüge einzelnen Gehirnregionen zugeordnet werden: der Vernunft die Großhirnrinde und der Unvernunft der Hirnstamm. Daher muß die wechselseitige Beeinflussung der einzelnen Regionen, die Steuermechanismen und die unterschiedliche Prägung der einzelnen Regionen durch individuelle Erfahrungen oder durch Erfahrungen der Art, genetische Disposition also, berücksichtigt werden.

Die aus dem Rückenmark aufsteigenden Nervenimpulse der Sinneswahrnehmung werden im Zwischenhirn (Thalamus) auf zwei verschiedenen Bahnen zur Großhirnrinde weitergeleitet. Auf den ersten, den primären Bahnen erreichen sie die Felder der sensorischen Rinde des Großhirns und gelangen so zu Bewußtsein. Verstanden jedoch kann die Bedeutung dieser Impulse noch nicht werden. Eine nur über diese eine Bahn wahrgenommene akustische Mitteilung gleicht etwa dem Hören der Laute einer fremden und daher unverständlichen Sprache. Auch im Schlaf oder in der Narkose gelangen die Sinneswahrnehmungen über die beschriebenen primären Bahnen in die Großhirnrinde, werden jedoch dort bewußt nicht wahrgenommen.

Zur Bewußtwerdung und zum Verständnis dieser Sinneswahrnehmungen bedarf es der Einschaltung auch der zweiten Gruppe von Bahnen, die aus dem Zwischenhirn (Thalamus) ebenfalls in die Großhirnrinde führen und dort zunächst in einen anderen Bereich der Verarbeitung gelangen, in die sogenannten Assoziationsfelder.

Erleben und Verständnis einer Wahrnehmung kommt erst zustande, wenn die betreffende Sinneswahrnehmung sowohl in den primären sensorischen Feldern als auch in den Assoziationsfeldern der Großhirnrinde verarbeitet wird, indem ein integriertes Ergebnis zustande kommt. Ein Ausfall der Assoziationsfelder führt zum Ausfall des Verständnisses der betreffenden Sinneswahrnehmung. Im visuellen Bereich etwa könnte dann ein Gegenstand zwar wahrgenommen, jedoch nicht mehr klassifiziert und daher seine Bedeutung nicht verstanden werden. Ein Sessel beispielsweise wäre dann nur noch ein Gegenstand und könnte erst wieder als Sitzgelegenheit verstanden werden, wenn die Konturen abgetastet würden, also eine andere Art der Assoziation bemüht würde.

Nun ist für unser Thema, inwieweit das Verhalten des Menschen durch seine Umwelt und seine persönliche Geschichte auf der einen Seite geprägt ist oder durch genetische Disposition und daher die Phylogenese auf der anderen, entscheidend, daß die Assoziationsfelder – die Sinneswahrnehmungen erst zu bedeutungsvollen Erlebnissen werden lassen, »sinnvolles« Verhalten also erst ermöglichen – bei Geburt »leer« und außer Funktion sind. Wie im nächsten Kapitel gezeigt wird, sind die die späteren Assoziationsfelder bildenden Nervenzellen bei Geburt zwar vorhanden, aber nicht ausgebildet. Ihre wichtigste genetische Disposition ist, zu wachsen und dabei Leitungsverbindungen herzustellen. Im Verlauf dieser Reifung, die sich über die ganze Kindheit erstreckt, werden sie über einen noch ungeklärten Mechanismus Speicher der Erfahrungen in der kindlichen Auseinandersetzung mit seiner Umgebung.

Somit soll als wichtiges Zwischenergebnis festgehalten werden, daß mit Ausnahme der genetisch fixierten reflexartigen Auslösung bestimmter spontaner Verhaltensweisen, die, vom Bewußtsein unkontrollierbar, einfach ablaufen, wenn bestimmte Signale wahrgenommen werden, alle anderen wichtigen Verhaltensweisen von der Großhirnrinde zumindest kontrolliert werden. Das Entscheidende ist nun die Prägung der für die Beurteilung von Wahrnehmung entscheidenden Bereiche der Großhirnrinde durch die Erfahrungen des Individuums von Kindheit an. Über sie wird neue Wahrnehmung auf vorhandene Erfahrung bezogen. Da diese durch die Interaktion mit seiner Umwelt entstanden ist, wird das Kind unbewußt in den Zusammenhang der geschichtlichen Normen und Wertkodizes seiner Gesellschaft eingebettet. Indem sein Verhalten wiederum durch die subjektiv erkannte Bedeutung der Sinneswahrnehmung bestimmt wird (mit Ausnahme der erwähnten spontanen Reaktionen), ist es auf diesen »künstlichen«, das heißt geschichtlich entstandenen Kontext bezogen und daher durch diese Einflüsse zumindest stark geprägt.

Es bleibt die Diskussion einer Gruppe von Konflikten zwischen biologischer Veranlagung und kultureller Beanspruchung, die vom Bewußtsein zwar registriert werden, die jedoch erst nach eingeleiteter Reaktion und daher nicht oder nur schwer kontrollierbar sind. Diese Konflikte zwischen individueller Disposition und gesellschaftlicher Rolle sind letztlich für den erschreckenden Anstieg von Herz-, Kreislauf und Gefäßkrankheiten verantwortlich, die in den Industrieländern mit Abstand an der Spitze der Mortalitätsstatistik stehen. Sie verdienen nicht nur deshalb ausführlicher besprochen zu werden, sondern auch, weil sie mit zur Verbreitung jener Formen aggressiven Verhaltens beitragen, die häufig als angeboren unterstellt werden.

Es handelt sich um Verhaltensweisen, die sich im Verlauf der Evolution bereits in einer sehr frühen Phase der Entwicklung der Wirbeltiere als extrem vorteilhaft erwiesen und hinreichend unspezifisch bis in eine sehr späte Phase der menschlichen Entwicklung bleiben konnten, um auch noch beim heutigen Homo sapiens einer genetisch fixierten Auslösung zu unterliegen. Sie setzen ähnliche physiologische Beanspruchungen des Organismus voraus und werden über den zum Zwischenhirnbereich gehörenden Hypothalamus und das vegetative Nervensystem ausgelöst. So wird der Organismus physiologisch zur Flucht oder zum Angriff vorbereitet, was von entsprechenden emotionalen Zuständen wie Schreck, Wut oder Angst begleitet ist. Organisch beschleunigt sich die Herz- und Atemtätigkeit, die Energiereserven des Organismus werden kurzfristig mobilisiert, um eine erhöhte körperliche Leistungsbereitschaft zu erzeugen. Wird, wie in unserer zivilisatorischen Umgebung, eine derartige Mobilisierung zwar häufig eingeleitet, jedoch nur in den seltensten Fällen durch die entsprechende körperliche Reaktion abreagiert (indem etwa die Straßenverkehrsordnung eine Prügelei mit dem »Gegner« verbietet, und der gesunde Menschenverstand verhindert, daß der Schreck auf ein lautes Geräusch durch Flucht ausgelebt und somit das emotional und körperlich Sinnvolle getan würde), sind über längere Zeiträume erhebliche körperliche Schäden die Folge. Diese Schäden seien an anderer Stelle ausführlicher besprochen; hier interessieren ausschließlich die neuralen Mechanismen ihrer Entstehung.

Ähnliche Reaktionen mit den gleichen Folgen können aus einem anderen Bereich entstehen, dem Konflikt zwischen individuellen Verhaltensweisen und gesellschaftlichen Normen. Zwischen dem Hypothalamus, dem Steuerorgan des vegetativen Systems, und dem Frontalhirn, dem Speicher der sozialen Normen und Werte (eines Kodex mit geschichtlichem und nicht natürlichem Hintergrund also) bestehen enge Verbindungen. Dieser so interiorisierte Kodex ist von den Mechanismen der gesellschaftlichen Reproduktion geprägt und wird von diesen ständig dem Stand der gesellschaftlichen Entwicklung angepaßt. Sicher ist er, falls überhaupt, nur sekundär durch natürliche Einsichten des Individuums beeinflußt. Hier liegt der Ursprung individuellen Unvermögens, sich widersprüchlichen gesellschaftlichen Erwartungen ohne innere Konflikte, psychische und organische Schäden zu entziehen.

Der Konflikt zwischen dem Anspruch der Gesellschaft und der subjektiven Fähigkeit, ihm zu entsprechen, erzeugt über den Hypothalamus vegetative Reaktionen. Die Skala der Symptome reicht vom Erröten bei der Verletzung geringfügiger Tabus bis zu Magengeschwüren und Erkrankungen der Herzkranzgefäße und des Kreislaufsystems infolge schwerem und anhaltendem privatem und beruflichem psychischem Streß. Die Folgen sind in den Industrieländern die fast unaufhörliche Zunahme der Mortalität an Herz-, Kreislauf- und Gefäßkrankheiten.

Anpassung

Von allen Lebewesen ist der Mensch nach der Geburt am verletzlichsten und seine Entwicklungsphase im Verhältnis zur Lebensdauer am längsten. Das ist nicht nur Folge seiner ursprünglich relativ großen physischen, sondern besonders seiner geistigen Unreife. Während das angeborene »Wissen«, mit dem Säugetiere auf die Welt kommen, sie nach relativ kurzer Entwicklungsdauer selbständig werden läßt, erkauft der Mensch seine spätere mentale Überlegenheit mit einer bei Geburt nahezu totalen Hilflosigkeit und langen Entwicklungszeit.

Werten wir trotz des Vorbehalts, daß neurale Fähigkeiten weniger von der Masse als von der Struktur des ZNS abhängen, diese als groben Parameter der Reifung, beträgt sie beim neugeborenen Menschen nur 24 Prozent des Endwertes, während es beim Schimpansen als nächstem tierischen Verwandten schon 60 Prozent sind. Nach der Geburt nimmt das Gewicht des Gehirns schnell zu. Im ersten Viertel, der bis zur Pubertät reichenden Entwicklungsphase, um 60 Prozent, während die analoge Zunahme beim Schimpansen nur halb so groß ist. Mit der Pubertät hat das Gehirn sein Endgewicht und gleichzeitig seine volle strukturelle Ausbildung erreicht[46].

Wechseln wir von der Massen- zur Strukturreifung und deren Verbindung mit dem intellektuellen Leistungszuwachs, erweisen sich zwei Erscheinungen als bemerkenswert:

1. Das Gehirn entwickelt sich nicht durch Vergrößerung der Zahl seiner Nervenzellen, sondern nur ihrer Größe und der Zahl der Verbindungen zwischen den einzelnen Nervenzellen (Neuronen). Schnitte durch die Großhirnrinde von Kindern in verschiedenen Entwicklungsphasen zeigen bei Geburt ein Nebeneinander weitgehend isolierter Nervenzellen. Nach Abschluß der Entwicklung läßt sich ein dichtes Netz »verfilzter« Neuronen beobachten. Dazwischen liegt eine alle Zwischenstufen umfassende kontinuierliche Entwicklung. Das Schaltsystem dieser etwa zehn Milliarden Nervenzellen und zehn Billionen Verbindungen ist noch weitgehend unbekannt und wird angesichts dieser Größenordnungen vermutlich auch nie restlos aufgeklärt werden können[47].

2. Das Wachstum der Gehirnzellen und der Zahl ihrer Verbindungen ist mit der Pubertät beendet. Bis zu dieser Zeit bilden sich die grundlegenden neuralen Korrelate des Denkens und Handelns: Die Steuerung der Motorik, die Beziehung von Sinneswahrnehmung und Bedeutung, Gedächtnisinhalte und soziale Wertvorstellungen werden gespeichert, Sprache entwickelt sich und die Fähigkeit abstrakten Denkens. In dieser Entwicklungsphase ist das Großhirn wegen der nicht abgeschlossenen biologischen Reifung noch so plastisch, daß der Ausfall bestimmter Zentren rasch überwunden werden kann, da andere Zentren nach einer kurzen Übergangsphase des Lernens ihre Funktionen übernehmen. Die Zerstörung des Sprachzentrums kann bei Kindern kompensiert werden, während der Erwachsene in diesem Fall Sprache nicht neu lernen kann[48]. Der Abschluß der biologischen Reifung bedeutet zwar das Ende der Regenerationsfähigkeit, da diese offenbar mit der Herstellung von Ersatzschaltungen zusammenhängt, nicht aber das der Lernfähigkeit der bestehenden Strukturen.

Gewisse Anhaltspunkte erlauben eine Verbindung zwischen struktureller und funktioneller Reifung herzustellen. Sie beziehen sich auf Versuche von de Crinis, der 1934 die strukturelle Reifung als aufeinanderfolgende Reifung dreier Zonen der Großhirnrinde mit verschiedenen Funktionen nachwies.

Die Nervenzellen der Großhirnrinde haben bei neugeborenen Menschen keine oder nur sehr wenige Dendriten (fadenartige Verzweigungen am einen Ende der Nervenzelle, die die Verbindungen zu anderen Nervenzellen herstellen). Im Verlauf der frühkindlichen Reifung entwickeln sich zuerst die Dendriten der primären Projektionszentren des Sehens, Hörens und der primären sensorischen und motorischen Felder. Im Alter von etwa zwei Jahren erfolgt dann die Ausbildung der Dendriten der sekundären Assoziationsfelder und des Brocaschen Sprachzentrums. Als letztes beginnt ab dem vierten Lebensjahr die Entwicklung der Dendriten des Frontalhirns.

Dieser Strukturreifung etwa parallel läuft die Verhaltensreifung. In der Strukturreifung vergleichbaren Schüben wird das Verhalten der den reifenden Zellbereichen entsprechenden Fähigkeiten und Eigenschaften entwickelt. Das Neugeborene organisiert zunächst seine Sinneswahrnehmung und die Kontrolle der Motorik. Diese Phase ist größtenteils mit 18 Monaten abgeschlossen. Teilweise überlappend schließt sich ihr eine der Ausbildung der (sekundären) Assoziationsfelder zugeordnete Phase an, in der Sinneswahrnehmungen mit Bedeutung erfüllt werden können und in der sich die Sprache entwickelt: der Übergang vom Lallen zur Nachahmung von Worten bis zur späteren Bildung einfacher grammatikalischer Strukturen. In der dritten Phase der Entwicklung entwickelt sich mit den Nervenbahnen des Frontalhirns das Sozialverhalten des Kindes. Es erfährt sich als von seiner Umgebung verschiedenes Wesen und in der Auseinandersetzung mit seiner Umwelt deren Normen, die so aktiv erlebt und interiorisiert werden. Das Ergebnis dieses Vorganges ist die zunehmende Integration des kindlichen Bewußtseins in den gesellschaftlichen Kontext seiner Umwelt über Eltern, Kindergarten, Fernsehen, Schule etc.[49].

Diese Sozialisation unterscheidet sich grundsätzlich von der gruppen- oder staatenbildender Tiere. Bei diesen ist der Gruppenzusammenhalt durch genetische Disposition oder durch einen einmaligen Prägungsvorgang hergestellt und nicht, wie beim Menschen, das Ergebnis einer ständigen Auseinandersetzung mit einer Umwelt, in der biologische Disposition gegenüber den sachlichen Eigengesetzlichkeiten und gesellschaftlichen Interessen nur eine untergeordnete Rolle spielt. Wenig differenzierende Analogien aus Tierbeobachtungen zur Erklärung menschlichen Sozialverhaltens müssen daher Anlaß prinzipieller Fehlurteile sein.

Die menschliche Sozialisation ist zwar von einer biologischen Reifung abhängig, aber im Gegensatz zur tierischen innerhalb weitester Grenzen plastisch. Das zeigt die Vielfalt der menschlichen Gesellschaftssysteme und Sozialordnungen. Den in unserer Gesellschaft geförderten Eigenschaften und Erwartungen, wie Rationalität, Anpassungsvermögen an außenbestimmte Veränderungen, Dynamik,

Aggressivität, Expansionsdrang etc., stehen die nahezu konträren anderer Gesellschaften gegenüber. Beispielsweise berichtet Lévi-Strauss von dem nordamerikanischen Indianerstamm der Yurok, daß die Zahl der verfügbaren Clan-Namen begrenzt sei, um das Gesellschaftssystem davor zu schützen, »seine Struktur in Frage zu stellen, wenn es ein neues Mitglied anerkennt«. So müsse ein Kind oft mehrere Jahre warten, bis ein Name durch den Tod eines Verwandten frei werde[50]. Diesem Beispiel extremen Konservativismus steht unser System gegenüber, dessen Stabilität nur mit der fortwährenden Fortentwicklung, Erweiterung und Umstürzung des Bestehenden gesichert werden kann.

Der Nutzen und die Wirksamkeit des in die Windungen des Gehirns geprägten, gesellschaftlichen Bedeutungskatalogs der Dinge und Zusammenhänge, ihre gesellschaftlich bestimmte Semantik, liegt auf der Hand. Sie erzeugt bei den verschiedenen Individuen jene relative Konformität in der Bewertung technischer, wirtschaftlicher und gesellschaftlicher Vorgänge, die zum Leben in der Industriegesellschaft unabdingbar ist und mit der Weiterentwicklung der wirtschaftlichen und technischen Rationalität ständig an Bedeutung gewinnt. Es ist ja nicht so, daß wir die Dinge nur in ihrem funktionalen Zusammenhang erfahren, speichern und später assoziieren, eine Kugel mit bestimmten optischen Qualitäten müsse auch ganz eindeutige taktile Erfahrungen vermitteln. Vielmehr speichern wir, über Erfahrung und gesellschaftliche Interaktion, daß Gegenstände, Funktionen oder Beziehungen über ihre funktionale Bedeutung hinaus emotionale Qualitäten besitzen, die durch gesellschaftliche Konvention und Interaktion weitgehend festgelegt sind. Die Vorstellung eines Autos bringt heute neben der Assoziation seines Transportwertes auch einen emotionalen Bezug. Der Anblick eines Toten löst in einem Angehörigen unserer Zivilisation andere Assoziationen aus als in Mexiko. Mit dem Begriff »Neckermanntourist« assoziieren wir relativ eindeutige Gefühle. Gold besitzt für uns andere emotionale Qualitäten als für einen Amazonasindianer – obwohl es in beiden Kulturen knapp ist und wenig praktische Funktion hat.

Die Stabilität der Gruppe wird nur durch die Einschränkung der individuellen Freiheit erreicht. Diese Konformität kann sowohl durch äußeren Zwang als auch durch interiorisierte Kontrollmechanismen entstehen. Bestraft bei Übertretungen dieser geschriebenen und ungeschriebenen Gesetze im ersten Fall die Gruppe das Individuum, besorgt es das im zweiten in der Regel selbst. Dem Gefängnis als Zeichen der äußeren Repressivität steht der Herzanfall oder die Neurose, als Symptom der inneren, gegenüber.

Unser Freiheitsbegriff bezieht sich gewöhnlich nur auf das Ausmaß der äußeren Repressivität. Die Spontaneität unserer Entscheidungen zugunsten der durch die Gesellschaft geförderten Verhaltensweisen legitimiert sie als freiwillig. Die Harmonie zwischen individuellen Wünschen und gesellschaftlichen Notwendigkeiten, persönlichen Entscheidungen und wirtschaftlichen Zusammenhängen, zwischen Nachfrage und Angebot ist groß und von äußerem Zwang unabhängig. Doch ist sie von den Notwendigkeiten gesellschaftlicher Reproduktion beeinflußt. Die Kontrollmechanismen funktionieren lediglich anders, subtiler und effizienter. Durch Erziehung und Lebenspraxis wird dem Individuum jener Kontrollapparat eingepflanzt, der es fortan begleitet und den Erfordernissen der Gesellschaft anpaßt. Es wähnt sich äußerlich frei und bestraft sich fortwährend auf das Unerbittlichste, wenn es jenen gespeicherten Normen nicht entspricht.

Der Rückgang der äußeren Repressivität mit zunehmender Industrialisierung ist eine in den meisten Industrieländern vollzogene Erscheinung. Der Schluß liegt nahe, daß das äußerlich freie Individuum den mentalen Anforderungen des technischen Alltags eher gerecht wird. In gleicher Richtung wächst die Bedeutung einer Ausbildung, die gewöhnlich nur als Vermittlung sachbezogenen Wissens und Könnens verstanden wird. Doch ist eben das nur ein Teilaspekt. Parallel der Unterweisung in sachbezogenen Fähigkeiten erfolgt die Einweisung in die vermeintliche sachliche Unabdingbarkeit der auf den Arbeits- und Lebensprozeß in der Industriegesellschaft bezogenen Gesetzmäßigkeiten und die Verdrängung der ihr widersprechenden Prinzipien. Die Unterrichtung in sachbezogenem Wissen und Können ist gleichzeitig die Einweisung in die Anpassung; Ausbildung ist auch Disziplinierung. So haben die Institutionen zur Bildung oder Ausbildung Kindergarten, Schule, Hochschule, Berufsschule, Lehrwerkstatt etc. *auch* die Aufgabe, jene unsichtbaren, da inneren Gefängnismauern mit aufzubauen, die wir alle in verschiedener Dicke mit uns herumtragen. In der Einsicht sachlicher Unabdingbarkeiten, dem Gedanken etwa, wir können nicht die Vorteile bestimmter Lebens- und Arbeitsformen genießen, ohne auch die Nachteile in Kauf nehmen zu wollen, liegt die viel wirksamere Disziplinierung als im äußeren Zwang. So ist dessen Rückgang von der Zunahme der Mortalität an Herz-, Kreislauf- und Gefäßkrankheiten begleitet, als Zeichen des ständigen Anrennens gegen die inneren Gefängnismauern.

Niklas Luhmann erklärt die mit zunehmender Komplexität (und damit Effizienz) entwickelter industrieller Gesellschaften zu beobachtende Interiorisierung und Abstraktheit der Kontrollfunktionen aus der Notwendigkeit, deren rasch wechselnde, nicht vorhersehbare Anforderungen sinngemäß und nicht schematisch zu beantworten. Sie ist damit letztlich Voraussetzung der wirtschaftlichen Entwicklung dieser Systeme: »Die Grenzen der Gesellschaft können daher heute nicht mehr so konkret symbolisiert werden. Sie fungieren als sehr viel abstraktere Selektionshilfen, die dem Erleben und Handeln in der Gesellschaft jenes Maß an Komplexität zuweisen, das in der Gesellschaft sinnvoll reduziert werden kann.«[51]

Elternhaus, Ausbildungsstätten, Medien, Werbung, Arbeitsleben, soziale Abhängigkeit und auch der tägliche Konditionierungsprozeß durch den Konsum bringen das Individuum in ein System von Wünschen, Vorstellungen und Abhängigkeiten, die im Widerspruch zu seiner Veranlagung stehen. Von den Folgen sozialen Fehlverhaltens, psychischer Deformation, organischer Krankheit ist nur ein Teil durch technische Fehlsteuerungen bedingt und durch technische Korrekturen vermeidbar. Ein mindestens ebenso entscheidender Teil entsteht aus der prinzipiellen Unvereinbarkeit des gesellschaftlich notwendigen Verhaltens mit der physiologischen Natur der Individuen.

Die weitgehende Unfähigkeit der betroffenen Individuen, sich mit den gesellschaftlichen Ursachen dieser zweiten Kategorie von Schäden auseinanderzusetzen, ist auch auf den frühkindlichen Prägungsvorgang zurückzuführen. Erinnern wir uns der Bedeutung der Assoziationsfelder, die Sinneswahrnehmungen erst Bedeutung über die Integration kindlicher Erfahrungsinhalte geben. Diese Erfahrungsinhalte der bei Geburt »leeren« Assoziationfelder sammeln sich, wie wir wissen, durch Interaktion mit der Umwelt an, durch praktische Einweisung in die gesellschaftlich bestimmte Bedeutung der Dinge und Zusammenhänge, ihre gesellschaftlich bestimmte »Semantik«. Schon auf dieser untersten Ebene des späteren Erkenntnisvermögens konstituiert sich dieser Bedeutungszusammenhang der Dinge. Indem ihm die Willkür dieser Konvention verborgen bleibt, entsteht jene für das Individuum verhängnisvolle und häufig tödliche Identifikation mit den grundlegenden

Werten seiner Gesellschaft, welche die Erkenntnis der Ursachen der Widersprüche verhindert und es die Ursachen in seiner Person oder dem Schicksal suchen läßt: in einem schwachen Herzen, einer Veranlagung zu Migräne, Depressionen, Magengeschwüren, Fettleibigkeit etc.

Veranlagung

Überblickt man die Vielfalt verschwundener und noch existierender Kulturen, so scheinen dem Menschen keine anderen Grenzen als materielle gesetzt zu sein. Aus dem materiellen Bedarf einer Mindestversorgung mit Nahrung, Brennmaterial, Kleidern etc. ließe sich recht genau das Geldäquivalent einer unteren Grenze der materiellen Versorgung unter unterschiedlichen klimatischen Bedingungen errechnen. Dem stehen objektiv undefinierbare Vorstellungen der psychischen Bedürfnisse gegenüber. Sind sie vorhanden und einige gar gesetzlich definiert, so nur auf Grund gesellschaftlicher Konvention.

Die Frage nach dem Wesen des Menschen und den Motiven seines Handelns ist so alt, wie sich Menschen erstmals geistiger Prinzipien bewußt wurden, die sie in der äußeren Welt wie in ihrer inneren entdeckten. Erste Anzeichen dieser Bewußtseinsstufe finden sich in den Überresten von etwa 70 000 Jahre alten Neandertalerkulturen. Deutlicher werden sie mit dem Auftreten des Menschen der Gegenwart, des Homo sapiens. In den Artefakten dieser Kulturen des Homo sapiens entdecken wir aus dem Totenkult, aus Statuetten und besonders den Höhlenmalereien, in denen es nicht nur um Darstellung vom Objektiven, sondern auch um geistige Prinzipien ging, deutliche Hinterlassenschaften einer Bewußtseinsstufe, die sich des Magischen, des Dualismus von Geist und Materie, bewußt war.

Die Behauptung, es ginge in den magischen Praktiken wie auch in den technisch wissenschaftlichen Methoden letztlich darum, die »Gleichförmigkeit des Naturablaufs sicherzustellen und den Rhythmus der Welt zu stabilisieren, indem man gegen Unregelmäßigkeiten und Ausnahmefälle angeht«[52], verschiebt die Vergleichsebene in einen Bereich, in dem die naturwissenschaftlich-industrielle Welt effizienter ist. Die Methode befindet sich damit in der besten Tradition der bürgerlichen Wissenschaften, die Legitimation anderer Kulturen dadurch anzuzweifeln, daß sie den Vergleich dorthin verschiebt, wo sie selbst die größere Kompetenz besitzt. Es ist der Missionar, der die Bekehrung des Wilden zum rechten Glauben damit einleitet, daß er einen Wettkampf zwischen dessen Pfeil und Bogen und seinem eigenen Gewehr herausfordert.

Natürlich geht es den Primitiven auch darum, durch Magie und Opfer die Götter günstig zu stimmen oder zu überlisten. Und zugegebenermaßen sind Chemotherapeutika besser geeignet, infektiöse Krankheiten zu heilen als der Zaubertrank des Medizinmannes. Doch hat unsere Welt auch jene Krankheiten hervorgebracht, die erst Therapien notwendig machten, die sich, nur ihres gesellschaftlichen Anspruchs wegen, wissenschaftlich zu legitimieren hatten: nämlich die wissenschaftlich nicht so würdige »Wissenschaft« von den Krankheiten der menschlichen Psyche und den Möglichkeiten, diese zu kurieren.

Stimmen also in der Erfahrung der Primitiven innere Welt und äußere Welt (Psyche und erlebte Umwelt) weitgehend überein, indem die äußere Welt in ein System gebracht ist, das der Struktur der inneren entspricht, und umgekehrt, die innere Welt von der Erfahrung der äußeren lebt, ist diese Harmonie beim Zivilisierten gestört. Bei ihm bestimmt das ökonomische Interesse, die äußere Welt im Raster der objektiven Wissenschaften zu erfassen und zu verwandeln, über die Lebensbedingungen und den Herrschaftsanspruch des wissenschaftlichen Denkens, die Unterdrückung der inneren Welt.

Der Versuch, aus den Theorien der Welterklärung, aus den sozialen und ökonomischen Praktiken der Primitiven zu allgemeineren Aussagen über den Menschen zu gelangen, zieht nur zu leicht den Vorwurf der Spekulation auf sich. Dem Einwand aus der warmen Ecke hinter dem Ofen des Positivismus, nur prinzipiell objektivierbare Theorien hätten Anspruch auf intersubjektive Verbindlichkeit, kann mit dem Hinweis auf die affirmative Absicht derartiger Einschränkungen von Wirklichkeit begegnet werden. Die Dominanz nicht objektivierter und unreflektierter Interessen in der gesellschaftlichen Praxis und die daraus entstehenden Wirkungen und Gefahren machen das Warten auf neue Erkenntnisse oder zumindest das grundlegende Bekenntnis ihrer Beschränktheit, aus dem Lager der Positivsten, zu einem riskanten Experiment. Ihm sollten wir uns, auch auf die Gefahr des erwähnten Vorwurfs hin, nicht unterziehen.

Wie ich meine, fängt sich das rationale Denken in einer selbst-gegrabenen Grube, wenn es aus einem, von der naturwissenschaft-lichen Methode abgeleiteten Begriff von Rationalität auf eine in-tellektuelle Bestimmung *des* Menschen schließt. Aus dem tatsäch-lichen Fortschritt der Entdeckung und Entwicklung dieser Ratio-nalität wird eine nicht zu unterschätzende Gefahr, wenn sich diese Rationalität mit einem Herrschaftsanspruch umgibt, der weder die historische Einmaligkeit ihrer Entdeckung noch ihre historische Absicht berücksichtigt.

Nun sei zur historischen Relativierung naturwissenschaftlicher Rationalität im Vorgriff einer gründlicheren Betrachtung festge-stellt, daß mythisches – im Gegensatz zu naturwissenschaftlichem – Denken in jeder menschlichen Kultur zu finden ist, und in den meisten sogar das einzige ist. Autonom und systematisch wurde es nur im Europa des absterbenden Feudalismus verdrängt. Treiben-de Kraft war hier keineswegs der Drang des menschlichen Geistes, sich aus seiner selbstverschuldeten Unmündigkeit zu befreien, son-dern die wirtschaftlichen und politischen Interessen des aufstre-benden Bürgertums. In dieser Phase diente die naturwissenschaft-liche Welterklärung dem Bürgertum als ideologisches Werkzeug, mit dem die geistige Legitimation des Feudalismus, das mittelalter-liche Weltbild erfolgreich untergraben wurde. Diese Tradition der Naturwissenschaften erklärt noch heute ihre angebliche Neutralität, die, indem sie sich auf eine scheinbar gesicherte Position der Objek-tivierbarkeiten zurückzieht, ermöglicht, daß sich innerhalb des frei-gegebenen Raumes Interessen ausbreiten, die sich des Lebens und Denkens der Menschen bemächtigen und es unzweifelhaft defor-mieren.

Die naturwissenschaftliche Beschränkung auf das Objektivierba-re und der nahezu erdrückende Herrschaftsanspruch dieser Ratio-nalität als gesellschaftlichen Korrektivs dient heute mehr denn je der Legitimation des bürgerlichen Kodex. Konnte sich Kepler noch den Augenaufschlag zum Himmel erlauben, wo er hinter seinen Planeten Gott vermutete, ohne als Naturwissenschaftler erröten zu müssen, führte bei seinen Nachfolgern die systematische und fortschreitende Eliminierung übernatürlicher Prinzipien (gleichgül-tig, ob jene existieren oder Projektionen des menschlichen Be-wußtseins sind, die aus der Konstruktion des Zentralnervensystems resultieren) auch zur Einschränkung der Menschen auf einen im-mer kleineren Sektor ihrer umfassenderen Veranlagung.

Die Annahme, nur naturwissenschaftliche Ratio sei objektiv und intersubjektiv vermittelbar, begründet deren ideologischen Herrschaftsanspruch. Sie trifft aber nur für die Welt des Industrialismus und des frühen Kapitalismus zu. Nicht vergessen werden sollte, daß aus mythischem Denken abgeleitete Produktionsweisen über Jahrhunderte, bei einzelnen Völkern über Jahrtausende, stabile und gerechtere Gesellschaften als die unsere begründeten. Ebenso sollte berücksichtigt werden, daß die fundamentalen technischen, wirtschaftlichen und sozialen »Entdeckungen« der Menschen, von den neolithischen Errungenschaften bis zur Schrift, dem Kalender etc., von sogenannten Primitiven gemacht wurden.

Die Schwäche der mythischen gegenüber der naturwissenschaftlichen Weltdeutung nur auf ihre geringere Übereinstimmung mit der Realität der Materie zurückzuführen, hieße einen vielschichtigen Prozeß unzulässig vereinfachen. Mindestens ebenso am Untergang dieser Welt war die machtpolitische Unterlegenheit der Träger nunmehr auch geistig kolonisierter Kulturen beteiligt, der Erfolg unseres Denkens, auch einer der Gewehre und des DDT. Außerdem gelang es der Naturwissenschaft, die Auseinandersetzung erfolgreich auf jene Teile der Wahrnehmung zu beschränken, für die sie die größere Kompetenz besaß, um die Teilerfolge dann – mit den bekannten Folgen – zu verabsolutieren: die Natur mache bekanntlich keine Sprünge, sagt die Wissenschaft, und weist damit auf ihre eigenen Probleme.

So ist es auf dem heutigen Stand der Erkenntnis müßig zu debattieren, ob die existentiellen Korrelate der vom Behaviorismus so nachhaltig abgelehnten Begriffe wie Wille, Geist, Seele, Bewußtsein oder Liebe, Realitäten oder Projektionen des menschlichen Geistes sind. Müßig ist auch, darüber zu streiten, wo die neurologische Heimat und der stammesgeschichtliche Ursprung dieser Phänomene liegen. Wichtig ist vielmehr festzuhalten, daß Wahrnehmungs- und Empfindungsbereiche existieren, die, unabhängig von ihrer Objektivierbarkeit, bedeutungsvoll sind, obwohl sie (falls überhaupt) naturwissenschaftlich nur unter extremer Verzerrung erklärt werden können. Somit kann Naturwissenschaft, will sie nicht zum Dogma degenerieren, sich allenfalls für derartige Fragen inkompetent erklären, nicht aber, wie das geschieht, ihre Berechtigung negieren. Das wiederum impliziert, daß eine naturwissenschaftliche Welterklärung, die den Anspruch von Totalität erhebt, unwissenschaftlich ist. Wichtig sind die Chomskyschen Untersuchungen, die von der Struktur menschlicher Sprachen auf »gewisse generelle Eigenschaften der menschlichen Intelligenz« zu schließen erlauben: »Die Untersuchung der universalen Grammatik ist, so verstanden, eine Untersuchung der Natur der menschlichen intellektuellen Fähigkeiten« und die Linguistik »einfach ein Teilgebiet Psychologie, in dem diese Aspekte des Geistes untersucht werden«.[53] Wertet man die menschliche Sprache als zwar nicht mit der Denkfähigkeit identisch, wohl aber aus ihr hervorgegangen, so wird deutlich, daß sich die Sprachen zur Untersuchung der psychischen Prozesse in besonderem Maße eignen. Im Gegensatz zu anderen Leistungen des Gehirns beziehen sie sich auf die gleichen Notwendigkeiten und angeborenen Fähigkeiten der Menschen in verschiedenen Kulturen.

Die Schlußfolgerungen über die Natur kognitiver Prozesse und die Psychologie des Menschen aus der Chomskyschen Linguistik sind für unser Thema aus zwei Gründen bedeutsam: Sie erlauben erstens Schlüsse über das Denken *des* Menschen und nicht nur das in einzelnen Kulturen, Klassen etc. Zweitens deutet die Identität der Grundstrukturen der menschlichen Sprachen aller Rassen auf ein einheitliches »biologisches Potential für die Entwicklung von Kultur und den Erwerb von Sprache«[54], das auf gemeinsame Vorfahren der heute lebenden Menschen zurückgeht. Da die (identische) Grundstruktur der Sprachen sich aller Wahrscheinlichkeit nach in Zeiträumen von 50 000 Jahren relativ konstant hält[55], während sich die Oberflächenstrukturen langsam aber merklich ändern, sind die aus ihr gewonnenen Schlüsse über menschliche Bewußtseinsprozesse unabhängig von geschichtlichen oder kulturellen »Verzerrungen«. Sie liefern Material über das Denken *des* Menschen.

Sprache des Menschen unterscheidet sich nicht nur quantitativ von der Kommunikation unter Tieren, sondern auch qualitativ. Der grundlegende Unterschied liegt weder in der Notwendigkeit der Verständigung noch im Apparat und den Möglichkeiten der peripheren Artikulation, sondern in der Verschiedenheit der Konzeptualisierung.

Mentale Prozesse bedeuten, daß Umweltreize aufgenommen, unterschieden, mit inneren Stimuli abgestimmt und in bedeutungstragende Kategorien eingeordnet werden. Eine Bedingung ist das Wissen um die Grenzen einzelner Kategorien. Der Frosch, eine entwicklungsgeschichtlich von der unseren durch mehrere hundert Millionen von Jahren getrennte Art, unterscheidet bewegende Objekte ebenso wie wir es tun, wenn auch nach anderen Kriterien. Doch darin liegt kein prinzipieller Unterschied. Je nach Hunger ordnet der Frosch verschieden große, sich bewegende Objekte in die Kategorie freßbarer Beutetiere ein oder, sofern sie zu groß erscheinen, in die möglicher Feinde. Während die erste Kategorie von Gegenständen Schnappen auslöst, veranlaßt die zweite zur Flucht. Obwohl der Frosch sie nicht benennt, deutet sein Verhalten an, daß er ähnliche, wenn auch einfachere Unterscheidungen als der Mensch macht: Beute und Feind. Auf der Ebene der Kategorisierung, in der sensorische Daten in benannte oder erlebte Begriffe transformiert werden, unterscheiden sich Mensch und Tier nur durch Details im Spektrum der Daten, die das ZNS erreichen (und die durch den Aufnahmeapparat gegeben sind) und die Komplexität der Differenzierungsmöglichkeiten, nicht aber durch die prinzipielle Fähigkeit, Begriffe zu bilden.

Dagegen unterscheidet der Grad der Abstraktion von den erfahrbaren Kategorien, der vermutlich mit der Ausbildung der Assoziationsfelder zusammenhängt, Mensch und Tier erheblich. Erst beim Menschen findet sich die Fähigkeit, Kategorisierung vom Gegenstand zu lösen und vom Gegenstand unabhängige Begriffe oder Zeichen zu schaffen, die für die Dinge stehen, aber nicht mit ihnen identisch sind. Diese nicht erlernte, sondern biologisch gegebene Fähigkeit darf nicht mit der höherer Säugetiere, z. B. Schimpansen, gleichgesetzt werden, auf menschliche Anweisung hin Zeichen zu verwenden, um in den Besitz erwünschter Gegenstände zu gelangen – etwa verschiedenfarbige Scheiben in einer bestimmten Reihenfolge auszulegen, um den Wunsch nach einer Banane auszudrücken. Das sind lediglich Dressurerfolge, bei denen die Zeichen nur im Rahmen der »Vereinbarungen« dieses Spiels, nicht aber, wie beim Menschen, frei verwendet und verstanden werden können.

Die Flexibilität der Kategorisierung und der Begriffsbildung, die eher ein kreativer Prozeß kognitiver Organisation ist als eine willkürliche Konvention, ist spezifisch menschlich. Wo das Tier gelernt hat, Begriffe zu bilden oder über sie seit Geburt verfügt, sind Ding und Begriff zusammenhängend, oder der Begriff ist gegenstandslos. Ein Frosch, der durch Fehlschläge gelernt hat, Attrappen zu ignorieren, um sie von wirklichen Insekten zu unterscheiden, kann nicht dazu gebracht werden, die Attrappe als nicht mit diesem identisches

Zeichen eines Insekts zu verstehen. Ein eindrucksvolles Beispiel für die Begriffsbildung des Tieres gibt Nathan, wenn er vermutet, wie für das Tier das Ding selbst keine durchlaufende Stabilität als Kategorie besitzen muß: »Beim Grasfressen sieht der Vogel (Grasmücke) in dem Gras einen wohlschmeckenden grünen Stoff, den er aus der Erde zu ziehen hat, wogegen er beim Einbau des Grases ins Nest darin einen grünen Baustoff erblickt, der aus der Erde zu ziehen und sodann mit Brustfedern zu verflechten oder auszukleiden ist.«[56]

Im Gegensatz zum »beschränkten Tier« ist selbst ein Kleinkind in der Lage, die Bedingtheit von Zeichen zu verstehen, und das auf einer sehr hohen Abstraktionsstufe. Ein mit wenigen Strichen gezeichnetes Männchen wird von ihm beispielsweise auf Grund nur geringer struktureller Identität als Mensch erkannt. Gleichzeitig ist sich das Kind der Relativität dieser Transformation des Objektes in das Zeichen bewußt.

Mit einiger Geduld und ein paar Zentnern Bananen mag es gelingen, einen Affen zu lehren, ein paar Holzscheiben unterschiedlicher Gestalt in einer Weise anzuordnen, die seine glücklichen Lehrmeister als den richtig verstandenen Satz interpretieren: »Bongo will Banane.« Doch werden alle Bananen der Welt nicht ausreichen, auch den klügsten Affen verstehen zu machen, was Kant mit folgender Frage meint, selbst wenn sie in Holzscheibensprache übersetzbar wäre: »Kann man Vernunft isolieren, und ist sie alsdann noch ein eigener Quell von Begriffen und Urteilen, die lediglich aus ihr entspringen, und dadurch sie sich auch auf Gegenstände bezieht, oder ist sie ein bloß subalternes Vermögen, gegebenen Erkenntnissen eine gewisse Form zu geben, welche logisch heißt, und wodurch die Verstandeserkenntnisse nur einander und niedrige Regeln anderen höheren (deren Bedingung die Bedingung der ersteren in ihrer Sphäre befaßt) untergeordnet werden, so viel sich durch die Vergleichung derselben will bewerkstelligen lassen?«[57]

Dieses Unverständnis des Affen wäre nicht zunächst auf seine quantitativ nicht ausreichende Speicherkapazität für die einzelnen Satzelemente zurückzuführen: Etwa, daß ihm nach dem zweiten Nebensatz bereits das Subjekt aus dem Gedächtnis gerutscht wäre. Das wird den meisten Menschen ebenso gehen. Vielmehr unterscheidet menschliches vom tierischen Denken die Fähigkeit, Kategorien ohne dinglichen Bezug zu erfinden, und das im Sinn des Wortes: Während die Begriffe »Banane«, »Bongo« und »will«

dem Tier verständlich sein können, da sie erlebbar sind, versagt die Fähigkeit des Tieres dort, wo es um nicht mehr erlebbare Kategorien geht. Diese nicht mehr erlebbaren Begriffe oder Beziehungen zwischen Begriffen, die nur noch gedankliche Ordnungen bezeichnen, werden sich dem tierischen Verständnis prinzipiell auch dann noch entziehen, wenn sie in einfachere Sätze als den obigen eingebracht sind. In dieser Fähigkeit, von Dingen zu abstrahieren und Ordnungen zu reflektieren, unterscheiden sich Mensch und Tier nicht nur quantitativ, sondern qualitativ. Nur dem Menschen gelingt, von Dingen und erlebbaren Beziehungen auf Ideen zu schließen, oder umgekehrt, Ideen in sprachlichen Begriffen oder in Dingen zu verwirklichen.

Nach Chomskys Linguistik, die Lenneberg von der Biologie des mentalen Apparats her untermauert hat, unterscheiden sich tierische von menschlichen Kommunikationssystemen durch den prinzipiellen Mangel an Kreativität in den ersteren: In den tierischen »Sprachen« entspricht einer günstigstenfalls großen, aber endlichen Zahl kommunikativer Dimensionen (Mitteilungsmöglichkeiten) in Form von Signalen oder akustischen Zeichen eine beschränkte Zahl nichtsprachlicher Dimensionen. Dagegen vermag die menschliche Sprache aus einer ebenfalls endlichen Zahl sprachlicher Dimensionen (Laute, Buchstaben) unendlich viele nichtsprachliche Dimensionen in Form von Mitteilungen, Gedanken, Gefühlen etc. zu schaffen[58]. Anders ausgedrückt, steht der beschränkten Aufnahmefähigkeit des Tieres für kommunikative Signale (Flucht, Angriff, Lage des Futterplatzes etc.), die vom Apparat der Verarbeitung und des Verständnisses her begrenzt ist, die menschliche Fähigkeit gegenüber, unendlich viele sprachliche Bezüge zu produzieren, zu empfangen und zu verstehen.

Wie Lenneberg zeigt, ist der Spracherwerb beim Kind an einen biologischen Reifungsprozeß des mentalen Apparats gebunden[59]. Die Universalität und die prinzipielle Gleichartigkeit dieser Reifung, die vom Gebrauch einzelner Begriffe bis zur Bildung grammatikalisch einwandfreier Sätze dauert, demonstriert, daß Umwelteinflüsse zwar bedeutend sind, aber nur insofern, als sie das Füllmaterial zur sprachlichen Entwicklung liefern, etwa wie die Nahrung für das körperliche Wachstum. In dieser Reifung spielt das Verlangen des Kindes, durch Sprache die Umwelt in seinem Sinn zu beeinflussen, nur eine untergeordnete Rolle. Entscheidend ist der biologische Vorgang, die Entwicklung der Fähigkeit, Sinneseindrücke in abstrakte Schemata umzuwandeln und ihnen Bedeutung zuzuordnen oder, im umgekehrten Prozeß, die ihm von seiner Umwelt mitgeteilten abstrakten Schemata auf ihren dinglichen Bezug hin zu dekodieren. Aus dem biologischen Verständnis der Syntax eines Satzes vermag ein Kind »strukturelle Ähnlichkeiten in einer Kette von Wörtern, die einen Satz bilden, zu erkennen . . ., auch wenn es den Satz niemals zuvor gesehen oder gehört hat«[60] oder die Bedeutung einzelner Worte noch nicht kennt. Das illustriert Lenneberg mit einem amüsanten Beispiel. Er meint, daß ein Kind auf die Nonsensfrage »Wußtest du, daß die Piffeln jede Nacht auf den Curda fliegen?« antworten: »Was sind Piffeln, und warum fliegen sie?«, und damit demonstrieren würde, daß es die syntaktische Struktur des Satzes verstanden hat, obwohl ihm seine Bedeutung unklar sein muß[60].

So lernt der Mensch nicht zu sprechen, indem ihm – wie vom Behaviorismus unterstellt – unter Stimulus-Response-Bedingungen eine große, aber endliche Zahl von Worten, Sätzen und deren Bedeutung dadurch beigebracht wird, daß seine Umwelt die nachgeahmten oder zufälligen Versuche zu Sätzen belohnt oder bestraft bzw. ignoriert, je nachdem der Versuch richtig oder falsch war, und er damit jeden einzelnen Satz durch Versuch und Irrtum oder Nachahmung lernen müßte. Vielmehr entwickelt sich die Sprachfähigkeit des Kindes automatisch mit der Strukturreifung des Zentralnervensystems und muß nur noch durch Praxis konkretisiert werden. Mit dem Älterwerden des Kindes wächst auch die Fähigkeit, immer komplexere gedankliche Strukturen zu verstehen und auszudrücken: nicht als Folge des Lernens einer zunehmenden Zahl vorgefertigter Gedanken oder Sätze, sondern der Organisation seines produktiven Geistes.

Entscheidend für unser Thema der menschlichen Bewußtseinsvorgänge sind die Chomskyschen Interpretationen der Umsetzung von Gedanken in Sprache. Sprechen, Schreiben, Verstehen und Lesen besteht in der wechselseitigen Umsetzung von Ideen in sprachliche Strukturen. Nach Chomsky »beherrscht derjenige, der eine spezielle Sprache kennt, eine Grammatik, die eine unendliche Menge von möglichen Tiefenstrukturen generiert (das heißt, sie charakterisiert), sie in assoziative Oberflächenstrukturen abbildet und die semantische und phonetische Interpretation dieser Objekte determiniert«.[61]

Der uns wesentliche Teil der Aussage sei an folgendem Beispiel Chomskys erläutert:

Die *Oberflächen*struktur des Satzes (S), »ein weiser Mann ist aufrichtig«, setzt sich zusammen aus dem Subjektteil »ein weiser Mann« (NP) und dem Prädikatteil »ist aufrichtig« (VP). Die *Tiefen*struktur hat eine einfachere gedankliche Struktur. Das gedanklich komplexe, und in den verschiedenen Sprachen unterschiedlich ausgedrückte, »ein weiser Mann« der Oberflächenstruktur setzt sich universell aus den grundlegenden Propositionen mit dem Subjekt »Mann« und dem Prädikat »ist weise« zusammen. Folgende Diagramme geben die Beziehungen zwischen Oberflächen- und Tiefenstruktur wieder[62].

```
                    S
   NP                       VP              Oberflächenstruktur
ein weiser Mann          ist aufrichtig
                    S
   NP                       VP              Tiefenstruktur
ein Mann    S            ist aufrichtig
       NP      VP
       Mann ist weise
```

Während sich die Oberflächenstrukturen der Sprachen teilweise erheblich unterscheiden, sind die Tiefenstrukturen identisch. Diese Identität der Grundstrukturen der Sprachen hängt mit der Konstruktion des biologischen Apparats zusammen.

Wie aus dem zweiten Diagramm hervorgeht, vermittelt der als Beispiel gewählte, zunächst einfach erscheinende Satz einen doch recht komplexen Zusammenhang. Der Grund, warum uns diese Komplexität im normalen Sprachgebrauch entgeht, liegt im biologisch vorgegebenen Verarbeitungsprozeß der Mitteilung. In ihm werden die Laute oder Worte der Spache, eine Folge zeitlich vorüberziehender Signale, zunächst gespeichert und geordnet. Anschließend werden aus dem »rohen« Sprachmaterial, das gedankliche Substrat der einzelnen Satzelemente, die enthaltenen Ideen »destilliert«. Schließlich wird aus diesen Bestandteilen wiederum die Idee des ganzen Satzes »destilliert«, die hier recht einfach ist und vom Bewußtsein registriert wird. Besteht eine Mitteilung aus mehreren Sätzen, Satzgruppen, Kapiteln etc., ist das Verfahren analog. Die Ideen einzelner Sätze bilden dann das Rohmaterial einer Gruppe von Sätzen, aus denen wiederum die ihnen gemeinsame Idee hervorgeht etc. Ganz analog ist das Verfahren zur sprachlichen

Vermittlung einer Idee. Der Vorgang verläuft lediglich in umgekehrter Richtung, von der Abstraktheit der Idee über die verschiedenen Zwischenstufen zunehmender Konkretisierung schließlich zu den Lauten und Worten der Sprache.

Im Gegensatz dazu ist in der geistigen Welt des Behaviorismus Sprache, wie auch menschliches Verhalten, eine abhängige Funktion wechselnder Umweltbedingungen. In ihr sind Ideen weder autonom noch das Denken produktiv. Für den Behavioristen Skinner gibt es daher »viele Arten der Veränderung von Verhalten und viele verschiedene Formulierungen, aber sie stimmen im Entscheidenden überein: Verhalten kann verändert werden durch Veränderung der Bedingungen, deren Funktion es ist«[63]. »Das Individuum spielt mit relevanten Variablen, um zu einer Entscheidung zu kommen, weil damit bestimmte bestärkende Konsequenzen verbunden sind. Eine davon ist einfach, der Entscheidungslosigkeit zu entgehen.«[64]

Für den Behavioristen Skinner sind Ideen, Erfindungen, Entdeckungen wie auch die Sprache nichts anderes als das Ergebnis einer durch Umweltbedingungen erzwungenen Auseinandersetzung, ein Spiel mit dem Zufall der richtigen Antwort. Ist sie gefunden, wird sie prompt durch Umweltreaktion bestätigt und damit bestärkt und gespeichert. Eine Idee zu haben, heißt nichts anderes, als so lange gedanklich zu spielen, bis eine der produzierten Antworten paßt und die als positiv empfundene, erhoffte Umweltreaktion erzeugt[65]. Jeder Satz, den ein Mensch formuliert, ist für den Behaviorismus entweder unmittelbar gelernt oder die Adaption eines gelernten Satzes.

Die Tatsache, daß Sprache das Ergebnis eines kreativen und autonomen Vorganges und nicht durch Stimulus-Response-Beziehungen erlernt und mit Gegenständen oder Absichten verknüpft ist, hat wichtige Konsequenzen für die menschliche Psychologie. Das behavioristische Dogma, menschliches Verhalten sei ausschließlich durch äußere Stimuli und innere Zustände bestimmt, wird durch den aus Chomskys Sprachanalyse entwickelten Begriff von Freiheit und geistiger Produktivität widerlegt. Chomskys Kritik setzt an der methodischen Beschränkung des Behaviorismus auf das Gelernte an, das den universelleren »Begriff von Kompetenz« ignoriere: »Die Lerntheorie hat sich selbst auf einen engen und inadäquaten Begriff von dem, was gelernt wird, beschränkt – nämlich auf ein System von Stimulus-Response-Beziehungen, ein Netz von Assoziationen, ein Repertoire von Verhaltensweisen, eine Hierarchie von Gewohnheiten oder ein System von Dispositionen, unter spezifizierbaren Stimulusbedingungen in einer bestimmten Art zu reagieren ... Wie große Teile der modernen Linguistik und der modernen Sprachphilosophie, hat auch die behavioristische Psychologie ganz bewußt methodologische Restriktionen akzeptiert, welche die Untersuchung von Systemen mit der notwendigen Komplexität nicht mehr zulassen.«[66]

Der Behaviorist Skinner sieht unser gegenwärtiges Problem in einem Freiheitsanspruch des Menschen, der für ihn auf einer Fehlinterpretation des menschlichen Verhaltens beruht, das in Wirklichkeit nur eine Variable äußerer Konstanten sei. In »Beyond Freedom and Dingity« unternimmt Skinner den Versuch, Freiheit und Würde zu eliminieren, die für Skinner ohnehin unwissenschaftliche Kategorien sind. Aus den sachlichen Zwängen unserer Situation verlangt Skinner, den Menschen endgültig dem selbstgeschaffenen Apparat zu unterwerfen: »Unsere Kultur hat die Technologie und Wissenschaften, die sie zur Rettung ihrer selbst benötigt, hervorgebracht. Sie hat den für eine wirksame Aktion benötigten Reichtum. In einem beachtlichen Ausmaß beschäftigt sie sich mit ihrer eigenen Zukunft. Aber wenn sie weiter Freiheit und Menschenwürde als oberste Werte ihrem eigenen Überleben überordnet, ist es möglich, daß eine andere Kultur einen größeren Beitrag leisten wird.«[67]

Sieht man das Problem in der von partikularen Interessen aufrechterhaltenen Herrschaft sachlicher Zwänge über die grundlegenden Werte von Freiheit, Würde, Selbstbestimmung, wird die Fragwürdigkeit der Skinnerschen Anthropologie und damit die seiner Forderungen erst recht bewußt: Die erzwungene Anpassung der Menschen an die gesellschaftliche Realität begründet eine Anthropologie, welche die zwangsläufig entstehenden Widersprüche nun zum Anlaß nimmt, auch noch den Anspruch auf Menschlichkeit, die Hoffnung auf Überwindung aufzugeben.

Im Folgenden sei kurz die Möglichkeit einer praktischen Anwendung einer aus der Chomskyschen Analyse entwickelten Psychologie skizziert: Der Vergleich des Denkens, das Sprache und manuelle Arbeit bestimmen, bietet sich an. Sehr wahrscheinlich haben sich Sprachfähigkeit und handwerkliche Geschicklichkeit der Urmenschen etwa parallel entwickelt, da ihnen ähnliche mentale Vorgänge zugrunde liegen[68]: Es ist die Materialisierung einer Idee, ein Vorgang, der über die verschiedenen Stufen der Konkretisierung läuft und die Kenntnis möglicher Wege der Realisierung einschließt. Die Herstellung eines Faustkeils oder einer Steinaxt mußte ebenso von der klaren Vorstellung des fertigen Produktes ausgehen und die abstrakte Idee der Zwischenstufen einschließen wie die Mitteilung eines Gedankens durch Sprache. Mit der Bearbeitung wird aus dem rohen Steinklotz das gewünschte Produkt in ähnlicher Weise konkretisiert wie aus der abstrakten Idee über die verschiedenen Zwischenstufen der fertige Satz.

In der hochgradig arbeitsteiligen Wirtschaft der Gegenwart sind die menschlichen Produzenten von der Idee der Produkte nicht nur weitgehend abgeschnitten, indem sie weniger produzieren als reproduzieren, sondern auch, weil sie zur endlosen Wiederholung subjektiv bedeutungsloser Verrichtungen gezwungen sind. Die fortwährende Repetition bedeutungsloser Satzfetzen ohne eigentlichen Adressaten entspräche in etwa der Betätigung eines Fließbandarbeiters. Es wäre der endlos repetierte Satz »Bongo will Banane«.

Ungestörte Produktion

1. Vergangenheit

Die gesellschaftliche Funktion von Technik und Naturwissenschaft

Am Anfang der Industrialisierung in England stehen neue Techniken. Vor 1733 sind die Verhüttung des Eisens mit Hilfe von Koks, die primitive Dampfmaschine von Newcomen und Kays Weberschiffchen bekannt. Bis zur Jahrhundertwende kommen hinzu: Feinspinnmaschine, Bohrmaschine, verbesserte Dampfmaschine von Watt und Boulton, »spinning mule«, Reihensämaschine, Kattundruckmaschine, Puddelverfahren, Dreschmaschine und verbesserte Drehbank[70].

Es liegt nahe, in dieser Häufung von Erfindungen das Ergebnis der praktischen Anwendung neuer naturwissenschaftlicher Erkenntnisse zu sehen. Seit dem Ende des 17. Jahrhunderts wandte man sich in Europa einer systematischen Naturerforschung zu. In Frankreich wurde 1666 die Académie des Sciences, in England die Royal Society gegründet, deren in der Präambel ihrer Statuten niedergelegte Aufgabe die Mitglieder verpflichtete, »das Wissen über die Dinge der Natur, aller nützlichen Gewerbe, Industrien, mechanischen Verfahrensweisen, Maschinen und Erfindungen durch Experimente zu verbessern.«[71]

Trotz so deutlicher Hinweise fällt es schwer, Beziehungen zwischen den meist dem Handwerkerstand angehörenden Erfindern ohne wissenschaftliche Ausbildung und Kenntnisse und den gelehrten Mitgliedern der Royal Society und ihrer geistigen Welt herzustellen. Die Erfinder waren Praktiker. Werkstoffkenntnisse, handwerkliche Geschicklichkeit und das sichere Gespür für wirtschaftliche Anwendungsmöglichkeiten waren für ihre Erfindungen entscheidend und nicht theoretische Kenntnisse. Die Anwendung der Metallverhüttung liegt mehr als ein Jahrhundert vor der Aufklärung ihres chemischen Mechanismus, die der Verfahrenstechniken in den Textil-, Brau- und Färberindustrien erfolgt weit vor ihrer theoretischen Erklärung. Landwirtschaft, Kanalbau, Maschinenbau und die Mechanisierung der Stoffherstellung entstehen aus der Praxis, nicht aus der sehr viel später entwickelten Theorie. Newcomen, der Erfinder der ersten Dampfmaschine, ist Schmied, Watt Mechaniker, und namenlose Techniker entwickeln die Technologie der Metallbearbeitung – die auch eine der Hauptschwierigkeiten bei der wirtschaftlichen Anwendung der Dampfmaschine darstellt – und setzen die Dampfmaschine erstmals für den Antrieb von Schiffen und Werkzeugmaschinen ein[71].

Der Vergleich Englands mit dem Kontinent im 17. und 18. Jahrhundert zeigt, daß ein hohes Niveau der Naturwissenschaft in dieser Zeit unabhängig von einer entsprechenden technischen und industriellen Entwicklung ist. Auf dem Kontinent hatte die Entwicklung der Naturwissenschaften einen dem englischen vergleichbaren Stand erreicht. Frankreich war in einigen Disziplinen – Chemie, Biologie – ebenso führend wie in der Theorie des Bauwesens, der Herstellung von Farbstoffen, Glasuren, Lacken, Bleichverfahren. Der französische Chemiker Leblanc erfand das erste Verfahren zur Sodaherstellung. Doch konnte in Frankreich wie auch in anderen Staaten unter anderen politischen Konstellationen zwischen Monarchie, Adel, Bürgerschaft und Bauern vorerst keine der englischen vergleichbare Entwicklung einsetzen. Ein noch bemerkenswerteres Beispiel hohen wissenschaftlichen Niveaus ohne wirtschaftliche Nutzanwendung liefert China, dessen wissenschaftliche Mechanik der europäischen lange überlegen war, ohne daß es dies wirtschaftlich genutzt hätte. In dieser Anfangsphase der Industrialisierung dienten Naturwissenschaften und Techniken unterschiedlichen Zwecken und entwickelten sich daher unabhängig voneinander. Sie waren zwar beide »Waffen« des aufsteigenden Bürgertums in der politischen Auseinandersetzung mit dem Feudalismus, doch fand diese Konfrontation auf unterschiedlichen Ebenen statt.

Wirtschaftlich diente die industrielle Technik der Produktivitätssteigerung menschlicher Arbeit. Waren bis zu dieser Epoche der menschlichen Produktivität klare Grenzen gesetzt und größerer Reichtum nur durch Umverteilung einer absolut begrenzten Menge von Gütern oder Dienstleistungen möglich, so gelang es nun (ohne daß Raub, Unterdrückung und Ausbeutung dadurch geringer geworden wären), die absolute Menge der produzierten Güter und Dienstleistungen um Größenordnungen zu steigern. Die industrielle Technik war so das Instrument einer wirtschaftlichen Auflehnung des Bürgertums gegen eine Ordnung, »in der Macht und wirtschaftliche Möglichkeiten auf Grundbesitz basierten und von sozialen Gruppen monopolisiert wurden, deren Ideale im wesentlichen Krieg, Jagen und Beten hießen.«[72] An ihre Stelle traten Zweckmäßigkeit und Gewinn.

Auf der zweiten, der ideologischen Ebene wurde im 17. und 18. Jahrhundert, der Zeit der Industrialisierung in Europa, eine schon seit dem Mittelalter begonnene Auseinandersetzung fortgeführt und intensiviert. Die sich entwickelnde moderne Naturwissenschaft diente der Zerstörung der »theoretischen« Basis des Feudalismus in den mittelalterlichen Wissenschaften, nicht aber einer direkten ökonomischen Nutzanwendung. Naturwissenschaft war das Instrument, das den gesellschaftlichen Machtanspruch des Bürgertums ideologisch rechtfertigte, indem es den Wissenschaftsbegriff des Feudalismus ad absurdum führte. Wie Wolfgang Pohrt feststellt, heißt das nichts anderes, »als das Erkenntnisinteresse des modernen Wissenschaftlers als politisches zu bestimmen. Dafür spricht, flüchtet man nicht in die Konstruktion eines allgemeinen menschlichen, übergeschichtlichen Erkenntnisstrebens, daß es kaum andere als politische Gründe für die grenzenlose Bewunderung beispielsweise Newtons (in dieser Zeit) geben konnte.«[73]

Mit dem Sieg des Bürgertums wurde naturwissenschaftliche Forschung im 19. und besonders im 20. Jahrhundert zur wichtigen, vielleicht zur wichtigsten Produktivkraft. Doch verlor damit die bürgerliche Wissenschaft keineswegs ihren Anspruch gesellschaftspolitischer Neutralität, scheinbarer Objektivität, die sie so wirksam gegen die mittelalterliche Wissenschaft ins Feld geführt hatte. Vielmehr brachte sie diesen Anspruch als beachtliche Mitgift in die Liaison mit dem Wirtschaftsapparat ein.

Wirtschaftliche und legitimatorische Interessen einer Klasse vereinen sich so in jenem modernen Wechselbalg, den der heutige Forschungs- und Entwicklungsapparat als Beauftragter der widersprüchlichsten und unvereinbaren Interessen und zugleich in der Rolle eines Einzelinteressen übergeordneten Richters darstellt. Die einseitige Orientierung dieses Legislativ- und Judikativorgans der bürgerlichen Vernunft resultiert nicht nur aus dessen Nutzbarmachung im Sinn partikularer Interessen, sondern liegt, wie hervorgehoben werden soll, bereits in den Grundbegriffen des naturwissenschaftlichen Denkens als eines Machtanspruchs. Die aus der Zerstörung des mittelalterlichen Weltbildes stammende Tradition, nur das Meßbare als das Wahre gelten zu lassen und aus diesem Anspruch ein System unreflektiert zusammengestellter Partialwirklichkeiten zur Wirklichkeit zu erklären, ist heute weniger angefochten denn je.

Die gesellschaftspolitischen Folgen sind offenkundig. Aus der sehr konkreten Bedrohung der Reproduktionsfähigkeit der Gesellschaft durch den ungezügelten Kapitalverwertungsprozeß entstand die Notwendigkeit einer scheinbar von gesellschaftlichen Interessen unabhängigen Kontrolle. Spätestens mit der Umsetzung der Keynesschen Theorie in politische Praxis wurde jene Entwicklung eingeleitet, in der sich gesellschaftliche Interessenkonflikte nur noch in dem von der Wissenschaft zugelassenen Rahmen austrugen, das heißt innerhalb des Spielraums, der die Reproduktionsfähigkeit des Systems gewährleistete. Damit wurde Wissenschaft nicht nur zur ersten Produktivkraft, sondern auch zum obersten Schiedsrichter: nicht durch Gesetz, wohl aber Kraft ihres gesellschaftlichen Ansehens, ihrer scheinbaren Objektivität. Es entstand jene scheinbare Versachlichung der gesellschaftlichen Interessenkonflikte, bei der die Öffentlichkeit zunehmend aus den Entscheidungsvorgängen gedrängt, entpolitisiert werden mußte. Damit konnten die Konflikte von Interessenvertretern unter der stillschweigend akzeptierten Aufsicht der Wissenschaft innerhalb des von ihr als technisch möglich und wirtschaftlich sinnvoll Angegebenen ausgetragen werden. Sowohl die Entwicklung der Produktivkräfte als auch ihre Kontrolle fand unter den Auspizien der bürgerlichen Vernunft statt. Damit bewegte sich der Fortschritt zwangsläufig in Richtung des Homo oeconomicus, der sein Lebensziel auf dem Markt verwirklicht. Die Entwicklung wurde zusätzlich noch dadurch bestimmt, daß die wirtschaftliche und gesellschaftliche Entwicklung prinzipiell den Möglichkeiten ihres wissenschaftlichen Verständnisses voraneilte.

Die Spielregeln

Als Wissenschaft, die nach einem ihrer führenden Klassiker, Jean Baptiste Say, »nicht aus erdachten Systemen, aus willkürlichen Organisationsplänen, aus grundlosen Hypothesen, sondern aus der Erkenntnis der Tatsachen, deren Wirklichkeit sich nachweisen läßt, entsteht«[74], reflektiert die klassische Nationalökonomie eine im England der Industrialisierung schon teilweise realisierte wirtschaftliche und soziale Struktur. Schon etwa ein bis zwei Jahrhunderte vor der Industrialisierung beginnt sich in England die mittelalterliche Ordnung unter dem Druck des sich entwickelnden Kapitalismus aufzulösen. Wie Barrington Moore feststellt, ist »der Schlüssel zu der Situation in England . . ., daß sich das Wirtschaftsleben in der Stadt wie auf dem Land im 16. wie 17. Jahrhundert in der Hauptsache, wenn nicht ausschließlich, in *Opposition* zur Krone entwickelte.«[75]

War der absolutistische Staat eine auf göttlicher Autorität gegründete Institution mit einer festgefügten gesellschaftlichen Hierarchie, ist die kapitalistische Grundstruktur die eines Felds zentrifugaler Kräfte, das nur durch die vom Eigennutzen bestimmte Notwendigkeit des Warenaustauschs, in den auch die menschliche Arbeitskraft einbezogen ist, zusammengehalten wird.

In der Übergangsphase bekämpften sich nicht Theorien. Vielmehr wurde die alte Ordnung einer Wirtschaft, die der Einheit des sozialen Organismus zwar schlecht und ungerecht, aber doch so gedient hatte, daß jeder sein Auskommen und seinen festen Platz hatte, durch die wachsende Zahl derer unterminiert, die Kapital gewinnbringend in Handel und in eine für den Markt produzierende Landwirtschaft investierten. Es war jene etwa 200 Jahre währende Periode, in der zuvor gemeinsam besessener oder zumindest bewirtschafteter Boden privatisiert wurde und dies den Ausschluß der sozial Schwächeren aus dem Wirtschaftsprozeß bedeutete. Parallel wurden die auf den ländlichen sozialen Organismus bezogenen kooperativen Produktionsformen durch eine auf maximalen Kapitalnutzen zielende intensive Bewirtschaftung ersetzt. Technische und wirtschaftliche Verbesserungen wie bessere Düngung, neue Getreidearten, Fruchtwechsel und arbeitsparende großflächige Bewirtschaftung ließen Produktivität und Erträge schnell wachsen. Diese Verbesserungen setzten erhebliche Investitionen voraus, die die alte Ordnung nicht ermöglicht hatte.

Die sozialen Folgen waren für die betroffene Mehrheit der ländlichen Bevölkerung verheerend, indem Land, das zuvor vielen Menschen Lebensraum, Arbeit und Nahrung gegeben hatte, nun von wenigen Landarbeitern bewirtschaftet wurde. Kleine Bauern, die mit einem Haus, Stall, ein paar Tieren und dem Recht zur Bewirtschaftung von Äckern ausgestattet waren, wurden entweder abhängige Landarbeiter (und durften sich gegenüber der zweiten Gruppe noch glücklich schätzen) oder in größerer Zahl freigesetzt und zu Almosen- und Fürsorgeempfängern. Diese Gruppe bildete später das zur Industrialisierung benötigte Arbeitskräftereservoir. Die Verschlechterung der Lebensbedingungen großer Gruppen der ländlichen, später in der Industrialisierung auch der städtischen Bevölkerung, rechtfertigte sich aus der Perspektive der Besitzer der

Produktionsmittel mit der Steigerung des wirtschaftlichen Ertrages[76]. Doch versteht der frühe Liberalismus diese Auflösung der alten Wirtschafts- und Sozialordnung, die die Individuen umhüllte und schützte, auch als Erlösung von der (bisherigen) Geschichte und als Übergang zu einer Ordnung, in der die »Natur die Gesellschaft zur Fülle des Reichtums« führt, »die sich harmonisch über alle ergießt.«[77]

Der gesellschaftliche Hintergrund des Liberalismus ist bereits bei den Philosophen der englischen Aufklärung anzutreffen. Später findet sich die wirtschaftstheoretische Grundlage auch noch unserer »sozialen Marktwirtschaft« in Adam Smiths 1776 erschienenem »An Inquiry into the Nature and the Causes of the Wealth of Nations«. Smith postuliert, daß sich der Gesamtnutzen aus der (möglichst) unbehinderten Wechselwirkung der Einzelnutzen optimieren ließe. Für Smith sind zwar die Bedürfnisse des Individuums Motiv seiner wirtschaftlichen Aktivität, das Maß ist jedoch nicht der Bedarf, sondern die Arbeit: »Arbeit war der erste Preis, das erste Kaufgeld, das für alle Dinge gezahlt wurde. Nicht durch Gold oder Silber, sondern durch Arbeit wurde der Reichtum der Welt zuerst erworben; und sein Wert für die, die ihn besitzen und gegen andere Produkte austauschen wollen, entspricht genau der Arbeitsmenge, die sie damit erwerben oder kommandieren können.«[78] Hinsichtlich der Verteilung des »Wohlstands der Nationen« gibt sich Smith keinen Illusionen hin. Für ihn gilt: »Der Mensch muß von seiner Arbeit leben können, und sein Lohn muß zumindest ausreichen, ihn zu ernähren. Meist muß er sogar ein wenig höher sein, sonst hätte der Mann keine Möglichkeit, eine Familie zu gründen und durchzubringen, ein solches Arbeitergeschlecht würde die erste Generation nicht überdauern.«[78] ... »Es gibt keinen Parlamentsbeschluß gegen kollektive Bemühungen, den Preis der Arbeit zu senken, wohl aber viele solche Beschlüsse, gegen kollektive Bemühungen ihn zu erhöhen.«[79]

Die Wirtschaft ist zwar Quelle eines wachsenden Wohlstandes, dessen Verteilung richtet sich aber nach den Marktgesetzen und nicht nach den Bedürfnissen. Arbeiter sind variable Faktoren eines Systems, dessen starre Regeln sie zu austauschbaren Produktionsfaktoren machen. Ihre Existenz ist über die Funktion der Arbeit den Gesetzen von Angebot und Nachfrage unterworfen, diese schlagen sich über Lohn- und Nahrungsmittelpreise schließlich in der demographischen Entwicklung nieder.

Auch bei Ricardo, dem nach Smith wichtigsten Vertreter der klassischen Nationalökonomie, ist die Arbeit das Tauschmaß. Bei ihm ist der Lohn auf die landwirtschaftliche Urproduktion bezogen: »Die Arbeit hat, wie alle käuflichen und verkäuflichen Dinge, deren Marktpreis zu- oder abnehmen kann, ihren natürlichen und ihren Marktpreis. Der natürliche Preis der Arbeit ist jener Preis, der nötig ist, die Arbeiter instand zu setzen, sich zu erhalten und ihr Geschlecht fortzupflanzen ohne Vermehrung oder Verminderung.«[80] »Eine ständige Erhöhung des Arbeitslohnes ist nur möglich, wenn der Arbeiter davon Abstand nimmt, eine Familie zu gründen und einen Teil der erhöhten Löhne dazu verwendet, seine Lebenshaltung zu erhöhen.«[81]

Das Ausbleiben eines Lohndrucks infolge Bevölkerungsvermehrung ist für Ricardo ziemlich unwahrscheinlich; der Marktpreis der Arbeit wird sich langfristig dem natürlichen des Existenzminimums infolge Bevölkerungsvermehrung angleichen. Jede Lohnerhöhung über den natürlichen Preis hinaus zieht eine entsprechende biologische Vermehrung der Arbeiterschaft nach sich und damit erhöhten Nahrungsmittelbedarf. Da die fruchtbarsten Böden aber bereits bewirtschaftet sind, müssen weniger ergiebige mit erhöhtem Arbeitsaufwand bearbeitet werden. Die Folge ist ein Preisanstieg für alle Lebensmittel, da er vom Arbeitsäquivalent zur Produktion auf den unfruchtbarsten Böden bestimmt wird. Die Preiserhöhung kommt als Differentialrente den Besitzern der fruchtbareren Böden zugute. Mit dem Anstieg der Lebensmittelpreise müssen auch die das Existenzminimum repräsentierenden »natürlichen« Löhne zu Lasten des Kapitalprofits steigen. Das System stabilisiert sich an dem Punkt, an dem der Kapitalprofit so niedrig ist, daß kein weiteres Kapital gebildet werden kann, an dem der Arbeitsbedarf stagniert, und damit das Bevölkerungswachstum zum Ende kommt.

Die Lebensbedingungen

Der Industriebetrieb dieser Zeit unterscheidet sich von der älteren Manufaktur durch den Grad der Arbeitsteilung. Industrielle, stark arbeitsteilige Produktion erfordert gegenüber der Manufaktur wesentlich höhere Investitionen in Betriebsmittel. In seinem berühmten Beispiel der Nadelproduktion vergleicht Adam Smith die Leistung eines Arbeiters, der alle zur Herstellung einer Nadel erforderlichen Arbeitsgänge selbst durchführt, mit einer Produktion, in der auf jeden einzeln von vielen Arbeitern nur noch eine bis zwei Operationen entfallen, und errechnet eine mehrhundertfach gesteigerte Produktivität. Der Grad der Arbeitsteilung und Mechanisierung einer Produktion ist aber von der Größe des Marktes abhängig: »Da die Arbeitsteilung von der Möglichkeit zum Austausch bewirkt wird, muß das Ausmaß dieser Teilung immer durch das Ausmaß dieser Möglichkeit oder, mit anderen Worten, durch die Ausdehnung des Marktes begrenzt sein.«[82] Daraus ergeben sich zwei wichtige Konsequenzen für die frühe Industrialisierung: forcierte Kapitalakkumulation und machtpolitische Sicherung von Rohstoff- und Absatzmärkten.

In der Anfangsphase hat die Industrialisierung in England einen außerordentlichen Kapitalmangel zu überwinden. Die vermögenden Schichten der Grundbesitzer, des traditionsreichen Handels und die Banken fallen als Kapitalgeber aus. So muß sich die Industrialisierung, die von einer ursprünglich nicht sehr vermögenden Mittelschicht vorangetrieben wird, hauptsächlich aus den erwirtschafteten Gewinnen selbst finanzieren. Dennoch liegen die aus reinvestierten Gewinnen finanzierten Wachstumsraten von Unternehmen der Hüttenindustrie in der Größenordnung von jährlich 15 Prozent. Der Spitzenreiter McConnel and Kennedy steigert das Anfangskapital von 1770 Pfund in 15 Jahren zwischen 1795 und 1810 auf 88 375 Pfund[83].

Mit dem Wachstum der Produktion und der Produktivität werden größere Absatzmärkte unumgänglich. Bis zur Mitte des 19. Jahrhunderts, als technische und wirtschaftliche Überlegenheit sie konkurrenzlos machte, wächst die englische Industrie unter dem Schirm eines umfassenden staatlichen Protektionismus, der sich im Gegensatz zur Ideologie des internen Liberalismus befindet. Während der Expansion des 19. Jahrhunderts nimmt die Textilindustrie eine führende Rolle ein. Für sie liegen die großen Märkte der nordamerikanischen Kolonien und Osteuropas offen. Der Außenhandel wird durch Protektionismus, der bis zur Kriegsdrohung geht, unterstützt. Eine entscheidende Rolle bei der Entwicklung der britischen Baumwollindustrie spielt auch der Handel mit afrikanischen Sklaven, die gegen Baumwollzeug getauscht werden. In den 20 Jahren zwischen 1750 und 1770 verzehnfachen sich die britischen Baumwollexporte[84]. Mit der wirtschaftlichen Entwicklung verschärft sich nach dem Fall der Importzölle ab der Mitte des 19. Jahrhunderts der Druck des britischen Tuchhandels auf den kolonialen und halbkolonialen überseeischen Märkten, nun unter der Flagge des Freihandels.

Garantiert die Außenhandelspolitik die Rohstoff- und Absatzsicherung, muß die Ausbeutung der am Existenzminimum vegetierenden Arbeiterschaft der Gewinnsicherung dienen. In einer sachbezogenen Darstellung liest sich das folgendermaßen: »Das bedeutet eine Disziplin, für die das Leben auf dem Lande oder im Familienunternehmen die Menschen nicht vorbereitet; und, was immer man von ihrer Vereinbarkeit mit der Natur des Menschen halten mag: Wenn geeignete Arbeiterkader für die Industrie geschaffen werden sollen, ist eine große wirtschaftliche und soziale Investition nötig, um eine solche Arbeiterschaft zu entwickeln.«[85]

Somit ergeben sich die Folgen der ursprünglichen kapitalistischen Expansion auch aus den Anfangsbedingungen. Ausbeutung, Unterdrückung, Kolonialismus, Elend hatten neben den Vorteilen, die sie den Besitzern der Produktionsmittel brachten, die objektive Funktion, die notwendigen Voraussetzungen der wirtschaftlichen Expansion zu schaffen. Vergleichbar ist dieser Vorgang dem Terror der Stalinzeit als Periode der forcierten Industrialisierung unter den Bedingungen der Kapitalknappheit. Auch in Rußland regierten Drohung und Zwang, das Einkommen der arbeitenden Massen liegt nahe dem Existenzminimum. Der englische Kolonialismus hat seine russische Parallele in der Ausbeutung der Satellitenstaaten. Auf die Unabhängigkeit dieser Erscheinungen vom Gesellschaftssystem weist der marxistische Wirtschaftswissenschaftler Ernest Mandel, wenn er über die Stalinzeit schreibt: »Es stimmt zwar, daß die rasche Industrialisierung die Form einer ›ursprünglichen Akkumulation‹ annahm, die durch den gewaltsamen Konsumverzicht der Arbeiter und Bauern zustande kam, und daß sie genau wie die ursprüngliche Akkumulation des Kapitalismus durch die Vermehrung des Elends der Massen erkauft wurde. Jede beschleunigte Akkumulation kann indessen – außer im Falle umfangreicher ausländischer Unterstützung – nur durch Erhöhung des von den Erzeugern nicht konsumierten Mehrproduktes zustande kommen, ganz gleich, in welcher Gesellschaft ein solches Phänomen in Erscheinung tritt. Es haftet ihm nichts spezifisch Kapitalistisches an.«[86]

Zu Beginn des 19. Jahrhunderts entsteht in England massiver

Druck gegen diese extreme Form der Ausbeutung und Erniedrigung und erzwingt eine Reihe von Reformen. Die Liste der Reformen dieser Zeit ist ein eindrucksvolles Dokument der Lebensbedingungen der Industriearbeiterschaft in der Anfangsphase der Industrialisierung. Hier deutet sich an, daß die Tradition des kapitalistischen Industriesystems, durch Reformen und Lohnsteigerungen die Lebensbedingungen ständig zu verbessern, von einer allgemeinen Verelendung der unteren Schichten ausgeht, die erst durch die Industrialisierung hervorgerufen wurde:

— 1802 und 1815 Versuche, die Kinderarbeitszeit in den Baumwollfabriken zu reduzieren. Um 1815 sind wegen niedrigerer Löhne 50 Prozent der Beschäftigten in 48 Fabriken Kinder.

— 1831 Truck Act, schreibt die Lohnzahlung in bar vor, gegen die Praxis der Unternehmer, Löhne mit überhöht kalkulierten Naturalien zu entgelten.

— Althorp Act, verbietet Arbeit von Kindern unter 9 Jahren, schränkt die von Kindern zwischen 9 und 18 ein und verbietet Nachtarbeit für Kinder generell.

— 1842 Collieries Act, verbietet Arbeit von Kindern und Frauen unter Tage, wo sie wegen ihrer geringen Körpergröße zum Schieben von Grubenwagen eingesetzt wurden.

— 1847 Ten Hours Act, begrenzt die wöchentliche Arbeitszeit für Frauen und Kinder auf 58 Stunden und erlaubt täglich höchstens 10 Arbeitsstunden[87].

Man mag in Reformen, Lohnerhöhungen, Steigerungen des Lebensstandards etc. Gratifikationen einer sich entwickelnden Wirtschaft sehen oder aber (unzureichende) Konzessionen an den durch die Wirtschaft selbst erzeugten Druck. Die durch technischen und wirtschaftlichen Fortschritt möglich gewordenen Verbesserungen werden im späten 19. und im 20. Jahrhundert die Lebensbedingungen aller Bevölkerungsschichten in den kapitalistischen Industriestaaten in einem bis dahin unvorstellbaren Ausmaß verändern. Doch sind es stets Reaktionen und Anpassungen, nicht aber Ziele der wirtschaftlichen Veränderung, die ihren eigenen Gesetzen folgt. Wachsender Wohlstand hat stets Anpassung der Gesellschaft an die sich verändernde wirtschaftliche und technische Realität verlangt. Erst sekundär werden die zuvor vorhandenen oder erst ausgelösten Widersprüche durch Reform überbrückt.

Die geschichtliche Bedeutung technischen Fortschritts

Das Motiv wirtschaftlicher Aktivität der Unternehmer ist Profitstreben. Profit ist der die Entstehungs- und Vertriebskosten überschreitende Teil des Erlöses und diente in der Anfangsphase vor allem dem Aufbau und der Sicherung des Unternehmens, weniger dem persönlichen Konsum seines Eigentümers. Das Ziel waren der Ausbau der Anlagen, Mechanisierung, Vertiefung der Arbeitsteiligkeit zur Produktivitätssteigerung, Expansion, Absatzsicherung etc. Das Ergebnis ist Vermehrung des in den Anlagen und der Struktur des Unternehmens gebundenen Kapitals. Die Profitrate – das Verhältnis von Gewinn zum eingesetzten Kapital – ist das entscheidende Kriterium für den Unternehmer, Gewinne neu zu investieren: Ist sie groß, bringt das reinvestierte Kapital hohen Gewinn, ist sie klein, lohnt das unternehmerische Risiko nicht.

Alle wichtigen Theorien dieser Zeit gingen vom langfristigen Fall der Profitrate aus, und zwar mit folgender Begründung: Das verfügbare Kapital sucht sich zunächst die Produktionen mit der höchsten Profitrate. Sind diese Bedürfnisse befriedigt, so gibt es bei einer nicht wachsenden Bevölkerung nur noch Bedürfnisse, deren Befriedigung eine geringere Profitrate ergibt. Die hier reinvestierten Gewinne aus der ersten Runde bringen nur einen geringeren Ertrag, die aus der zweiten einen noch geringeren etc. Die Folge ist, daß Kapital und Gewinne zwar absolut steigen, die Profitrate aber langsam fällt. Ab einer gewissen Schwelle wird es dann für den Unternehmer uninteressant, Gewinne zu reinvestieren, da er primär nicht Bedarf befriedigen, sondern Gewinn machen möchte. Ricardo behandelt den Profit als Restgröße der volkswirtschaftlichen Bilanz, die nach Verteilung der Löhne und der Grundrenten übrigbleibt. Nach dem bereits beschriebenen Mechanismus setzt wirtschaftlicher Fortschritt eine Vermehrung der Arbeiterschaft in Gang, welche die Nahrungsmittelpreise und damit den »natürlichen Lohn« (der das Existenzminimum garantiert) steigen läßt. Schließlich wird ein Zustand erreicht, in dem das gesamte volkswirtschaftliche Mehrprodukt in den Taschen der Grundbesitzerklasse landet und die wirtschaftliche Expansion zum Erliegen kommt. Die Profitrate hat daher die Tendenz, gegen null zu sinken, ohne diesen Punkt je ganz zu erreichen, da der Wirtschaftsprozeß sonst zum Erliegen käme[88].

Anders als Ricardo begründet Marx das Gesetz vom tendenziellen Fall der Profitrate. Für ihn ist der im Kapitalismus verankerte Zwang entscheidend, das variable Kapital, die menschliche Arbeitskraft, durch konstantes, nämlich Maschinen, zu ersetzen: »Der Fall der Profitrate und beschleunigte Akkumulation sind insofern nur verschiedene Ausdrücke desselben Prozesses, als beide die Entwicklung der Produktivkräfte ausdrücken. Die Akkumulation ihrerseits beschleunigt den Fall der Profitrate, sofern mit ihr die Konzentration der Arbeiten auf großer Stufenleiter und damit eine höhere Zusammensetzung des Kapitals (Verhältnis von konstantem zu variablem Kapital – der Arbeitskraft, J. H.) gegeben ist. Andererseits beschleunigt der Fall der Profitrate wieder die Konzentration des Kapitals und seine Zentralisation durch die Enteignung der kleinen Kapitalisten, durch die Expropriierung der letzten Reste der unmittelbaren Produzenten, bei denen noch etwas zu expropriieren ist. Dadurch wird andrerseits die Akkumulation, der Masse nach, beschleunigt, obgleich mit der Profitrate die Rate der Akkumulation fällt.«[89]

Durch den Fall der Profitrate findet für Marx der Kapitalismus »an der Entwicklung der Produktivkräfte eine Schranke, ... die nichts mit der Produktion des Reichtums als solcher zu tun hat«, sondern aus dem Widerspruch zwischen kollektiver Erarbeitung und privater Aneignung des Reichtums resultiert und zur Überwindung des Kapitalismus aus Eigengesetzlichkeit führen wird: »Diese eigentümliche Schranke (der Profitrate J. H.) bezeugt die Beschränktheit und den nur historischen vorübergehenden Charakter der kapitalistischen Produktionsweise; bezeugt, daß sie keine für die Produktion des Reichtums absolute Produktionsweise ist, vielmehr mit seiner Fortentwicklung auf gewisser Stufe in Konflikt tritt.«[90]

Die Geschichte hat das Gesetz vom tendenziellen Fall der Profitrate als Schicksal des industriellen Kapitalismus widerlegt. In sich logisch, ignorierte das Gesetz die wirtschaftliche und gesellschaftliche Bedeutung eines technischen Fortschritts, der die auf geschichtliche Erfahrung bezogene Vorstellungskraft von Marx und Ricardo weit übertraf. Zu ihrer Zeit war die Größenordnung von späteren technischen und wissenschaftlichen Entwicklungen und ihrer wirtschaftlichen Konsequenz, die nach Samuelson »in den Industrienationen die quantitativ wichtigste Ursache des Wachstums war und noch ist«[91], einfach nicht vorstellbar. Nach Samuelson kann »weniger als die Hälfte der Zunahme der amerikanischen Arbeitsproduktivität und der Reallöhne ... der Zunahme des Kapitals selbst zugerechnet werden. Erheblich mehr als die Hälfte des Produktivitätsanstiegs scheint technischen Veränderungen zuzuschreiben zu sein – wissenschaftlichem und technischem Fortschritt, industriellen Verbesserungen sowie Verbesserungen des ›know-how‹ über Methoden des Management und der Ausbildung der Arbeitskräfte[92].«

Die von den Theoretikern des 19. Jahrhunderts, etwa von Malthus, vorausgesagte Verelendung bleibt ebenso aus wie das Ende des Kapitalismus. Der technische führt zum wirtschaftlichen Fortschritt, und nur aus diesem wiederum können die mit zunehmender Entwicklung wachsenden Aufwendungen zur Finanzierung der technischen und naturwissenschaftlichen Forschung bereitgestellt werden. Der technische und wissenschaftliche Fortschritt wird zum wichtigsten Wachstumsfaktor kapitalistischer wie sozialistischer Wirtschaftssysteme und ermöglicht die partielle Überwindung der Mißstände des 18. und 19. Jahrhunderts.

Die Wildwestmarktwirtschaft des frühindustriellen Liberalismus wurde zur sozialen Marktwirtschaft des Spätkapitalismus, in der nicht mehr ausschließlich wirtschaftliche Einzelinteressen die gesellschaftliche Entwicklung bestimmten und der Staat regulierend in die Konjunkturzyklen eingriff. Die Klassen der depravierten Arbeiter und der sie depravierenden Kapitalisten verschmolzen zur wirtschaftlichen und geistigen Kumpanei »formierter Gesellschaften« oder »great societys«, in der »konzertierende« Partner um wechselnd große Stücke des zu verteilenden Kuchens, des jährlichen Produktivitätszuwachses, pokern.

In den Industrieländern mehren sich die Symptome grundlegender Widersprüche des technischen und wirtschaftlichen Fortschritts, die hier mit Hinweis auf die Veränderung der Mortalitätstatistiken – auch als Ausdruck der psychischen Gefährdung –, der Umweltzerstörung und der Tendenz zur Erschöpfung wichtiger Rohstoffquellen bzw. anderer natürlicher Ressourcen nur angedeutet seien. 170 Jahre nach Malthus beschwört eine Studie über die wirtschaftlichen, hygienischen und demographischen Folgen globaler Entwicklungstrends die mehrfach totgesagten Malthusschen Gespenster, Hunger, Seuchen, Elend, für das 21. Jahrhundert[93].

Diese Bewußtseinslage ähnelt in manchem der zu Beginn des 19. Jahrhunderts, als man, noch mitten in der Expansion, deren

Grenzen zu ahnen glaubte. Dennoch ist die heutige Situation gewissermaßen die Umkehrung der damaligen: War das Denken des 19. Jahrhunderts durch die Unterschätzung oder Ignorierung der wirtschaftlichen Bedeutung des technischen Fortschritts befangen, spielt er bei uns die Rolle des stets verfügbaren deus ex machina, der immer, wenn es seiner bedarf, helfend aus der Kulisse steigt.

2. Gegenwart

Gründe des Wirtschaftswachstums

Die Wirklichkeit hat die Prognosen der Theoretiker widerlegt. Weder traf das Gesetz vom Fall der Profitrate die Realität der industriellen Entwicklung in Europa und Nordamerika noch hatten jene Demographen recht, die jede Erhöhung des Lebensstandards durch die folgende Bevölkerungsvermehrung aufgezehrt sehen wollten. Revolutionen zum Kommunismus fanden statt, jedoch nicht, wie von Marx vorausgesagt, in Industrie-, sondern in Agrarländern, da der Mechanismus der gesellschaftlichen Reproduktion in den kapitalistischen Industrieländern immer weniger Reibungsverluste aufwies. Das Problem der wirtschaftlichen Stagnation durch den Fall der Profitrate löste sich gewissermaßen von selbst, das der Krisenanfälligkeit des Kapitalismus wurde nach der Erfahrung der Weltwirtschaftskrise durch staatliche Steuerung der Konjunkturzyklen überwunden. Soziale Ungleichheit und Unsicherheit wurden zwar nicht beseitigt, jedoch auf ein Niveau angehoben, auf dem es den weniger Privilegierten nicht ratsam erscheint, sich der Marxschen Arbeitswerttheorie zu erinnern.

Voraussetzung dieser Stabilität war und ist wirtschaftliches Wachstum. Nur unter Wachstumsbedingungen, der ständigen Verbesserung der materiellen Lebensbedingungen auch für die Masse, war die gesellschaftliche und wirtschaftliche Stabilität gesichert. Die relative Einschränkung der Unternehmermacht ließ sich durch Wachstum und Konzentrationsprozesse, also über das Wachstum der absoluten Macht, leicht verschmerzen, ebenso wie der relative Rückgang des Unternehmeranteils am Mehrwert infolge höherer Löhne und verbesserter Sozialleistungen mit dem absoluten Anstieg mehr als kompensiert wurde. Aus einem fast regelmäßig nachwachsenden Kuchen konnte sich jeder der Sozialpartner ebenso regelmäßig mit größeren Stücken bedienen, ohne dadurch den Anteil der anderen zu gefährden. Und sicher war der Respekt vor dem Appetit der Partner ein nicht unbedeutender Grund für die Beschleunigung des Wachstums.

Die gegenwärtigen Wachstumsprobleme der Industrieländer rücken die Frage nach Notwendigkeit, Ursachen und Bedingungen des Wirtschaftswachstums in eine zentrale Position: Nur wenn geklärt werden kann, welches der gesellschaftliche und wirtschaftliche Hintergrund der Expansion ist, kann vorläufig zumindest gedanklich jener circulus vitiosus durchbrochen werden, in dem gesellschaftliche oder wirtschaftliche Subsysteme ihre partikularen Forderungen zu zentralen erklären und damit der Schwarze Peter reihum wandert, um sich dann in Luft aufzulösen. In dieser Situation fehlt es nicht an Vorschlägen zur »Humanisierung« der Gesellschaft, der Technik, der Arbeitswelt, der Freizeitwelt etc., wohl aber an Modellen, die die Subsysteme in Bezug zum Gesamtsystem setzen. Insofern als Wirtschaftswachstum die fundamentale Voraussetzung der Stabilität des kapitalistischen Industriesystems ist und auch in den gegenwärtigen sozialistischen Industriestaaten dazu geworden ist, soll zunächst die Frage nach den Ursachen des Wachstums geklärt werden.

Lesen wir zur Beantwortung der Frage »Warum Wirtschaftswachstum?« bei Samuelson, dem Nobelpreisträger für Wirtschaftswissenschaften, nach. Er führt folgende Gründe an:

1. Konkurrenz mit der Sowjetunion
2. Demonstration der Überlegenheit des Kapitalismus vor der dritten Welt
3. Finanzierung von Reformen
4. Materielle Güter als Weg zum Glück
5. Erziehung zu sozialem Verhalten durch wirtschaftliche Leistung, die eine Gemeinschaftsleistung ist[94].

Es ist offensichtlich, daß in dieser Liste – vielleicht mit Ausnahme des dritten – kein objektiver Grund angegeben wird, sondern Verschleierung und Ideologie die Feder führen: Auch ohne die Konkurrenz mit der Sowjetunion müßte es wirtschaftliches Wachstum im Kapitalismus geben. Die einzig überzeugenden Demonstrationen für die Entwicklungsländer sind nicht Wachstumsraten des Kapitalismus, sondern eine gerechtere internationale Wirtschaftsordnung. Materielle Güter im Rahmen der gegenwärtigen Produktions- und Konsumformen als Weg zum Glück entsprechen weniger der biologischen Disposition des Menschen als einer durch Kapitalverwertungszwänge bestimmten Erziehung dazu. Die gegenwärtigen Produktionsformen und die von ihnen ausgehenden Wirkungen sind eher geeignet, jedes soziale Verhalten zu zerstören, als es aufzubauen.

Die eigentlichen Ursachen des Wachstums liegen tiefer und leiten sich aus den Gesetzen des industriellen Kapitalismus ab. Zwei

Momente wirken zusammen: 1. der kontinuierlich induzierte technische und organisatorische Fortschritt, der die Produktivität einer Volkswirtschaft, d. h. das Verhältnis von Ertrag zu Aufwand, stetig wachsen läßt und 2. die Entscheidung der Unternehmer, einen Teil des jährlichen Gewinns neu zu investieren, bzw. die Sparentscheidung der Privatleute, die ebenfalls der Investitionstätigkeit der Unternehmen zugute kommt. Über diese Neuinvestitionen vergrößert sich das Potential der Wirtschaft zur Produktion von Gütern und Dienstleistungen. Während Konsum unproduktiven Verschleiß von Gütern bedeutet, der nur der Aufrechterhaltung des Bestehenden dient, vergrößern die Ersparnisse der Volkswirtschaft (als reinvestierte Gewinne) die Produktionskapazität über Investitionen in neue Anlagen, Forschungs- und Entwicklungsvorhaben, Organisation und in die Ausbildung von Menschen. Die Investition aller Ersparnisse zur Vergrößerung der Produktionskapazität ist nicht nur Frage der wirtschaftlichen Zweckmäßigkeit, sondern Gesetz. Das Ausbleiben der Reinvestition müßte nämlich diese Geldwerte vernichten. In diesem Fall würde das »Volkseinkommen bis auf den Punkt sinken, an dem unsere Volkswirtschaft keine Nettoersparnisse mehr hervorbrächte.«[95] Sowohl das Verbot, Ersparnisse zu bilden, als auch das, sie in Produktivkapital zu überführen, würde darüber hinaus mit dem kapitalistischen Grundprinzip der privaten Verfügung über Produktivkapital kollidieren. Somit ist der Zwang zum Wachstum im freien kapitalistischen Industriesystem institutionalisiert, soll nicht Massenarbeitslosigkeit die Folge von Stagnation sein.

Dieser Zusammenhang wird in zwei volkswirtschaftlichen Gesetzen, dem Multiplikator- und dem Akzeleratorprinzip, ausgedrückt. Das erste besagt, daß die Nettoinvestitionen (die über Ersatz verschlissener bzw. abgeschriebener Anlagen hinausgehenden Investitionen) eine kurzfristige Steigerung des Volkseinkommens bewirken, die ein Mehrfaches der ursprünglich investierten Summen beträgt. Umgekehrt würde das Ausbleiben der Nettoinvestitionen das Volkseinkommen bis auf jenen Punkt sinken lassen, an dem die Volkswirtschaft keine weiteren Ersparnisse hervorbringen könnte – die Folge wäre Arbeitslosigkeit. Das Akzeleratorprinzip verstärkt diesen Expansionszwang. Es besagt, daß der Verbrauch ständig wachsen muß, um die Investitionsrate *nur* auf der gleichen Höhe zu halten und damit Vollbeschäftigung zu garantieren[96].

Dieses Gleichgewicht zwischen Ersparnissen und Nettoinvestitionen ist außerordentlich labil. Jahrzehntelang gefährdeten periodisch auftretende, teilweise sehr ernste Wirtschaftskrisen die Stabilität der kapitalistischen Wirtschaft, da die private Investitionstätigkeit der Unternehmer nicht ausreichte und Massenarbeitslosigkeit und gesellschaftliche Instabilität auslöste. Inzwischen gleicht die staatliche Wirtschaftspolitik derartige Krisen durch antizyklische Investitionen und die Zinspolitik des Zentralbankrats aus. In Perioden überschäumender Konjunktur muß der Staat zur Vermeidung von Inflation die Investitionsneigung drosseln, in Rezessionsphasen erleichtern und notfalls unterstützen. Samuelson: »Was den Anreiz zum Investieren betrifft, so ruht unser System im Schoße der Götter ... Eine freie Marktwirtschaft kann aus sich heraus nicht gewährleisten, falls keine darauf abzielende Politik betrieben wird, daß stets so viele Investitionen getätigt werden wie notwendig sind, um Vollbeschäftigung zu erhalten.«[97] Nach Keynes, der aus der Erfahrung der Wirtschaftskrisen in der ersten Hälfte dieses Jahrhunderts die staatliche Interventionspolitik entworfen hatte, sollte die Politik »verhindern, daß es jemals wieder eine solche Katastrophe gab wie 1930. Neu war, daß ... man schon eine verlangsamte Zunahme, nicht erst einen absoluten Rückgang der Produktion mit bedenklicher Miene betrachtete.«[98]

Und in diesem Expansionsdruck liegt einer der zentralen Widersprüche der kapitalistischen Wirtschaft, die sich durch den freien Konsumentenwillen legitimieren möchte, diesen in Wirklichkeit jedoch nur als Feigenblatt ihres Reproduktionsapparats benötigt. Auf diesen ideologischen Widerspruch weist Winfried Vogt, wenn er schreibt: »Die Investitionsnachfrage bestimmt die Höhe des Sozialprodukts und gleichzeitig die Höhe des Konsums. Deutlicher als in der Anleitung des Gleichgewichtseinkommens aus autonomen Investitionen in der Multiplikatortheorie kann die tatsächliche Verkehrung der Konsumentensouveränität kaum formuliert werden. Nicht umsonst ist Keynes in das heftige Schußfeuer der Neoliberalen geraten, die mindestens geahnt haben, wie tödlich die Wahrheit seiner Theorie für ihr eigenes Gedankengebäude sein würde.«[99]

Um die Erkenntnis des Wachstumszwangs in der kapitalistischen Wirtschaft geschichtlich zu legitimieren, bemüht E. D. Domar Marx: »Der Gedanke, daß die Erhaltung der Vollbeschäftigung in einer kapitalistischen Wirtschaft wachsendes Einkommen verlangt, geht mindestens bis auf Marx zurück ... Es wurde unterstellt, daß das Arbeitspotential und seine Produktivität gemäß der einen oder anderen Formel zunehmen und daß das Volkseinkommen mit der sich daraus ergebenden Rate wachsen muß, wenn die Vollbeschäftigung erhalten bleiben soll ... Es ist klar, ein Einkommensniveau, das vor fünf Jahren Vollbeschäftigung garantiert hätte, würde heute beträchtliche Arbeitslosigkeit hervorrufen.«[100]

Unter Wirtschaftswissenschaftlern herrscht über keinen Punkt so uneingeschränkt Einigkeit, wie über den der Notwendigkeit des Wachstums unter kapitalistischen Bedingungen. H. König schreibt in seiner Einleitung der Monographie »Wachstum und Entwicklung der Wirtschaft«: »Wirtschaftspolitik und Wirtschaftstheorie haben in der Nachkriegszeit eine entscheidende Wende erlebt. Der klassische Zielkatalog der Wirtschaftspolitik – Vollbeschäftigung, Zahlungsbilanzausgleich, Preisniveaustabilität und soziale Gerechtigkeit – wurde durch das Konzept des stetigen Wachstums ergänzt ... Ohne Übertreibung kann man feststellen, daß kein anderer Gegenstand der Wirtschaftstheorie in einer derart kurzen Zeit eine solche intensive Beschäftigung erfahren hat wie die Wachstumstheorie. Ob das Wachstum der Wachstumsmodelle bald sein Ende finden wird, scheint uns in Anbetracht der Dringlichkeit der Lösungen langfristiger wirtschaftlicher Problemstellungen unwahrscheinlich.«[101]

Eine Betrachtung »langfristiger wirtschaftlicher Problemstellungen« würde, auch unter den Anhängern der verschiedensten Gesellschaftstheorien, vermutlich weitgehende Einigkeit ergeben: Ohne daß diese Liste Anspruch auf Vollständigkeit ergeben könnte, seien einige aufgezählt: das Elend der unterentwickelten Länder und die sogenannte Bevölkerungsexplosion, Armut und soziale Rückständigkeit auch in den reicheren Ländern, die materiellen Anlässe der sogenannten Wachstumsdebatte – Gefahr der Erschöpfung wichtiger Ressourcen und Umweltverschmutzung-Zivilisationskrankheiten und die Bedingungen des Arbeitens und Lebens.

Nun läßt sich nachweisen, daß die Mehrzahl dieser heutigen »langfristigen wirtschaftlichen Problemstellungen« ihre Entstehung erst dem verdankt, was die herrschende Nationalökonomie als notwendiges wirtschaftliches Wachstum apostrophiert. Auch hinter der Modernität des in jüngster Zeit so ausgiebig bemühten »qualitativen Wachstums« verbergen sich nur die alten Wachstumszwänge. Die der Expansion in den kapitalistischen Ländern immanenten Widersprüche und die Möglichkeit ihrer Regulierung, eben durch Wachstum – das nichts ist als eine permanente Flucht nach vorn –, sind Thema einer Wissenschaft, die den kritischen Bezug zum Gegenstand ihrer Untersuchung zugunsten des theoretischen oder praktischen Managements von Wachstumsproblemen aufgegeben hat. In den Worten von Sweezy hatte sie seit der »marginalistischen Revolution« der 1870er Jahre praktisch aufgehört..., wirkliche Wissenschaft zu sein und (war) statt dessen zu einer apologetischen Ideologie geworden...«[102]

Somit bleibt offizielle ökonomische Kritik stets in der ideologischen Linie des Systems, das Detailkritik als einzig praktikable anerkennt, nicht aber Überprüfung der grundlegenden Postulate zuläßt. Denn diese sind ja ideologisch durch die Sachzwänge abgesichert. Für Winfried Vogt ist das Gesamtgebäude des Liberalismus unter der Last seiner Veränderungen längst zerbrochen: »Aber die herrschende Theorie baut unbeeindruckt auf den Ruinen, in denen sie die festen Mauern der alten Ordnung vermutet, mit erheblichem intellektuellem Einsatz ungeheuer komplizierte schöne Gebilde: eine bizarre Traumwelt ohne Konzeption und Fundament.«[103]

Mögen auch die Besitzverhältnisse und die Entscheidungsbefugnisse in den entwickelten Industrieländern des Ostblocks von denen des kapitalistischen Westens verschieden sein, so herrschen auch nach Übernahme der Produktivkräfte und der Produktionsentscheidungen in staatliche Regie prinzipiell ähnliche Verhältnisse. Der ehemalige Wirtschaftsminister der CSSR, Ota Šik, konstatiert, daß in der UdSSR »trotz aller entgegengesetzten subjektiven revolutionären Absichten... der Stand der Produktivkräfte das Entstehen eines Systems (erzwang), das nur die (dort) nichterfüllten Aufgaben des Kapitalismus beschleunigt nachholen konnte (nämlich der Industrialisierung). Es konnte aber nicht die Widersprüche der kapitalistischen Gesellschaft nach sozialistischen Prinzipien überwinden, sondern führte bestimmte kapitalistische Entwicklungsprozesse und Wesenszüge in der Form eines absoluten, bürokratischen Staatsmonopolismus ad absurdum.«[104]

Unabhängig davon, wie man die Folgen bewerten möchte, kann festgehalten werden, daß unter den Bedingungen des demokratischen Kapitalismus das Wachstum der industriellen Wirtschaft notwendige Voraussetzung der Vollbeschäftigung und damit der gesellschaftlichen Stabilität ist. Ein ähnlicher Wachstumszwang regiert die gegenwärtigen entwickelten sozialistischen Industriegesellschaften insofern, als in ihnen mit den gleichen Techniken produziert wird und die wachstumsorientierten Spar- und Investitionsentscheidungen lediglich zentralisiert (und mit der Schwächung des Marktes weniger effektiv) wurden. Somit geht das Argument, moderne Industriegesellschaften seien ohne Wirtschaftswachstum, ohne die ständige Vergrößerung ihres Ausstoßes an Gütern und Dienstleistungen nicht denkbar, am Kern der Frage vorbei: Sie sind es nicht unter den gegenwärtigen politischen Bedingungen. Denkbar sind grundsätzlich andere Wirtschaftssysteme ohne die beschriebenen Wachstumszwänge durchaus. Nur sind diese primär nicht an Verlagerungen in der Produktionspalette oder »soft technologies« gebunden, sondern an grundlegendere Veränderungen.

Forschung und Entwicklung (FE) als Wirtschaftsfaktoren

Die Erkenntnis, daß »wissenschaftlicher und technischer Fortschritt die quantitativ wichtigste Ursache des Wachstums war und noch ist« und daß im »Westen als Ganzes die Tendenz zum Absinken des Zinses infolge von absinkenden Grenzerträgen durch den technischen Fortschritt gerade ausgeglichen worden ist«[105], läßt die technische Innovation zum wichtigsten Faktor der wirtschaftlichen und damit gesellschaftlichen Entwicklung werden. So stellt der Forschungsbericht der Bundesregierung fest: »Forschungspolitik ist ein Teil der gesamten Politik; Forschungsförderung muß sich deshalb in die übergeordneten Ziele, besonders der Gesellschafts- und Wirtschaftspolitik, einfügen.« . . .»Ziele und Stellenwert der Forschungspolitik bestimmen sich daher aus ihrer Verbindung mit der Bildungspolitik, der Sozial-, Wirtschafts- und Strukturpolitik, der Agrar- und Ernährungspolitik, der Gesundheits- und Umweltpolitik, aber auch der Europapolitik, Entwicklungspolitik, Außen- und Verteidigungspolitik. Daneben setzt die Forschungspolitik der Bundesregierung neue Akzente zur Verbesserung der Lebensbedingungen.«[106]

Mit der industriellen Entwicklung nimmt auch die Bedeutung von technischem und ökonomischem Können und Wissen und damit die zielbewußte Förderung des Ausbildungsstands breiter Bevölkerungsschichten zu: »Ohne Kapital in Form von Schulen, Universitäten, Forschungsinstituten und am Arbeitsplatz selbst ist die Rate des technischen Fortschritts so minimal, daß wir sie zumindest auf Dauer praktisch Null setzen können ... Der größte Teil des technischen Fortschritts ist induziert.«[107] »Es gibt also eine vom Standpunkt der Steigerung der Arbeitsqualität aus optimale Aufteilung der Gesamtinvestitionen auf ›Investitionen im Menschen‹ (Forschung und Lehre) und Investitionen in Produktionskapital im eigentlichen Sinn ... Die Gleichgewichts-Wachstumsrate ist auch im ›goldenen Zeitalter‹ mit wirtschaftspolitischen Mitteln beeinflußbar, zwar nicht durch die Investitionsquote, aber durch die Investitionsstruktur, nämlich durch den Aufteilungssatz der Gesamtinvestitionen auf Forschung und Lehre einerseits und unmittelbare Produktionskapazität andrerseits.«[107] Manfred P. Wahl, Vorstandsmitglied der IBM in Deutschland und Inhaber mehrerer Gastlehrstühle an wirtschaftswissenschaftlichen Fakultäten, fordert von der Forschungspolitik »die langfristige und nachhaltige Sicherung eines hohen wirtschaftlichen Wachstums ... Die Schwerpunkte sind auf diejenigen Projekte zu legen, die langfristig die höchste Zuwachsrate erwarten lassen. Dies ist die normale Wirtschaftlichkeitsberechnung einer Investition.«[108]

Wie etwa der Vergleich Japans mit den USA deutlich demonstriert, wäre es demnach falsch, das Verhältnis zwischen wirtschaftlichen Wachstumsraten einer Volkswirtschaft und ihrem relativen FE-Aufwand direkt proportional zu setzen. Technisches Wissen läßt sich importieren. Wie neuere Untersuchungen andeuten, ist der wirtschaftliche Vorgang der Einführung und der Diffusion neuer Technologien entscheidender als die Ergiebigkeit der Forschung[109], [110]. Für den Zusammenhang zwischen wirtschaftlichem Wachstum und dem technologischen Potential einer Volkswirtschaft wären somit wirtschaftliche und gesellschaftliche Faktoren von noch größerer Bedeutung als das FE Potential (Management, Verfügbarkeit von Kapital, Größe der Absatzmärkte, Größe der Unternehmen, Innovationsbereitschaft der Gesellschaft, Struktur des Arbeitsmarktes). Ein Vergleich dieser Zusammenhänge im Auftrag der dritten Konferenz der Minister für Wissenschaft und Forschung der OECD-Mitgliedsstaaten führt technologische Differenzen weit weniger auf ein fehlendes naturwissenschaftliches und technologisches Potential einzelner Länder als auf die Fähigkeit, Erfindungen in Innovationen umzusetzen, zurück. Die Innovationsschwäche Europas bei sich rasch verändernden Technologien sei ein ökonomisches und organisatorisches Problem, nicht aber eines des technischen und wissenschaftlichen Potentials[111].

Während für einzelne Länder ein direkter Zusammenhang zwischen eigenständigem FE-Aufwand und relativer Wachstumsrate aus den erwähnten Gründen nicht existiert, gibt es derartige Korrelationen auf der Ebene der Unternehmen oder der Branchen durchaus. Eine der wichtigsten Möglichkeiten zur Sicherung der relativen Position in einer insgesamt expandierenden Wirtschaft und der internationalen Wettbewerbsfähigkeit liegt in der Förderung der betrieblichen FE.

Dominierende Kriterien für die von privatwirtschaftlichen Unternehmen aus eigenen Mitteln betriebenen FE-Vorhaben sind, wie Jürgen Senger feststellt, geringes Ertragsrisiko, große private Aneigenbarkeit, geringe Reifezeit und eine hohe Ertragsrate. Nach Senger ist die Erfolgswahrscheinlichkeit der privatwirtschaftlich finanzierten FE-Projekte 50 Prozent und mehr und die durchschnittlich erwartete Ertragsrate über 30 Prozent. In der Mehrzahl dieser Fälle wird ein schneller Abschluß mit Profiteffekt innerhalb von 5 Jahren erwartet[112].

Das führt, in Sengers Darstellung, zu einem bescheidenen »Informationsgewinn«; in 41 Prozent aller Fälle sind die Produkt- oder Prozeßverbesserungen gering. Werden wirkliche Neuerungen erzielt, so überwiegend als neue Produkte (37 Prozent), weniger als neue Produktionsverfahren (22 Prozent) mit produktivitätssteigerndem Effekt[112]. Somit schlagen sich die gesellschaftlichen Folgen privatwirtschaftlicher FE-Investitionen überwiegend im permanenten Produktwechsel nieder und weniger in Produktivitätssteigerungen. Als Folge muß ständig Nachfrage erzeugt werden. Ergänzt wird diese Struktur der privatwirtschaftlich finanzierten FE durch staatliche Förderung von Projekten, die in Privatunternehmen betrieben werden. Hier füllt der Staat überwiegend die in den Unternehmen entstehenden Lücken, indem er dort subventioniert, wo es für den Unternehmer nicht lohnen würde oder das Risiko zu groß wäre: in der Grundlagenforschung und zu einem geringeren Teil in der angewandten Forschung[112].

Diese Orientierung privatwirtschaftlich betriebener FE an Kapitalverwertungszwängen, die sich nicht gesellschaftlich legitimiert, spiegelt sich besonders deutlich im »management by objectives«, einer Strategie zeitgemäßer Unternehmensführung. In ihr wird der FE-Etat durch den geplanten Umsatz und Gewinn bestimmt. Dazu setzt man die Erfahrungswerte der Produktivität des FE-Apparats in Beziehung zur Erwartung der zukünftigen Produktionspalette und des Ausstoßes und bestimmt über die Größe des Forschungsapparats die Zahl der pro Zeiteinheit zu entwickelnden Produkte, die nötig sind, um das geplante Wachstumssoll zu erfüllen.

In den USA und in Großbritannien herrscht zwischen 1935 und 1965 ein fast lineares Verhältnis zwischen den FE-Aufwendungen und der relativen Position 16 führender Branchen im Wachstumsprozeß: Die Branchen mit dem größten FE-Anteil am Umsatz, wie Flugzeugbau und Elektronik, wuchsen am schnellsten, während am unteren Ende der Tabelle die Branchen mit dem relativ niedrigsten FE-Anteil lagen: Papiererzeugung, Nahrungsmittelverarbeitung, Holz- und Möbelindustrie sowie Textil und Bekleidung.

Die Verlagerung der Industrieforschung zu größeren Unternehmen ist Folge der wachsenden Aufwendungen, die das Risiko des Scheiterns einzelner FE-Projekte häufig für kleinere Unternehmen unerträglich machen. Eine entscheidende Rolle spielt auch die zunehmende Komplexität der FE-Arbeit, die Arbeitsteilung und Spezialisierung. 1965 entfallen in den USA auf die 100 größten Unternehmen mit einem Umsatzanteil von 50 Prozent bereits 80 Prozent der FE-Aufwendungen der ganzen Industrie.

Die absolut wachsende Bedeutung von FE in allen Industrieländern zeigt sich in den seit dem 2. Weltkrieg stark zunehmenden Anteilen am Sozialprodukt. W. Hill schätzt, daß der FE-Anteil am Sozialprodukt zwischen 1945 und 1965 in den USA von 0,7 auf 3,1 Prozent zunahm. Er gibt an, daß in den letzten 25 Jahren mehr für FE ausgegeben wurden als in der ganzen Zeit davor[113].

Diese in allen Industrieländern zu beobachtende Steigerung des FE-Anteils am Sozialprodukt kann als zunehmende Schwierigkeit interpretiert werden, Wirtschaftswachstum durch neue oder bessere Technologien zu »erkaufen«. Auf der gegenwärtigen Stufe der wirtschaftlichen und technologischen Entwicklung müssen Leistungen, die von der Natur oder der Erde früher kostenlos erbracht wurden, nun in menschliche Regie übernommen werden. Meist sind aufwendige Forschungsprojekte die Vorstufe. Als Beispiele seien die FE-Probleme bei der Sicherung der Energieversorgung (Brüterreaktor), Schutzvorrichtungen für Abgase, Lärm, Abwässer etc. genannt. Dazu kommt, daß die neuen Technologien im allgemeinen wesentlich komplexer als frühere sind und daher ihre Entwicklung in Relation zum späteren wirtschaftlichen Erfolg einen höheren Aufwand erfordert. So zeigt sich das Wirken des Ertragsgesetzes auf dem Sektor der Wirtschaftlichkeit von FE: Von einer bestimmten Entwicklungsstufe an, die überschritten zu sein scheint, lassen sich die Ergebnisse zwar weiter vermehren, jedoch nur mit überproportional wachsendem Aufwand.

Wenn die zur Zukunftssicherung wichtigsten FE-Projekte die finanziellen Möglichkeiten auch der heutigen Mammutunternehmen überschreiten, avanciert der Staat zum bevorzugten und gelegentlich einzigen Förderer dieser Vorhaben. Die Liste der FE-Subventionen aus öffentlichen Mitteln zeigt deutliche Präferenzen zugunsten aufwendiger Projekte von langfristiger wirtschaftlicher und militärischer Bedeutung: 87 Prozent von 1971 insgesamt 4,4 Mrd. DM staatlicher FE-Subvention in der Bundesrepublik entfielen auf: Kernforschung, Weltraumforschung, Rüstungsforschung, Forschung über industrielle und landwirtschaftliche Produktivität, Datenverarbeitung und Automation. Dagegen standen nur 13 Prozent für Bereiche zur Verfügung, in denen eine spätere Kommerzialisierung nicht oder nur in geringem Maß möglich ist: Umweltforschung, Gesundheitswesen, Sozial- und Humanwissenschaften[114].

Werden die rund 7,7 Milliarden DM, die 1971 in der Bundesrepublik die gewerbliche Wirtschaft für FE aufbrachte[115], einbezogen, entfallen von rund 12 Milliarden DM, die insgesamt in diesem Jahr für die Förderung spezieller Vorhaben aufgewendet wurden, (dazu kommen noch 3,4 Mrd. allgemeine Forschungsförderung hauptsächlich an den Hochschulen), 11,5 Mrd. DM oder 96 Prozent der Mittel auf Projekte militärischer oder unmittelbarer kommerzieller Orientierung*.

Die Technologien der Kernspaltung und ihre militärische und wirtschaftliche Nutzanwendung, die der Datenverarbeitung und Automation, der Luftfahrt, die Radar- und die Weltraumtechnik etc. hätten ihr heutiges Niveau nie ohne staatliche Subventionen und militärische Aufträge erreicht. In diesen Bereichen avanciert

---

* Die mir verfügbaren Daten erlauben eine derartige Behauptung eigentlich nicht. So können in den FE-Aufwendungen der Industrie Maßnahmen zum Umweltschutz versteckt sein, während mit den Ausgaben für Sozial- und Humanwissenschaften durchaus auch kommerzielle Projekte gefördert werden können. Korrekturen wären angebracht, würden aber das Verhältnis nicht wesentlich verschieben.

der Staat zum wichtigsten Geldgeber für Forschungsvorhaben und garantiert auch noch den gewinnbringenden Absatz der Produktion. Wie der Streit um die internationale Verbreitung von Farbfernsehsystemen, der Druck auf andere Regierungen zur Anschaffung bestimmter militärischer Ausrüstungsgegenstände, Flugzeugtypen etc. zeigt, wird der Staat auch zum Lobbyisten einzelner privatwirtschaftlicher Unternehmen. Dort, wo es in der Wirtschaft an Mitteln oder Initiative fehlt, Schlüsseltechnologien der Zukunft zu entwickeln oder sieche und international nicht konkurrenzfähige Branchen am Leben erhalten werden sollen (Luftfahrtindustrie in der BRD), wird FE mit öffentlichen Mitteln subventioniert. Dazu stellt der Forschungsbericht der Bundesregierung fest: »Mit ihren Maßnahmen will die Bundesregierung wichtige Teilbereiche der Industrieforschung zeitlich begrenzt unterstützen. Sie sieht es im gesamtwirtschaftlichen Interesse als unerläßlich an, die Zukunftsorientierung dieser Forschung zumindest in den wichtigen Sektoren deutlich zu verbessern.«[116]

Der hohe Kapitalaufwand zur Entwicklung und Einführung neuer Technologien läßt erstens den Einfluß der Großunternehmen und des Staates für die Richtunggebung des technischen Fortschritts ständig wachsen, verlangt zweitens die Verteilung der hohen Entwicklungskosten auf möglichst große Stückzahlen und damit Massenproduktion (bzw. einen enormen Druck zur Anfertigung einer ausreichend großen Stückzahl zum Erreichen der Rentabilitätsschwelle) und erfordert drittens die möglichst störungsfreie Abnahme der Produkte durch den Markt. Das in FE investierte Kapital läßt das Risiko eines ungeplanten und ungesteuerten Absatzes unerträglich werden, verlangt also eine sorgfältige Planung und Steuerung der Nachfrage.

Eine besondere Rolle in der Propagierung und Subventionierung privatwirtschaftlich betriebener FE in forschungsintensiven Innovationsbereichen – weitgehend außerhalb des Gesichtsfeldes der Öffentlichkeit und jenseits effektiver demokratischer oder administrativer Kontrolle – spielt die Rüstungsforschung. Nach offiziellen Angaben werden zwar nur (!) etwa 20 Prozent aller öffentlichen FE-Ausgaben für Rüstungsforschung verwandt, doch bedürften gerade diese offiziellen Angaben einer erheblichen Korrektur nach oben. Unter Berücksichtigung der militärischen Aspekte offiziell anders deklarierter öffentlicher FE-Subventionen (z. B. Luftfahrtindustrie) gelangt man in der Bundesrepublik auf einen

Anteil von etwa 45 Prozent Rüstungsforschung an den FE-Aufwendungen der staatlichen Organe[117].

Wie Jürgen Albrecht in seinem Aufsatz »Prioritäten in der Rüstungsforschung«[117] feststellt, dominieren gerade in diesem Bereich unreflektierte privatwirtschaftliche Kapitalverwertungszwänge wie bei kaum einem anderen Wirtschaftszweig. Das Fehlen einer durchgehenden und rationalisierbaren militärischen Konzeption – was nach Albrecht angesichts der Nuklearkapazität der Supermächte durchaus verständlich ist – führt zu häufigen Wechseln in der Konzeption. Die gesamtgesellschaftliche Orientierungslosigkeit dieser erheblichen öffentlichen Aufwendungen wird ergänzt durch das systematische Unterlaufen der administrativen Steuerung und Kontrolle. Die Folge ist eine statistische Mißerfolgsquote der Rüstungsforschung von über 50 Prozent, die nur mit freiem Unternehmertum vereinbar ist, weil die Risiken (inklusive beachtlicher Gewinne, auch im Fall des Mißerfolgs) voll vergesellschaftet sind.

Bildung als Wirtschaftsfaktor

Von den drei Gründen für Investitionen in die Ausbildung der Wirtschaftssubjekte – Bildung als Instrument 1. geistiger Emanzipation, 2. des Ausgleichs der gesellschaftlichen Ungleichheit und 3. des industriellen Potentials – hat der dritte sicher Priorität. Bildung wird zur entscheidenden Voraussetzung der Verwirklichung technisch-wirtschaftlicher Projekte, indem sie erstens eine breite intellektuelle Basis installiert, auf dieser Basis Pyramiden spezialisierter technischer und wissenschaftlicher Kenntnisse und Fähigkeiten aufbaut und zweitens die in Industriesystemen besonders wichtige Einstimmung und Gleichschaltung der Ziele und Wertvorstellungen fördert. Als nicht substituierbarem Universalrohstoff der Industriegesellschaft kommt dem so geformten Intellekt allenfalls noch Energie gleich.

»Berücksichtigt man, daß sowohl die Quantität als auch die Qualität der Innovationen in starkem Maß vom Ausbildungsniveau der Bevölkerung abhängen, gelangt man zu dem Schluß, daß dem Ausbildungswesen bei der Verbesserung der Wachstumsfaktoren die höchste Prioritätenstufe einzuräumen ist.«[118] Und in dieser Situation wird auch das intellektuelle Potential bisher vernachlässigter Bevölkerungsgruppen entdeckt: Waren bisher die Kinder von 56 Prozent der Bevölkerung – Arbeitern, Handwerkern und kleinen Angestellten – an den Universitäten mit nur 7,5 Prozent vertreten[119], so fordert man nun die systematische Erschließung dieser »Begabungsreserven«[120] und ist im Begriff, ein neues Proletariat zu schaffen, das akademisch gebildete der 80er Jahre.

Die Erschließung dieser »Begabungsreserven« muß sich am gesellschaftlichen Bedarf orientieren. Und da diesen wirtschaftliche und technische Rationalität regieren, hat sich die Bildungsplanung darauf einzustellen. So meint Karl Steinbuch: »Je enger unsere Überlegungen zur Bildungsplanung mit derartigen Prognosen (über den Technikerbedarf der Zukunft) verwoben werden, desto wahrscheinlicher ist es, daß die Bildungspolitik nicht an der zukünftigen Realität vorbeiplant«[121] – und bedauert, daß »Bildungsplanung in der Bundesrepublik Deutschland nicht von Optimismus getragen« ist wie in den USA, wo die American Society for Engineering Education fordert: »Neue Prognosen von Bildungsexperten, Regierungsinstanzen und Berufsgruppen stimmen darin überein, daß die gesellschaftlichen Bedürfnisse in der Zukunft nur durch Ingenieurs- und Technikerkapazitäten befriedigt werden können, die bisher unvorstellbar waren.«[122]

Der individuelle Lernprozeß hat sich durch die Erfordernisse zukünftiger Technologien zu motivieren, und je früher das im Leben eines Kindes beginnt, desto besser, da nach Steinbuch »die moderne Lernpsychologie (zeigt), daß die Anforderungen im frühen Kindesalter die Entwicklung der Leistungsmotivation bestimmen.«[123]

Der Wunsch des Vorsitzenden des Bundestagsausschusses für Bildung und Wissenschaft, U. Lohmar, die »jungen Wissenschaftler unseres Landes« auf einen Leistungswettbewerb mit denen anderer Länder zu verpflichten, ist ein erster – wenn auch ziemlich naiver – Schritt zur Installierung einer Weltmeisterschaft des Intellekts. Zur statistischen Erfassung der Zuwachsraten des technischen Wissens würde sich die Zahl der jährlichen Veröffentlichungen und Patente, gewissermaßen als Bruttowissensprodukt einer Volkswirtschaft, anbieten. Lohmar: »Daß man den jungen Wissenschaftlern unseres Landes gemeinsame Ziele setzen kann, die sie anspornen, sie dazu verpflichten, anderen überlegen und nicht nur etwas besser als bisher zu sein.«[124]

Die Steuerung der Bildung durch die technische und ökonomische Rationalität gipfelt in der Forderung, die Kritik an der Gesellschaft und den sie bestimmenden Gesetzen habe zu unterbleiben, da die freie Benutzung des Verstandes den Rahmen der gesellschaftlichen Erwartungen sprenge und die Universitäten sich endlich als das begreifen sollen, was sie seien: »Bedarfsdeckungsinstitutionen«.

Die Entwicklung des Intellekts pervertiert zum intellektuellen Leistungszwang: »Die Bildungsrevolution sorgt für ihre Fortsetzung. Den gleichen Bildungsstand wie den des Vaters zu erhalten, bedeutet heutzutage üblicherweise, sich mit niedrigerem beruflichem Status abfinden zu müssen. Gerade die Tatsache, daß in den USA so viele junge Leute einen hohen Bildungsstand erreicht haben oder zur Zeit erreichen, zwingt auch Indifferentere, wollen sie nicht ins Hintertreffen geraten, in den Bildungswettbewerb einzutreten.«[125]

Die Funktion, die der Ausbildungszeit von der Gesellschaft zuerkannt wird, äußert sich im Erstaunen und in der Besorgnis über »die Entwicklung« bei Schülern, Lehrlingen und Studenten. Das zeigt, wie sehr man Bildung mit Ausbildung, im Sinn einer unkritischen Anpassung an die unreflektiert angebotenen gesellschaftlichen Wertvorstellungen, gleichsetzt. Die Bildungsstätten werden als Exklaven verstanden, in denen ein noch nicht in den Produktionsprozeß einfügbarer bzw. eingefügter Teil der Bevölkerung sich auf seine spätere Nutzanwendung vorzubereiten hat. Die Enttäuschung über den Fehlschlag dieser Art von Sozialisation ist groß, wenn die Betroffenen den Erfüllungsvorschriften der Gesellschaft nicht nachkommen, sondern zunächst das System, das ihnen diesen vermeintlichen Freiheitsraum schafft, in Frage stellen.

Noch heute umgibt sich die Bildungsinstitution, die letztlich schon längst nur noch den intellektuellen Rohstoff für die »Anforderungen der industriellen Leistungsgesellschaft« vorbereitet, mit der idealistischen Aura, zur »Kritikfähigkeit, zur Selbstbestimmung und zur Emanzipation«[126] zu führen und verstrickt sich damit zwangsläufig in Widersprüche.

»Eine ›Bildung‹, die in erster Linie Vehikel (oder auch nur Begleiterscheinung) der gesellschaftlichen Verteilerprozesse ist, taugt dazu nicht nur nicht, sie betrügt auch um die erforderliche Anstrengung zur Freiheit«, sagt v. Hentig und schlägt vor, unter diesen Umständen den Betrug zu beenden, damit die Bürger »sich ihre Erziehung zur Selbstbestimmung und Politik woanders suchen können«.[127]

Bedarf und Konsum

Eine demokratische Legitimation findet die kapitalistische Marktwirtschaft in der These, der Ausgleich von Angebot und Nachfrage sei das Ergebnis des demokratischsten aller Vorgänge: einer Abstimmung, die nicht nur alle vier Jahre an der Urne, sondern täglich an der Ladenkasse stattfände. Das Argument der durch das Portemonnaie vermittelten Basisdemokratie ist ökonomisch tief verwurzelt. So meint Samuelson: »Die erste Frage, welche Güter produziert werden, wird durch die Wahl der Verbraucher bestimmt. Unser Verbraucher geht nicht nur alle zwei Jahre an die Wahlurne, er wählt tagtäglich. Er wählt, indem er sich entscheidet, das und jenes zu kaufen ... Die Dollar ›Stimmabgaben‹ wirken auf die Preise ein; die Preise bestimmen letztlich die Produktionsmengen der einzelnen Güter.«[128]

Auch Ota Šik, der den »dritten Weg« – neben Kapitalismus und staatlich monopolisierter Planwirtschaft der Ostblockstaaten – sucht und sich beiden Systemen gegenüber kritisch wähnt, glaubt, daß unter den gegenwärtigen Bedingungen des Kapitalismus die Produktion sich gegenüber dem Bedarf nur vorübergehend verselbständigen könne: »Eben weil die stärksten Monopolisten dennoch nie absolute Monopolisten sind und stets mit einer – zumindest potentiellen – Konkurrenz rechnen müssen, können die einzelnen Firmen ... jeweils nur vorübergehend und in einem beschränkten Ausmaß gegen die wesentliche Richtung der Bedürfnisentwicklung produzieren. Sobald sie in einem größeren Ausmaß Produkte liefern, die der Bedürfnisentwicklung qualitativ und quantitativ nicht entsprechen, können sie diese trotz intensivster Werbung und psychologischer Beeinflussung der Konsumenten nicht verkaufen.«[129]

Doch sollte man berücksichtigen, daß die jeweilige subjektive Bedarfslage auch aus einer psychischen Prägung entsteht, in die, neben direkter Bedürfnismanipulation, auch die Lebens- und Arbeitsbedingungen einfließen, die von eben den Gesetzmäßigkeiten der Produktion und der Kapitalverwertung bestimmt werden. Insofern bedeutet die Deckung von Angebot und Nachfrage noch keinen Persilschein für die Autonomie dieses Ausgleichs der Konsumentenwünsche, vielmehr müssen die gesellschaftlichen Bedingungen, unter denen er stattfindet, einbezogen werden.

Diese Werbeausgaben der Industrie – 1968 in der Bundesrepublik immerhin 15 Milliarden DM oder 250 DM pro Kopf der Bevölkerung[130] – werden zwar nicht mit der Notwendigkeit, den Konsum insgesamt zu steigern, begründet, wohl aber mit dem Wettbewerb der einzelnen Marken, etwa: »Die umfangreiche Waschmittelwerbung zielt ... mehr auf die Festigung des Absatzes einer bestimmten Marke ab als auf die Verbreitung der Waschmittelverwendung und größerer Hygiene.«[131]

Es mag richtig sein, daß Meister Proper das Schicksal der anderen Marken gleichgültig ist, sofern er die Speerspitze des Reinlichkeitskultes darstellt. Ebenso sicher ist wohl aber auch, daß die kumulierte Wirkung aller Bemühungen das Über-Ich der Hausfrauen auf Weich- oder Weißmacher zu prägen, diese tatsächlich weichmacht und sich positiv auf die Umsatzentwicklung der Branche und negativ auf den Sauerstoffhaushalt der Flüsse auswirkt.

Doch liegt die entscheidendere Frage weniger in der Kontroverse, ob Werbung geeignet sei, die ohnehin systemimmanente ökonomische Expansion des Konsums voranzutreiben oder nur den Absatz einzelner Marken zu stabilisieren. Ihre grundlegendere Wirkung sehe ich in der Prägung des geistigen Klimas, die Menschen auf Selbstfindung und Selbstverwirklichung durch bestimmte, der jeweiligen wirtschaftlichen Situation entsprechende Konsumformen zu binden. Und dafür, daß sich mit wachsender Sättigung des Konsumgütermarktes nicht nur die Methoden verfeinern, sondern auch der Anspruch der Wirtschaft, den »ganzen Menschen« zu besitzen, wächst, gibt es genügend Beispiele. Ging es vor einigen Jahren noch ausschließlich um den Verkauf von Autos, Kühlschränken oder Wohnungseinrichtungen, also Gegenständen, in denen sich auch ein gewisser Gebrauchswert widerspiegelt, zeigen sich zunehmend Tendenzen, das Kaufen an sich zum Zweck zu machen: Fußgängerzonen, die ausschließlich aus Geschäften bestehen, und sogenannte Freizeitzentren, in denen Freizeit synonym ist für Kauf- und Konsumzeit. Die Selbstverständlichkeit, mit der sich diese Veränderungen durch die Menschen hindurch vollziehen, ist nicht zuletzt das Ergebnis der jahrelangen kumulierten Bemühungen der Werbung.

Henri Lefebvre vergleicht die Werberhetorik mit Literatur: »Das literarische Werk appelliert an dieselben Verfahren wie die Werbetexte. Es hat dieselbe metaphorische Funktion: das Uninteressante ›leidenschaftlich‹ (ohne Leidenschaft) zu machen, das Alltägliche ins Imaginäre zu übertragen, den Verbraucher und die Verbraucherin zu zwingen, das Lächeln des Glücks zu hissen. In jedes tägliche Leben . . . führen die Texte alle möglichen täglichen Leben ein und etwas mehr als das tägliche Leben: das verrückte (oder für verrückt gehaltene) Leben der Olympier, das mögliche Glück[132].« Im Gegensatz zur Literatur steht jedoch in der Werbung vor dem Text nicht die Subjektivität der persönlichen Erfahrung, sondern das systematische und wissenschaftlich durchgeführte Abklopfen der menschlichen Psyche auf Risse und Nahtstellen, die, als Schwachstellen erkannt, die Ansatzpunkte zu ihrer systematischen Steuerung liefern. Von der Literatur unterscheidet die Werbung, daß Subjektivität und Zufall ausgeschaltet werden, auch wenn das bisher nicht immer und nicht vollständig gelingt: »Um etwas über menschliches Verhalten zu erfahren, ist es daher u. a. wichtig zu wissen, unter welchen Bedingungen sich die Realität im Bewußtsein bestimmter Menschengruppen abbildet. Die Kenntnis der Abbildungsmechanismen der Realität bedeutet ›Herrschaftswissen‹ . . . das erfolgreiche Strategien zur Beeinflussung menschlichen Verhaltens ermöglicht . . . Die konsequente Anwendung der Feldtheorie in Marketing und Werbung führt einen Schritt weiter zur Manipulierbarkeit und indirekten Beeinflussung von Zielgruppen, besonders dann, wenn die empirischen Methoden und Techniken der Marktforschung, der Media und Sozialforschung eine volle Operationalisierung . . . herbeiführt.«[133]

Die Einführung von Fertig- und Tiefkühlkost in der Bundesrepublik liefert ein Beispiel für die erfolgreiche Manipulation des Verbrauchers, zumal diesem Angebot, wie das ursprüngliche Scheitern der Einführung zeigt, kein Bedarf gegenüberstand. Die aus den USA übernommene Produktidee der Arbeitsersparnis bekam zunächst durch die deutschen Hausfrauen eine deutliche Abfuhr. Wie eine nachfolgende Untersuchung zeigte, maß die deutsche Hausfrau die Qualität des Essens, das sie ihrer Familie vorsetzte, an ihrem eigenen Arbeitsaufwand. Dieses Wissen veranlaßte die Anpassung der Werbung und der Produkte an die deutsche Mentalität: Im Vordergrund der Aussagen stand nun die Qualität, und die Produkte wurden durch zusätzliche, wenn auch überflüssige Arbeitsgänge zur Zubereitung »aufgewertet«.[134]

Oberflächlich betrachtet, ließe sich das Beispiel sogar als Beweis für die psychische Stabilität der deutschen Hausfrauen ausschlachten. Doch das eben wäre falsch. Die Manipulation wählte nur einen Umweg, um zum Ziel zu gelangen. Anstatt die Psyche der Hausfrau umzukrempeln, was sehr viel schwieriger und aufwendiger gewesen wäre, wurde sie unterlaufen: Es war nur notwendig, die auf ihre psychische Prägung passende Motivation zu liefern, um die Ladenkasse klingeln zu lassen.

Die Kritik an der Bedarfsmanipulation sollte jedoch nicht verführen, in dieser oder jener Konsumform das Ergebnis von »Konsumterror« zu wittern. In großen Zügen stimmt innerhalb des bestehenden Systems das Angebot im Prinzip mit dem subjektiven Bedarf überein. Da auch die objektiv überflüssigen oder schädlichen Güter eine subjektive Funktion erfüllen, wäre es unzulässig (wenn auch mit Einschränkungen), einzelne Produkte herauszugreifen und sie als überflüssig zu erklären. Sie sind es zumindest in dem Maße nicht, wie sie Vermittler psychischer Bewegungen sind, die sich auf die soziale Struktur des Systems, das sie hervorgebracht hat, beziehen. Falsch wäre jedoch, daraus ein objektives, gewissermaßen natürliches Bedürfnis zu konstruieren.

Dieser überflüssige und objektiv teilweise schädliche Konsum ist zu einem wichtigen integrierenden Faktor der bisherigen Industriesysteme, unabhängig von ihrer gesellschaftspolitischen Orientierung, geworden. Ihre Abwesenheit erzeugt, wie das Beispiel einiger industriell entwickelter Volksdemokratien zeigt, Friktionen, die gegenwärtig noch durch Unterdrückung reguliert werden müssen, in dem Maß aber verschwinden werden, in dem »westliche Konsumformen« sich durchsetzen können.

So decken sich auf dem Markt Angebot und Nachfrage nicht nur der Bedürfnisse, sondern mehr noch der Illusionen. Zu seiner einen Hälfte ist man Produzent, zur anderen Konsument vorprogrammierter Befriedigungen. Den Erfordernissen der Wirtschaft entsprechend, hat man sich aktiv oder passiv der Dynamik des Systems anzupassen. »Der moderne anpassungswillige Verbraucher beteiligt sich nicht nur intensiv am Marktgeschehen, er paßt auch sein Verhalten den qualitativen Anforderungen der Situation an. Er unterstützt damit die Ausbreitung und Anwendung neuer Technologien und Lebensstile.«[135] Daß im Vordergrund der Ausbreitung und Anwendung neuer Technologien nicht der Bedarf, sondern der Kapitalverwertungszwang der Wirtschaft steht, wird auch von den zitierten Autoren nicht bestritten: »Würde die massive Befriedigung von Bedürfnissen und Wünschen unvermeidlich zur Saturierung führen, so würde sich die Prosperität ihr eigenes Grab schaufeln.«[136]

Und hier spielt auch die Werbung eine entscheidende Rolle. Führen wir als letztes und überzeugendes Beispiel das einer Branche an, von der erwartet werden müßte, daß sie für einen echten Bedarf produziere und allenfalls informieren, nicht aber werben müsse: die Pharmaindustrie. Nach Angaben des Präsidenten des Bundeskartellamtes gaben die führenden Pharmahersteller in der Bundesrepublik etwa 10 Prozent ihres Umsatzes für Forschung und Entwicklung, aber 25 bis 40 Prozent für Werbung und Verkaufsförderung aus[137]. Ginge es nur darum, jedem Leidenden das richtige Medikament zuzuführen, würde mit Sicherheit ein Bruchteil dieser Summen genügen. Statt dessen werden Leiden mit großem Werbeaufwand kreiert, indem man sie nicht an den Ursachen bekämpft, die vielfach keine medikamentöse Behandlung erforderten, sondern nur die Symptome unterdrückt und damit häufig weitere Schäden und weiteren Bedarf induziert.

Insgesamt wuchsen zwischen 1962 und 1968 die Werbeaufwendungen der Industrie in der Bundesrepublik um rund 20 Prozent schneller als das Bruttosozialprodukt. Auch hier zeigt sich der abnehmende Ertragszuwachs: Gleiche Steigerungsraten des Bruttosozialproduktes lassen sich nur mit höherem Aufwand zur Beeinflussung des Verbrauchs erkaufen. 1968 lagen die Werbeausgaben in der Bundesrepublik um 13 Prozent über den Aufwendungen von Bund, Ländern und Gemeinden für den Unterricht. In jeden 100 DM, die der Verbraucher für Konsumgüter ausgab, erstattete er Produzenten und Händlern der Güter 5 DM, die zumindest teilweise dazu dienten, erst jene Wünsche zu wecken oder zu steuern, die als naturgegeben hingestellt sind.

Repräsentative Demokratie

Entpolitisierung der Öffentlichkeit ist die Voraussetzung der Herrschaft von Experten und Verbänden. Mit dem Votum der Bürger läßt sich die Demokratie in regelmäßigen Abständen das Feigenblatt der Legitimation durch das Wahlvolk vorhalten, das die Entwicklung zu bestimmen meint. Der Wähler entscheidet über austauschbare Führungsgarnituren. Die ihm angebotenen Entscheidungskriterien reichen kaum über Leerformeln hinaus, wie Lebensqualität, soziale Gerechtigkeit, Sicherheit, Solidarität, deren humane Unverbindlichkeit den kleinsten gemeinsamen Nenner einer größtmöglichen Identifikation darstellt. Angesichts der Gleichförmigkeit der Programme und mangels sachlicher Alternativen werden die Wahlkämpfe zu Materialschlachten der Werbeagenturen und zu Selbstdarstellungsorgien der führenden Politiker. Freundlich lächelnde Patriarchen, weise Staatsmänner, sportliche Reformer werden mit großem Aufwand plakatiert. Ihre Mienen deuten an, daß es weniger um die Sache als um Sympathie geht. Da müssen mal wieder die richtigen Männer ran, werden Weichen mit Vernunft gestellt, Vernunft hat Vorfahrt, Pünktchen werden gesetzt oder alte Zöpfe abgeschnitten.

Hinter dem offenen und mit sportlichem Einsatz absolvierten Geschäft mit der Dummheit der Wähler verbirgt sich das praktische Wissen um die Fragilität des technischen und wirtschaftlichen Apparats. Er funktioniert eben dann am besten, da am ungestörtesten, wenn die Sachfragen auch von denjenigen reguliert werden, die legitimiert sind, sich ihrer als persönlicher Vehikel gesellschaftlicher Funktionen zu bedienen. Indem diese Sachentscheidungen mehr an individuelle als an kollektive Interessen gekoppelt sind, wird die Masse in die Rolle der schweigsamen Konsumenten von Politik gedrängt, derer man sich bei Bedarf auch noch in Form der schweigenden Mehrheit bedienen kann. Nichts kennzeichnet diese Rollenzuweisung besser als das Entsetzen des Präsidenten des Deutschen Atomforums, der durch Bürgerinitiativen gegen die Errichtung eines Atomkraftwerkes am Oberrhein sogar die Demokratie gefährdet sieht: »Daß 65 000 Menschen sich durch ihre Unterschrift gegen den Bau eines Kernkraftwerkes am Oberrhein ausgesprochen haben, ist ein alarmierendes Zeichen. Es bilden sich hier Ansätze zu einer Durchbrechung unseres im Grundgesetz verankerten und in der Praxis bewährten Systems der repräsentativen Demokratie, vor deren Folgen man nicht genug warnen kann.«[138]
Der einzelne Bürger muß, um die Reproduktion des Systems nicht zu gefährden, gerade aus den Planungsprozessen, die seine eigene Zukunft am stärksten prägen, ausgeschlossen werden: aus den Gremien über die Verteilung öffentlicher Mittel für Forschungsvorhaben (von den Entwicklungslabors der Industrie ganz zu schweigen), aus dem Mechanismus der Gesetzgebung und aus der Stadtplanung. Er hat Steuern zu bezahlen und sonst die Klappe zu halten. Die Kompetenzen in diesen entscheidenden Prozessen sind auf Organisationen übertragen, die weitgehend unter Ausschluß einer Mitarbeit und Kontrolle durch die Öffentlichkeit ar-

beiten. Wesentlich stärker als die Interessen jedes einzelnen sind in diesen Entscheidungsmechanismen Sachzwänge und Wirtschaftsinteressen berücksichtigt, oder die Interessenlage der Allgemeinheit wird so definiert, daß die vermeintlichen Sachzwänge an vorderster Stelle stehen. So wundert sich der Public-Relations-Mann einer Elektrizitätsgesellschaft, daß »selbst in Bevölkerungskreisen, die auf Grund ihrer Bildung (!) ernst genommen werden müssen, allmählich Forderungen nach Drosselung industrieller Expansion wachsende Resonanz« fänden[138].

Buchstäblich auf der Konsumentenstufe erschöpft sich der Einfluß des einzelnen. Er kann sich entscheiden, eine Partei nicht mehr zu wählen, wie er bestimmte Produkte nicht mehr kaufen muß. Doch sind die Möglichkeiten durch den Mangel an Alternativen und häufig auch an Einsicht beschränkt. Die Alternative von Akklamation oder der Ablehnung ist wenig fruchtbar, sie mündet in Passivität und Resignation.

Die Verdrängung latenter politischer Energien der Öffentlichkeit auf die Konsumentenstufe, wo sie sich in vom Markt vorbereitete Kanäle der Wünsche und Hoffnungen ergießt, wird von der Durchdringung der staatlichen Entscheidungsinstanzen mit den Argumenten der wirtschaftlichen und technischen Rationalität ergänzt. Sie manifestiert sich 1. im Einfluß der Wirtschaft und der Experten beim Entwurf und der Verabschiedung von Gesetzen, 2. in der Verwandlung der Parlamente in Akklamationsapparate zwischen Bürokratie und Verbänden, häufig unter Ausschluß der Öffentlichkeit, ausgehandelter Gesetzesentwürfe und 3. in der Rolle der Parlamentarier als Vertreter von Interessengruppen.

Die Entmachtung des Parlaments zum Vollzugsorgan zeigt sich in der Verteilung der Gesetzesinitiativen des 5. Bonner Bundestags auf verschiedene Initiatoren. 80 Prozent aller verabschiedeten Gesetze gingen auf Initiative der Exekutive zurück, während die Legislative als eigentlicher Gesetzgeber nur mit 18 Prozent und der Bundesrat mit 2 Prozent beteiligt waren. Noch deutlicher offenbart sich die Überlegenheit der Ministerialbürokratie in der Statistik der Erfolgsquoten der Entwürfe. Während von den Entwürfen, die von der Regierung vorgelegt wurden, 90 Prozent auch verabschiedet wurden, waren es von denen des Parlaments nur 36 Prozent[139].

Deutlicher noch wird diese Durchdringung der Gesetzgebung mit den Argumenten wirtschaftlicher und technischer Rationalität aus der Verbindung zwischen Ministerialbürokratie und Verbänden in der Vorbereitungsphase der Gesetzentwürfe. Der Einfluß der Verbände institutionalisiert sich im § 23 der Gemeinsamen Geschäftsordnung der Ministerien, nach dem die zuständigen Verbände angehört werden können (und meist auch werden), noch bevor Parlament oder Öffentlichkeit von Gesetzesvorhaben Kenntnis erhalten[140, 141].

Diese Einflußnahme der Verbände wird durch ihre Vertretung in Beiräten und Sachverständigenausschüssen bei der Ausführung von Gesetzen und bei der Rechtsprechung über das Anhörungsrecht verstärkt. Sie beraten die Ministerien, sind in Kommissionen und Ausschüssen vertreten, sprechen im Schul- und Bildungswesen mit etc.[142].

Die Institutionalisierung des Verbandseinflusses beruht auf der Idee einer Organisation gesellschaftlicher Interessen unterhalb der Regierungs- und Parlamentsebene. Das Einfließen einer Vielzahl organisierter Interessen in die Praxis der Gesetzgebung, Verwaltung und Planung, so die Theorie, wäre am besten geeignet, das gesamte Spektrum der gesellschaftlichen Interessen zu repräsentieren. Doch ist die Organisation partikularer Interessen gebunden 1. an die politische Aktivität, die für eine Mehrheit bewußt niedergehalten wird, und 2. an wirtschaftliche Macht. Das Ungleichgewicht der Interessenorganisation ist eklatant. So sind in den größten Wirtschaftsverbänden der Bundesrepublik, dem Bundesverband der Deutschen Industrie (BDI), 39 Spitzenverbände mit 390 Fachverbänden und 207 Landesverbänden zusammengeschlossen, und in der Bundesvereinigung der Deutschen Arbeitgeberverbände (BDA) und anderen Unternehmerverbänden werden in mehr als 5000 Büros etwa 30 000 Mitarbeiter beschäftigt[143].

Die Folge ist Unterrepräsentation breiter unorganisierter Bevölkerungsschichten im demokratischen System. Hier bleiben wichtige gesetzgeberische Aufgaben oft deswegen unerledigt, weil keine Organisation dahintersteht. Dem Urteil von André Gorz: »In Westeuropa und auf dem amerikanischen Kontinent gibt es kein Land mehr, in dem die gewählten Versammlungen noch eine demokratisch gewählte Konzeption der Gesellschaft und des Allgemeininteresses vertreten, die wichtigsten Entscheidungen nicht von Expertenausschüssen fernab jeder Öffentlichkeit getroffen werden und die parlamentarischen Debatten zu bedeutungslosen Zeremonien herabgesunken sind[144]«, entspricht das ironische Bekenntnis eines Bundestagsabgeordneten, »die Bundesregierung schließt mit den Verbänden einen Vertrag ab, der dann dem Parlament zur Ratifizierung vorgelegt« wird[145].

Innerhalb der parlamentarischen Arbeit äußert sich das Vordringen technischer und wirtschaftlicher Rationalität in der Verlagerung der eigentlichen Entscheidungen vom Plenum in die Ausschüsse. In der 5. Bonner Legislaturperiode stehen 247 Sitzungen des Plenums die fast zehnfache Zahl von Ausschußsitzungen gegenüber[146]. Das führt zu einem Übergewicht der Verbandsargumente, die nun von der Ministerialbürokratie mitvertreten werden.

In gleichem Sinn wirkt die Abhängigkeit der Abgeordneten als Interessenvertreter. Der Abgeordnete – nach Artikel 38 des Grundgesetzes »Vertreter des ganzen Volkes, an Aufträge und Weisungen nicht gebunden und nur seinem Gewissen unterworfen« – hat dann eine Chance, sich aus dem der Fraktionsführung unterworfenen Volk der Hinterbänkler hervorzuheben, wenn es ihm als Interessenvertreter eines mächtigen Verbandes gelingt, sich Unterstützung zu sichern[147]. Von etwa 20 Prozent der Abgeordneten waren derartige Abhängigkeiten bekannt[148], die wirkliche Ziffer dürfte deutlich höher liegen.

Der eklatante Widerspruch zwischen der demokratischen Theorie des Volks als Souverän und der politischen Praxis der Verbands- und Expertenherrschaft versteckt sich hinter der Rationalisierung des pluralistischen Interessenausgleichs. Hier schimmert noch Adam Smith' These von der unsichtbar ordnenden Hand durch. Doch steckt hinter dem Argument die Herrschaft handfester partikularer Wirtschaftsinteressen. Diese Herrschaft ist zwar nicht absolut, dominiert aber das gesellschaftliche Kräftefeld so weit, daß die Orientierung an anderen Prinzipien nur Reaktion, nicht aber Aktion ist; Anpassung, nicht aber Ziel. Das zeigt sich beispielsweise in einem wichtigen Gesetz zum Schutz der menschlichen Gesundheit von Lärm und Abgasen, dem Bundesimmissionsschutzgesetz, in dem Umweltschutz nur so weit berücksichtigt wird, wie technisch erfüllbar und wirtschaftlich vertretbar[149]. Und beide Einschränkungen werden bekanntlich von der Wirtschaft bestimmt. Aus der Logik des Systems entspricht die Manipulation des »Fortschritts« unter Ausschluß der Öffentlichkeit durchaus einer humanen Konzeption. Die Sachzwänge und die gesellschaftlichen Interessen verlangen eine »Fortschritt« konsumierende passive Öffentlichkeit. Nur unter dieser Bedingung kann sich der »Fortschritt«, von subjektiven Einwänden und Einschränkungen weitgehend befreit, objektiv und optimal entfalten. Das Ergebnis kommt ja, zumindest teilweise, wieder allen zugute: »Der moderne anpassungswillige Verbraucher beteiligt sich nicht nur intensiv am Marktgeschehen, er paßt auch sein Verhalten den qualitativen Anforderungen der Situation an. Er unterstützt damit die Ausbreitung und Anwendung neuer Technologien und Lebensstile.«[135]

Hätte der Bürger über detaillierte Entwicklungs- und Investitionsprogramme zu entscheiden, würden ihm wirklich Kontrollfunktionen zukommen, müßte damit das Ende des Industriesystems und des Kapitalismus eingeleitet sein. Die Empfindlichkeit gegen derartige Eingriffe zeigt folgende Episode: Eine Repräsentativbefragung der Bevölkerung zur Forschungspolitik der Bundesregierung ergab, daß eine Mehrheit der Verbesserung der Qualität des Lebens, Förderung der medizinischen Forschung, der Umweltforschung und der Bildung Priorität vor den gegenwärtig an der Spitze der Förderungsliste stehenden Bereichen gab, die an das untere Ende gesetzt wurden. Eine zweite Befragung von 150 Fachleuten der Forschungsförderung und 150 Studenten lieferte ein ähnliches Bild. Eine dritte Befragung von 100 Personen des öffentlichen Lebens, die überwiegend mit Forschung zu tun hatten, bestätigte die Ergebnisse der beiden vorangegangenen Befragungen: Auch hier standen Projekte zur Verbesserung der sozialen Situation im Vordergrund, Umwelt, soziale Mißstände. Nach Ansicht einer Mehrheit der Befragten ist die gegenwärtige Verteilung der Mittel, mit der Bevorzugung Atomforschung, Luft- und Raumfahrt und Rüstung gegenüber Gesundheitswesen, Umweltforschung, Forschung über Wohnungs- und Städtebau, unausgewogen[150].

Der Autor des Artikels, der über diese Erhebungen berichtet, folgert, daß trotz dieser Einhelligkeit der Meinungen die Ergebnisse keinen Schlüssel für die künftige Forschungspolitik liefern dürften, da es bei den bevorzugten Projekten von sozialem Nutzen nicht um die Gewinnung neuer Erkenntnisse gehe, sondern nur um die Durchsetzung bereits bekannter: »Wollte der Bundestag die Forschung künftig nach der Prioritätenskala der allgemeinen Wunschvorstellungen finanzieren, dann wären große Fehlentwicklungen unvermeidlich ... Forschung soll in erster Linie da gefördert werden, wo leistungsfähige Forscher oder Forscherteams einen wirklichen (!) Nutzen gewährleisten.«[150]

Sieht man davon ab, daß in diesem Fall Experten und Öffentlichkeit übereinstimmten und damit der Vorwurf der Überbewertung emotionaler zuungunsten sachlicher Argumente nicht gerechtfertigt wäre, muß man fragen, wie sich der »wirkliche Nutzen« von dem unterscheidet, der von Bevölkerung und Fachleuten gefordert wird. Wer bestimmt, wo der wirkliche Nutzen zu suchen ist, wenn nicht die Öffentlichkeit? Der Verdacht liegt nahe, daß mit »wirklichem Nutzen« der bestehende gemeint ist.

Daß dieser Ausschluß der Öffentlichkeit aus den Schaltzentralen der Entwicklung Prinzip der möglichst ungehinderten technischen und wirtschaftlichen Entwicklung ist und nicht nur auf Kapitalinteressen beruht, läßt sich an vielen Beispielen demonstrieren. Zitiert sei hier Karl Steinbuch, ein Naturwissenschaftler, der als Autor populärwissenschaftlicher Bücher dazu beitragen möchte, daß die »menschliche Art«, die vor »lebensgefährlichen Bedrohungen« steht, »nüchtern überlegt« und »entschlossen handelt«. Für ihn entstand diese Bedrohung hauptsächlich »durch mangelhaftes Verständnis der Technik und ihrer Folgen«. Seine Bücher beschäftigen sich mit einer Therapie: »Es geht bei der Kontrolle des technischen Fortschritts ... um die Organisation von Entscheidungsmechanismen, welche die als notwendig erkannte Kontrolle gegen Widerstände durchsetzt ... Andrerseits muß aber (und hier entstehen schwere Konflikte!) die Kontrolle der Technik verantwortungsbewußt geschehen. Durch die gegenwärtige Diskussion geistert die Vorstellung, man könnte die Kontrolle dadurch ›demokratisieren‹, daß man demoskopische Umfragen anstellt, wie viele Leute welches Vorhaben für wichtig halten ... Skepsis gegenüber solchen Vorhaben entsteht aus der Verantwortungslosigkeit, die derartige Befragungen begründen. Wer Verantwortung trägt und bereit ist, sein Verhalten später zu rechtfertigen, entscheidet anders als die anonyme Person X, deren Meinung zu einem Promille in das Befragungsergebnis eingeflossen ist.«[151]

Nicht weniger erstaunlich als das kaum verhüllte Bekenntnis zur Entmündigung des »verantwortungslosen« Bürgers durch den verantwortungsvollen Experten ist – angesichts der immer deutlicheren und zahlreicheren Beweise des Gegenteils – die Unverfrorenheit der Behauptung, Expertenwissen sei per se von gesellschaftlicher Verantwortung getragen. Damit soll nicht die Notwendigkeit von Expertenwissen bestritten werden, wohl aber der gesellschaftliche Führungsanspruch von Wissenschaftlern oder »Experten«.

3. Der Alltag

(Verdrängung von Widersprüchen)

Marktwirtschaft und Illusionen

Die wirtschaftliche und technische Entwicklung brachte auch für die Masse der in den kapitalistischen Industrieländern lebenden Bevölkerung beachtliche Einkommenssteigerungen und Arbeitszeitverkürzungen. Obwohl die sozialen Unterschiede eher zu- als abnahmen und obwohl auch Armut und Elend nicht eliminiert sind, bettet der kontinuierlich wachsende Wohlstand die Mehrheit fest in die Regeln des Systems. Diese Konformität mit den nicht nur als positiv empfundenen Lebens- und Arbeitsbedingungen kommt aus der Einsicht, alles müsse eben seinen Preis haben. Soziale Unterschiede werden aus der Erfahrung rationalisiert, daß sie nicht nur unvermeidbares Nebenprodukt der Entwicklung, sondern, über den Anreiz unternehmerischen Verhaltens, auch notwendige Voraussetzung jedes gesellschaftlichen Fortschritts seien. Gerade diese Ungleichheit, zusammen mit der beschränkten Durchlässigkeit, sei das vielleicht entscheidende Kriterium der »Freiheitlichkeit eines Systems«, in dem jeder seines eigenen Glückes Schmied sein müsse.

Die gegenwärtige wirtschaftliche und technologische Überlegenheit der kapitalistisch marktwirtschaftlichen gegenüber den sozialistisch planwirtschaftlichen Ländern wird benutzt, die Überlegenheit der kapitalistischen Koppelung sachlicher mit persönlichen, wirtschaftlichen Interessen, die notwendigerweise zur Ungleichheit führen müsse, zu demonstrieren. Zwar zeigt sich immer mehr, daß die den Kapitalinteressen aufgepfropften sachlichen Interessen nur noch zu einem geringen Teil sachlich begründbar sind. Doch das zählt wenig; die Reproduktion läuft vorerst noch reibungslos. Es dominieren partikulare vor kollektiven Interessen und Mechanismen der kurzfristigen Steigerung wirtschaftlicher Effizienz vor der langfristigen Zukunftssicherung.

Trotz der grundlegenden Übereinstimmung der Erwartungen mit den Erfüllungsmöglichkeiten treten Widersprüche auf. Bei einer verschwindenden Minderheit der Bevölkerung münden sie in politische Konfrontation. Bei der Mehrheit erzeugt die zunehmende

Diskrepanz zwischen der gesellschaftlich notwendigen Lebensführung und der individuellen Anpassungsfähigkeit nur die als schicksalhaft akzeptierten organischen oder psychischen Schäden, die das Resultat einer systematischen Abschiebung ihrer Ursachen ins Private sind.

Weit vor der Schwelle des erkennbar Pathologischen sucht sich das bewußte oder unbewußte Unbehagen seinen Ausweg in Gewohnheiten, die nicht nur wegen ihrer zunehmenden Verbreitung den Anschein des Normalen haben, sondern in den Rang unverzichtbarer Bedürfnisse *des* Menschen gerückt sind. Als Zeichen der Überlegenheit unseres Systems gilt die Möglichkeit, diese Kompensations- oder Verdrängungsbedürfnisse zu befriedigen durch eben jene wirtschaftlichen und gesellschaftlichen Bedingungen, denen sie ihre Entstehung erst verdanken.

Das im Alltag unfreie Individuum flüchtet sich aus der Beengtheit der Städte in die größere des Wochenendverkehrs. Die klischierte Vielfalt der Fernsehunterhaltung entschädigt für die Monotonie des Lebens. Die Möglichkeit, im Lotto zu gewinnen, führt zu wöchentlichen Spannungsmomenten und demonstriert gleichzeitig, daß den kleinen vom großen Mann nur ein wenig Glück trennt. Der von den Lebens- und Arbeitsbedingungen Deformierte findet Ersatz für nicht gelebtes Leben im Essen, Alkohol oder sucht sich die »Sonnenbrille für die Seele« auf dem Arzneimittelmarkt, auf dem psychotrope Mittel zu den gewinnbringendsten Artikeln eines rasch expandierenden Marktes gehören.

Doch werden nicht nur der Seele Fluchtwege gebaut, der Körper ist einbezogen. Innerhalb kurzer Zeit hat sich die organisierte Freizeitgestaltung zu einer florierenden Branche entwickelt: Freizeit- und Einkaufszentren, Feriendörfer, Fitness- und Spielzentren, Zweitwohnungskomplexe wuchern wie Unkraut (bringen jedoch auch wirtschaftlichen Nutzen). Schenkt man einer Zeitungsmeldung Glauben, so hat ein überparteilicher Ausschuß des englischen Oberhauses die Einsetzung eines Ministers für Freizeitgestaltung vorgeschlagen[152]. Von staatlich geförderten Aktionen zur körperlichen Ertüchtigung, wie die Trimm-dich-Aktion, profitieren in erster Linie Gerätehersteller und Händler.

Bedürfnisse werden erzeugt und befriedigt. Auf diesen nahezu perfekten Ausgleich bezieht sich ein guter Teil der marktwirtschaftlich-kapitalistischen Überlegenheit und der Anspruch der größeren Freiheitlichkeit. Die scheinbar nahezu absolute Freiheit ist in Wirklichkeit recht begrenzt. Sie beschränkt sich vor allem in der Möglichkeit, aus einer großen Palette kommerzialisierter Fluchtwege aus dem Alltag auszuwählen, die von den existenziellen Problemen weg in eine Welt der Surrogate führen. Ein großer Teil der wirtschaftlichen Überlegenheit der kapitalistischen Marktwirtschaft rührt eben daher, daß sie sowohl davon profitiert, diese Fluchtbedürfnisse zu erzeugen, als auch sie zu befriedigen. Wenn die Mehrzahl subjektiver Wünsche im angebotenen Rahmen befriedigt zu sein scheint, ist das sowohl auf die Einstimmung in den gesellschaftlichen Wertkatalog als auch auf den Mangel an Alternativen zurückzuführen. Die äußere Zufriedenheit verdeckt eine innere Spaltung. Und diese ist, wie die Zunahme psychischer und organischer Deformationen zeigt, nicht überbrückbar.

Produktivitätsfortschritt und Arbeit

Die Mechanisierung, Automatisierung und Organisation der Arbeit brachte beachtliche Produktivitätsfortschritte. Gleichzeitig veränderte sich die Beanspruchung durch Arbeit, in der zunehmend physische durch psychische Belastung ersetzt wurde. Komplexere und umfassendere Arbeitsvorgänge wurden in Einzelschritte zerlegt, in denen jedem Arbeitenden nur noch wenige, dafür aber um so schneller ablaufende Manipulationen zugewiesen wurden. Geistige Abstumpfung war nicht nur Folge, sondern die Erziehung dazu Voraussetzung für einen erfolgreichen Arbeitsablauf. Andere Arten der Arbeit, die durch Automation immer stärkere Verbreitung fanden, etwa die Kontrolle weitgehend automatisierter Anlagen, sind nur wenig befriedigender. Bei nahezu vollkommener Monotonie verlangen gerade diese Tätigkeiten einen hohen Grad an Aufmerksamkeit und Verantwortung. Diese Art der Beanspruchung widerspricht menschlichen Bewußtseinsvorgängen; in diesen führt Monotonie eines Informationspegels dazu, daß Bewußtsein abgeschaltet wird.

Häufig findet man in modernen Betrieben einen weitgehend automatisierten Arbeitsprozeß, in den nur wenig Menschen eingegliedert sind. Doch kommen diesen nicht etwa die komplexeren Aufgaben zu. Diese Menschen werden nur für Verrichtungen benötigt, für die es noch keine maschinellen Lösungen gibt oder diese zu teuer wären. Das sind die primitivsten Kontrollaufgaben und Manipulationen (etwa Greifen eines Teiles aus einem Haufen, das in eine Maschine gelegt werden muß), bei denen man sich den teureren Apparat – der eine Koppelung eines aufwendigen sensorischen Apparats und elektronischen Steuerorgans mit einer aufwendigen Mechanik erfordern würde – einfach spart, weil das biologische Produktionsmittel Hilfsarbeiter billiger kommt.

Nach einem Bericht der »International Herald Tribune« beklagten sich die Arbeiter einer amerikanischen Autofabrik, daß gerade die Erleichterung ihrer Arbeit durch Teilautomation, in der schwere Verrichtungen von Maschinen übernommen oder vereinfacht wurden, die Arbeit erschwerte, indem sie mit zunehmender Monotonie und noch geringerer Identifikationsmöglichkeit erkauft wurde[153].

Die Folge dieser zunehmenden subjektiv empfundenen Sinnlosigkeit der Arbeit ist, daß die Ausfallserscheinungen durch Krankheit, Fluktuation und Abwesenheit zunehmen. So hatte der schwedische Automobilhersteller Volvo, bevor mit menschlicheren Arbeitsformen experimentiert wurde, eine jährliche Fluktuation von $1/3$ der Belegschaft, Saab in manchen Fabriken bis zu 70 Prozent. $1/7$ der Belegschaft von Volvo mußte nur zum Ersatz des täglich fehlenden Teils der Belegschaft bereitstehen. Dies veranlaßte Volvo und andere Unternehmen zu Experimenten, in denen Fließbandarbeit durch Gruppenarbeit, in der dem einzelnen ein größerer Handlungs- und Entscheidungsrahmen belassen wird, ersetzt wurde. Die um 10 Prozent höheren Kosten wurden im Fall Volvo durch staatliche Subventionen ausgeglichen[154].

Wenig besser ist der berufliche Alltag der meisten Angestellten: Eine Untersuchung der »American Management Association« über die Arbeits- und Lebensverhältnisse von Kaufleuten zeigte, daß mehr als die Hälfte der Befragten meinte, der Arbeitsdruck in den letzten Jahren habe zu- und nicht abgenommen. Etwa 70 Prozent gaben zu, die Anforderungen ihrer Unternehmen oder ihrer Vorgesetzten habe sie zur Aufgabe persönlicher Prinzipien gezwungen. Etwa 30 Prozent meinten, die Arbeitsbedingungen hätten in den letzten fünf Jahren ihre Gesundheit »hauptsächlich durch vermehrte Anspannung und durch die zunehmenden täglichen Beanspruchungen« geschädigt. Während der größte Teil der Mitglieder des Top-Managements mit ihrer Karriere zufrieden waren, fanden 40 bis 50 Prozent des mittleren und oberen Managements ihre »Arbeit bestenfalls unbefriedigend«, und etwa die Hälfte hatte sich in den letzten fünf Jahren mit dem Gedanken getragen, die Beschäftigung zu wechseln, oder das bereits vollzogen[155].

Aus einer Untersuchung im Auftrag des US-Ministeriums für Gesundheit und Erziehung geht nach einem Bericht der »Süddeutschen Zeitung« hervor, »daß 57 Prozent der befragten Büroangestellten in den USA ihren Beruf wechseln möchten. 76 Prozent der Arbeiter kritisierten ... die Monotonie und den Mangel an Selbständigkeit.«[156]

Zu ähnlichen Ergebnissen gelangt eine Repräsentativumfrage im Auftrag des Ministeriums für Jugend, Familie und Gesundheit der Bundesrepublik: Mehr als die Hälfte der Befragten geraten bei der Arbeit »häufig oder ab und zu in stärkere Belastungssituationen«, ein Viertel in »stärkeren beruflichen Streß«. Vor allem Personen mittleren Alters fühlen sich schweren beruflichen Belastungen ausgesetzt (61 und 70 Prozent). Die Ansicht, daß »stärkere berufliche Belastungen auf die Dauer für die Gesundheit ganz allgemein nachteilige Folgen« haben wird, halten 69 Prozent der Befragten zumindest für sehr wahrscheinlich[157].

Demgegenüber steht ein ausgesprochenes Gesundheitsbedürfnis. In einer Umfrage der Bundeszentrale für gesundheitliche Aufklärung[158] vertraten 79 Prozent die Meinung, daß berufliche »Belastungen nicht mehr zu rechtfertigen« seien, »wenn die Gesundheit leidet«. 63 Prozent lehnten es ab, daß »hohe berufliche Ideale« vor »gesundheitlichen Konsequenzen« zu stehen hätten. Daß in dieser Befragung nur 36 Prozent der sozialen Oberschicht »ein ruhiges und geordnetes Leben, in dem alles seinen Platz hat und das einem Sicherheit bietet« vorzogen, gegenüber 67 Prozent der Unterschicht, demonstriert die unterschiedliche Einstellung zur Gestaltbarkeit des Lebens. Während die Angehörigen unterer Schichten in der Einsicht ihrer geringen Möglichkeiten resignieren, vertrauen die der oberen auf ihre Fähigkeit, sich den möglichen negativen Folgen der Veränderungen durch persönliche Leistung zu entziehen, um stärker an den materiellen und gesellschaftlichen Kompensationen zu partizipieren. Doch spielt eine sicherlich ebenso wichtige Rolle die Art der Arbeit und die subjektive Motivation, die ihrerseits eng mit der Gestaltbarkeit von Arbeit und Leben verbunden ist.

In seiner Darstellung der vielfältigen Beziehungen zwischen Beanspruchung, Ermüdung und Müdigkeit weist der Arbeitsmediziner H. Schäfer auf ein breites Spektrum von Ursachen, das von organischen bis zu psychischen Beanspruchungen reicht: Zwar sind durch die Arbeits- und Lebensbedingungen in der Industriegesellschaft die körperlichen Beanspruchungen als Ermüdungsursachen nicht eliminiert, haben jedoch gegenüber den andersartigen psychischen bzw. emotionalen an Bedeutung verloren. Hier ist die Überwindung der Ermüdung nicht wie bei der muskulären Beanspruchung ein simples Regenerationsproblem, sondern hängt vielmehr eng mit der gesellschaftlichen Rolle des Individuums und seinem Bewußtsein dieser Abhängigkeit zusammen. So ist diese Ermüdung »nicht mehr Folge einer Tätigkeit, sondern als Zustand der Müdigkeit eher ein Abbild seelischer Abspannung, die nicht selten in echte Depression überleitet.«[159]

Daher entsteht diese Art der Ermüdung und die vegetativen, organischen und psychischen Folgen aus dem grundlegenden Widerspruch zwischen biologischen und gesellschaftlichen Prinzipien. Ich erinnere an das Bedürfnis nach Selbstverwirklichung und Freiheit des menschlichen Bewußtseins, dem Monotonie, die extreme Einseitigkeit und die Außensteuerung der gesellschaftlich notwendigen Arbeiten entgegenstehen.

Wie Schäfer feststellt, entstehen Emotionen und körperliche Reaktionen aus der intelligenten Verarbeitung der aus der Umwelt einfließenden Informationen; entweder über das »willkürlich-motivatorische« System, das aus erlernten, wenn auch ohne spezielle Bewußtseinsakte ablaufenden Befehlsmustern gespeist wird, oder aber aus dem »unwillkürlich-emotional-vegetativen System«. Indem für die gesellschaftlich geforderten Beanspruchungen (man denke etwa an Fließbandarbeit) eine positive Beziehung kaum möglich ist, sondern Arbeit allenfalls vom Zwang zum Unterhaltserwerb getragen wird, entsteht unbewußte Antriebslosigkeit, die im Gegensatz zur Beanspruchung eben durch jene Tätigkeiten steht, die ein permanentes Höchstmaß an Genauigkeit, Aufmerksamkeit und Geschicklichkeit erfordern. Diese Antriebslosigkeit kann in Resignation und Depression führen. Schäfer folgert, daß die affektive Grundstimmung mitsamt ihren vegetativen und physiologischen Folgen »in ihrer Wirksamkeit auf das Leistungsniveau nicht von willkürlich und bewußt erbrachten Leistungen getrennt werden kann. Das ist nicht nur angesichts psychiatrischer Probleme wichtig, sondern noch mehr angesichts der politischen Philosophie einer ›Leistungsgesellschaft‹, welche den Menschen für sein Tun verantwortlich sein läßt, ohne zu bedenken, daß Verantwortung an nicht rationale Voraussetzungen gebunden ist, ohne die sie nicht realisiert werden kann, daß also alle menschliche Leistung insbesondere von den gesellschaftlichen Bedingungen abhängt, unter denen das Individuum lebt und leidet.«[160]

Doch erstreckt sich der Leistungszwang keinesfalls nur auf das Arbeitsleben. Mit der wachsenden Bedeutung von Bildung als Wirtschaftsfaktor und einziger gesellschaftlicher Aufstiegsmöglichkeit erfaßt der Leistungszwang und -wettbewerb um die knappen Studienplätze bereits die vorbereitenden Schulen. Inzwischen beginnt er sich über Lernspiele in Kindergärten und bürgerlichen Kinderstuben einzurichten. Nicht, daß Lernen schädlich ist. Nur bestimmt hier der Zweck, dem Kind fürs spätere Leben einen Leistungsvorsprung zu sichern, die Mittel. Was häufig von der einschlägigen Industrie als »kreativitätsförderndes spielerisches Lernen« angeboten wird, ist eher geeignet, das Gegenteil zu bewirken. Im anderen nicht mehr den Freund oder Mitschüler, sondern den Konkurrenten um den späteren wirtschaftlichen Aufstieg zu sehen, bedeutet, die Pathologie der Gesellschaft bereits in der systematisch neurotisierten Psyche der Kinder und Jugendlichen zu verankern.

So ist ein zentraler Widerspruch der Leistungsgesellschaft nicht die Überbeanspruchung einer undifferenzierten Leistungsfähigkeit, sondern die widernatürliche Degradierung von Menschen zu Funktionsträgern ausschließlich apparativ bestimmter Rationalität. Bei vergleichbarer physischer und intellektueller Beanspruchung verschiedener Arbeiten (die auf physikalischen Testgeräten durch gleiche Meßwerte charakterisierbar wären) ist für Menschen (als eben nicht objektiv funktionierenden Apparaten) die subjektive Beziehung, die Möglichkeit zur Identifikation entscheidend. Als deren Kriterium wiederum gilt das Maß an subjektiv empfundener Freiheit. Der grundlegende Fehler der Protagonisten jenes zum absoluten Wert erhobenen, isolierten wirtschaftlichen Nutzens als primärem Kriterium einer Arbeit beruht letztlich auf Menschenverachtung, gerade wenn sie sich auf sachimmanente Gesetzmäßigkeiten berufen.

Zwar ist es möglich, Menschen den Notwendigkeiten des wirtschaftlichen Apparats anzupassen, nicht aber jene vom Willen weitgehend unkontrollierten Reflexe auszuschalten, mit denen die Natur gegen ihre Vergewaltigung rebelliert. Die entsprechende Erziehung paßt zwar die Menschen an und läßt sie zu biologischen Maschinen werden, vermag aber nicht den erbitterten Widerspruch der

willensunabhängigen Teile der Psyche und des Organismus zu blok-
kieren, die sie über die Negation in der Krankheit als Menschen
ausweisen.

Das Leben in der Stadt

In der Bundesrepublik leben in neun Ballungsgebieten – Häufun-
gen von Produktionsstätten und Bevölkerung auf engem Raum –
rund 43 Prozent der Bevölkerung auf 14 Prozent der Fläche. Damit sind nur jene Gebiete gemeint, in denen die Wohndichte mindestens 5000 Einwohner pro Quadratkilometer und die Fläche
mindestens 500 Quadratkilometer beträgt: Rhein-Ruhr, Rhein-
Main, Rhein-Neckar, Hamburg, Bremen, Hannover, Nürnberg,
Stuttgart und München[161].

Die Probleme der Städte sind bekannt, da seit Jahren erfolglos
diskutiert. Einige sich auf Tierbeobachtungen berufende Autoren
postulieren, das städtische Leben sei eben mit der menschlichen
Natur nicht vereinbar, da es innerartliche Aggression herausfor-
dere, die für einen Teil der Zivilisationsschäden in der Stadt verantwortlich sei. Diese Anklage gegen die Städte stützt sich in wesentlichen Teilen auf Beobachtungen von Ratten oder anderen Tieren, bei denen zu große Bevölkerungsdichte zu sozialem Fehl-
verhalten, Streß und zur Degeneration des Sozialgefüges führt. Aus
diesen Beobachtungen und der Verbindung mit den Zerfallser-
scheinungen in den Großstädten lassen sich dann Biologismen
aushecken, deren Konsequenz die angeborene menschliche Unfähigkeit zum städtischen Leben wäre.

Es ist unschwer zu zeigen, daß die Städte mittelbar und unmittelbar durch das Prinzip der optimalen Kapitalverwertung so unerträglich geworden sind. Weiter läßt sich ein großer Teil der gesellschaftlichen Entartungserscheinungen, die in den Städten über-
handnehmen – Aggression, Kriminalität, psychische Deformation –, auf die Muster zurückführen, die auch das Verhalten erfolgreicher und ehrbarer Mitglieder der Gesellschaft bestimmen.

Wenn die Gesetze der partikularen wirtschaftlichen Effizienz das
oberste Prinzip der Entwicklung werden, ist die Verdrängung weniger rendite- oder prestigeträchtiger Nutzungsarten aus den bevorzugten Gebieten der Innenstädte nur zwangsläufig. Wohnungen,
Kneipen und kleine Läden werden durch Verwaltungen, Banken,

Kaufhäuser und Amüsierzentren verdrängt. Die Bevölkerung wandert wegen steigender Mieten und zunehmender Verkehrsbelastung fast freiwillig in die Außenbezirke. Umweltschädigende Industrien müssen in eigenen Zonen angesiedelt werden.

Eine besonders verhängnisvolle Rolle spielen technokratische Stadtplaner, die im angeblichen Interesse der in sogenannten Sanierungsgebieten lebenden Bevölkerung ganze Stadtviertel und, mit ihnen, die sie überziehenden Netze natürlich gewachsener Sozialstrukturen niederreißen. Die mit dem sozialen Anspruch sich zierende Sanierung betreibt nichts weiter als die Geschäfte zunächst der Grundeigentümer, dann der Bauunternehmer und schließlich der Verwaltungen, Kaufhäuser, Ämter und der Automobilindustrie. Die so vom Beton, Stahl und Glas verdrängten ehemaligen Bewohner der zentralen alten Viertel werden zunächst auf den freien Wohnungsmarkt gedrängt, von diesem entweder direkt ans Altersheim verwiesen oder finden sich nur zu häufig in der sozialen Isolation hygienischer, aber steriler und teurer Wohnmaschinen an der Peripherie wieder.

Wie G. Weber feststellt, mündet jene Zerstörung gewachsener Gemeinwesen mit intakten Sozialstrukturen und anschließender Verpflanzung ihrer Bewohner in die wuchernden Betonanhäufungen der Vorstädte in einen »Mangel an Identität mit der eigenen Geschichte und an Kommunikationsmöglichkeiten«, die zur psychischen Regression führt: »Überpeinliche Ordnung und Sauberkeit sind hier Ausdruck eines Sicherheitsbedürfnisses. Sie dienen der Abwehr der bedrohlichen Realität. Diese führt wieder zu einer Steigerung der Kommunikationshemmung. Die realen Beziehungen werden gestört, weil die Realität bedrohlich ist: unbezahlbare Mieten, Schulden, Nachbarn, mit denen man zu konkurrieren gezwungen ist – um die saubersten Kinder, um die geringsten Beanstandungen durch die Hausmeister, um die Wohnungseinrichtung.«[162]

Eine von Weber angeführte Befragung von Bewohnern eines neuen Stadtteils zeigte, daß 79 Prozent der Befragten verneinten, mit anderen Hausbewohnern befreundet zu sein und sich befreunden zu wollen. 57 Prozent der Befragten meinten, daß es mehr Nachteile habe, mit vielen Menschen im Haus befreundet zu sein.

Die Zergliederung in verschiedene Funktionsbereiche, so überzeugend sie auch sachlich begründet sein mögen, wiederum ist die Ursache des langsamen Todes der Städte: ihrer Ver- und Entsorgung mit Menschen und Material. Der notwendig gewordene Verkehr zerstört über den Straßenbau immer größere Stadtbereiche. Die öffentlichen Dienstleistungen werden um so teurer und schwieriger, je zergliederter die Stadt ist und je weiter sie sich ins Umland ausdehnt.

Eine unmittelbare Folge der Funktionalisierung der Stadt in Kauf-, Verwaltungs-, Arbeits-, Amüsier-, Wohn- und sonstige Zonen ist Isolation der Menschen. Jeweils wechselnde Menschengruppen finden sich am Arbeitsplatz, beim Amüsieren, beim Wohnen, beim Einkauf zusammen und trennen sich, sobald der unmittelbare Anlaß ihres Zusammenseins nicht mehr besteht. Die einzig fast durchgehende Gemeinsamkeit liegt im Erlebnis des abendlichen Fernsehprogramms und vervollständigt erst die soziale Entfremdung. Die durchschnittliche tägliche Sehdauer von fast zwei Stunden bedeutet, daß für viele Fernsehen die einzige Freizeitbeschäftigung ist[163].

Eine besondere Ironie »fortschrittlicher« Stadtentwicklung liegt darin, daß sie sich bemüht, ausgerechnet die Einkaufszentren der Innenstädte gegen den Verkehr abzuschirmen. Dieser Beitrag zur »Humanisierung der Städte« erhebt den Einkauf zum einzig ungestörten Vergnügen und verstärkt die Aufspaltung in getrennte Funktionsbereiche, indem die steigenden Umsätze in den Fußgängerzonen[164] weitere Konzentrationen von Handelsbetrieben nach sich ziehen. Einkaufen wird zum obersten Kriterium »fortschrittlicher Urbanität«.

Die mit einer derartigen Entwicklung der Städte überproportional steigenden Kosten sind nicht nur von Privatleuten über steigende Transportaufwendungen und erhebliche Zeitverluste zu bezahlen, sondern belasten auch die öffentlichen Haushalte in zunehmendem Maß. Das sei durch die Angaben dreier Düsseldorfer Stadtplaner belegt: »Die Probleme der Stadtregion kumulieren in der zunehmenden Zahl der Pendler und der zunehmenden Länge der Pendlerwege. Die Zahl der Berufseinpendler in Düsseldorf hat sich in den letzten 10 Jahren von 70 000 auf 120 000 Personen erhöht. Für die nächsten 10 Jahre wird ein weiterer Anstieg auf 180 000 Personen geschätzt. Da der größte Teil der Berufseinpendler mit dem Pkw zur Kernstadt fährt, vielfach auch fahren muß, weil keine ausreichenden öffentlichen Verkehrsmittel zur Verfügung stehen, steigen die Ausgaben der Länder und Gemeinden für Straßenbau ins Unermeßliche.«[165]

Während die Investitionen der Stadt Düsseldorf zwischen 1949 und 1969 jährlich durchschnittlich 61 Millionen betrugen, sind für die Periode zwischen 1971 und 1975 durchschnittlich jährlich 212 Millionen, also das 3,5fache, vorgesehen. Betrug die anteilige Siedlungsfläche pro Einwohner in Düsseldorf (Baufläche mit allen Flächen für Verkehr, Versorgung und Erholung) 1960 116 qm, sind es 1970 144 qm und werden es 1980 172 qm sein[165].

Die finanzielle Abhängigkeit der Städte von der Gewerbesteuer, die nach Angaben des Deutschen Städtetags 43 Prozent ihrer Einnahmen deckt[166], beschränkt auch die Durchsetzung öffentlicher Interessen gegenüber partikularen. Die drückende Last unerledigter kommunaler Aufgaben umgibt sogar das Scheinargument, ein Wachstum des Gewerbesteuereinkommens über Ansiedlung neuer Betriebe ohne Rücksicht auf die Folgelasten sei wünschenswert, mit einer gewissen kurzsichtigen Attraktivität. Zwar war man sich auch früher mehr oder weniger der Folgelasten bewußt, handelte jedoch praktisch nach dem Kettenbriefprinzip, nach dem jeweils die neu Hinzukommenden die Ausgaben für die bereits Vorhandenen zu decken haben. In dieser Zwangslage haben Gewerbebetriebe leichtes Spiel, den Kommunen große Konzessionen abzuhandeln. Nach Erfahrung des ehemaligen Münchener Oberbürgermeisters Vogel können Städte »nicht nach den Allgemeininteressen entwickelt werden, sondern der wirtschaftlich Mächtigere setzt sich durch«.[167]

Der Kreis schließt sich. Der im Arbeitsleben der wirtschaftlichen Rationalität unterworfene Mensch wird in den Städten durch eine nach den gleichen Prinzipien gestaltete Welt erfaßt, die einen guten Teil seiner »Freizeit« prägt. Der Bereich, in dem sich Öffentlichkeit konstituieren könnte, ist so gestaltet, daß die Verweilzeiten möglichst kurz sind (da Freizeit Konsumzeit und diese money ist), oder wenn nicht, wie in den Fußgängerzonen der Einkaufszentren, mit Tätigkeiten ausgefüllt sind, die eine solche Öffentlichkeit nicht zustande kommen lassen. Es bleiben die überreich angebotenen Möglichkeiten der Flucht in die Welt privater Illusionen: Konsum als Lebensziel und Status; die flimmernde Welt nicht erfüllbarer Träume, die durch den Besitz der ersehnten Gegenstände erreicht werden soll; die Projektion einer Welt in die eigenen vier Wände, in der Selbstbestimmung und menschliche Werte noch etwas gelten; und die Bewältigung des verlorenen Lebens durch Knabbern und Trinken.

Verdrängung

Der von Galbraith geprägte Begriff der »Überflußgesellschaft« weist auf einen Überhang an Gütern, deren Entstehung nicht mehr auf einen natürlichen Bedarf der Konsumenten zurückgeht, sondern der nur noch mit großem Aufwand in den Markt gedrückt wird. Mit zunehmender wirtschaftlicher und technologischer Entwicklung führen, so Galbraith, die der Produktions- und Distributionsmaschinerie immanenten Sachzwänge zu einem Überfluß an Produkten, der nur von der Notwendigkeit, ihn zu produzieren, bestimmt sei. Insofern sei dieser Überfluß auch überflüssig. Dieser Gedankengang taucht mit einigen Modifikationen in der Umwelt-, Lebensqualität- und Wachstumsdebatte wieder auf. Man müsse, heißt es da, unter prinzipiell unveränderten Produktionsbedingungen und gesellschaftlichen Verhältnissen den Überfluß verringern, etwa weniger Verpackungsaufwand betreiben oder den häufigen Modellwechsel bei Automobilen vermeiden.

Das vielen einleuchtende Argument ist in Wirklichkeit keines. Bereits die wirtschaftlich langfristig sinnvolle Einschränkung des Materialverbrauchs stößt auf gesellschaftliche Grenzen, da sich das System Stagnation, geschweige denn Rückgang der Produktion nicht »leisten« kann. Insofern ist »recycling« das Schlagwort der Stunde. Wenn die Ressourcen eine »Wegwerfgesellschaft« langfristig nicht erlaubten, könnte man ja versuchen, zur Befriedigung des Expansionszwangs die gleichen Materialien immer schneller durchlaufen zu lassen. Daß das unter anderem auch eine Energiefrage ist, steht auf einem anderen Blatt.

Doch lassen wir die ökonomische Rationalität der Konsumwelt beiseite und fragen nach ihrer gesellschaftlichen Funktion. Wir stellen fest, daß neben der aus Kapitalverwertungszwängen geborenen Notwendigkeit, ab einem bestimmten Niveau Überfluß zu produzieren, die Mehrzahl dieser Güter beim Verbraucher durchaus reale Bedürfnisse befriedigt. In ihnen findet der Mensch der Überflußgesellschaft (der als Produzent und als Bewohner der Städte ja den Bedingungen unterworfen ist, die diesen Überfluß erst ermöglichen) Entschädigung für verlorene Freiheit und für erlebte Deformation. Konsum gewährt Aufschub vom Alltag, indem er ein Ziel in sich darstellt. Die Funktion der Ware ist real, wenn auch nur schwach mit dem Zweck verbunden, zu dem sie erfunden wurde. Ihr Sinn ist ins Psychische abgedrängt.

So entspricht der Überfluß einem echten, wenn auch deswegen so unersättlichen Bedürfnis des Verbrauchers, weil dieser Überfluß das, was er vorgibt zu befriedigen, nie befriedigen kann. Der Überfluß dient als Vehikel in die verlorene Freiheit, die sich jedoch entzieht und Erfüllung stets auf der nächsten, noch nicht erreichten Stufe verspricht. Und solange auf dieser nächsten Stufe der Erfüllung noch die Verlockung winken kann, bleibt der Konsument der brave Gefangene des Kreislaufs von Produktion, Distribution und Verwertung. Wirtschaftliche und gesellschaftliche Zwänge konvergieren in den Produktionsergebnissen.

Ich verzichte auf die Schilderung der subrational aufgenommenen Steuerungsmechanismen, die zum Kauf dadurch verleiten, daß sie die Funktion des angepriesenen Produktes transzendierende und den materiellen Zweck des Kaufs pervertierende Bedeutungen erfinden. Die Zaubersprüche sind bekannt, ebenso die Methoden, Grundwerte des gesellschaftlichen Lebens und der individuellen Sehnsüchte zu prostituieren, indem sie sie an Waschmittel, Armbanduhren, Reisen in exotische Länder oder Automobile heften.

Ein anderer Teil des Konsums spezialisiert sich weniger indirekt auf die defekte Psyche. Die vom Produkt her größere Übereinstimmung zwischen organischer oder psychischer Funktion und gesellschaftlichem Bedarf wird jedoch auch hier effektiv verschleiert, indem das Künstliche natürlich gemacht wird. Gemeint ist der Markt der eigentlichen Mittel zum Aufschub nicht gelebten Lebens: Psychopharmaka beseitigen eine natürliche Unausgewogenheit der menschlichen Psyche (und nicht gesellschaftliche Ursachen dieser »Unausgewogenheit«), Fernsehen befriedigt ein natürliches Unterhaltungsbedürfnis des Menschen (und ist nicht nur eine Kompensation der erlebten Wirklichkeit).

Im Gegensatz zu den Fetischen der ersten Kategorie sind die der zweiten das Öl auf den Wogen der Widersprüche zwischen der Optimierung der technischen und wirtschaftlichen Effizienz und der menschlichen Anpassungsfähigkeit.

Mit Sicherheit trifft das für den steigenden Konsum psychotroper Mittel zu: Die Steigerungsraten bei Psychopharmaka übertreffen die beachtliche allgemeine Zunahme des Arzneimittelkonsums noch weit. Der Tranquilizerverbrauch stieg in der Bundesrepublik von 1965 bis 1969 um 230 Prozent, der des verbreitetsten Mittels Valium um 400 Prozent[168]. Diese Mittel »versetzen den damit ›Behandelten‹ in einen apathischen Zustand, der die Bewußtwerdung des Leidens verhindert«[169], nicht aber die gesellschaftlichen Ursachen erkennen läßt.

Alkoholische Getränke gehören zu den am raschesten expandierenden Bereichen der Nahrungs- und Genußmittelindustrie[170]. Nach Angaben der Deutschen Hauptstelle gegen die Suchtgefahren gab 1971 jeder über 15jährige Bürger der Bundesrepublik 865,25 DM für Alkohol und Tabakwaren aus[171]. Wie Meinungsumfragen ergaben, zählen zu den wichtigsten Motiven des Alkoholkonsums Kompensationsbedürfnisse: »Den Menschen, die sich im Spannungsfeld zwischen ihren Bedürfnissen nach Abhängigkeit und Fürsorge einerseits und den Forderungen der Gesellschaft andererseits zu sehr belastet fühlen, bedeutet der Alkohol eine gefühlsmäßige Erleichterung.«[172]

Weniger deutlich sind die Verbindungen zwischen Wirkungen und Motiven des Rauchens, doch ist wahrscheinlich, daß die Minderung psychischer Spannungen eine Rolle spielt. Nicht vergeblich operiert die Werbung der erfolgreichsten Zigarettenmarke in der BRD seit Jahren mit der Möglichkeit, nervöse Zustände durch Rauchen zu überwinden.

Anderer Art sind die Verdrängungsmöglichkeiten durch die Unterhaltungsmedien. Symptome des Aufschubs und der Auflösung von Wirklichkeit sind jedoch offenkundig. Die Sehbeteiligung bei unterschiedlichen Sendearten weist mit der Bevorzugung leichter und realitätsferner Unterhaltung als vielleicht wichtigster Funktion des Fernsehens auf das tägliche Vergessen des Alltags[173].

Ausschluß der Zeit

Zwischen 1880 und 1971 hat sich auf dem Gebiet der Bundesrepublik das Nettosozialprodukt pro Kopf und Jahr versechsfacht. Während das durchschnittliche Bruttoeinkommen aus unselbständiger Arbeit von monatlich 47 auf 1274 DM stieg, wurde die Arbeitszeit um 50 Prozent verkürzt[174].

Es wäre falsch, diesen Fortschritt zu negieren. Ebenso falsch wäre jedoch, ihn nicht als statistische Größe zu erkennen. Daß das Wachsen des Sozialprodukts nicht sozialen Fortschritt bedeutet, ist mittlerweile zur Binsenweisheit selbst derer geworden, die darin noch die einzige Möglichkeit zu sozialem Fortschritt sehen. Bei konstanter Bevölkerung bedeutet Wachstum des Sozialprodukts, nämlich die Zunahme des Werts der über den Markt verkauften Waren, sowohl Steigerung der Arbeitsproduktivität als auch Kommerzialisierung bisher nicht vom Markt erfaßter Arbeit. Eine Voraussetzung ist im allgemeinen die zunehmende Spezialisierung der Arbeit und ihre den technischen Erfordernissen der Produktions- und Distributionsmaschinerie angepaßte Organisation. Daher bedeutet Zunahme des Sozialprodukts auch einen gesellschaftlichen Anpassungsprozeß an die apparativen und organisatorischen Voraussetzungen der effizienteren Kapitalverwertung.

Daher wird zu Recht argumentiert, das Sozialprodukt und seine Zunahme sei kein geeigneter Indikator. Weder erfasse es die Verteilung des Wohlstands noch einen wichtigen Teil der nichtvermarkteten gesellschaftlichen Arbeit, etwa die der Hausfrauen oder die Erziehungsarbeit der Eltern, noch differenziere es zwischen nützlichen und schädlichen Produktionen, etwa zwischen dem Zigarettenausstoß und der Spinatproduktion. Für die Lebensqualität und ihre Zunahme seien auf die Zahl der Kindergärten, Schulen, Parks, Theater etc. bezogene Indexgrößen wichtiger als nivellierende Angaben des Sozialprodukts.

Auch sei die Freizeit in Wirklichkeit geringer als in den Statistiken angegeben. Überstunden und Schwarzarbeit seien für viele die einzige Möglichkeit, den ihnen gemäßen Konsumstatus zu erwerben. Die Desintegration der einzelnen Lebensbereiche – Wohnen, Arbeit, Erholung, Einkauf – führe zu oft langen Anmarschwegen mit entsprechenden Wartezeiten auf öffentliche Verkehrsmittel oder im Verkehrsstau und reduziere die Freizeit beträchtlich. Die Rationalisierung der Verwaltung und eines Teils der Dienstleistungen erniedrige zwar den Arbeitsaufwand der »Produzenten«, werde aber mit der zunehmenden Beanspruchung der Zeit und der Geduld der »Konsumenten« erkauft. Schließlich erfordere die veränderte Beanspruchung durch die Arbeit einen nicht unerheblichen Zeitaufwand zur Erhaltung der Gesundheit.

Gemeinsam ist diesen so heterogenen Begleiterscheinungen des wirtschaftlichen Fortschritts und der damit verbundenen Veränderungen der Lebensweise doch eines: die Verdrängung menschlicher Zeit, die mit der Erfindung von Arbeit als einer Ware zwangsläufig dem technischen Fortschritt und dem Prinzip der Wirtschaftlichkeit unterworfen werden mußte. Das mußte um so dringender werden, je teurer der technologische und soziale Fortschritt menschliche Arbeitszeit im Verhältnis zu anderen Produktionsfaktoren machte.

Indem aber menschliche Arbeitszeit nicht nur eine Kategorie der objektiven materiellen Produktivität ist, sondern auch der subjektiv schöpferischen Verwirklichung, mußte sich die Entwicklung gegen die menschlichen Objekte des Prozesses richten. Damit sei nicht behauptet, daß die Belastungen gegenüber früheren Perioden der Industrialisierung gestiegen seien, lediglich, daß sie sich vom Physischen ins Psychische verschoben haben. Darüber hinaus läßt sich auch die These begründen, daß im Verhältnis zu früher Belastungen heute solche in einem stärkeren Maß auftreten, die technologisch und wirtschaftlich vermeidbar wären und daher gesellschaftliche Ursachen haben.

Doch auch in den Vorstellungen einer besseren Industriegesellschaft, die den gesellschaftlichen Nutzen vor das Prinzip der Maximierung des Kapitalnutzens stellen möchte, hält sich unausgesprochen die Konsumentenanthropologie. Auch in ihr muß das Produktionspotential allenfalls anders eingesetzt, nicht aber neu definiert werden. Leben bedeutet zunächst Verbrauch; Konsum von Nahrungsmitteln, Kultur, Landschaft, Transport, Wissen, Dienstleistungen etc. Es gelte jenen Überfluß an Konsumartikeln zu schaffen, zu vermehren und zu verteilen, der zur Verwirklichung des Grundsatzes »Jedem nach seinen Fähigkeiten, jedem nach seinen Bedürfnissen« notwendig sei. Die möglichst weitgehende Befreiung von der Arbeit, die vollständige Objektivierung der Körperfunktionen im Produktionsprozeß diene der Befreiung der Menschen vom Zwang des Produzierens; sie mache ihn frei für die Entfaltung seiner »Kreativität«. Welche Kreativität ist das aber? Und in dieser Objektivierung ursprünglich subjektiv bedeutungsvoller Vorgänge des menschlichen Körpers und Intellekts wird das Endprodukt zum alleinigen Ziel des produktiven Vorganges erhoben. Negiert wird, daß die organische und psychische Verfassung *des Menschen* den Weg zu diesem Ziel subjektiv ebenso wichtig sein läßt wie das Ziel selbst. Aus der Tatsache, daß der Mensch im Verlauf der Evolution Hände (und das entsprechende zerebrale Steuerzentrum) entwickelt hat, um damit Werkzeuge herzustellen und zu benutzen, kann nicht abgeleitet werden, daß sie (und die dazugehörenden Gehirnzentren) bei vollautomatischer Produktion obsolet sind: Ist objektives Ziel der Sprache auch Verständigung, so liegt ihre subjektive Bedeutung doch darin, Denken schöpferisch zu organisieren und zu konkretisieren, ein Vorgang, in dem alle Phasen der Umsetzung von Ideen in Worte und nicht nur das akustische Ergebnis bedeutungsvoll sind. Ist das objektive Ziel des Bewegungsapparats auch Transport, so liegt doch dessen subjektive Bedeutung (wie inzwischen jeder weiß) im physiologischen Auftrag des Organismus. Ist auch das Ziel der Arbeit die Produktion einer Steinaxt, eines Brotlaibes oder eines Automobils, so bedeutet doch der Herstellvorgang subjektiv mindestens ebensoviel wie das Produkt. Das Wissen als objektivem Ziel des Lernens läßt den subjektiven Weg zu diesem Ziel noch nicht bedeutungslos sein.

Daher schließt die Steigerung wirtschaftlicher Effizienz, wie man sie bisher betrieb, die subjektiven Bedeutungsinhalte aus. Betrachtet man das menschliche Leben als eine Folge subjektiv bedeutungsvoller materieller und zeitlicher Veränderungen, so bedeutet die Objektivierung den Ausschluß der menschlichen Zeit, die dennoch immer eine subjektiv bedeutungstragende Kategorie bleiben wird.

Wirtschaftlich ist diese Verdrängung die Konsequenz der kapitalistischen Erfindung von Arbeit als Ware. Je stärker menschliche Zeit zum teuren Produktionsfaktor wurde, um so dringlicher war es, sie durch billigere Apparate zu ersetzen. Verstehen wir somit die Objektivierungstheorie als Rationalisierung des kapitalistischen Prinzips, Zeit durch Apparate zu ersetzen (eine Routineaufgabe jeder Investitionsrechnung), so erklärt sich die Nivellierung des subjektiven menschlichen Prinzips durch das objektive der Apparate. Anzustreben ist Besitz oder Verfügung über möglichst viele Güter und Dienstleistungen (oder ihr Geldäquivalent – schließlich sind time und money austauschbar) und nicht mehr der Weg dorthin. Die Menschen und die Art, wie sie ihre Zeit nutzen, werden dem Diktat der Produktions- und Verwertungsmaschinerie unterworfen. »Kreativität« besteht in der Zusammenstellung und Verwertung präfabrizierter Artikel.

Störung und Veränderung

1. Widersprüche der Expansion

Die Reformversuche der kapitalistischen Industriegesellschaft

Bis zur Entwicklung der industriellen Prinzipien konnte das Produkt menschlicher Arbeit in allen Gesellschaften eine Größe nicht überschreiten, die nur einem Bruchteil des Einkommens in den entwickelten Industriegesellschaften entspricht. Größere Reichtümer mußten in der Vergangenheit durch Umverteilung angesammelt werden: durch Handel, Ausbeutung und Unterdrückung. Ohne daß damit diese Formen aufgehört hätten, stand mit der Entwicklung der Industrien ein neues Prinzip der Akkumulation offen: der Einsatz physikalisch gewonnener Energie. Die geringe Leistung des biologischen Produktionsmittels Mensch (oder Tier) konnte durch Energie, Technik und organisatorische Maßnahmen auf ein Vielfaches gesteigert werden. Bis vor kurzem schien die Entwicklung der Produktivkräfte keiner anderen Begrenzung unterworfen zu sein als der Möglichkeit einer vollständigen Eliminierung des Menschen aus dem Produktionsprozeß, in dem nunmehr Automaten die materiellen Bedingungen des Konsumentenparadieses eines vollkommenen Überflusses schaffen.

Voraussetzung dieser Entwicklung der Produktivkräfte (neben der ständigen technischen und wissenschaftlichen Innovation) sind: 1. ausreichende materielle Ressourcen, sowohl in Form von Rohstoffen als auch für die industriell erzeugten Veränderungen des menschlichen Lebensraums; 2. die individuelle und gesellschaftliche Anpassung an die zur Entwicklung der Produktivkräfte notwendigen Veränderungen. Ersteres seien »äußere«, das zweite »innere« Bedingungen der industriellen Entwicklung genannt. Die Kontinuität dieser Entwicklung ist von der materiellen Reproduktion innerhalb der gegebenen inneren und äußeren Grenzen abhängig. Damit ist auch die Stabilität der Gesellschaft auf die Kontinuität dieser Reproduktion bezogen.

Analysiert man die Geschichte der heute hochentwickelten Industriestaaten, so scheinen die Unterschiede der inneren und äußeren Bedingungen der industriellen Wirtschaft wesentlich geringer zu sein, als deren kapitalistische oder kommunistische Ideologien vermuten lassen. Man hat das mit der Entideologisierung der Industrialisierung zu erklären versucht: Sie stelle in erster Linie ein technisches und wirtschaftliches Phänomen dar, das die Gesellschaftssysteme stärker präge als umgekehrt. Aus anderer Perspektive ist den heutigen hochentwickelten kommunistischen Industriestaaten Verrat an den ursprünglichen Idealen vorgeworfen worden: Sie seien nichts anderes als (rückständige) pseudosozialistische Gebilde, in denen die Bürokratie in die Rolle der »Kapitalisten« geschlüpft sei. Als Beispiel eines wirklich sozialistischen Weges wirtschaftlicher Entwicklung – so die Verfechter der zweiten Theorie – biete sich China an. Doch kann die chinesische Entwicklung nicht vorhergesehen werden, da China sich erstens auf einer intermediären Stufe der wirtschaftlichen Entwicklung befindet, zweitens die verfügbaren Analysen eher den Berichten Marco Polos gleichen, und drittens zweifelhaft ist, ob China je das zu verwirklichen sucht, was wir unter einem hochentwickelten Industriesystem verstehen.

Seit dem zweiten Weltkrieg konnten im Kapitalismus der westlichen Industrieländer die aus den Besitz- und Herrschaftsverhältnissen möglichen Bedrohungen stets durch wirtschaftliches Wachstum und Reformen kompensiert werden. Das setzte nicht nur voraus, daß potentiell kritische Energien in die Selbstverwirklichung durch Konsum gelenkt, sondern auch das Konsumpotential kontinuierlich gesteigert werden mußte. Das war und ist eine fundamentale Voraussetzung der relativen Stabilität kapitalistischer Industriestaaten in den letzten 25 Jahren: Wenn die Fragen der Herrschaft, des Besitzes, der Verteilung und der Bestimmung des gesellschaftlichen Fortschritts für die Masse immer uninteressanter wurden, so ist das sicher ein Erfolg des kontinuierlichen Wirtschaftswachstums. Unter diesen Bedingungen gelang es, die im Sinn der Reproduktionsmechanismen des Wirtschaftsapparats kanalisierten Erwartungen stets ausreichend zu speisen.

Die kapitalistischen Industriestaaten entwickelten sich bis in die dreißiger Jahre dieses Jahrhunderts unter der Revolutionsdrohung, die in den großen Wirtschaftskrisen immer dann entstand, wenn Verheißung und Erfüllung nicht mehr zur Deckung zu bringen waren. Seit dem zweiten Weltkrieg trugen vier Faktoren dazu bei, den Klassenkonflikt in eine Komplizenschaft zu verwandeln und damit die mit der zunehmenden Komplexität der Produktions- und Absatzbedingungen notwendige Konformität der Ziele und Erwartungen herzustellen: 1. Staatliche Regulierung der privatwirtschaftlichen Investitionspolitik durch antizyklische Fiskalpolitik. 2. Systematisierung von Bildung und von Forschung und Entwicklung als Wirtschaftsfaktoren. 3. Entwicklung und Anwendung wissenschaftlich fundierter Strategien zur Steuerung kollektiver Erwartungen. 4. Staatliche Reformpolitik, die, ohne die kapitalistischen Reproduktionszyklen zu unterbrechen, in Schüben das gesellschaftlich Notwendige, so gut es im System eben ging, auf den Stand des technisch und wirtschaftlich Möglichen abstimmte. Voraussetzung war kontinuierliche wirtschaftliche Expansion.

Der Vergleich der wirtschaftlichen und gesellschaftlichen *Praxis* beider Systeme (der entwickelten planwirtschaftlich-sozialistischen und der marktwirtschaftlich-kapitalistischen Industriestaaten) rechtfertigte insgesamt wohl den Schluß der ideologischen Protagonisten des industriellen Kapitalismus, daß unter den Bedingungen der Expansion seit dem zweiten Weltkrieg die »soziale Marktwirtschaft« vorzuziehen gewesen sei. Denn selbst wenn man die größeren Zerstörungen in den Weltkriegen und die kürzere industrielle Tradition der »Ostblockstaaten« mitberücksichtigt, sind nach dem Wiederaufbau die Abhängigkeit der Massen und ihre »Entfremdung« unter dieser Art von Sozialismus nicht geringer als im Westen gewesen.

Wenn nach einem Vierteljahrhundert wachsenden Wohlstands gerade in den kapitalistischen Industriestaaten der Fortschrittsglaube einem grundlegenden Schock über die Folgen dieses Fortschritts gewichen ist, ist das nicht Folge einer plötzlich hereingebrochenen materiellen Katastrophe. Eher handelt es sich um den Zustand nervöser Erschöpfung der bürgerlichen Psyche. Denn die sogenannte Umweltkrise ist keine Krise, sondern die unvermittelte Bewußtwerdung einer Entwicklung von Jahrzehnten. Sie stellt die Realisierung einer wirtschaftlichen und gesellschaftlichen Interdependenz und den Versuch ihrer Bewältigung dar, indem sie die gesellschaftlichen Ursachen in die gesellschaftspolitische Neutralität *der* Umwelt abschiebt. Für diese These spricht nicht nur das Spiel mit der Daseinsangst, das sich in den Titeln der ersten Umweltliteratur reflektiert – in denen nur von Selbstmord, Überleben, Schmutz, Gift, Ersticken, Sterben, Untergang etc. die Rede ist –, sondern auch, daß es sich um eine Einsicht der Mittelklasse handelte, deren vergleichsweise privilegierte gesellschaftliche Existenz mit eben jenen Bedingungen zusammenhing, die sie emphatisch beklagte. Denn wenn Umweltgefahren tatsächlich so akut wie dargestellt gewesen wären, hätten sich die Folgen eben sehr viel früher bei den unter schlechteren Bedingungen lebenden und arbeitenden Schichten zeigen müssen.

Mehr wissenschaftliche und öffentliche Resonanz als die zahlreichen anderen Publikationen zum Thema hat »The limits to growth« (Die Grenzen des Wachstums) gefunden. Aus der mathematischen Analyse der wichtigsten Parameter der Menschheitsentwicklung und ihrer Interaktionen wurde ein Weltmodell entwickelt, das auf die Alternative zwischen dem »Weltuntergang« im 21. Jahrhundert und einem sofortigen Stopp von Bevölkerungs- und Wirtschaftswachstum und der drastischen Verringerung von Umwelt- und Ressourcenbeanspruchung hinausläuft.

Die besondere Wirkung des Buches hatte einen besonderen Grund. Wurde bisher auf der Ebene ästhetischer und emotionaler Werte argumentiert (in den Umweltbüchern sehen wir tote Fische, Rauchwolken und Müllkippen, aber keine hungernden oder toten Menschen), rechnet »The limits to growth« ganz im Sinn der bürgerlichen Vernunft. Es existiert ein mathematischer Zusammenhang zwischen Katastrophe und den Voraussetzungen einer besseren Welt (in diesem Fall dem Kulturideal des Biedermeier). Der durch den Computer, als gegenwärtig avanciertestem Mittel zur Produktion von Fortschritt, überhöhte Anspruch von Wissenschaftlichkeit, der, wie später ebenfalls nur mit Hilfe eines Computers festgestellt werden konnte, mit Fragezeichen zu versehen ist[175], garantierte eine große und erfolgreiche Debatte. Nicht daß die Tatsache der Begrenztheit der Ressourcen, der bedrohlichen Folgen des wirtschaftlichen Ungleichgewichts auf der Welt und der Wirkungen der Umweltverschmutzung zuvor unbekannt gewesen wären. Aber daß es ein Computer war, der der Menschheit den Untergang errechnen konnte, mußte schockieren. Und mindestens ebenso erstaunlich wie der blinde Schock, den der Computer hinterließ, war die heftige Reaktion der Wissenschaft. Man mokierte sich zwar über die blinde Computergläubigkeit der Masse, betrieb aber zur Widerlegung dieser unwissenschaftlichen Untersuchung einen wissenschaftlichen Aufwand, der den Verdacht rechtfertigt, man habe zeitweise selbst an den elektronisch produzierten Weltuntergang geglaubt. Zur Widerlegung der grundlegenden Haltung etwa des »Selbstmordprogramms«[176], die der der Computerstudie zumindest ähnlich war, und das in der Bundesrepublik literarisch erfolgreicher war, fühlte sich kein ernst zu nehmender Wissenschaftler bemüßigt. Daß (von den Autoren vielleicht unbeabsichtigt) ein Systemproblem des industriellen Kapitalismus angeschnitten war, wurde nur Teilen der Öffentlichkeit, und das erst mit einiger Verzögerung, bewußt. Vor allem von links erbitterte sich die Kritik um so heftiger, als sie sich gezwungen sah, einen guten Teil der Schlußfolgerungen zu usurpieren.

So zog Hans Magnus Enzensberger in flotter Polemik gegen den bürgerlichen Inhalt der Umweltbewegung, gegen Malthusianismus und Katastrophendrohung der Ökologen zu Felde. Nach einer gründlichen ideologischen Katharsis entdeckte jedoch auch er die Gefahr, um schließlich blauäugig zu fragen, »wie sich im Fall einer ökologischen Katastrophe (!) die Überlebenschancen der verschieden strukturierten Gesellschaften ausnehmen, die es auf der Erde gibt.«[177]

Die Verblüffung eines Teils der Linken mußte nur den oberflächlichen Betrachter erstaunen. Sie beruhte auf der Fehlinterpretation der destruktiven Folgen der kapitalistisch-industriellen Produktionsweise. Links war der Glaube verbreitet, es bedürfe nur einer Veränderung der Produktionsverhältnisse, um die Vorteile der industriellen Produktion ohne deren Nachteile (die ausschließlich dem Kapitalismus zugeschrieben wurden) »genießen« zu können.

Unabhängig von den Motiven seiner Autoren oder ihrer Auftraggeber halte ich »The limits to growth« für einen wichtigeren Beitrag zur Kapitalismus- als zur Industrialisierungsdebatte. Es wurde eine Bilanz versucht, in die ausschließlich Faktoren der materiellen Entwicklungsmöglichkeiten eingingen. Diese Darstellung materieller Zusammenhänge löst den Versuch tendenziell auch dann noch vom bürgerlichen Hintergrund, wenn bei der Auswahl der Daten und dem Aufstellen der Beziehungen subjektive Wertschätzungen eine gewiß fatale Rolle spielten. Ich meine daher, daß die Methode des Meadowsschen Versuchs gerade von den Marxisten nicht richtig beurteilt und ihre Bedeutung unterschätzt wurde. Immerhin war es Marx, der den entscheidenden Widerspruch, der schließlich zum Untergang des Kapitalismus führen müsse, nicht in der Ungerechtigkeit des Verhältnisses von Kapital und Arbeit sah, sondern im Fall der Profitrate. Das heißt, er unterstellte der Entwicklung des Kapitalismus einen Mechanismus, der, völlig unabhängig von den ethischen Implikationen des ersten Widerspruchs, schließlich zu einem naturgesetzlichen Ende des Systems auf Grund des zweiten Widerspruchs führen müsse. Es sei auch erinnert, daß der Fall der Profitrate wegen des technischen und organisatorischen Fortschritts nicht eintrat, dieser Fortschritt sich aber vor dem Hintergrund unbegrenzter Ressourcen und einer unbegrenzten Verwertungsmöglichkeit der Menschen abspielte. Daher sollte im Licht neuer Möglichkeiten der Erkenntnis – zu deren Anregung »The limits to growth« einen nicht zu unterschätzenden Beitrag geleistet hat – die alte Frage neu untersucht werden.

Aufschlußreich war die Reaktion der Politiker auf »Die Grenzen des Wachstums«. Sie erkannten die gesellschaftspolitischen Konsequenzen der Forderung nach einem Wachstumsstopp, die mit den systembedingten Wachstumszwängen nicht zu vereinbaren war. Unfähig, die damals als objektiv richtig angesehenen Forderungen zu verwirklichen, wurde das »qualitative Wachstum« erfunden, das das quantitative zu ersetzen habe. Der Begriff der Lebensqualität, den die »Die Grenzen des Wachstums« vorwegnehmende Studie »World Dynamics«[178] als Hilfsgröße und nicht als definierten Begriff eingeführt hatte, wurde unter Patenschaft nahezu der ganzen Presse aus dem Taufbecken politischer Leerformeln gehoben.

Die Untersuchung der äußeren Bedingungen, unter denen wirtschaftliche Entwicklung im industriellen Kapitalismus möglich ist, muß durch die der inneren Bedingungen ergänzt werden. Denn unzweifelhaft spielen die Veränderungen der inneren Bedingungen eine ebenso entscheidende Rolle, wenn diese uns auch gegenwärtig weniger bewußt sind als verschmutzte Flüsse und teures Erdöl. Die hier erzeugten Belastungen gehen ab einer gewissen Schwelle ebenso negativ in die wirtschaftliche Bilanz ein wie erhöhte Aufwendungen für Rohstoffe oder Umweltschutz.

Elend und Armut sind in den Industrieländern zwar nicht beseitigt, und die Kluft zwischen den extremen Polen der sozialen Skala wächst, jedoch stellt der Mangel statistisch keine existentielle Bedrohung mehr dar, sowenig den Armen auch damit geholfen ist. Doch zeigt sich bereits die Widernatürlichkeit der Bedingungen, unter denen Reichtum erzeugt wird, aus einer sorgfältigen, zehn Jahre währenden Studie des Gesundheitszustandes von Angehörigen verschiedener Bevölkerungskreise in einem Distrikt der USA. Diese Untersuchung ergab, daß die Wahrscheinlichkeit kardiovaskulärer Erkrankung (Herz-, Kreislauf- und Gefäßkrankheiten, die mit Abstand häufigste Todesursache in den westlichen Industrieländern) für die untersten Bevölkerungsschichten, trotz medizinisch »unvernünftiger« Ernährung und eines weitaus geringeren Gesundheitsbewußtseins, wesentlich niedriger als die der mittleren und oberen Schichten war[179]. Ohne daß dieses Ergebnis geeignet wäre, Armut und Elend gesundheitspolitisch zu verklären, beleuchtet es die Ambivalenz einer Methode, Fortschritt zu produzieren. Daß Reichtum nicht glücklich macht, mußte schon den Alten helfen, ihre Armut zu schätzen. Daß er aber auch krank macht, ist die traurige Erkenntnis einer Gesellschaft, die diese Art der Produktion und Konsumption von Reichtum überwinden könnte.

Eine entscheidende Frage ist die der Reformkapazität unseres Gesellschafts- und Wirtschaftssystems. Die bisherigen Erfolge scheinen auf den ersten Blick die Fortsetzung der bisherigen Trends zu rechtfertigen. Die Reformbemühungen bauen auf dem Glauben an die geschichtliche Legitimität der vollkommenen Naturbeherrschung und -unterwerfung als Menschheitsziel auf. Ebenso deutlich durchzieht die Reformvorstellungen auch die Resignation gegenüber dem bestehenden Gesellschaftssystem. Die Bedrohung wird wesentlich auf eine partielle Fehlleitung an sich richtiger Prinzipien verstanden. Die erfolgreiche Geschichte der kapitalistischen Industriestaaten, sich der Lösung fast aller Probleme durch eine fortwährende Flucht nach vorn zu entziehen, dient der Hoffnung, die Zukunftsprobleme ähnlich zu bewältigen. Die bewährte Praxis, das Gesamtproblem in möglichst viele Detailprobleme zu zerlegen, um die Lösung auf verschiedene, miteinander nicht kommunikationsbereite und kommunikationsfähige Disziplinen der Wissenschaft zu verteilen, dient der nahezu perfekten Spurenverwischung übergeordneter Zusammenhänge und Kausalitäten. Zusätzlich wird ignoriert, daß ein nicht unbedeutender Teil der Probleme durch eben jene Praxis verursacht wurde, die jetzt zur Therapie vorgeschlagen wird. Vergessen wird auch, daß die heutigen Bedingungen nicht mehr mit denen vor nur 20 Jahren vergleichbar sind, in denen nichts außer Kapital und Waren beschränkt zu sein schien.

Die Protagonisten kapitalistischer Marktwirtschaft werden nicht müde, auf deren überlegene Fähigkeit hinzuweisen, mit dem Problem der Endlichkeit der Natur fertig zu werden. Indem Endlichkeit über die Preise (Verursacherprinzip, hohe Preise für knappe Rohstoffe) in die Nachfragestruktur einginge, würde, diesen Annahmen zufolge, über den Innovationsdruck und die Verlagerung der Nachfrage zu »umweltfreundlichen« und »ressourcenschonenden« Produkten zukünftige Expansion »billiger« als bisher erkauft. Charakteristisch für die Tiefe und Gründlichkeit der Überlegungen, die zu so weitreichenden Schlußfolgerungen gelangen möchten, ist ein in der Hauspostille des für Umweltschutz zuständigen Bundesinnenministeriums nachgedruckter Artikel zweier Mitglieder des Kölner Instituts für Wirtschaftspolitik[180]: »Umweltgefährdung und Gesellschaftssystem«. Als Belege für die »Veränderungen im Entscheidungsprozeß« der Verbraucher, die eine angepaßte Struktur der Produktion nach sich zögen, führen die Autoren drei Punkte an:

1. Umweltbewußtsein der Konsumenten führt zu »umweltfreundlichen« Produkten. Beispiele: abbaubare Waschmittel, zersetzbare Plastikverpackungen und »umweltfreundliche« (!) Automobile.

2. Entsorgungsindustrie (Umweltschutzindustrie) ist um so profitabler, je rigider Umweltschutzauflagen sind.

3. Recycling wird die Weiterverwendung und Wiedergewinnung von Abfallstoffen kostengünstiger und damit gewinnbringend gestalten.

Die Scholastik ist zu offenkundig, als daß sich lohnen würde, auf sie einzugehen. Das impliziert jedoch keinesfalls, daß ein sozialistisch-planwirtschaftliches Industriesystem, wie es gegenwärtig in den Staaten des Warschauer Pakts praktiziert wird, besser angepaßt sei.

Die zentrale Aufgabe ist also nicht die x-te Beschreibung der Schäden an Gesellschaft und Umwelt, ihrer Ursachen und etwaiger isolierter Therapievorschläge, sondern der Versuch, sie gerade unter dem Aspekt der technischen, ökonomischen und politischen Realitäten zu behandeln. Dabei geht es nicht darum, technische Verbesserungsvorschläge zu (auch wichtigen) Detailproblemen zu untersuchen, etwa abgasfreier geräuscharmer Automotoren, sondern abzuwägen, ob das Gesamtspektrum der Schäden im bestehenden Rahmen bewältigt, oder zumindest auf ein tragbares Maß eingeschränkt werden kann. Wenn nicht, muß festgestellt werden, welche Faktoren das verhindern.

Probleme der nichtindustrialisierten Länder und das Verhältnis zu den Industrieländern

Am Anfang einer Betrachtung der Beziehungen zwischen reichen und armen Ländern muß die Frage stehen, warum die Situation nicht mehr Lösungen erlaubt, die sich auf einzelne Länder, Wirtschaftsblöcke oder Kontinente beschränken. Welche Gründe machen die materielle Not der in den unterentwickelten Ländern lebenden Mehrheit der Erdbevölkerung und ihre jeden wirtschaftlichen Fortschritt buchstäblich vernichtende Vermehrungsrate zu einem für uns zentralen Problem?

Klammern wir aus der Antwort alle Argumente des Mitleids aus, auch solche, die sich aus dem Machtinteressen verbergenden missionarischen Eifer der beiden Machtblöcke ableiten. Die Zeiten sind vorüber, in denen man mit Almosen Stimmen für Kapitalismus oder Sozialismus kaufen konnte. Es bleibt die Abhängigkeit aller Menschen von einer globalen ökologischen und klimatischen Stabilität, die Abhängigkeit von gemeinsamen Ressourcen und dem globalen Austausch von Waren und Rohstoffen, wenn auch unter anderen Vorzeichen als bisher. Die Entwicklung der Produktivkräfte und das Wachstum der Erdbevölkerung lassen die entscheidenden Veränderungen die Grenzen der Länder und Kontinente überschreiten und global wirksam werden.

Wenn beispielsweise zur wirtschaftlichen Entwicklung große Urwaldgebiete in den Tropen urbar gemacht werden sollten, darf uns die ökologische Entrüstung nicht darüber täuschen, daß darin, angesichts der sich rapide vermehrenden Bevölkerung, auch Momente der verzweifelten Hoffnung liegen, Armut und Elend zu überwinden. Die dringend notwendige Steigerung der landwirtschaftlichen Erträge in Südostasien und in großen Gebieten Afrikas wird, soweit das theoretisch heute abzusehen ist, nur unter Bedingungen möglich sein, die wir hierzulande als ökologisch äußerst bedenklich zu betrachten seit kurzem gewohnt sind. Doch indem ein Gutteil jener Ökologiebesessenheit nichts anderes beabsichtigt, als den gesellschaftlichen und den politischen Status quo zu zementieren, da sie von reich wie arm die weise Beschränkung auf das Erreichte fordert, hilft sie, den von Armut und Elend Betroffenen nicht nur wenig, sie schadet ihnen sogar. Symptomatisch für die inhaltslose Selbstzufriedenheit jener selbsternannten Retter der Menschheit ist der sorgfältig manikürte, auf Weltuntergang weisende, permanent erhobene Zeigefinger. In den bequemen Fauteuils eines römischen Clubs, in der sorgfältig abgeschirmten Privatheit eines anmutigen Salzburger Schlosses läßt sich gut debattieren und erscheint es nur billig, von der Menschheit etwas mehr Verantwortung bei der biologischen wie bei der wirtschaftlichen Expansion zu fordern.

In den Industrieländern glaubt man an eine ausreichende Reformkapazität zur Lösung der Probleme ohne Veränderung des gesellschaftlichen Rahmens. Hier muß der technische Fortschritt wieder das Schmiermittel in die durch ihre innere Widersprüchlichkeit ins Stocken geratene Maschinerie gesellschaftlicher und wirtschaftlicher Produktion abgeben. Das verleitet zu einer verhängnisvollen Ignoranz gegenüber den nicht nur legitimen, sondern lebensnotwendigen Interessen der Unterentwickelten, denen wieder einmal unsere Sicht der Dinge aufgezwungen werden soll. Gegenwärtig schickt man sich an, von den Entwicklungsländern gebührenden Respekt vor Umweltproblemen und -gesetzen zu fordern, nicht zuletzt, um die Vorteile, die uns ihre Nichtbeachtung brachte, zu konservieren.

Eine sehr offene und realistische Haltung in der Auseinandersetzung von Umweltschutz und Wirtschaftswachstum nimmt Brasilien ein, dessen »Rat für industrielle Entwicklung« alle Projekte ohne Rücksicht auf Umweltschutz billigen wird, sofern sie der Entwicklung des Landes dienen. Die Ansicht, daß die Industrieländer den Vorzug der rücksichtslosen industriellen Entwicklung lange genug genossen hätten, um nicht auch noch die der Unterentwickelten zu behindern, wird von vielen nichtindustrialisierten Ländern geteilt[181].

Die unverhüllte Drohung einer wirtschaftlichen Diskriminierung unter dem Vorzeichen scheinbarer Gleichheit der Wettbewerbsbedingungen äußert sich in den Leitgrundsätzen einer Arbeitsgruppe des OECD: »Die im Rahmen der Umweltpolitik getroffenen Maßnahmen in bezug auf umweltschädigende Produkte sollten im Einklang mit den Bestimmungen des GATT auf das Prinzip der Nichtdiskriminierung (gleiche Behandlung für eingeführte Erzeugnisse ohne Rücksicht auf ihr Herkunftsland) angewandt werden.«[182]

Hinter dem Gleichheitsprinzip versteckt sich der Anspruch der reichen Länder, Überlegenheit zu konservieren, indem sie den anderen jene Entwicklungsbedingungen verbieten, die Voraussetzung des eigenen Wohlstandes waren und noch sind. Der von den Industrieländern in Aussicht gestellte Grenzausgleich für Waren aus Ländern ohne vergleichbaren Umweltschutz kann aus der Perspektive der Entwicklungsländer nur als schamlos ausgenutzte wirtschaftliche Überlegenheit, als Wirtschaftsimperialismus verstanden werden.

Insofern arbeiten jene Wachstumsstopp- und Umweltschutzideologien, welche die Konservierung des Status quo fordern, ohne im selben Atemzug die gebotenen wirtschaftlichen, gesellschaftlichen und politischen Konsequenzen zu nennen, einem aus Elend und Rückständigkeit geborenen wirtschaftlichen, militärischen oder politischen Mechanismus in die Arme, der in Zukunft die eigentlich globalen Wechselwirkungen bestimmen wird. Wir erleben beim Erdöl, wie sich die Machtverhältnisse umzukehren beginnen, und wie sich abzeichnet, daß unter dieser Konstellation für viele die Hoffnung auf eine Überwindung des Elends endgültig begraben werden muß. Auch ist die Abhängigkeit der Industrieländer von anderen Rohstoffen bekannt. Folgende entscheidende Lagerstätten nicht substituierbarer Rohstoffe liegen in Ländern der Dritten Welt: Erdöl und Gas, Aluminium, Chrom, Kobalt, Kupfer, Mangan, Nickel, Zinn und Uran. Mag auch die gegenwärtige politische und wirtschaftliche Situation noch nicht für ähnliche Maßnahmen wie beim Öl geeignet sein, braucht das nicht für alle Zeiten zu gelten. Die Zunahme des Elends in den Erzeugerländern, die Vergrößerung des wirtschaftlichen Ungleichgewichts könnten die heute noch so unwahrscheinliche Solidarität der Verzweifelten morgen Wirklichkeit werden lassen.

Auch wenn die wirtschaftlichen Möglichkeiten der meisten Entwicklungsländer denen der Industrieländer weit unterlegen sind, genügen selbst geringe Devisenreserven, mit hinreichendem Elend kombiniert, das Preisniveau in den Industrieländern in entscheidenden volkswirtschaftlichen Bereichen nachhaltig zu beeinflussen. Wenn Importe von Nahrungsmitteln, oder »Rohstoffen« der Nahrungserzeugung, wie Düngemittel, zu einer Überlebensfrage schlechthin werden, müssen Länder wie Indien die geringen, sonst für den Einkauf von industriellen Ausrüstungsgegenständen benötigten Devisen für diese Erzeugnisse ausgeben und so die Weltmarktpreise in die Höhe treiben. Auch wenn der größere Teil der Preissteigerungen für Getreide der Jahre 1972 und 1973 auf chinesische und russische Käufe zurückzuführen ist, hat das traditionelle und durch Mißernten verstärkte Defizit einer Anzahl stark bevölkerter Entwicklungsländer, darunter auch Indien, wesentlich zur Verschärfung der Situation beigetragen. Innerhalb eines Jahres verdoppelten sich die Weizenpreise auf dem Weltmarkt, und es wird von Spitzenpreisen für Harnstoffdünger berichtet, die dem Viereinhalbfachen des vorherigen Normalpreises entsprechen[183].

Anders ausgedrückt, je größer die Zahl der in den wirtschaftlich nicht autarken Entwicklungsländern lebenden Menschen, desto geringer ist nicht nur *ihre* Chance auf wirtschaftliche und agrarische Autarkie (da Investitionen ausbleiben) und desto größer nicht nur ihr Elend, sondern zu einer um so größeren und kontinuierlich wachsenden, wenn auch indirekten Belastung werden sie auch für die Industrieländer. Im Rahmen des über den Weltmarkt möglichen und notwendigen wirtschaftlichen Austauschs zwischen reichen und armen Ländern sind Mechanismen, die den Besitzern wichtiger und beschränkter Ressourcen in die Taschen arbeiten, wenn auch über verschiedene Teile der Erde wirkend, nicht mehr zu übersehen.

Mit der Verbreitung der Kernenergietechnologie wird die Zukunft der reichen Länder (zu denen auch ein großer Teil der Produzenten wichtiger Rohstoffe zählen wird) ungleich mehr als heute von sozialer und politischer Stabilität abhängen. Wenn in einer großen Zahl von Ländern keine Hoffnung besteht, Elend und Hunger durch eine autonome wirtschaftliche Entwicklung zu überwinden, wird man zunehmend dazu übergehen, den Wunsch nicht mehr als Bitte zu verstehen, die demütig vor der UNO oder einer ihrer Tochterorganisationen vorzutragen ist, sondern als durchzusetzendes Recht. Und dabei wird man feststellen, daß der Reichtum nicht nur abhängt von menschlicher Arbeit, technischem und organisatorischem know how, Rohstoffen, gesellschaftlichen Anpassungen etc., sondern auch an politische und gesellschaftliche Stabilität gebunden ist, deren Störung unter diesen Bedingungen nicht nur – wie sich abzeichnet – recht einfach, sondern auch legitim sein wird.

Von den Vereinten Nationen wurde die Weltbevölkerung 1965 mit 3,25 Milliarden angegeben[184]. Das Statistische Jahrbuch der UN gibt 1972 eine Zahl von 3,6 Milliarden an. Bei einer Zuwachsrate von jährlich 2 Prozent wird die Verdoppelung auf 7 Milliarden etwa zur Jahrhundertwende erwartet[185].

Die unterschiedlichen Zuwachsraten, die in den Industrieländern meist unter 1 Prozent liegen, in den unterentwickelten Ländern dagegen über 3 Prozent betragen, werden das Verhältnis von Menschen, die in den Industrieländern leben, zu denen in den gegenwärtigen unterentwickelten Ländern von heute etwa 1:2 auf 1:3 im Jahr 2000 verschieben. Das bedeutet, daß für jeden heute in den reichen Ländern Lebenden um die Jahrtausendwende 1,5, in den armen Ländern aber 2,5 Menschen zu ernähren und zu versorgen sein werden[186]. Nur um die gegenwärtig unzureichende Lage zu halten, muß die Nahrungsmittelproduktion in den unterentwickelten Ländern auf das Zweieinhalbfache gesteigert werden. Das wird, da die landwirtschaftlich nutzbare Fläche in diesen Ländern nicht wesentlich zu vergrößern sein wird, wenn überhaupt, nur durch Intensivierung der Anbaumethoden, mit noch zu diskutierenden Konsequenzen möglich sein.

Der heutige Ernährungszustand des größeren Teils der Menschheit ist völlig unzureichend. Schätzungsweise sind heute etwa 50 bis 60 Prozent der Menschen in armen Ländern unterernährt[187]. Die FAO gibt als durchschnittlichen täglichen Bedarf etwa 2700 Kalorien an, in denen etwa 75 g tierisches Eiweiß enthalten sein müssen. Während diese Werte in den reichen Ländern teilweise erheblich überschritten werden (was auch Anlaß von Gesundheitsschäden ist), liegen sie in den armen Ländern Vorderasiens, Afrikas, des indischen Subkontinents und Mittelamerikas weit darunter. Der Fortschritt der absoluten Steigerung der Nahrungsproduktion in diesen Ländern in den 60er Jahren wird fast vollständig durch die wachsende Zahl der zu ernährenden Menschen aufgegessen[188].

Die Folgen dieses Vegetierens am Existenzminimum sind vorerst nicht annähernd abzusehen. Nach Schätzungen der FAO sind in den betroffenen Ländern etwa 300 Millionen Kinder (mehr als die Bevölkerung Europas!) in der körperlichen Entwicklung stark zurückgeblieben[196]. Eine Studie an stark unterernährten Kindern in Mexiko zeigte beachtliche Retardierungserscheinungen der geistigen Entwicklung von unterernährten gegenüber normalernährten, sonst vergleichbaren Kindern[189].

Weitere Folgen der Unterernährung sind: höhere Anfälligkeit gegenüber Krankheiten und Epidemien infolge der geschwächten körperlichen Abwehrkräfte, Mangel an geistiger Aktivität, Unfähigkeit zu zusammenhängendem oder schöpferischem Denken, Reizbarkeit und, in extremen Fällen, die drastische Verminderung sozialer Bindungen. N. Wright sieht den circulus vitiosus der Armut: »Armut führt zu geringer Nahrungsaufnahme, diese zu geringerem Körpergewicht und geringer Aktivität, welche ihrerseits verminderte Produktivität und infolgedessen noch größere Armut zur Folge hat.«[190]

Bei der Bewertung der statistischen Daten muß zusätzlich berücksichtigt werden, daß die Durchschnittswerte auch den Verbrauch der wohlhabenderen und reichen Schichten mit einschließen. So verbergen Werte, die noch im Rahmen des Erträglichen zu liegen scheinen, mit Sicherheit das Elend größerer Bevölkerungsschichten.

Noch größere Unterschiede als im Nahrungsmittelverbrauch, der nach beiden Seiten biologisch begrenzt ist, finden sich im Vergleich der Güterproduktion und des Güterverbrauchs. Als Vergleichsgröße nehmen wir den Pro-Kopf-Energieverbrauch einer innerhalb gewisser Grenzen aufschlußreichen Kennziffer, die anzeigt, inwieweit menschliche oder tierische Arbeit durch künstliche Energie ersetzt wurde. In der Tat läuft der Pro-Kopf-Energieverbrauch dem Sozialprodukt, also etwa dem »Reichtum«, für Länder unterschiedlichster wirtschaftlicher Entwicklung etwa parallel[191].

Im Vergleich der Kontinente liegt Nordamerika im täglichen Pro-Kopf-Energieverbrauch von 136 300 Kalorien an der Spitze, Afrika mit 5750 Kalorien am Ende der Skala[192, 193]. Berücksichtigt man, daß der afrikanische Durchschnittswert durch die industrialisierte Südafrikanische Union und Rhodesien angehoben wird, zeigt sich für die übrigen Gebiete die Prävalenz tierischer oder menschlicher Arbeit. Dagegen arbeiten für jeden Nordamerikaner Maschinen, die einen Energieverbrauch von 44 Menschen haben, er beansprucht durchschnittlich 44 mechanische Arbeitssklaven. So verbrauchten 1967 weniger als ein Drittel der Erdbevölkerung 86 Prozent der Energie, während mehr als die doppelte Zahl von Menschen sich mit 14 Prozent der produzierten Energie begnügen mußte[192, 193].

Nun zur Frage der wirtschaftlichen Entwicklung: Die Voraussetzung jeder wirtschaftlichen Entwicklung sind Investitionen zur Erhöhung der agrarischen und industriellen Produktivität. Nur wenn Ersparnisse gebildet werden können, d. h. wenn nicht alles, was produziert wird, auch verbraucht werden muß, besteht eine Chance zur Entwicklung der Wirtschaft.

Aus einer Reihe von Gründen ist die heutige Ausgangsbasis der unterentwickelten Länder nicht mit derjenigen der Industrieländer zu Beginn ihrer Entwicklung vergleichbar. Aus einer umfangreichen Analyse Gunnar Myrdals seien folgende Unterschiede als wichtigste herausgegriffen: 1. Als ehemalige Kolonien sind die meisten

Länder noch nicht als Nationalstaaten konsolidiert. 2. Ungünstiges Klima. 3. Schon *vor* Beginn der Industrialisierung einsetzende Bevölkerungsvermehrung erschwert bzw. verhindert die Bildung volkswirtschaftlicher Ersparnisse. 4. Die vom Kolonialismus hinterlassene Wirtschaftsstruktur macht diese Länder vom Export substituierbarer Rohstoffe abhängig (z. B. Kautschuk), oder von Produkten, bei denen die große Konkurrenz auf dem Weltmarkt zur kontinuierlichen Verschlechterung der Austauschrelationen zwischen Export und Importbedarf geführt hat. 5. Protektionismus der Industrieländer gegenüber dem Import arbeitsintensiver Güter, bei denen der niedrige Lebensstandard und das niedrige Lohnniveau in den armen Ländern zu einer echten Konkurrenz mit einheimischen Gütern führen könnte[194].

Mit Ausnahme des zweiten sind alle anderen Punkte durch Eingriffe oder durch Druck der Industrieländer wenigstens mitverschuldet: das Erbe der Kolonialzeit.

Das Bevölkerungswachstum ist Folge westlicher Hygiene und Medizin in Ländern, in denen sich Sozialstruktur und Geburtenzahl in Jahrhunderten auf die »natürliche« hohe Mortalität eingependelt hatten. Mit der billigen Verbreitung europäischer Medizin, DDT zur Bekämpfung der Malaria und ähnlichem ließ sich der Reichtums- und Kolonialismuskomplex leichter verdrängen als durch teure wirtschaftliche Förderung, die am Anfang hätte stehen müssen. Daß langfristig das Gegenteil des Erwünschten eintrat, konnte oder wollte man nicht realisieren.

Durch Bevölkerungsvermehrung entstand in den betroffenen Ländern der Zwang zur kapitalintensiven Vergrößerung der landwirtschaftlichen und gewerblichen Produktion und damit die Notwendigkeit, sich dem Weltmarkt zu öffnen. Da ein Teil dieser Länder überwiegend Rohstoffe exportiert, müssen sie sich vorerst auf dem Weltmarkt einem erbitterten Preiskampf untereinander aussetzen, ebenso wie der wirtschaftlichen Überlegenheit der Industrieländer, die Preise und Abnahmequoten nahezu nach Belieben festsetzen können. (Ausnahme ist Erdöl, wo sich seit etwa 2 bis 3 Jahren die Machtverhältnisse umgekehrt haben.)

Dieser Zwang, sich dem Welthandel und der wirtschaftlichen Überlegenheit der Industrieländer auszusetzen, unterscheidet die Gegenwart der Unterentwickelten prinzipiell von der Vergangenheit der Entwickelten. Während in den letzteren die Industrien unter dem Schutzschirm des Protektionismus und der »Düngung« durch Kolonialismus wuchsen, die sie gegen äußere Konkurrenz abschirmten und ihnen gleichzeitig günstige Import- und Exportbedingungen sicherten, müßten die der Unterentwickelten unter schwierigsten Bedingungen entstehen.

Myrdal hat gezeigt, daß entgegen der Theorie, nach der Freihandel zur Angleichung der Faktorpreise und der Einkommen führen müsse, im Verhältnis der wirtschaftlichen Entwicklung von Industrie- und unterentwickelten Ländern das Ungleichgewicht ständig zugenommen hat: »Tatsache ist, daß im Gegensatz zu dieser Theorie der internationale Handels- und Kapitalstrom im allgemeinen dahin tendiert, Ungleichheit zu erzeugen, und daß sich diese Tendenz um so stärker durchsetzt, wenn substantielle Ungleichheiten bereits etabliert sind.«[195]

Von den zwei theoretischen Möglichkeiten zur Verringerung des Bevölkerungswachstums ist die erste, eine konsequente Regierungspolitik zur Geburtenkontrolle, nicht effektiv, da gerade in den Gegenden der höchsten Zuwachsraten die Familie die ökonomische Grundstruktur und daher die Bevölkerung am wenigsten ansprechbar ist. Die zweite Strategie müßte über die wirtschaftliche Entwicklung mit der Auflösung der Familie als ökonomischer Grundstruktur – wie in China – auch das Sozialverhalten der Menschen verändern. Bis dahin würde jedoch auch unter aktiver Mithilfe der reichen Ländern noch sehr viel Zeit vergehen.

Wie hypothetisch solche Überlegungen jedoch sind, zeigt die Analyse des Entwicklungshilfeprogramms wichtiger Industrieländer und das Beispiel Indiens. Hier wächst die Bevölkerung um jährlich 13 Millionen oder alle vier bis fünf Jahre um die Bevölkerungszahl der Bundesrepublik. Nur ein Jahr schlechter Ernten vernichtet auch jede Hoffnung auf Fortschritte in der Entwicklung. Nichts kennzeichnet die schon vor dem Herbst 1973 verzweifelte Lage besser als die Erklärung eines hohen indischen Regierungsbeamten zur so erzwungenen Kürzung des Familienplanungsprogramms um rund 30 Prozent: Die angespannte Lage erfordere »durchgreifende Sparmaßnahmen in den ›Wohlfahrtsministerien‹ und Abteilungen, die mit solchen ›nicht lebensnotwendigen Dingen‹ (non essentials) betraut seien, wie Gesundheit, Familienplanung, Ernährung und Erziehung«.[196]

Zieht man die kritische Grenze, ab der gegenwärtig erst autonome wirtschaftliche Entwicklung möglich ist, bei etwa 300 bis 500 Dollar Jahreseinkommen pro Kopf der Bevölkerung, zeigt sich, daß die meisten betroffenen Länder dazu aus eigener Kraft nie in der Lage sein werden[197]. Die Länder Afrikas und Asiens mit 1965 2,2 Milliarden Menschen hatten ein durchschnittliches Einkommen pro Kopf und Jahr von etwa 150 Dollar, Südamerika mit 166 Millionen eines von 375 Dollar[193]. Diese Zahl liegt in Indien mit 537 Millionen Einwohnern bei 73 (!) Dollar[198].

China, das von einer unterhalb der kritischen Grenze liegenden Plattform Autarkie und ein ausreichendes Versorgungsniveau erreicht hat, ist vermutlich ein durch besondere geschichtliche und ethnische Verhältnisse ausgezeichneter Sonderfall. Hier begünstigten die Größe des Landes, seine Autarkie an Rohstoffen, das Gesellschaftssystem und das Bildungsniveau seiner Bevölkerung die Entwicklung. Ähnlich günstige Verhältnisse sind für die Mehrzahl der nichtindustrialisierten Länder nicht gegeben.

So bleibt als einziger Ausweg Hilfe durch die Industrieländer und die Hoffnung, über den Welthandel die zur Entwicklung benötigten Mittel zu erwirtschaften. Folgende Daten mögen die Lage andeuten:

Ohne sozialistische Länder stieg der Welthandel von 1961 bis 1969 von 113,2 auf 243 Mrd. Dollar. Der Anteil der Industrieländer nahm dabei von 81,2 auf 197,7 – der der Entwicklungsländer von 32 auf 63 Mrd. Dollar zu. Während die Industrieländer ihren Anteil am Welthandel von 72 auf 74 Prozent steigerten, nahm der der Entwicklungsländer von 28 auf 26 Prozent ab[199]. Produktivitätsfortschritte und, über den Welthandel, vertiefte internationale Arbeitsteilung ließen das reale Pro-Kopf-Einkommen zwischen 1960 und 1969 in den Industrieländern um 660 Dollar = 47 Prozent steigen, in den Entwicklungsländern dagegen nur um 46 Dollar = 31 Prozent[200].

Diese Daten belegen die relative Verschlechterung der wirtschaftlichen Position der Entwicklungsländer gegenüber den Industrieländern in der letzten Dekade. Unter dem Vorzeichen der Chancengleichheit, dem Kredo von Marktwirtschaft und Freihandel, schwindet das wirtschaftliche Gewicht der unterentwickelten Länder im gleichen Maß, wie ihre Abhängigkeit wächst.

Die Hoffnungslosigkeit der wirtschaftlichen Situation für die Mehrheit der Erdbevölkerung wird zusätzlich noch durch statistische Nivellierungen verdeckt. Das Problem schnitt Robert McNamara, der Präsident der Weltbank, in einer Rede auf der Konferenz der Vereinten Nationen, Unctad 111, in Santiago de Chile an:

»In der letzten Dekade ist in Brasilien das Pro-Kopf-Einkommen um 2,5 Prozent jährlich gestiegen, und dennoch ist das Einkommen, das die ärmsten 40 Prozent der Bevölkerung bezogen haben, von 10 Prozent auf 8 Prozent gesunken«, während der Anteil der reichsten 5 Prozent der Bevölkerung von 29 auf 38 Prozent stieg[201].

Der als Freihandel deklarierten Ausbeutung der Entwicklungsländer entspricht die Tarnung von Auslandsinvestitionen als Entwicklungshilfe. So entstanden zwischen 1960 und 1968 für US-Auslandsinvestitionen jährlich folgende Gewinne: In den Industrieländern nur 7,3 Prozent, in den Entwicklungsländern aber 19,1 Prozent. In Industrieländern wurden die Gewinne zu 38 Prozent, in Entwicklungsländern, wo die Reinvestition wesentlich dringender wäre, jedoch nur zu 24 Prozent reinvestiert, der Rest in die USA überwiesen[202]. Der Vorwurf der kurzfristigen und rücksichtslosen Ausbeutung der Unterentwickelten ist nur zu berechtigt.

Die bereits unzureichenden Summen für Entwicklungshilfe erfüllen zu einem großen Teil noch nicht einmal diese Aufgabe. Das Auslandshilfeprogramm der USA von rund 39 Mrd. Dollar, die zwischen 1962 und 1968 ausgegeben wurden, bestand nur zum verschwindend kleinen Teil aus potentiell entwicklungsfördernden, geschenkten Mitteln. 19 Prozent waren Militär- und Waffenhilfe und dienten, wie Vietnam zeigt, ausschließlich destruktiven Zielen, und 42 Prozent waren zu verzinsende und zu tilgende Darlehen und Kredite. Die Zinslast der Entwicklungsländer und die Tilgungsraten für fällig gewordene Kredite verschlingen bereits 55 Prozent der jährlichen Zuwendungen und Darlehen der Industrieländer, betragen in einzelnen Ländern bis zu 76 Prozent dieser Mittel und machen über ein Viertel ihrer jährlichen Exporterlöse aus[203].

Die als notwendig erachtete Mindesthilfe von 0,7 Prozent des Bruttosozialproduktes der Industrieländer wird von der Mehrzahl auch nicht annähernd erreicht. An der Spitze der Liste stehen gegenwärtig die Niederlande, Frankreich und Australien mit Beiträgen von 0,65 bis 0,59 Prozent ihres Bruttosozialprodukts, während so reiche Länder wie die Bundesrepublik, Schweden, die USA und England nur 0,31 bis 0,37 Prozent aufbringen und diesen Anteil auch nicht wesentlich zu steigern beabsichtigen[204]. Zu vermuten ist, daß mit der Verschärfung der Probleme der Industrieländer (Umweltschutz, Erdölkrise, soziale Maßnahmen, Inflationsbekämpfung etc.) die Bereitschaft dazu weiter sinken wird. Somit bleiben auf absehbare Zeit die Lasten fast vollständig bei den Unterentwickelten, während die Industrieländer aus dieser Situation eine Reihe entscheidender Vorteile ableiten.

Nahrungsproduktion

Mit der Nahrungsproduktion bezog der Mensch des Neolithikums eine Position außerhalb der Natur. Dennoch waren die ökologischen Veränderungen dieser Produktionstechniken so gering, daß Pflanzenanbau und Tierzucht sich noch bis in unser Jahrhundert im Windschatten der Regulation natürlicher Ökosysteme vollzogen. Inzwischen ist ein Stadium erreicht, in dem nicht nur immer weniger auf den natürlichen Ausgleich gewachsener Ökosysteme gerechnet werden kann, sondern in dem fortschreitende Zerstörung der Natur geradezu Voraussetzung landwirtschaftlicher Produktivität geworden ist.

Etwa 41 Prozent der Landoberfläche der Erde werden gegenwärtig wirtschaftlich genutzt: 11 Prozent zum Anbau von Nahrungsmitteln, 20 Prozent sind Weideland, und der Rest von 10 Prozent sind bewirtschaftete Wälder. Etwa ein Drittel der Landoberfläche ist aus geographischen oder klimatischen Gründen prinzipiell nicht nutzbar, und etwa ein Viertel (das etwa zu 80 Prozent aus Wald besteht) ist noch nicht urbar gemacht, oder seiner Nutzung stehen schwerwiegende ökologische und ökonomische Bedenken gegenüber. Insofern überzeugt das Argument der FAO (der Welternährungsorganisation der UNO), daß nur ein kleiner Teil des gegenwärtig ungenutzten Landes zukünftig landwirtschaftliche Erträge bringen kann[205], oder, falls man sich über Bedenken hinwegsetzen wird, nur unter extrem hohen Kosten. Riesige Investitionen in die Erschließung, Bewässerung und Bewirtschaftung dieses Landes würden die Preise der erzeugten Nahrungsmittel erheblich belasten. Eine Kommission der US-Regierung schätzt, daß die durchschnittlichen Erschließungskosten etwa 1150 Dollar pro Hektar betragen würden[206]. Nach dem Urteil der FAO wird die Landerschließung in den Gegenden, wo sie am nötigsten wäre, in Ostasien, dem Nahen Osten, Nordafrika, in Teilen Schwarzafrikas und Lateinamerikas, ohnehin nicht möglich sein.

Möglichkeiten, die landwirtschaftlich genutzte Fläche zu vergrößern, sind in vielen tropischen Gegenden – häufig, wo der Bedarf am größten ist – durch die Beschaffenheit der Böden, den

Mangel an wichtigen Pflanzennährstoffen, die Erosionsgefahr, die Bedeutung des Regenwaldes für den Wasserhaushalt und auch durch klimatische Besonderheiten beschränkt. So ist der Boden in den tropischen Urwäldern der Amazonas- und Kongobecken eher unfruchtbar, trotz des gegenteiligen Anscheins der üppigen Vegetation. 70 Prozent der für die Ernährung des Ökosystems notwendigen Mineralien sind in den Pflanzen selbst gespeichert. Die restlichen im Boden enthaltenen 30 Prozent würden nach der Rodung in kürzester Zeit ausgeschwemmt. Humus würde ausgespült, und anstelle der üppigen Vegetation des tropischen Regenwaldes erschiene nach kurzer Zeit harte, fast vegetationslose Steppe. Es wird berichtet, daß in ähnlichen Fällen der Boden bereits nach drei Ernten erschöpft war[207].

Statt einer Vergrößerung der landwirtschaftlichen Nutzfläche wird häufig Verkleinerung oder der Übergang zu weniger intensiven Anbaumethoden erforderlich sein. So wird nach Prognosen der FAO in trockenen Gebieten Ackerland, das nur Grenzerträge bringt, in Weideland zurückverwandelt werden müssen[208].

Das Bild einer primitiven Landwirtschaft, von Ochsen gezogene Holzpflüge, wenig ertragreiche Nutzpflanzen, keine oder nur primitive Bewässerung verführen vorschnell zum Schluß, radikale Modernisierung könne hier alle Probleme lösen, japanische Produktionstechniken seien auf Indien übertragbar. Doch ist das, wie die Erfahrung gezeigt hat, eine voreilige und wenig differenzierte Hoffnung. Die Anfangserfolge einer derartigen Modernisierung haben sich nur zu oft als langfristige katastrophale Fehlschläge erwiesen[209].

Selbst wenn gesellschaftliche und wirtschaftliche Entwicklungshindernisse unberücksichtigt blieben, ständen noch genügend »natürliche« Hindernisse einer Produktivitätssteigerung in den Tropen auf das Niveau gemäßigter Zonen entgegen. Dazu zählen der klimatisch bedingte geringere Humus- und Nährstoffgehalt tropischer Böden; daraus folgend geringere Speicherkapazität für Kunstdünger, die einen höheren Aufwand erfordert und größere Umweltbelastungen nach sich zieht; klimatisch und ökologisch günstigere Vermehrungsbedingungen für Pflanzenschädlinge, die zudem schneller immun gegen Pflanzenvernichtungsmittel werden und immer intensivere chemische Bekämpfung verlangen; schließlich bedingen im größeren Teil der Tropen besondere Wetterbedingungen einen höheren Aufwand, etwa zur Bewässerung. Nach dem Urteil von Landwirtschaftsexperten müßte der größere Teil des tiefer gelegenen tropischen Farmlandes im globalen Vergleich der Produktionskosten als marginal eingestuft werden[209].

Getreideanbau auf 70 Prozent des Ackerlandes der Erde deckt 52 Prozent des biologischen Energiebedarfs der Menschheit. 11 Prozent der Energie liefert die Tierzucht, 10 Prozent der Anbau von Kartoffeln und verwandten Pflanzen und die gleiche Menge Obst und Gemüse. 9 Prozent werden als Fette und Öle aufgenommen, 7 Prozent als Zucker, und nur 1 Prozent stammt aus dem Wasser (Fische)[189].

Während zwei Drittel der Menschheit jährlich durchschnittlich mit 163 kg Getreideprodukten auskommen müssen, die gerade den Mindestbedarf an Energie decken, verbraucht der durchschnittliche Amerikaner (und Europäer etwa auch) jährlich 725 kg Getreideprodukte. Der größere Teil von 657 kg wird jedoch an Tiere verfüttert, und nur 68 kg dienen unmittelbar der menschlichen Ernährung. Von diesen 657 kg Getreideprodukten zur Tiermast geht etwa 80 bis 90 Prozent der Energie über den Stoffwechsel der Tiere verloren, und nur 10 bis 20 Prozent können als tierisches Protein gewonnen werden[189].

Im Proteinmangel der armen Länder liegt einer der wesentlichen Gründe für die Unterernährung und damit auch eine Ursache des circulus vitiosus der Armut. Die Steigerung der Proteinerzeugung müßte wegen des nur geringen Umwandlungsfaktors pflanzlicher in tierische Körpersubstanz auf einer vervielfachten Steigerung des Pflanzenanbaus basieren – und damit auf die bereits erwähnten Hindernisse stoßen.

In den Lehrbüchern der Biologie fehlt im Zusammenhang mit den landwirtschaftlichen Ertragssteigerungen der Moderne meist nicht der Hinweis, daß es sich um gespeicherte Sonnenenergie handle. Und in der Tat wird ein enormer Fortschritt biologisch-landwirtschaftlicher Technik in den Vergleichszahlen signalisiert, wenn etwa in den USA der Maisertrag pro Flächeneinheit zwischen 1945 und 1970 sich annähernd verzweieinhalbfachte[210]. Zu Recht wird dieser Fortschritt, der in anderen landwirtschaftlichen Sektoren vergleichbar ist, als Erfolg der Wissenschaften reklamiert. Etwas kühner erscheint schon die Implikation, der gestiegene Ertrag sei auf eine zweieinhalbfach bessere Ausnutzung der Sonnenenergie durch neue Pflanzensorten zurückzuführen. Eine solche Behauptung läßt nur zu leicht die Voraussetzungen dieses Erfolges vergessen, zu denen neben den erwähnten Verbesserungen des Saatgutes vor allem die der landwirtschaftlichen Technologie, der Maschinerie, des Düngemitteleinsatzes (für das erwähnte Maisbeispiel betrug die Steigerung allein an benötigtem Stickstoffdünger das 16fache!), der Schädlingsbekämpfung und nicht zuletzt auch die der »social costs« zählen. So sind nach Schätzungen von Experten nur etwa 20 bis 40 Prozent der Ertragssteigerung des Beispiels dem verbesserten Saatgut, 60 bis 80 Prozent aber der Steigerung aufgewandter fossiler Energie zuzurechnen. Erst dieser enorme Aufwand hat die Verbesserungen der landwirtschaftlichen Produktivität ermöglicht: von den in Düngemitteln und Bioziden enthaltenen großen Energiemengen über den Treibstoff für den Betrieb des Maschinenparks bis zur Energie, die die Herstellung des Maschinenparks erfordert. Und so erstaunt es nicht, daß im Fall des Maisbeispiels sich die Bilanz zwischen aufgewandter (fossiler) und eingebrachter (Nahrungs-)Energie um etwa 25 Prozent verschlechterte[211].

Berücksichtigt man, daß sich das für pflanzliche Nahrung noch recht günstige Input-Output-Verhältnis von fossiler zu Nahrungsenergie verschlechtert, wenn man zu höherwertiger tierischer Nahrung übergeht (Tiere verarbeiten pflanzliche Energie mit »Verlusten« von 80 bis 90 Prozent), so kommt man, auf dem Konsumniveau westlicher Industriestaaten, insgesamt auf ein Verhältnis von etwa eins zu eins[211]. Das heißt, daß für jede Kalorie produzierter Nahrung eine Kalorie in Form fossiler Brennstoffe benötigt wird – oder: daß Nahrung heute nichts anderes ist als umgewandeltes Erdöl.

Diese Verhältnisse im Auge zu behalten, ist wichtig, weil es in den Hungergebieten nicht nur darum geht, die Kalorienzahl der landwirtschaftlichen Produktion zu steigern, sondern gerade die besonders energieaufwendigen tierischen Produkte zu vermehren.

Häufig wird auf den Fischfang verwiesen. Ob damit aber jemals zu einer wesentlichen Verbesserung der Versorgung mit tierischem Protein beigetragen werden kann, erscheint mehr als fraglich. Auf Grund der biologischen Produktivität der Meere werden, wie recht genaue Berechnungen ergeben, vermutlich nie wesentlich mehr als jährlich 100 Millionen Tonnen Fische, etwa das 1,7fache des heutigen Fanges, gewonnen werden können. In dieser Prognose sind jedoch weder die erheblichen Schäden enthalten, die durch Umweltverschmutzung gerade in den Laichgebieten der Küstenschelfe angerichtet werden, noch die Tatsache berücksichtigt, daß die Weltmeere bereits heute die Symptome einer Überfischung zeigen[212].

Selbst die optimistische Annahme einer Steigerung des Fischfanges um 70 Prozent würde nur die des Kalorienanteils von 1 Prozent auf 1,7 Prozent des Gesamtbedarfs an Nahrungsenergie bedeuten. Unkonventionelle Vorschläge, etwa der Gewinnung von Protein aus Erdöl oder der Austernzucht im Kühlwasser von Kernreaktoren, mögen zwar zur Überwindung von Schwierigkeiten beitragen helfen, die Nahrungsprobleme aber sicher nicht lösen, wie häufig behauptet wird. So bleibt als realistische Hoffnung die Intensivierung landwirtschaftlicher Produktion auf den bereits genutzten Böden. Die damit verbundenen Schwierigkeiten zeigen sich schon heute: Bis zum Jahr 2000 müssen auf nahezu unveränderter Anbaufläche fast doppelt so viele Menschen ernährt werden.

Nur zur Verbesserung der Versorgung und zur Ernährung der erwarteten 3,5 Milliarden zusätzlicher Menschen müßte in 3 Dekaden die Getreideproduktion (einschließlich des für die Viehmast benötigten Anteils) auf etwa der gleichen Bodenfläche verdreifacht werden[189]. Eine vergleichbare Prognose sieht die Verdoppelung der Getreideproduktion und die Verdreifachung des Schlachtviehbestandes vor[213].

Das Problem wird nicht nur sein, die erforderlichen Kapitalien bereitzustellen. Fraglich ist auch, ob die Erde die ökologischen Konsequenzen derartiger Zuwachsraten und der sie voraussetzenden Techniken ertragen kann. Technisch sind folgende Methoden Voraussetzung der notwendigen Ertragssteigerung: 1. Einsatz ertragreicher Sorten, 2. Mechanisierung, 3. künstliche Bewässerung in klimatisch ungünstigen Gegenden (überwiegend Länder des größten Bedarfs), 4. intensive künstliche Düngung, 5. intensiver Einsatz von Bioziden zur Schädlingskontrolle. Jede dieser Maßnahmen ist an eine Reihe von Voraussetzungen gebunden und bringt Gefahren mit sich. Zusammen setzen sie hohe Investitionen in die Landwirtschaft und die Infrastruktur des Landes voraus.

Die Ertragssteigerungen der »grünen Revolution« beruhen auf in den 50er und 60er Jahren gezüchteten Nutzpflanzen, die die bisherigen Arten global zu verdrängen beginnen. Diese neuen Sorten sind unempfindlicher gegen Kälte, Trockenheit und Krankheiten, sprechen besser auf künstliche Düngung an und geben bessere Erträge mit höherem Proteingehalt. Maisarten mit einem kürzeren Reifungsprozeß erlauben die Verschiebung der Anbaugrenzen um 800 km nach Norden, hochergiebige, schnellreifende Reisarten wurden gezüchtet, die bereits nach 120 statt nach 165 Tagen reifen, ebenso Arten, deren geringer Lichtbedarf den Anbau noch in Jahreszeiten erlaubt, in denen normale Pflanzen nicht mehr wachsen. Die Verbindung früherer Reifung mit geringerer Abhängigkeit von der Tageslänge ermöglicht in subtropischen Zonen, auf guten Böden, sofern genügend Wasser vorhanden ist, mehrere Ernten im Jahr. Dadurch sind in manchen Zonen 3 bis 4 Jahresernten keine Utopie mehr[189].

Mit der Verbreitung dieser neuen Sorten, deren Genmaterial im Gegensatz zu dem natürlicher Varietäten sehr einheitlich ist, vergrößert sich die von Schädlingen ausgehende Gefahr. Ein Spezialist für eine verbreitete genetische Struktur findet ideale Vermehrungsbedingungen. Daher sind nicht nur wie bisher die Ernten einzelner Gebiete, sondern die ganzer Länder oder Regionen gefährdet. So gehören nach Untersuchungen der FAO 90 Prozent des in Griechenland angebauten Weizens einer Varietät an. 95 Prozent der nordamerikanischen Erbsenernte stammen von 2 Sorten[213a], eine früher in tausend Varietäten vorkommende Weizenart ist praktisch ausgestorben. An Stelle der Vielfalt von Sorten, auf denen sich die Ernährung früherer Epochen aufbaute, treten heute global vier dominierende Getreideformen: Weizen, Mais, Reis und Mohrenhirse.

Die Probleme, die aus dem Zwang entstehen, die Landwirtschaft in den unterentwickelten Ländern zu intensivieren, sind zahlreich. Die bereits erwähnte, durch das einheitliche Genmaterial provozierte Gefahr von Pflanzenschädlingen vergrößert sich in der Anbauform der Monokulturen. In komplexen natürlichen Ökosystemen liefert die Natur die Schädlingsbekämpfung gratis. In der Vielfalt der Pflanzenarten finden einzelne Schädlingsarten wegen beschränkten Nahrungsangebots nur begrenzte Ausbreitungsmöglichkeiten. Verbreiten sie sich nämlich übermäßig, fördern sie gleichzeitig eine entsprechende Vermehrung ihrer Feinde und leiten ihre eigene Dezimierung ein. Als Faustregel kann gelten, daß ein Ökosystem um so stabiler ist, je artenreicher es ist. In Monokulturen muß die Ausbreitung von Schädlingen durch immer intensivere Bekämpfung mit chemischen Mitteln, sogenannten Bioziden, verhindert werden. Durch diese Substanzen werden häufig die Feinde der Schädlinge stärker betroffen, da sich die Gifte in ihnen über die Nahrungskette stärker anreichern. Dazu kommt, daß die Schädlinge wegen ihrer größeren Zahl und rascheren Vermehrungsrate auch über Mutation mit größerer Wahrscheinlichkeit partielle Resistenz entwickeln als ihre Feinde, und daher immer größere Mengen an Pestiziden versprüht werden müssen. Die Abhängigkeit der Monokultur von der künstlichen Regulation der Schädlinge wächst ständig[214].

Der Trend der modernen Landwirtschaft, natürliche durch künstliche Anbaumethoden zu ersetzen, Produktivitätssteigerung über Kapitaleinsatz und mit Risiko zu erkaufen, zeigt sich in folgenden Zahlen: Zwischen 1955 und 1965 stieg die Nahrungsmittelproduktion global um 34 Prozent, die von Traktoren dagegen um 63 Prozent, die von Stickstoffdünger um 146 Prozent, die von Phosphordünger um 75 Prozent und die von Bioziden (Schädlingsbekämpfungsmitteln) um 120 Prozent[215]. Die jährlichen Steigerungsraten des Düngemittelverbrauchs lagen zwischen 1954 und 1964 in den Industrieländern bei 7 Prozent, in den Entwicklungsländern dagegen bei 13 Prozent (allerdings von einer niedrigen Ausgangslage ausgehend)[216]. Zwischen dem Pro-Hektar-Verbrauch von Pestiziden und dem landwirtschaftlichen Ertrag besteht im Vergleich der Länder und Kontinente ein fast globaler Zusammenhang: Japan steht hinsichtlich der Erträge und des Pestizideinsatzes vor Europa an der Spitze, am unteren Ende der Skala rangieren Indien und Afrika[217]. Auf Grund dieser Zusammenhänge schätzt ein Beratungskomitee der US-Regierung, daß zur Verdoppelung der landwirtschaftlichen Produktivität in den unterentwickelten Ländern Asiens, Afrikas und Lateinamerikas ein sechsfach höherer Pestizideinsatz notwendig sein wird[218].

Ebenso wichtig wie die Mechanisierung, Düngung und Schädlingskontrolle ist die Bewässerung der ertragreichen Sorten. Man schätzt, daß bis zur Ernte durchschnittlich das 100fache des Erntegewichts an Wasser aufgenommen und wieder verdunstet werden muß[219]. In den Gegenden des größten Nahrungsmangels sind auch meist die Wasserprobleme am größten, da entweder nicht genügend Regen fällt oder die jahreszeitliche Verteilung der Niederschläge ungünstig ist. Die notwendigen Maßnahmen zur künstlichen Bewässerung, Staudämme, Wasserreservoire, Brunnen und Kanalsysteme, sind häufig gerade von den Ländern, in denen sie am notwendigsten wären, nicht zu finanzieren. Sie machen diese Länder vollends von der Hilfe der kapitalstarken Industrieländer abhängig. Zudem sind Dämme und Bewässerungsanlagen mit einer Reihe weiterer Probleme verbunden: Störung des ökologischen Gleichgewichts, Versalzung des bewässerten Bodens, Verschlammung der

Dämme, Ausbleiben fruchtbarkeitserhöhender Überflutungen (wie etwa im Fall des Assuandammes) und lokale Klimaveränderungen[220].

Daß schon eine beschränkt intensive Landwirtschaft in vielen Ländern nicht gefahrlos von der Gunst der Niederschläge abhängig gemacht werden darf, zeigt das Beispiel Indiens. 5 Jahre begünstigte der regelmäßig einsetzende Monsunregen den Erfolg der grünen Revolution und nährte die Hoffnung auf eine endgültige Lösung des Nahrungsproblems. Das Jahr 1972 brachte den entscheidenden Rückschlag, als der Regen zu spät kam und Speicher und Bewässerungssysteme fehlten, eine Überbrückung also nicht möglich war[221].

Eine Nebenerscheinung dieser intensiven Landwirtschaft ist die Anreicherung der sehr langlebigen Pestizide oder ihrer ebenso toxischen Abbauprodukte in den Gewässern, in die sie durch Auswaschung oder über den Luftweg gelangen. In Flüssen und besonders in den Ozeanen führen sie zu Schäden an Flora und Fauna[222].

Die Schwierigkeit, gegenwärtig und in absehbarer Zukunft widerspruchsfreie Lösungen der Gegensätzlichkeit ökologischer und wirtschaftlicher (bzw. agrarischer) Notwendigkeiten zu finden, zeigt sich auch darin, daß dem notwendigen Schutz der Meere – auch als Lebensgrundlage des Menschen, etwa über Phytoplankton als Teil des Sauerstoffkreislaufs oder über den Fischfang – die ebenso notwendige Sicherung der menschlichen Ernährung in den unterentwickelten Ländern gegenübersteht. Letzteres aber kann heute theoretisch nur durch ökologisch bedenkliche Methoden (falls überhaupt) gesichert werden. Nach den Worten eines der »Väter« der grünen Revolution, des dafür mit dem Nobelpreis versehenen Agrarwissenschaftlers Borlaug, würde der Verzicht auf die besonders gefährlichen chlorierten Kohlenwasserstoffe zur Schädlingsbekämpfung »die Welt wirklich untergehen (lassen), aber nicht durch chemische Vergiftung, sondern durch Hungersnot«[223]. Nach Borlaug würde das Verbot chemischer Pestizide in den USA Ernteausfälle bis zu 50 Prozent bringen und die Nahrungsmittelpreise dort um das 4- bis 5fache steigen lassen.

An der Spitze der ökologischen Gefahren notwendiger landwirtschaftlicher Produktivitätssteigerungen steht in vielen Gegenden Erosion: Die oberste landwirtschaftlich nutzbare Bodenschicht besteht aus einer Mischung organischer Pflanzenreste, Mineralien aus verwitterndem Gestein und Bakterien, Würmern, Milben und anderen Insekten und aus Pilzen. Aus dieser Mischung ernährt sich die Pflanze und verringert dabei den Gehalt der Humusschicht an organischer Substanz und an Mineralien. Nach dem Absterben werden die in den Pflanzenresten gespeicherten Substanzen von der Flora und Fauna des Bodens wieder zersetzt, und der Boden regeneriert sich. Dies ist die grundlegende Voraussetzung zur Erhaltung seiner Fruchtbarkeit. Etwa 40 Prozent der tierischen Biomasse ist in diesen Bodenorganismen enthalten. Schädlingsbekämpfungsmittel, übermäßige künstliche Düngung und zu intensive landwirtschaftliche Nutzung, bei der dem Boden mehr organische Substanz entnommen, als in ihn zurückgeführt wird, schädigen das ökologische Gleichgewicht des Bodens. Die Mikroorganismen des Bodens sterben ab, Pflanzenreste werden kaum noch abgebaut, der Boden verliert seine wasserbindenden Eigenschaften und regeneriert sich langsamer, als er verbraucht wird. Ein Teil des Bodens wird ausgewaschen und weggespült. Diese Erosion, besonders in den Tropen, wird von Fachleuten als eines der bedrohlichsten Probleme angesehen, da sie die landwirtschaftlich nutzbare Fläche drastisch verringert. Das einst fruchtbare Land versteppt oder wird zur Sand- oder Lehmwüste[224].

Aus unserer Sicht ist das Problem der Nahrungsproduktion das der Nebenerscheinungen der Produktionstechniken: Belastungen der Gewässer, kontaminierte Nahrung (die in der Bundesrepublik entgegen der Vergiftungshysterie nur Bruchteile der als schädlich angesehenen Pestizidrückstände enthält)[225], Ausrottung von Singvögeln, Schmetterlingen und nützlichen Insekten.

Dagegen ist für den größeren Teil der Menschheit das Überlebensproblem schlechthin, ob genügend Nahrung produziert werden kann. Die Alternative zu verhungern läßt alle langfristigen ökologischen Gefahren zu einer sekundären Frage werden. In der Ausweglosigkeit der Situation, wo Überwindung der einen kurzfristigen Gefahr möglicherweise langfristig die partielle Vernichtung der ökologischen Basis heraufbeschwört, gibt es keine vernünftige Lösung nach den üblichen Kriterien des rationalen Handelns. Die Frage ist ja nicht nur, ob als Voraussetzung der landwirtschaftlichen Intensivwirtschaft genügend Mittel zur Investition bereitgestellt, die Infrastruktur ausgebaut und die notwendigen gesellschaftlichen Voraussetzungen einer sinnvollen Produktion und gerechten Verteilung geschaffen werden können. Entscheidend ist auch, ob nicht gerade durch die Lösung des ersten Teilproblems langfristig die Ernährungslage verschlechtert wird, indem die ökologische Basis zerstört wird, gleichzeitig sich aber die Bevölkerung vergrößert haf Hier zeichnet sich eine Trennung der Probleme von der Möglich-keit einer vernünftigen, d. h. sachlich abgewogenen Lösung ab, an der auch wir nicht schuldig sind: Die von den Industrienationen ausgelöste Bevölkerungsvermehrung in den Entwicklungsländern und die hinterlassene Wirtschaftsstruktur lassen keine Zeit mehr zu Experimenten, Berechnungen und zur Erprobung sicherer Produktionsmethoden.

Die grüne Revolution erfordert nicht nur riesige Investitionen, die von der FAO vor den Preissteigerungen für Erdöl bis 1985 auf mindestens 50 Mrd. Dollar geschätzt wurden, nach anderen Schät-zungen aber unter Einbeziehung aller Faktoren ein vielfaches be-tragen hätten[226], sondern auch der Produktionstechnik angepaßte Produktionsverhältnisse. Die Widersprüche zwischen technischer Notwendigkeit und gesellschaftlicher Struktur haben sich deutlich im Pandschab gezeigt. Während die Bodenreform im indischen Teil die landwirtschaftliche Nutzfläche pro Familie auf 4 bis 7 Hektar beschränkte – um die gesellschaftlich notwendige arbeitsintensive Produktionsweise zu erzwingen –, geschah nichts Derartiges im pakistanischen Teil des Pandschab. Hier erkannten die Großgrund-besitzer die Vorteile der kapitalintensiven hochmechanisierten Produktion, kündigten Pachtverträge und legten Parzellen zusam-men. Die Folge war, daß die Hälfte der bisher in der Landwirt-schaft beschäftigten Arbeitskräfte freigesetzt wurde. Weitere 100 000 Bauern werden in den nächsten 15 Jahren beschäftigungs-los werden[227]. Bei rasch wachsenden Gewinnen der Großgrundbe-sitzer und absolut steigender Produktion veränderte sich das Durch-schnittseinkommen der verbleibenden Landarbeiter nicht, sondern blieb mit 100 Dollar am Existenzminimum[228]. Im indischen Teil des Pandschab stiegen infolge der Bodenreform nicht nur die absolu-ten Erträge, sondern auch die Einkommen der Bauern und Land-arbeiter für eine Reihe von Jahren stetig. So nahm der durchschnitt-liche Reallohn zwischen 1963 und 1968 um 16 Prozent zu[229]. Doch ließ diese kleinbäuerliche Produktionsform nicht genügend Erspar-nisse zur Investition in Bewässerungsanlagen und Speichersysteme zu. Die Verspätung des Monsuns und zu geringe Niederschläge im Jahr 1972 brachten den entscheidenden Rückschlag und damit gro-ße Bevölkerungsteile an den Rand des Verhungerns[230].

Eine ähnliche Veränderung zugunsten der Großgrundbesitzer wie in Pakistan brachte die grüne Revolution bereits früher in Mexiko.

Ab 1940 wuchs dort die landwirtschaftliche Produktion um durchschnittlich 5 Prozent pro Jahr. Zwischen 1950 und 1960 nahm jedoch die Zahl der jährlichen Arbeitstage pro Landarbeiter von 194 auf 100 ab, und das Realeinkommen fiel von 68 auf 56 Dollar. Nur 3 Prozent der Farmen erzeugten 80 Prozent der landwirtschaftlichen Erzeugnisse[231].

Diese Beispiele zeigen, daß die grüne Revolution in vielen Ländern (wegen einer mangelnden Abstimmung zwischen Produktionstechnik und gesellschaftlichen Verhältnissen) vor allem den Großgrundbesitzern Vorteile brachte, während die kleinen Bauern und Landarbeiter beachtliche Einkommensverluste erlitten und zur Abwanderung in die Städte gezwungen wurden[232]. Dort leben sie unter den erbärmlichsten Bedingungen, ohne Hoffnung auf Arbeit. Aus den kleinen, aber autarken Produzenten wurden Almosenempfänger. Von den 17 größten Städten der Erde liegen 10 in den Entwicklungsländern[233], doch sind diese Städte vielfach nichts anderes als eine Häufung von Slums um einen historisch gewachsenen Stadtkern. Die gegenüber dem Vorkriegsstand auf das Fünffache angewachsene Bevölkerung Djakartas lebt zum größten Teil von geschenkten oder kreditierten Nahrungsmittellieferungen aus dem Ausland. Die Nahrungsmittellieferungen der USA nach Indien entsprachen 1966 etwa dem Bedarf der 33 Millionen Menschen, die in den Hafenstädten lebten[234].

Während in Industrieländern auf einen Wohnraum zwischen 0,8 und 0,6 Menschen kommen, sind es in Indien 2,6, in Pakistan 9,1 und in der zentralafrikanischen Republik durchschnittlich 3,4 Menschen[235]. In städtischen Elendsquartieren fehlt jede Wasserversorgung, der Abfall verfault auf den Straßen, die Abwässer werden einfach ins Meer oder in Flüsse geleitet, Ungeziefer und Bakterien nehmen überhand, und infolgedessen grassieren Krankheiten, die in Europa längst ausgerottet sind: Cholera, Fleckfieber, Ruhr, Elephantiose, Bilharziose und Trachom[236].

Äußerlich scheint die Entwicklung der Vorbereitung der europäischen Industrialisierung im England des 17. und 18. Jahrhunderts zu ähneln. Hier wie dort setzte eine veränderte landwirtschaftliche Produktionsweise im großen Umfang Landbevölkerung frei, die in England den menschlichen Rohstoff der Industrialisierung lieferte. Damit erschöpft sich jedoch der Vergleich. Aus den bereits erwähnten Gründen ist unter den gegenwärtigen Verhältnissen Industrialisierung in den Entwicklungsländern nur in seltenen Fällen möglich und daher die Wahrscheinlichkeit, die jetzigen Verhältnisse aus eigener Kraft zu verändern, gering.

Häufig wird für die systematische Verteilung von Nahrungsmittelüberschüssen aus Gebieten mit regelmäßiger Überproduktion plädiert. Sozial notwendig wäre diese Lösung. Ihre gesellschaftliche und politische Problematik hat das Jahr 1973 gezeigt, als die Regierung der USA beschloß, sich vom Getreidemarkt zurückzuziehen, nachdem sie ihre Vorräte an die UdSSR verkauft hatte. Während bisher ein erheblicher Teil der Überschüsse an die Entwicklungsländer verteilt wurde und dort wesentlich zur Versorgung beitrug, hat der Entschluß der US-Regierung, die nationale Getreideproduktion nicht mehr durch Aufkäufe zu subventionieren, zur Folge, daß die Fehlmengen nun über den freien Weltmarkt zu viel höheren Preisen eingekauft werden müssen. Angesichts der Finanzschwäche der am meisten betroffenen Länder bedeutet das praktisch eine drastische Verschlechterung der Ernährungslage[237]. Die Verknappung des Jahres 1972 ließ die Weltmarktpreise von Weizen und Reis in einem Jahr um 86 bzw. 100 Prozent steigen[238].

Die Frage, ob auf der Welt insgesamt genügend Nahrung produziert werden könnte, geht somit am Kern des Problems vorbei. Wie die Jahre 1972 und 1973 zeigten, verhindern Preisprobleme und wirtschaftlicher Eigennutz eine gerechte Verteilung. Auf einem freien Markt führen Fehlernten in einzelnen Regionen zu beachtlichen Preissteigerungen. Diese lenken den Überschuß mancher Länder dann in die Richtung der höchsten Preise (im vergangenen Jahr in die UdSSR), nicht aber in die des größten Bedarfs.

Nicht viel anders ist es mit den Problemen, die durch die sogenannte Energiekrise entstanden sind. Vorerst gibt es auf der Erde genügend Erdöl, wenn es auch zum größten Teil durch Schornsteine und Auspuffrohre in die Luft der reichen Länder geblasen wird. Die Entscheidung der westlichen Industrieländer, die von der OPEC geforderten Preise bedingungslos zu akzeptieren, um ihr Mengenproblem zu lösen, hat (von allen anderen Konsequenzen einmal abgesehen) für die Nahrungsmittelproduktion auf der ganzen Welt, besonders aber für die der Entwicklungsländer, verhängnisvolle Konsequenzen. Wenn die Nahrungsmittelproduktion hauptsächlich über intensivere Bewirtschaftung nicht wesentlich vermehrbarer Nutzflächen gesteigert werden muß, dies überproportional den erhöhten Erdöleinsatz erfordert (z. B. Ölprodukte für eine mechanisierte Landwirtschaft; Düngemittel, in denen große Energiemengen gespeichert sind; Energieaufwand für den Bau von Bewässerungssystemen etc.), wird die Nahrungsmittelproduktion zu einem Preis- und damit Verteilungsproblem. Indem die Nahrungsmittelversorgung der rasch wachsenden Bevölkerung in zunehmendem Maße von den Pflanzensorten der »grünen Revolution« abhängig ist, die mit diesen verbundenen Anbautechniken wiederum von hohem Kapital- und Deviseneinsatz, kann sich eine ursprüngliche Hoffnung endgültig zerschlagen. Mehr noch, eine Rückkehr zu früheren Formen der Bewirtschaftung wird nicht gleichbedeutend sein mit Wiederherstellung des früheren (schlechten) Zustandes. Die mittlerweile stark gestiegene Bevölkerung und die durch die »grüne Revolution« wesentlich veränderten sozialen Bedingungen lassen in vielen Regionen eine katastrophenähnliche Entwicklung befürchten. Damit entsteht die Frage, ob die grüne dort nicht die rote Revolution nach sich zieht. Der Vergleich Indiens mit China zeigt den möglichen Gewinn für die Masse der Bevölkerung.

Energie

Der industrielle Entwicklungsstand eines Landes hängt unmittelbar mit dem Energieverbrauch zusammen. Für eine große Anzahl von Ländern unterschiedlicher Industrialisierung wächst der Energieverbrauch nahezu linear mit dem Sozialprodukt. Die Länder mit dem höchsten Lebensstandard verbrauchen um Größenordnungen mehr Energie als die ärmeren. Der Weltenergieverbrauch betrug 1967 45 Billionen Kilowattstunden (kWh), von dem die Industrieländer 86 Prozent, der Rest der Welt 14 Prozent verbrauchten. Für den Lebensunterhalt eines durchschnittlichen Bewohners der Industrieländer wurde 12mal soviel Energie produziert wie für einen der Entwicklungsländer. Nach Berechnungen von Darmstadter wird sich der Weltenergiebedarf bis 1980 gegenüber 1967 verdoppeln[239], der der USA bis 2000 sich verdreifachen. Das würde wegen des größeren Nachholbedarfs der restlichen Welt bedeuten, daß sich der Weltenergiebedarf bis 2000 vervierfachte. Dazu müßte zu allen Energieerzeugungsanlagen, die 1967 auf der Welt vorhanden waren, im Abstand von 10 Jahren jeweils das Potential von 1967 hinzugefügt werden.

Ob diese Prognosen verwirklicht werden, ist unter anderem abhängig von: 1. der finanziellen Möglichkeit, vor allem der wenig entwickelten Länder, 2. dem Vorhandensein und den politischen Verteilungsmechanismen ausreichender Rohstoffvorräte, 3. Umweltproblemen und 4. dem Preis der erzeugten Energie.

Folgende Tabelle gibt den Welt- und den US-Energieverbrauch nach Rohstoffen aufgeschlüsselt wieder[240] (Zahlen von 1967 und 1968):

	feste Brennstoffe	Erdöl	Erdgas	Wasser-kraft	Kern-energie
			– in Prozenten –		
Welt	38,6	39,4	19,4	2,2	unter 1
USA	22,9	42,2	33,3	1,3	unter 1
Industrieländer mit USA	36,6	39,6	21,3	2,2	unter 1

Die Tabelle demonstriert die seit 1967/8 noch erheblich gestiegene große Abhängigkeit der Energieversorgung von Rohstoffen, bei denen die nachgewiesenen Reserven bei gleicher Zuwachsrate des Verbrauchs noch vor der Jahrtausendwende erschöpft wären[241].

Die Hoffnung, Wasserkraft als Energiequelle auszubauen, ist vergeblich. »Wasserenergie« hat ihren Anteil in den letzten 70 Jahren etwa gehalten. Sie wird zwar proportional mit den übrigen Energieträgern wachsen, aber wegen geeigneter Standorte, wegen der hohen Kosten und der mit Dämmen verbundenen Probleme des Wasserhaushalts, der Verschlammung, lokaler Klimabeeinflussungen etc. nicht überproportional[242].

Die direkte Umwandlung von Sonnenenergie in elektrische mag zwar als technisches Problem wichtig und aus Umweltrücksichten auch faszinierend sein und in begrenzten Gebieten eingesetzt werden, vorerst jedoch ebenso wie Gezeitenenergie oder geothermische Energie nur sekundäre Bedeutung haben[243]. Auch seit kurzem von Wissenschaftlern, so auf einem Kongreß der UNESCO »Die Sonne im Dienste der Menschheit«, aufgegriffene Projekte der großangelegten kommerziellen Nutzung von Sonnenenergie dürften, wenn überhaupt, nur langfristig Bedeutung für die globale Energieversorgung gewinnen (optimistische Schätzungen: in 50 Jahren 20 Prozent des Bedarfs)[243]. Langfristig mag Sonnenenergie eine wichtige, aus noch zu diskutierenden Gründen vielleicht die wichtigste zukünftige Energiequelle darstellen. Einer der führenden US-Experten dieses noch in den Anfängen stehenden Forschungsgebietes, W. R. Cherry, schätzt, daß aus Sonnenenergie bis zum Jahr 2020 etwa 20 Prozent des US-Bedarfs gedeckt werden können[244].

Dafür stehen nach Cherry eine Reihe von Möglichkeiten offen: 1. Kurzfristig ließe sich in geeigneten Gegenden ein Teil der Heizenergie privater Haushalte aus Sonnenenergie gewinnen. Sie würde über Wärmekollektoren gesammelt, die auf Hausdächern montiert sind und in Wärmespeichern konserviert, und könnte somit auch nachts und an bedeckten Tagen wieder abgegeben werden. Die höheren Investitionskosten derartiger Anlagen würden durch die geringen Betriebskosten kompensiert. 2. Die Umwandlung von Sonnenlicht in elektrische Energie sei ein technisch zwar gelöstes, aber gegenüber herkömmlichen Methoden wegen der hohen Kosten für Sonnenzellen noch unrentables Verfahren. Immerhin sei es gelungen, die Preise für Sonnenzellen in den letzten Jahren um den Faktor 10 zu reduzieren. Es sei mittel- bis langfristig zu erwarten, daß so produzierter Strom mit dem schneller Brüter wirtschaftlich konkurrieren könne – ohne jedoch Anlaß ähnlicher Gefahren zu sein. 3. Sonnenenergie könne als dritte Möglichkeit auch photosynthetisch in Pflanzen gespeichert (ein seit Hunderten Millionen von Jahren bewährtes Verfahren »der Natur«) und durch Behandlung dieser Biomasse zu den gewünschten Produkten verarbeitet werden.

Cherry berechnet: Falls es gelänge, etwa 10 Prozent der auf die Erdoberfläche treffenden Sonnenenergie technisch zu nutzen, theoretisch in den USA etwa 4 Prozent der Landoberfläche (etwas mehr als das Gebiet der Großen Seen) genügten, um den Bedarf des Jahres 2000 voll zu decken[244].

Vorerst sind jedoch realistische kurz- und mittelfristige Lösungen der Energiefrage nur in den fossilen Brennstoffen – Kohle, Erdöl und Erdgas – und, sofern ein Durchbruch der Reaktorentwicklung gelingt, in der Kernenergie zu suchen[245]. Die folgenden Aussagen seien auf diese Möglichkeiten beschränkt.

Unter den fossilen Brennstoffen reichen die vorhandenen Kohlereserven global zur Deckung des Energiebedarfs für mehr als ein Jahrhundert auch bei hohen Zuwachsraten[245]. Kohle als Energiequelle ist somit kein Problem des Rohstoffs, sondern der Umweltbelastung und in Ländern wie der Bundesrepublik auch eines der Förderung und des Preises.

Weniger günstig sind die Zukunftsaussichten bei den bisher aus

Preisgründen und Umweltrücksichten bevorzugten Energieträgern Erdöl und Erdgas. Die nachgewiesenen Erdölvorräte würden bei gleichbleibenden Zuwachsraten des Verbrauchs bereits in 2 bis 3 Dekaden materiell knapp, wirtschaftlich und politisch, wie wir zu spüren beginnen, wesentlich früher. Die höchsten geschätzten Vorräte, etwa das Dreifache der bekannten, würden die Frist bis zur materiellen Erschöpfung bei gleichen Zuwachsraten des Verbrauchs etwa verdoppeln[241, 242].

Außer den konventionellen Erdöllagern liegen noch große Vorräte, die etwa den konventionellen entsprechen dürften, in den Ölsänden und Ölschiefern Kanadas und der USA. Doch sind diese Lager ungleich schwieriger auszubeuten als konventionelle. Experimentiert wird gegenwärtig mit bergmännischen Verfahren, doch sind diese vorläufig nur bis zu einer gewissen Tiefe rentabel. Für den größeren Teil der Vorräte müssen daher erst noch wirtschaftliche Abbauverfahren unter großem Zeitaufwand und Kapitaleinsatz entwickelt werden. Man schätzt, daß diese Vorräte wirtschaftlich erst ausgebeutet werden können, wenn der Erdölpreis genügend gestiegen ist[246]. Ebenso wichtig könnte hier der Zeitfaktor werden, da bei derartig neuen Ausbeutungsverfahren größere Zeiträume vergehen, bis die maximale Förderkapazität erreicht ist. Man schätzt, daß dieser Zeitpunkt bei den nordamerikanischen Ölschiefern erst nach 1990 erreichbar ist[247].

Entscheidender als die absolute Menge nachgewiesener oder geschätzter Erdölreserven ist ihre Geographie und sind die politischen und wirtschaftlichen Mechanismen der Verteilung. Von den nachgewiesenen Reserven (kommunistische Länder ausgenommen) liegen 63 Prozent in den Ländern des Mittleren Ostens, 19 Prozent liegen in Afrika. Von den geschätzten maximalen Erdölvorkommen (kommunistische Länder ausgenommen) liegen 15 Prozent in den Industrieländern, 61 Prozent dagegen in den Entwicklungsländern, mit einem Anteil der nordafrikanischen Reserven von 12 Prozent und der des Nahen und Mittleren Ostens von 29 Prozent. Die unterentwickelten Länder verbrauchen selbst nur 13 Prozent der Welterdölproduktion gegenüber 72 Prozent der Industrieländer[248].

Die politische Verteilung eines der wichtigsten Rohstoffe der Industrieländer läßt, wie wir gegenwärtig erleben, auch zukünftig starke Zweifel an dessen unbeschränkter und nicht mit extremen politischen oder wirtschaftlichen Bedingungen verknüpfter Verfügbarkeit bestehen. Während Europa und Japan fast vollständig auf Importe aus Ländern Vorderasiens und Nordafrikas angewiesen sind, kann ein großer Teil des US-Bedarfs vorerst noch aus eigener Produktion gedeckt werden. Doch kündigt sich die bevorstehende Krise in der vom Präsidenten der USA bereits vor dem Lieferboykott des arabischen Blocks vorgesehenen Lockerung einer Reihe fundamentaler Umweltschutzbestimmungen zur Sicherung der US-Energieautarkie an: 1. Erlaubnis zum Verbrennen auch stark schwefelhaltigen Heizöls; 2. verstärkter Kohleabbau über Tage und 3. Bau der Transalaska-Pipeline[249]. Aus der Perspektive dieser wechselseitigen Abhängigkeiten werden extreme Preiserhöhungen für Erdöl das geringere, dauernde und strenge Rationierungen für Erdöl und Raffinerieerzeugnisse bereits in dieser Dekade das größere und wahrscheinliche Übel sein, da die Volkswirtschaften der größten Erdölproduzentenländer die eingenommenen Geldmengen nicht absorbieren können. Produktionsbeschränkungen sind die logische Konsequenz.

Weniger genau als die Erdöl- sind die Erdgasreserven bekannt. Schätzungen gehen von einer für die amerikanischen Verhältnisse geltenden Relation 1:5 Erdgas zu Erdöl aus und zeigen die Beschränktheit auch dieser Energiequelle[250]. Meadows rechnet mit einer Erschöpfung der bekannten Vorräte in 22, bei Verfünffachung dieser Menge in 49 Jahren. Für die Verteilung der Vorräte und die sich ableitenden wirtschaftlichen und politischen Konsequenzen dürften ähnliche Annahmen wie für das Erdöl gelten.

Es bleibt die Entwicklungsmöglichkeit der Kernenergie. Ihr Anteil ist gegenwärtig praktisch zu vernachlässigen, da sie selbst in den Industrieländern etwa nur um 1 Prozent des Bedarfs deckt. Kernenergie entsteht durch Spaltung eines Uranisotops (U 235), das in natürlichem Uran zum Bruchteil eines Prozents enthalten ist. Die geschätzten Uranreserven der nichtkommunistischen Welt, deren Gewinnung weniger als 20 Dollar/kg kostet, werden bei der gegenwärtigen globalen Expansionsrate der Kernenergie etwa 15 bis 20 Jahre ausreichen[251a]. (Anderen Schätzungen zufolge mag diese Zahl zu niedrig sein.)

Der bis vor kurzem nahezu grenzenlose Optimismus über die Verfügbarkeit ausreichender und ausreichend billiger Uranreserven scheint neuerdings einer skeptischeren Beurteilung zu weichen. Die »International Herald Tribune« berichtet, daß der Direktor der »Division of Production and Materials Management« der US-

Atomenergiebehörde, AEC, für die achtziger Jahre bis zum Ende des Jahrhunderts eine akute Verknappung des Reaktorbrennstoffs voraussieht. Die Nachfrage nach Uran für US-Reaktoren würde »die Produktionsmöglichkeit von bekannten Ressourcen« innerhalb von 8 Jahren überschreiten. Ein Grund dieser pessimistischen Prognose sei, daß Brüterreaktoren frühestens ab Mitte der achtziger Jahre kommerziell einsetzbar und daß bis dahin allein in den USA etwa 200 kommerzielle Brennerreaktoren mit enormem Uranbedarf in Betrieb seien, die erst 35 Jahre nach Inbetriebnahme stillgelegt werden könnten[252].

Die Zukunft der Kernenergie ist daher von der Entwicklung von Reaktortypen abhängig, die neben Uran 235 auch U 238, das Hauptbestandteil des natürlichen Urans ist, verbrennen: Konverter- oder Brüterreaktoren. In diesen Reaktoren dient die Spaltung des (seltenen) U 235 dazu, die eigentlich energieerzeugende Reaktion einzuleiten. Die noch offene, wenn auch wahrscheinliche Entwicklung dieser Brüterreaktoren würde die Energieversorgung von der Rohstoffseite her für einige Jahrhunderte lösen, da die nun wirtschaftlich einsetzbaren minderwertigen Uran- und Thoriumerze den Energiebedarf decken könnten. Die Einsatzmöglichkeit dieser Brüterreaktoren ist jedoch von der Initiierung des Brütvorgangs durch Uran 235 abhängig, dem einzig gegenwärtig nutzbaren Kernbrennstoff. Doch werden diese begrenzten Vorräte von U 235 mit großer Geschwindigkeit aufgebracht. Angesichts Verknappung und Verteuerung anderer Energiequellen und der Expansionrate der von Brennern erzeugten Kernenergie wird die Entwicklung der Brüterreaktoren auch zu einem Wettrennen mit der Zeit[253].

Die Möglichkeit, wirtschaftliche Fusionsreaktoren zu entwickeln, die aus den Wasservorräten der Erde praktisch unbegrenzte Energiemengen gewinnen könnten, steht vorläufig in den Sternen. Selbst ein Technik-Optimist wie Hermann Kahn sieht die Wahrscheinlichkeit der kommerziellen Nutzung der Kernfusion bis zum Jahr 2000 nur mit 50 Prozent[254]. Daher kommt die Hoffnung auf Kernfusionsenergie für absehbare Zeit dem Warten auf ein Wunder gleich.

Der gegenwärtige Stand der Brüterentwicklung belastet Voraussagen über die Zukunft der Kernenergie mit einer hohen Unsicherheit. Darmstadter prognostizierte vor einigen Jahren für 1980 einen Anteil am Energieverbrauch von 4,1 Prozent gegenüber 0,2 Prozent 1967[255]. Der zuständige Bundesfinanzminister Schmidt gibt für die BRD einen Anteil 1980 von 10 Prozent, oder, bei entsprechender Beschleunigung, etwas mehr an[256]. Falls wirtschaftliche Brüterreaktoren entwickelt werden könnten, würde die Produktion von Kernenergie zwischen 1980 und 2000 in den USA um etwa den Faktor 7,7 gesteigert und damit einen Anteil von etwa 15 bis 20 Prozent am Energiekonsum halten[255]. Diese Prognosen werden jedoch nur unter günstigen technischen Voraussetzungen erfüllbar. Selbst wenn die Entwicklung von Brüterreaktoren gelingt, müssen im Jahr 2000 etwa 80 Prozent des bis dahin auf das 3- bis 4fache gestiegenen Energiebedarfs aus fossilen Brennstoffen gewonnen werden. Wegen Verknappung und der Verteuerung des Erdöls und Erdgases wird dieser Bedarf zu steigenden Anteilen aus Kohle gedeckt werden müssen. Daher wird der Anteil von Energie aus Kohle zunächst überproportional steigen. Eine derartige Entwicklung zeichnet sich bereits in den USA ab, wo der verstärkte Kohleabbau bereits durch eine Verringerung der Umweltschutzauflagen eingeleitet werden soll.

Mit Ausnahme von Wasser- und Windenergie wurde der nichtbiologische Energiebedarf des Menschen bis in dieses Jahrhundert ausschließlich durch Verbrennung kohlenstoffhaltiger Materie gedeckt. Doch war der Verbrauch bisher so gering, daß weder das Problem ausreichender Rohstoffquellen noch das der unerwünschten Nebenwirkungen der Verbrennung mehr als lokale Bedeutung gewann. Erst der gegenwärtige Verbrauch und die Expansionsraten des Bedarfs lassen beides zu entscheidenden, sogar globalen Problemen werden.

Je nach Brennstoff und Art der Verbrennung entsteht eine wechselnde Zahl von Abfallprodukten mit unterschiedlichem Giftgehalt. Obwohl die Hauptprodukte Kohlendioxyd, Wasserdampf und Abwärme nicht toxisch sind, können sie dennoch Anlaß von Umweltbeeinträchtigungen, sogar Gefahren sein. Die Erhöhung des Kohlendioxydgehalts in der Atmosphäre birgt die Gefahr von Klimaveränderungen, Abwärme kann unangenehme lokale Klimaveränderungen herbeiführen und, in Flüsse geleitet, ökologische und wirtschaftliche Schäden verursachen.

Alle anderen Nebenprodukte der Verbrennung entstehen durch Verunreinigungen der Brennstoffe und Additive zur Regulierung der Verbrennung oder durch die Steuerung der Verbrennung. Meist sind es wirtschaftliche, weniger technische Schwierigkeiten, die eine von diesen Schadstoffen freie Verbrennung verhindern. So kommt es in Ballungs- und in Industriegebieten zu bedenklichen Anreicherungen von Schwefeloxyden, Stickoxyden, Stäuben (unter denen der schwer eliminierbare Anteil der Feinstäube besonders gefährlich ist, da er nicht von den Atemwegen absorbiert wird und ungehindert in die Lunge gelangt), Kohlenmonoxyd, Kohlenwasserstoffen und Ozon. Folgende Tabelle gibt einen Überblick der toxischen Wirkungen bei Konzentrationen, die in den Ballungs- und Industriegebieten üblich sind:

Schadstoff	*Wirkung auf Menschen*
Kohlenmonoxyd	Beeinträchtigung der Konzentrationsfähigkeit und des Reaktionsvermögens. Kraftfahrer, die in Verkehrsunfälle verwickelt waren, zeigten höhere Kohlenoxydkonzentrationen im Blut als Kontrollpersonen. Schädigung der Sauerstoffversorgung. Besonders gefährdet sind Personen mit Herz- und Kreislaufschäden[257].
Schwefeloxyde	Atemstörungen, Verzögerung der Knochenreifung bei Kindern. Schwächung des Infektionswiderstandes führt zu häufigerer Erkrankung der Atemwege[258] (Grippe, Erkältungsepidemien häufen sich).
Stickoxyde	Schwächung des Infektionswiderstandes mit oben beschriebenen Folgen. Mögliche Beeinträchtigung des Widerstands gegen das Wachstum von Lungentumoren[259].
Feinstäube und Kohlenwasserstoffe	Krebserregende Kohlenwasserstoffe werden an Feinstäuben absorbiert in die Lunge transportiert. Wahrscheinlich besteht ein Zusammenhang mit der in den Städten deutlich erhöhten Mortalität an Lungenkrebs[260]. Besonders gefährdet sind Personen, die in häufigem Kontakt mit den Luftverunreinigungen des Großstadtverkehrs stehen. Sie haben eine vier- bis sechsfach größere Mortalität an Lungenkrebs als Vergleichspersonen auf dem Land[261].

Obwohl überzeugende Beweise der Schädlichkeit dieser Nebenprodukte der Verbrennung vorliegen, stößt ihre Beseitigung auf
scheinbar unüberwindbare Grenzen. So konstatiert das Sachverständigengutachten zum Umweltprogramm der Bundesregierung:
»Es ist nicht möglich, Luftverunreinigungen völlig zu beseitigen ...
Eine weitere Grenze ist durch die wirtschaftliche Vernunft gesetzt[262].« Das Sachverständigengutachten sieht daher keine wesentliche Verbesserung der Luftqualität in Ballungs- und Industriegebieten für die Zukunft voraus. Trotz geplanter Maßnahmen wird
die Verringerung der relativen Schadstoffemission (pro Fahrzeug,
Schornstein etc.) durch das geplante Wirtschaftswachstum überkompensiert. Folgende Zukunftsperspektiven ergeben sich *laut
Sachverständigengutachten:*

1. Eine wesentliche Verringerung der Kohlenmonoxydemissionen
   ist wegen der zunehmenden Fahrzeugzahlen nicht zu erwarten,
   obwohl die Verringerung der in der Straßenverkehrszulassungs-
   ordnung festgelegten Grenzwerte um die Hälfte bis 1975 vorgesehen ist.
2. Die Staubmenge aus Verbrennungsprozessen soll bis 1980 nur
   noch die Hälfte der gegenwärtigen betragen. Dies gilt aber nicht
   für die gesundheitsschädigenden Feinstäube wegen technischer
   Schwierigkeiten ihrer Beseitigung. Das Wirtschaftswachstum
   wird ihren Anteil sogar gegenüber heute noch vergrößern. In
   Anbetracht der Toxizität gerade dieser Feinstäube wird erwartet,
   daß sich die bereits heute ungenügende Situation verschlechtert.
3. Das Sachverständigengutachten prognostiziert für den Haus-
   brand eine deutliche Abnahme der Schwefeloxydemissionen
   durch die Umstellung auf schwefelarmes Heizöl und Erdgas.
   Für Kraftwerke wird eine 11prozentige Zunahme der Emissionen trotz Umweltschutzmaßnahmen erwartet. Insgesamt wird
   sich, laut Gutachten, die Lage verschlechtern[263].
   Die Entwicklung der Schwefeloxydemissionen in der BRD zwischen 1960 und 1970 belegt den Trend der absoluten Zunahme,
   trotz relativer Verbesserungen, durch Wirtschaftswachstum. In
   diesem Zeitraum stiegen die industrielle Nettoproduktion um 74
   Prozent und der Brennstoffverbrauch um 61 Prozent, die Schwefeloxydemissionen jedoch um 16 Prozent, trotz teilweise erheblicher Erfolge auf dem Gebiet der Abgasreinigung bzw. der Umstellung auf schadstoffärmere Brennstoffe. Die teilweise beachtlichen Verringerungen des Schadstoffanteils pro Energieeinheit

wurden durch den absolut höheren Verbrauch von Energie überkompensiert[264].

4. Die Stickoxydemissionen stammen vornehmlich aus dem Verkehrsbereich und werden mit der zunehmenden Zahl der Kraftfahrzeuge weiter steigen, da Lösungsmöglichkeiten sich noch nicht abzeichnen[265].

5. Die Kohlenwasserstoffemissionen werden sich trotz verschärfter Bestimmungen für Fahrzeuge und petrochemische Anlagen weiter erhöhen[266].

Als Fazit bleibt, daß alle vorgesehenen, teilweise erheblichen Aufwendungen der Verursacher zum Umweltschutz und damit zum Schutz der Menschen nicht zu einer Verbesserung der Luftqualität in Ballungs- und Industriegebieten ausreichen. Die Belastung der Bevölkerung wird wegen der wirtschaftlichen Expansion weiter zunehmen. Der heute bereits gefährliche Zustand wird sich weiter verschlechtern trotz vorgesehener Investitionen von rund 4 Milliarden DM in die Luftreinhaltung zwischen 1971 und 1975 und Betriebskosten von einer weiteren halben Milliarde[267]. Weitergehende Maßnahmen scheitern an technischen und besonders an wirtschaftlichen Schwierigkeiten.

Sind die bisher beschriebenen Abfallprodukte der Verbrennung theoretisch, wenn auch nicht in der Praxis, vermeidbar, gilt das nicht für zwei weitere Nebenerscheinungen – der unvermeidbaren Entstehung von Kohlendioxyd und von Abwärme –, die eines Tages jede weitere industrielle Expansion verhindern könnten.

Für die Entstehung des Erdklimas ist der Kohlendioxydgehalt der Luft entscheidend. Dieses, bereits in der ursprünglichen Atmosphäre zu Bruchteilen eines Prozents vorhandene Gas regelt das Verhältnis zwischen eingestrahlter Sonnenenergie und von der Erde wieder abgestrahlter Wärmeenergie. Eine Erhöhung des natürlichen Kohlendioxydgehalts um 18 Prozent läßt rechnerisch die Erdtemperatur um 0,5° C ansteigen. Gegenwärtig ist der Kohlendioxydgehalt gegenüber der natürlichen Ausgangskonzentration bereits um 15 Prozent gestiegen, bis zum Jahr 2000 wird ein Anstieg um 36 Prozent des Ausgangswertes erwartet. Das könnte die Erdtemperatur um 1° C erhöhen. Die vorerst nicht annähernd vorhersehbaren Folgen müssen nicht günstig sein. Die im 21. Jahrhundert mögliche Verbrennung eines großen Teils der Erdöl- und Kohlenvorräte könnte mit der Zunahme der Kohlendioxydkonzentration auf das Vierfache des natürlichen Wertes eine Klimakatastrophe heraufbeschwören[268]. Auch das spricht dafür, fossile Energie zu substituieren.

Gelten die bisherigen Nachteile der Energieerzeugung nur für die Verbrennung fossiler Brennstoffe, so ist das folgende Abwärmeproblem mit jeder Energieerzeugung verbunden. Zunächst können Energieerzeugung und -verbrauch lokale Klimaveränderungen erheblichen Ausmaßes herbeiführen. Da in den nächsten Jahrzehnten die Verstädterung weiter zunehmen wird und sich bereits die Riesenstädte des 21. Jahrhunderts mit Hunderten von Kilometern Ausdehnung und einer starken Konzentration von Siedlungs- und Industriegebieten abzeichnen, entstehen lokale Klimazonen, die das Leben und die Gesundheit vieler hundert Millionen von Menschen stark beeinträchtigen. Schon heute beträgt in einem relativ »kleinen« Stadtgebiet, wie dem Becken von Los Angeles die Abwärme 5 Prozent der vom Boden absorbierten Sonnenenergie und wird bis 2000 etwa 18 Prozent erreichen. Die so entstehenden Wärmeinseln, in denen durch Luftverunreinigungen Stäube als Kondensationskeime für Niederschläge dienen und der Smog als Sonnenfilter wirkt, weisen stark erhöhte Niederschläge und wesentlich geringere Sonneneinstrahlung auf[269].

K. Meyer-Abich weist auf die ökologische bzw. klimatische Unhaltbarkeit des »Reichtums« eines nur *durchschnittlich* wohlhabenden Bürgers der Industrienationen, wenn er zeigt, daß bei Abwesenheit aller anderen Restriktionen die geplante anthropogene Energieerzeugung in einer globalen Klimakatastrophe enden müßte. Seine Untersuchung zeigt, daß die Verwirklichung der »wirtschaftlichen Ziele, die die Regierungen und Bevölkerungen aller Länder heute verfolgen ... einen Anstieg des Weltenergiebedarfs um den Faktor von ... 300« mit sich bringt. Folgende Ansprüche seien angemeldet:

1. Die Entwicklungsländer haben einen Anspruch, pro Kopf der Bevölkerung ebensoviel Energie zu konsumieren wie die Nordamerikaner. Folge: Versechsfachung des Weltenergiebedarfs (= WEB).
2. Nivellierung des Energiekonsums in den Industrieländern auf dem Niveau des durchschnittlich wohlhabenden US-Bürgers. Folge: weitere Verfünffachung des WEB.
3. Die ökologisch notwendigen »recycling Technologien« (Wiedereinführung von Abfallprodukten in die Produktion) bringen eine weitere Verdoppelung des WEB mit sich.

4. Die Weltbevölkerung steigt weiter und stabilisiert sich im 21. Jahrhundert bei 18 Milliarden. Folge: weitere Verfünffachung des WEB.

Ergebnis: Die Verwirklichung aller dieser Ansprüche (ohne andere Restriktionen) würde bedeuten, daß die anthropogene Energieabstrahlung global 5 Prozent der Sonneneinstrahlung erreichen und das Erdklima um 5° C, einer globalen Katastrophe entsprechend, anheben würde[270].

Aus der Einsicht der wirtschaftlichen und politischen Folgen dieses naturgesetzlichen Zusammenhangs verlangt Meyer-Abich, »die Bestimmung einer wirtschaftlichen Entwicklung, deren Fortschritt u. a. mit einer Sättigung des Energiebedarfs unterhalb der kritischen Grenze vereinbar ist«.[271] Die aus dem unkontrollierten und ungleichen Heranwachsen des Energiekonsums von armen und reichen Ländern an die kritische Grenze entstehenden Konfliktpotentiale lassen es, nach Meyer-Abich, für die Industrieländer notwendig werden, sich sozusagen freiwillig auf ihren gerechten Abwärmeanteil, der den Anspruch der ganzen Menschheit berücksichtigt, zu beschränken.

Überproportional am Wachstum des Energieverbrauchs, zumal mit dem notwendigen verstärkten Kohleeinsatz, wird der Anteil elektrischer Energie beteiligt sein. In der Bundesrepublik wurde noch vor der Energiekrise die Verachtfachung des gegenwärtigen Strombedarfs bis zum Jahr 2000 vorausgesehen[272]. Für andere Industrieländer gelten ähnliche Prognosen. Eine unumgängliche Folge der zur Erzeugung elektrischer Energie notwendigen Umwandlung von Wärme ist die Unvollständigkeit der Umwandlung. Daher muß prinzipiell ein Teil der erzeugten Wärme an die Umwelt abgeführt werden. Diese Abwärme beträgt bei modernen Wärmekraftwerken das 1,2fache und bei Kernkraftwerken das 1,8fache des Wärmeäquivalents der erzeugten elektrischen Energie und wird durch Kühlung an die Umwelt abgestrahlt. Zwei Kühlverfahren gibt es: Beim ersten wird die Abwärme in Flüsse oder andere Gewässer geleitet, die sich dadurch erwärmen. Im zweiten zirkuliert Wasser in einem geschlossenen Kühlsystem; die abzugebende Wärme wird über Kühltürme zusammen mit Wasserdampf an die Atmosphäre abgeführt. Die Verbreitung des ersten kostengünstigeren Verfahrens stößt auf ökologische Grenzen, da die durch Schmutz schon aufs äußerste belasteten Gewässer nicht weiter erwärmt werden können, ohne endgültig »umzukippen«, das heißt abzusterben.

Da die Kühlkapazität der deutschen Binnengewässer bereits erschöpft oder überschritten ist, müssen neue Kraftwerke überwiegend auf das zweite, aufwendigere Verfahren zurückgreifen[273]. Außer dem Preis liegt ein weiterer Nachteil dieses Verfahrens in durch den entweichenden Wasserdampf erzeugten Nebelschwaden. Bei diesem Verfahren erhöhen sich die Erzeugerkosten für Strom um 5 bis 8 Prozent, bei einem dritten Verfahren, das mit indirekter Luftkühlung arbeitet (und keinen Nebel erzeugt) um 12 Prozent, bei Kernkraftwerken bis zu 20 Prozent[274].

Ein herausragendes und ungewöhnliches Problem stellen die Abfallprodukte der Kernenergie dar. Und dieses Problem scheint weniger in den Schadstoffemissionen der heutigen oder zukünftigen Kernreaktoren zu liegen als in den gesellschaftlichen und politischen Voraussetzungen einer sicheren Kernenergietechnologie. Und daher muß die Angst der Bevölkerung vor der Vermehrung von Reaktoren ungerechtfertigt erscheinen, wenn man sich diese Reaktoren in einer politisch friedlichen Landschaft vorstellt und unterstellt, daß sie mit dem gebotenen technischen Aufwand betrieben werden, der auch die Verpflichtung kommenden Generationen gegenüber einschließt. Das ist das harmonische Szenarium, auf das sich die Befürworter der Kernenergie in der Regel beziehen, wenn sie deren Problemlosigkeit darstellen[275].

Doch zeigt die heutige Praxis, daß selbst in einer Umwelt, in der höchstens 1 bis 2 Prozent der Energie aus Kernbrennstoff erzeugt wird, bereits erhebliche Gefahren bestehen. Auch in dieser noch harmlosen Ausgangssituation, in der die Manipulation mit radioaktivem Material auf einen kleinen Kreis technisch avancierter Unternehmen in technisch avancierten Ländern beschränkt ist, widerspricht bereits ein Bericht des US-Rechnungshofes GAO der Behauptung von der unbedingten Sicherheit. In diesem Bericht wird festgestellt, wie einfach es wäre, spaltbares Material wie Uran oder Plutonium bei den Lizenznehmern der US-Atombehörde (AEC) zu entwenden. Ebenso fahrlässig wie Transport und Manipulation werde die Ablagerung der radioaktiven Abfälle gehandhabt[276]. Doch muß man sich vorstellen, daß als Folge der globalen Verbreitung der Kernenergie in großem Umfang Reaktoren auch in Ländern gebaut werden, die weder die relative gesellschaftliche Stabilität der USA oder anderer Industrieländer aufweisen noch über vergleichbares allgemeines technologisches Niveau verfügen. In jedem Fall wächst das Risiko des unbeabsichtigten Versagens.

Ebenso nimmt auch die Möglichkeit zu, daß Terrororganisationen genügend Spaltmaterial entwenden können, um primitive Atomwaffen zu bauen, oder auch nur, um mit geringen Mengen Plutonium das Leben von mehreren Millionen von Menschen zu bedrohen[277].

Alvin Weinberg hat in einem Vortrag auf die Probleme einer voll entwickelten Reaktortechnologie in einem zukünftigen Stadium der Menschheitsentwicklung hingewiesen[278]. Auch wenn seine Schlußfolgerungen von vorerst hypothetischen Annahmen ausgehen (u. a. 15 Mrd. Menschen; globale Energieproduktion etwa das 60-fache von heute; 24 000 Brüterreaktoren in Betrieb; 150 000 t Plutonium-Inventar; 2 100 000 Transporte radioaktiven Materials pro Jahr und 36 Millionen Megacurie radioaktiver Spaltprodukte im Gleichgewicht), zeigt dieser vorstellbare Endzustand doch bereits heute, zu Beginn einer irreversiblen Entwicklung, die daraus entstehenden Verpflichtungen. Weit mehr als andere Technologien muß die der Kernenergie eine Sicherheit einplanen, die durch die Langlebigkeit der produzierten Spaltprodukte vorgegeben ist und Zeiträume von Jahrtausenden einschließt. Denn nicht nur die aus der Manipulation und dem Transport der Brennstoffe entstehenden Gefahren müssen bei der Kerntechnologie berücksichtigt werden, sondern auch die der Ablagerung. Solange die Spaltprodukte nicht »stabil« gebrütet werden können (eine technisch noch ungelöste Aufgabe), muß davon ausgegangen werden, daß wachsende Mengen radioaktiver Substanzen bis zu ihrem zig-Tausende von Jahren währenden weitgehenden Zerfall gelagert werden müssen. Das bedeutet, daß in allen Ländern der Erde Institutionen (auch als Teile einer Weltatombehörde) mit genügender Autorität eingerichtet, mit technischem Potential und vor allem unbegrenzter Macht versehen werden müssen und ihre Kontinuität eben bis zur Unschädlichkeit der Abfallprodukte gesichert sein muß. Wie Weinberg feststellt, ist das ein bislang ungelöstes Problem. Er weist darauf hin, daß die einzige Organisation, die tausend Jahre überstand, die katholische Kirche ist.

Diese Überlegungen Weinbergs zeigen, daß zur langfristigen Sicherung der Energieversorgung eines expandierenden »Weltwirtschaftssystems« besonders unter den gegenwärtigen Bedingungen politischer Ungleichheit gesellschaftliche und politische Anpassungen notwendig sein werden, die zumindest problematisch – wenn überhaupt realisierbar oder gar wünschbar – sind. Auch wenn eine naturgesetzliche Grenze des Wachstums (so wie man es bisher betrieb) noch weit entfernt zu sein scheint, zeigen sie, daß eine gesellschaftliche oder politische Grenze bereits sehr viel näher sein kann. Das heißt: Das Wissen um die Problematik der Verbreitung von Technologien weist auf die Notwendigkeit, zuerst politische und gesellschaftliche Verhältnisse zu schaffen, die Voraussetzung einer nicht ständig von Katastrophen bedrohten zukünftigen Zivilisation sein müssen[279]. Anders als in der Vergangenheit kann technischer Fortschritt langfristig im zentralen Sektor zukünftiger wirtschaftlicher Entwicklung, dem Energiebereich, nicht mehr das Mittel zur Überwindung der politischen und sozialen Konfliktpotentiale sein. Vielmehr wird die Realisierung des technischen und wirtschaftlichen Fortschritts an die vorherige Lösung der gesellschaftlichen und politischen Probleme gebunden sein. Sie kann nur auf wesentlich verringerten Konfliktpotentialen aufbauen, schließt man Katastrophe oder totale Unterdrückung als Alternative aus.

Rohstoffe und Abfallprodukte

Der Wohlstand einer Gesellschaft wächst bei den gegenwärtigen Produktionstechniken und Konsumgewohnheiten mit ihrem Rohstoffverbrauch. Linear gilt dieses Verhältnis für Energie, mit Einschränkungen für wichtige Rohstoffe.

Mag für einzelne Metalle der Pro-Kopf-Verbrauch mit zunehmendem Sozialprodukt auch langsamer wachsen (z. B. für Stahl und Kupfer[280]), rechtfertigt das nicht die Vermutung, daß hochentwickelte Industriegesellschaften weiteres Wachstum mit relativ geringerem materiellem Aufwand durch Rohstoffverbrauch und Umweltbelastung erreichten als weniger entwickelte. Man kann dieses relative Zurückbleiben des Verbrauchs von Kupfer und Stahl mit der zunehmenden Bedeutung des Dienstleistungssektors verbinden, auf die Substitution des teuren Kupfers durch Aluminium oder die wachsende Bedeutung von Industrien, die, wie die Elektronikindustrie, bei geringem Rohstoffverbrauch große Werte schaffen. Rechnet man alle Rohstoffe und alle Arten von Abfällen mit ein, dürfte die Beanspruchung der Ressourcen dem Sozialprodukt mindestens proportional wachsen. Die am weitesten entwickelten Industriegesellschaften beanspruchen sowohl die Ressourcen als auch die ökologische Stabilität der Erde sowohl pro Kopf als auch absolut am stärksten.

Um einen durchschnittlichen US-Bürger mit dem vor ein paar Jahren als lebensnotwendig Angesehenen zu versorgen, müßten jährlich 25 Tonnen Materialien der Erde entzogen und verarbeitet werden. Dazu wurden pro Person 15 000 Tonnenkilometer Fracht bewegt. Jedes Individuum reiste in diesem Zeitraum 8500 Kilometer, führte 700 Telefongespräche und empfing 400 verschiedene Postsendungen. Um den Produktions- und Verteilungsprozeß funktionsfähig zu halten, wurde jährlich pro Person das Energieäquivalent von 10 Tonnen Steinkohle verbraucht[281]. Die heutigen Werte dürften um etwa ein Viertel höher liegen.

Betrachten wir den Nachholbedarf der Entwicklungsländer, zeigt eine nur oberflächliche Überlegung, daß ein wirtschaftliches Gleichziehen vorläufig kaum möglich ist. Dies zeigte sich bereits für Energie. Für andere Rohstoffe wurde ausgerechnet, daß nur dieser Nachholbedarf der unterentwickelten Länder alle auf der Erde vorhandenen Minen und Bergwerke 60 Jahre lang auslasten würde, ohne daß darin der Ersatz verbrauchter Rohstoffe eingeschlossen oder die Erschöpfung von Rohstoffquellen einbezogen ist[281].

Nach Berechnungen von Meadows wären die bekannten Vorräte folgender wichtiger Rohstoffe in den nächsten 40 Jahren erschöpft, wenn die gegenwärtige Verbrauchsrate beibehalten würde: Kupfer, Gold, Blei, Quecksilber, Erdgas, Erdöl, Zinn, Zink. Würde es bei den gegenwärtigen Zuwachsraten des Verbrauchs bleiben, nähmen die Vorräte entsprechend schneller ab. Damit fielen in diese Vierzigjahresgrenze auch noch Aluminium, Molybdän und Wolfram[282].

Der US-Geological-Survey widmete dem Rohstoffproblem eine Anfang 1973 erschienene Studie, in der auf die globale Verknappung folgender wichtiger mineralischer Rohstoffquellen hingewiesen wurde: Erdöl und Erdgas, Aluminium (als US-Problem), Kupfer, Zink, Quecksilber, Mangan (als US-Problem), Silber und Quecksilber. Der Bericht weist auch auf die steigenden Energiemengen zum Abbau geringerwertiger Vorkommen hin und stellt fest: »Wenn der Abbau zu immer geringerwertigeren Erzen übergehen muß, sind die Kosten und die Verfügbarkeit der benötigten Energiemengen wahrscheinlich der wichtigste Faktor, der letztlich bestimmen wird, ob ein bestimmtes Lager wirtschaftlich ausgebeutet werden kann oder nicht.« ... »Das wirkliche Ausmaß unserer Abhängigkeit von mineralischen Rohstoffquellen gefährdet nicht nur den Wohlstand, sondern die Weltzivilisation.«[283]

Zweifellos sind die gegenwärtig bekannten nicht die einzigen

Rohstofflager. Auch können neue Technologien knappe Rohstoffe ersetzen, und durch »Recycling« von Abfällen kann ein Teil wiedergewonnen werden. Selbst wenn diese Möglichkeiten die Erschöpfung verzögern helfen, *lösen* werden sie das Rohstoffproblem nicht.

Wie gering diese Möglichkeiten sind, hat T. S. Lovering gezeigt[284]. Danach dauert es von der Entdeckung bis zum Produktionsbeginn in größeren Lagerstätten durchschnittlich 10 Jahre. Wahrscheinlich ist, daß die Mehrzahl dieser noch unentdeckten Vorkommen in den relativ unerforschten Gebieten der Entwicklungsländer oder in unwegsamen Gegenden der Industrieländer liegen wird. Die mit der Ausbeutung der riesigen Erdölfelder Alaskas verbundenen Schwierigkeiten demonstrieren das Problem der steigenden Kosten und die zunehmende Erschließungsdauer. Zusätzlich entsteht immer größere Abhängigkeit von einzelnen unterentwickelten Ländern. In diesem Fall ist denkbar, daß mit der Erschöpfung der Vorkommen in den Industrieländern sich die wirtschaftlichen Machtverhältnisse verschieben können, wie das bereits beim Erdöl eingetreten ist, und die nunmehr unfreiwillige »Entwicklungshilfe« der Zukunft über die Preise für Rohstoffe geleistet wird.

Da Erdöl und seine Derivate gegenwärtig der Universalrohstoff moderner Industriesysteme sind, wurden wesentliche Veränderungen der Austausch- und Machtverhältnisse bei anderen, scheinbar wenig wichtigen Rohstoffen gegenüber dem »OPEC-Diktat« wenig beachtet. Erst die Vorbereitungen zu einer UN-Konferenz, in dem ein Block von 96 Entwicklungsländern innerhalb der 136 Mitgliedsstaaten der UNO »mit Nachdruck die Einrichtung einer neuen internationalen Wirtschaftsordnung proklamiert«, werfen ein Licht auch auf diese Abhängigkeiten. Dieser programmatische Entwurf fordert die »Einrichtung und Verbesserung von ... Produzentenvereinigungen und von zusammengefaßten Verkaufsordnungen unter den Entwicklungsländern, um die Preise von zu exportierenden Rohstoffen zu verteidigen«.[285]

Im Licht der historischen Entwicklung – die erst die Voraussetzungen dieser Kartelle der Verzweifelten schuf – wie auch der marktwirtschaftlichen Theorie, daß knappe Güter teuer bezahlt werden müssen, ist eigentlich nur das Lamento von Wirtschaftsexperten aus Industrieländern unverständlich: Es wird behauptet, derartige Verkaufsordnungen der Rohstoffländer widersprächen den Gesetzen fairer internationaler Beziehungen respektive des freien Marktes. Dabei wird bewußt ignoriert, daß in der Vergangenheit die Industrieländer den sogenannten freien Markt stets so einzurichten wußten, daß sich die Austauschrelationen zwischen Rohstoffen und Fertigprodukten verschlechterten und daß die wirtschaftlich schwächeren Länder in einen Dumpingwettbewerb gezogen wurden.

Angesichts der Heftigkeit der Reaktion aus den Industrieländern erscheint auch die bis vor kurzem noch einhellige Zuversicht fragwürdig: Der Fall Erdöl sei einmalig, da bisher sowohl die anderen Rohstoffexporteure nie »unter einen Hut« zu bringen gewesen seien als auch deren Produkte weniger universell benötigt würden. Elend und Abhängigkeit können schnell jene Koalitionen schmieden, deren Wirkungen weniger spektakulär, kumuliert aber ebenso wirksam wie die der OPEC-Beschlüsse die Machtverhältnisse ändern und wirtschaftliche Ungleichheit zu egalisieren trachten. Denkbar oder schon in Funktion sind Verkaufskartelle bereits für folgende Materialien oder ihre Vorprodukte: Aluminium, Kautschuk, Quecksilber, Phosphate, Kupfer, Zinn, Nickel, Chrom, Wolfram und Titan[286].

Die Hoffnung auf neue Technologien zur wirtschaftlichen Ausbeutung auch immer minderwertigerer Lagerstätten wird von der Erfahrung widerlegt. Von 1930 bis heute sank der durchschnittliche Gehalt des in den USA abgebauten Kupfererzes von 2,1 auf 0,7 Prozent. Der energieaufwendige Fortschritt der Technik erlaubte gerade, die Abnahme der Erzqualität zu kompensieren. Über längere Zeiträume wird erwartet, daß auch verbesserte Technologien des Abbaus und der Verhüttung Preissteigerungen nicht vermeidbar machen. Erst auf einem wesentlich erhöhten Preisniveau können, wie das Beispiel des Quecksilbers und mittlerweile auch des Goldes zeigt, wieder zusätzliche Mengen (allerdings auch nicht unbegrenzt) freigesetzt werden[284].

Die verbreitete Hoffnung, daß mit der Entwicklung von Brüteroder gar Fusionsreaktoren immer minderwertigere Erze bis zum simplen Gestein abgebaut werden können, ist unrealistisch. Trotz verdreifachtem Energieverbrauch der Metallbergwerke in den USA in den 60er Jahren konnte die Produktion gerade auf einem konstanten Niveau gehalten werden. Dazu würden die bei der Verarbeitung minderwertigen Erzes oder gar Gesteins anfallenden riesigen Mengen von Abfallprodukten nicht nur ganze Landstriche zerstören, sondern wegen der hohen Beseitigungskosten des Abraums auch die Rentabilität der Produktion in Frage stellen. Die chemische Extraktion vor Ort wäre mit erheblichen Aufwendungen zur Vermeidung von Wasserkontamination etc. verbunden und ebenfalls unrentabel[284].

Auch die energieintensive Wiedergewinnung von Rohstoffen aus Abfällen wird nur einen Teil eines steigenden Bedarfs decken können: Erstens wächst der absolute Bedarf ständig, zweitens ist nur ein relativ geringer Teil der Abfälle wirtschaftlich regenerierbar: »Wenn wir eines Tages in einer Gesellschaft leben werden, die Altmetall als wertvolles Metall braucht und gewöhnliches Gestein ais Handelserz, dann wird die Wohlstandsgesellschaft allein damit überbeschäftigt sein, den Lebensstandard aufrechtzuerhalten.«[284] Die Suche nach Mineralvorkommen in den Festlandsockeln der Meere wird sicher weitere Funde bringen. Hoffnungen auf einen »Mineralschatz« in oder unter dem Meer, der alle Rohstoffsorgen beseitigen wird, sind jedoch unrealistisch[287].

Durch Produktion und Konsum entstehen in den Industrieländern große Abfallmengen. Zu diesen »Nebenerscheinungen« der Produktion und des Konsums gehören nicht nur die ungiftigen bzw. verwesbaren festen oder flüssigen Produkte, die üblicherweise als Abfälle bezeichnet werden und deren Beseitigung bei prinzipiell geklärter Technik vor allem ein Mengen- und Kostenproblem ist, sondern auch die unübersehbare Zahl schädlicher Substanzen, die im Boden versickern, in die Luft gelangen oder in Gewässer geleitet werden und das größere Problem darstellen.

Für die Mehrzahl dieser Substanzen, die auch den Menschen über Atemluft, Trinkwasser oder die Nahrung erreichen, sind weder Einzelwirkungen, und darin liegt das größte Problem, die toxikologische Gesamtwirkung, häufig sogar noch nicht einmal die Existenz bekannt. So stellt das Sachverständigengutachten zum Umweltprogramm der Bundesregierung fest: »In der Bundesrepublik können die durch die Umweltsituation bedingten toxikologischen Fragen gegenwärtig nicht in ausreichender Menge bearbeitet werden. Die volkswirtschaftliche Belastung als Folge der Verbreitung von Bioziden in der Umwelt ist heute nur in Ausnahmefällen abschätzbar.«[288] . . .»Auf Grund der Erkenntnis über den molekularen Ablauf bestimmter biologischer Prozesse muß angenommen werden, daß es für manche Stoffe keine unwirksame Dosis gibt.«[288]

Die Schwierigkeit, diese Schäden zu erfassen, äußert sich bereits darin, daß die Zahl der das Rheinwasser, das Trinkwasserreservoir vieler Millionen Menschen, verunreinigenden Substanzen auf 6000 geschätzt wird[289] und daß jährlich etwa 500 neue Substanzen industriell fabriziert werden und zu einem großen Anteil auch in die Gewässer gelangen[290]. Dazu das »Umweltprogramm« der Bundesregierung: »Das Verhalten dieser Stoffe in der Umwelt, ihre Toxizität und Kanzerogenität sind häufig nicht bekannt. Ihr Zusammenwirken kann zu zusätzlichen Belastungen führen, das erschwert die Beurteilung ihrer Gefährlichkeit. Eine besondere Belastung liegt in der geringen Abbaubarkeit vieler Biozide.«[291] Unverständlich, angesichts dieser Einsicht, ist jedoch die anschließende Feststellung:

»Aufgabe der Bundesregierung ist es, dafür zu sorgen, daß schädliche Belastungen durch Umweltchemikalien vermindert oder ausgeschlossen werden. Das bedeutet, daß ihre Aufnahme durch den Menschen bei bestimmungsgemäßer Verwendung so niedrig sein muß, daß eine Schädigung der Gesundheit praktisch ausgeschlossen werden kann.«[291]

Wie, so muß man fragen, kann für Chemikalien mit noch unbekannter Wirkung und Herkunft eine Schädigung anders ausgeschlossen werden als durch Verbot bis zum Nachweis der Unschädlichkeit auch in der toxikologischen Gesamtbilanz? Dem aber stehen wirtschaftliche Interessen entgegen. Umweltprogramm: »Die Verwendung von Umweltchemikalien und Bioziden kann nicht verboten werden; beispielsweise können einzelne Wirtschaftsbereiche einschließlich der Landwirtschaft nicht darauf verzichten.«[291] Ähnlich prinzipielle Widersprüche sind auch im Sachverständigengutachten unschwer zu finden: »Anzustreben ist die Erhaltung bzw. Wiederherstellung einer Umwelt . . ., die die menschliche Gesundheit fördert (nicht etwa nur erhält J. H.) . . . Auf Grund der Erkenntnisse . . . muß angenommen werden, daß es für manche Stoffe keine unwirksame Dosis gibt . . . andrerseits kann beispielsweise die Landwirtschaft nicht darauf verzichten.«[288]

Die größten potentiellen Gesundheits- und Umweltgefahren liegen wahrscheinlich in den Gewässerverunreinigungen. Im Gegensatz zu anderen Bereichen, etwa Nahrungsmittelverunreinigungen durch Zusatzstoffe, Luftverschmutzung etc., sind die Zahl und Herkunft der Stoffe unbekannt und sehr groß. Von den als Hauptgefahren der globalen ökologischen Stabilität angesehenen Abfallprodukten erreicht die Mehrzahl (entweder direkt oder, indem sie ausgewaschen oder mit dem Wind transportiert werden) die Gewässer und Meere, aber auch das Grundwasser: chemische Verbindungen von Blei, Quecksilber, Arsen, Chrom, Cadmium, Nikkel, Mangan, Kupfer, Zink, Öl, chlorierte Kohlenwasserstoffe, andere Kohlenwasserstoffe, Abwärme und eutrophierende Phosphor- und Stickstoffverbindungen[292].

Daß diese Substanzen nicht als bedauerlicher, aber harmloser Preis des zivilisatorischen Fortschritts anzusehen sind, zeigt sich bereits in der Verarmung der Flora und Fauna der Weltmeere. Daneben dienen die bis an die Grenze belasteten Flüsse schon heute als Trinkwasserreservoire. Zumindest in Mitteleuropa muß der Trinkwasserbedarf der Zukunft überwiegend aus Flußwasser bestritten werden. Gegenwärtig werden in der Bundesrepublik 40 Prozent des Trinkwassers aus Flüssen direkt oder über das Uferfiltrat entnommen[293] und nach Methoden aufbereitet, die keineswegs die Beseitigung gefährlicher Substanzen garantieren. Sachverständigengutachten: »Diese Verfahren reichen vielfach nicht mehr aus, um Schadstoffe mit genügender Sicherheit zu entfernen.« »Mängel der Beschaffenheit und der Aufbereitung des Rohwassers werden oft nicht oder zu spät erkannt.«[294] »Es kann mit großer Wahrscheinlichkeit angenommen werden, daß schon heute Grund- und Oberflächenwasser eine Fülle dieser Stoffe enthält, die trotz geringer Konzentration über eine längere Zeit die menschliche Gesundheit nachteilig beeinflussen.«[295]

Trotz einer Steigerung der jährlichen Investitionen im öffentlichen Bereich von 1,7 auf 3,1 Milliarden (82 Prozent) und bei der Industrie von 0,124 auf 1,6 Milliarden (1190 Prozent), die das Sachverständigengutachten als zukünftig notwendig ansieht, muß »die mit wirtschaftlichen Mitteln nicht zu beseitigende Restbelastung der Gewässer durch Schadstoffe ... auch nach Inbetriebnahme aller notwendigen Kläranlagen in Kauf genommen werden«.[295] Erschwerend kommt laut Gutachten hinzu, daß das Bauvolumen der Tiefbauindustrie begrenzt ist. Eine Baukapazität von etwa 7,6 Milliarden träfe auf einen Baubedarf von zusätzlichen 3 Milliarden und setze dem ehrgeizigen Programm Grenzen[296].

Angesichts der Erfahrungen der Vergangenheit ist fraglich, ob die Planungen verhindern können, auch wenn sie – was unwahrscheinlich ist – verwirklicht werden, daß die Belastungen steigen. Seit Mitte der 50er Jahre nahm die Qualität der Oberflächengewässer trotz stark erhöhter Ausgaben für die Abwasserbehandlung ab. Nach Angaben des zuständigen Staatssekretärs im Bundesinnenministerium stieg die Gesamtbelastung zwischen 1957 und 1969 um 50 Prozent[297]. Die über die öffentliche Kanalisation in die Gewässer geleitete Abwassermenge stieg im gleichen Zeitraum um 75 Prozent[298]. Die Aufwendungen für Bauten und Instandsetzungsarbeiten der Stadtentwässerung wuchsen jedoch unverhältnismäßig stärker, zwischen 1956 und 1970 um 600 Prozent. Dennoch verschlechterte sich in diesem Zeitraum die Gewässerqualität drastisch: Beispielsweise sank zwischen 1954 und 1969 der Sauerstoffgehalt des Oberrheins um etwa 20 Prozent, der des Niederrheins um 70 Prozent[299].

Obwohl die Reinigungsaufwendungen wesentlich stärker zunahmen als die Abwässermenge, sank die Wasserqualität erheblich. Das belegt, daß, »abweichend von sonstigen volkswirtschaftlichen Vorstellungen, bei denen man die Kosten proportional zum Umsatz halten kann . . ., bei der Wasserwirtschaft . . . eine progressive Steigerung der erforderlichen Bemühungen mit steigendem Abwasseranfall eintritt«. Werden die geplanten Vorhaben zu Kanalisationen und Klärwerken und die wahrscheinlichen Abstriche von diesem Programm berücksichtigt, erscheint angesichts des geplanten Wirtschaftswachstums die Verbesserung der Gewässergüte zumindest fraglich. Sollte der geschätzte Aufwand zur Verminderung der Belastungen auf 60 Prozent der heutigen Werte eine Steigerung der Aufwendungen um das Fünf- bis Sechsfache erfordern (wie von dem Wasserwirtschaftler G. Rincke angenommen[300]), die Abwassermenge bis 1985 aber um 50 Prozent[301] steigen, ist eine weitere Verschlechterung der Gewässer unvermeidbar.

Ein geringeres Problem als das der Gewässerverunreinigungen und der Umweltchemikalien stellt der Müll dar. Zwar ist das Müllproblem in der Praxis noch weit von seiner Lösung entfernt, doch liegt die Lösung zumindest im Bereich des technisch und wirtschaftlich Möglichen: Von den drei Verfahren zur Müllbeseitigung – geordnete Deponie, partielle Kompostierung und Verbrennung – ist zwar jedes mit einer Reihe von Problemen behaftet, doch sind diese nicht unüberwindbar. Die erforderlichen Investitionen werden im Sachverständigengutachten von 1971 bis 1975 auf rund 3 Milliarden geschätzt[302].

Häufig wird die Wiederverwertung des Hausmülls als Lösung zweier Probleme dargestellt: der Rohstoffgewinnung und der Müllbeseitigung. Auch könne durch Kompostierung der verwesbaren Müllbestandteile zusammen mit Klärschlamm ein gutes Bodenverbesserungsmittel gewonnen werden. Doch gibt es begründete Bedenken gegen die landwirtschaftliche Nutzung von Müllkompost. Denn, so wird argumentiert, da keine Kontrolle über die im Müll und im Klärschlamm angereicherten Giftstoffe möglich sei, dürfe der erzeugte Kompost nicht dort ausgebracht werden, wo Nahrungsmittel erzeugt werden. Er tauge allenfalls für die Forstwirtschaft und ähnliche Anwendungsbereiche[303].

Auch die Wirtschaftlichkeit der Wiedergewinnung regenerierbarer Rohstoffe aus Hausmüll wird neuerdings in Frage gestellt. Da der Massenkonsum auf der Verschwendung billiger und im Überfluß vorhandener oder produzierbarer Materialien – Kunststoff, Papier etc. – beruhe, lohne sich die Wiedergewinnung nicht. Wirklich wertvolle Materialien – also solche, die von der Verknappung bedroht seien – wären nur zu sehr geringen Teilen enthalten, da ihr Preis den Einsatz begrenze und bereits zur Substitution geführt habe. Der Anteil wirtschaftlich regenerierbarer Materialien beträgt in Los Angeles nur etwa 10 Prozent des Mülls[304].

Die Bilanz aller vorgesehenen Maßnahmen zur Beseitigung oder zur Vermeidung von unerwünschten Nebenerscheinungen der Produktion oder des Konsums zeigt, daß auf den wichtigen Gebieten der Luft- und wahrscheinlich auch der Gewässerverunreinigungen Verschlechterungen trotz teilweise erheblicher Anstrengungen zu erwarten sind. Die geplante Verringerung der Emissionen pro Einheit wird durch die Zunahme der Zahl der Einheiten – durch Wirtschaftswachstum also – überkompensiert.

Ebenso werden die Hoffnungen auf neue Technologien im Sachverständigengutachten nicht allzuhoch gesteckt. So wird auf die Statistiken der chemischen Industrie hingewiesen, nach denen die Entwicklung eines Insektizids, das »noch keineswegs eine Verbesserung bedeuten muß«, die Synthese und Erprobung von 10 000 Verbindungen mit einem Aufwand von 15 Millionen DM voraussetzt. Es wird erwähnt, daß in den letzten 30 Jahren auf der ganzen Welt 200 000 Benzinadditive (anstelle der Bleiverbindungen) erfolglos getestet worden sind[305].

Abschließend konstatiert das Gutachten, daß die Schätzungen der Aufwendungen für den Umweltschutz in der BRD von 1971 bis 1975 nur die »im Hinblick auf die von der Bundesregierung vorgesehenen Maßnahmen und zu erwartenden möglichen Aufwendungen« enthält, nicht aber die »für eine vollkommene Umweltsanierung erforderlichen«.[306]

Diese Summe von 70,5 Milliarden liegt im Rahmen der wirtschaftlichen Möglichkeiten, wie die Gutachter feststellen.

Wenn trotz der zugegebenen Relativität der Maßnahmen, mit der beschriebenen Konsequenz einer unausweichlichen Zunahme der Belastungen im Gutachten gefolgt wird: »Es besteht kein Grund in hysterischer Weise von einer nicht zu bewältigenden Zukunft infolge des Umweltproblems zu sprechen«[307], dann ist die Frage nach der sachlichen Begründung dieser Behauptung nur zu berechtigt: Im Gutachten wird häufig die Unmöglichkeit einer toxikologischen Gesamtbilanz betont (Umweltchemikalien und Biozide, Wasserverunreinigungen und Luftverunreinigungen). In wichtigen Umweltbereichen kommt es, trotz vorgesehener kostspieliger Restriktionen, zur Erhöhung der Belastungen (Luft, wahrscheinlich Wasser, Biozide und Umweltchemikalien). Die Behauptung, die vorgesehenen Maßnahmen seien ausreichend, kann schon deshalb nicht zutreffen, weil noch nicht einmal die gegenwärtige Schadensbilanz bekannt ist und die Belastungen darüber hinaus weiter wachsen werden.

So ist der Verdacht begründet, daß die Behauptung, die Sanierung läge im Bereich wirtschaftlicher Möglichkeiten, nichts anderes als das Ergebnis der Frage nach der Größenordnung des wirtschaftlich Möglichen ist.

Lebensweise und psychische Deformation
(Umkehrung der Vernunft)

Im demokratischen Kapitalismus ist der Markt der zentrale Handlungsraum der Öffentlichkeit. Infolgedessen beherrschen Marktbeziehungen den größeren Teil aller sozialen Beziehungen. Fortschritt bedeutet zu einem wesentlichen Teil auch, daß bisher noch nicht kommerzialisierte Beziehungen bzw. Tätigkeiten in marktwirtschaftliche Regie genommen werden, also der Anteil kommerzialisierter Zeit und Beziehungen am Leben des Individuums wächst.

Die Freiheitlichkeit des Systems besteht zu einem nicht geringen Ausmaß in seiner vermeintlichen Wertfreiheit. Produziert wird, was gebraucht wird. Innerhalb des großen Angebots kann sich der einzelne das aussuchen, was er benötigt und bezahlen kann. Er selbst ist so frei, wie es seine soziale Rolle erlaubt. Mit dieser Einschränkung sind es die Entscheidungen der Verbraucher, die das

Angebot, die Produktion und damit letztlich die Richtung der wirtschaftlichen und gesellschaftlichen Entwicklung bestimmen. Das in etwa ist die Theorie einer freiheitlichen Marktwirtschaft. In ihr wird Politik täglich an der Ladenkasse gemacht. Der Austausch von Ware und Geld ist der Augenblick der Wahrheit. In ihm transzendieren Geld und Ware, die simple Materie, ihre bloß wirtschaftliche Funktion: In der Vorstellung des Käufers gelangen Erwartung und Erfüllung zum Ausgleich.

Die Wechselwirkung zwischen realer Welt und Vorstellungswelt und die durch sie ausgelösten psychischen und organischen Veränderungen sind Untersuchungsgegenstand dieses und des nächsten Kapitels. Untersucht werden sollen die Folgen der an Menschen ausgelösten Schäden durch die scheinbar autonomen Konsumentenwünsche und, wie behauptet wird, der durch sie erst ausgelösten wirtschaftlichen und gesellschaftlichen Veränderungen.

In früheren Kapiteln zeigte ich, daß die Erwartungen der Konsumenten keineswegs so autonom sind wie behauptet. Sie sind wesentlich auch das Ergebnis einer Orientierung, die das Individuum von Geburt an erfaßt und es während des größten Teils seines Lebens formt. Folge dieser vorbewußt aufgenommenen Einpassung ist die Unfähigkeit, sie als von außen kommend zu erkennen. Künstlich erzeugte Vorstellungen erscheinen als spontan und natürlich, einem biologischen Verlangen entsprechend. So produziert das selbst auf rationalen Zusammenhängen aufgebaute Industriesystem nicht nur Waren, sondern diese Warenproduktion und die gesellschaftlichen Bedingungen ihrer Verteilung und Verwaltung erst legitimierende Vorstellungen.

Nur im Bereich der Werbung nach diesen Steuerungsmodellen zu suchen wäre falsch. Teil haben alle wichtigen Bereiche des Alltags, die Medien, Schule und andere Ausbildungsstätten, Elternhaus, Kindergarten, Freizeit bzw. Konsumwelt, Arbeit und die Interaktion der Individuen.

Kritik richtet sich nicht gegen die Notwendigkeit des gesellschaftlichen Konsensus, der Voraussetzung des intakten wirtschaftlichen und sozialen Organismus ist. Sie richtet sich vielmehr gegen die Strategien, mit denen Konformität erzeugt wird, besser, in einem System institutionalisiert ist, in dem jeder einzelne, unfreiwillig und ohne sich darüber bewußt zu sein, fortwährend einen Teil seiner Leistung zu seiner eigenen Beeinflussung und Steuerung bereitstellen muß. Zu kritisieren sind zwei Punkte:

Erstens die Steuerung der Gesellschaft und der Individuen durch Faktoren, die nicht in Übereinstimmung mit den Gegebenheiten des menschlichen psychischen und organischen Apparats stehen. Scheinbar ist die wirtschaftliche Entwicklung durch die Verbraucherwünsche legitimiert. Doch reicht diese Legitimation nicht über die Ladenkasse hinaus und muß zusammenbrechen, wenn die Steuermechanismen untersucht werden. Und in dieser umfassenderen Betrachtung wird man feststellen, daß die angeblich autonomen Verbraucher nichts sind als weitgehend passive Elemente eines Reproduktionszyklus.

Der Einwand, mit dem technischen und wirtschaftlichen Fortschritt würden auch zunehmend Erleichterungen und Anpassungen des Apparats an die Menschen möglich, ist berechtigt, aber nur teilweise. Er berücksichtigt nicht, daß es Konzessionen sind, sekundäre Korrekturen eines auf andere Ziele gerichteten Prozesses. Daß sie nicht zur Milderung der Dissonanzen beigetragen haben, läßt sich an den Mortalitätsstatistiken der Industrieländer ablesen.

Der Verdacht, jene Korrekturen seien auch um den Preis der zunehmenden Vertiefung der Widersprüche erkauft worden, läßt sich erhärten. Die Folge ist wachsende Reparaturanfälligkeit von Menschen. Dieser einkalkulierten Begleiterscheinung des Fortschritts muß so lange durch Therapie der Symptome statt durch Prophylaxe begegnet werden, als die Eigengesetzlichkeit des Reproduktionsapparats nicht durchbrochen werden kann. Ein wesentlicher Teil gesellschaftlicher »Kreativität« wird daran verschwendet, von den Ursachen auf die Symptome hin abzulenken. Während die Therapie der Ursachen sehr kostspielig wäre (indem sie Werte vor Zahlen setzen müßte), ist die der Symptome ein gutes Geschäft, bei dem ganze Branchen glänzend verdienen.

Zweitens ist zu kritisieren, daß die Steuerung der Gesellschaft verschleiert wird. Der Konsensus ist demokratisch legitimiert. Die Unfähigkeit des einzelnen, unter diesen Voraussetzungen konfliktfrei zu bestehen, wird auf subjektive Schwäche zurückgeführt und nicht auf einen objektiven Widerspruch. Der Betroffene kann zwar bis zu einem gewissen Grad auf die Solidarität der Gesellschaft rechnen, die ihn vorübergehend freistellt, in Kur schickt, hat aber letzten Endes die Schuld in sich selbst zu suchen: in schwachen Nerven, einer Neigung zu Depressionen, vegetativer Labilität etc.

Wie sich in der Debatte um die Leistungsgesellschaft zeigt, wird bewußt Irreführung betrieben. Die Einsicht, daß der Lebensunterhalt nur durch Arbeit gesichert werden kann, wird dazu miß-braucht, jede Art von Leistung zu rechtfertigen: »Leistung ist der Einsatz körperlicher oder geistiger Fähigkeiten – unterschiedlich kombiniert – zu einem Ziel, das den gesellschaftlichen Konsensus finde.«[308] Der Widerstand gegen den Mißbrauch der Leistungs-bereitschaft wird diffamierend psychologisiert und biologisiert: »Destruktionstrieb ist eine Begleiterscheinung nicht abgeforder-ter Leistung. Wo der Kampf um das individuelle Überleben auf-hört, beginnt der Hader mit dem System, in das man gestellt ist.«[308]

Diese Verschleierung der Widersprüche ist Anlaß psychischer Konflikte. Die objektive Unmöglichkeit der Rollenerfüllung läßt das subjektive Gefühl aufkommen, den Anforderungen nicht ge-wachsen zu sein. Das betroffene Individuum entwickelt entweder Verhaltensmuster, die den geltenden Normen nicht entsprechen, oder vermag den Anforderungen nur auf Kosten schwerer persön-licher Konflikte und Beeinträchtigungen zu genügen. Die Folge sind direkte psychische Störungen oder psychisch ausgelöste or-ganische Erkrankungen.

Die organischen Symptome umfassen das weite Spektrum von vegetativen Beeinträchtigungen bis hin zu kardiovaskulären Er-krankungen, die auch bei jüngeren Personen in steigendem Maß Todesursache sind. Auf dieser Ebene, in der sich nur die organi-schen Symptome zeigen, bleiben die Betroffenen noch nützliche, da »rehabilitierbare« Mitglieder der Gesellschaft. Ihre intellek-tuelle Anpassung ist ungestört, es gilt daher, den maladen Körper kostengünstig zu reparieren. Die Krankheit stellt ein zwar erheb-liches, aber nicht unlösbares volkswirtschaftliches Problem infolge der verminderten Arbeitsleistung und der Belastungen zur Wie-derherstellung der Gesundheit dar; denn bis zum vollständigen Ausfall der Arbeitsfähigkeit bleibt der Betroffene in der Gesell-schaft als Alibi von Humanität erhalten. Im politischen Slogan der »humanen Leistungsgesellschaft« bezieht sich so das Adjek-tiv auf die relative soziale Sicherheit für die eingeplanten Be-triebsunfälle des Systems, nicht aber darauf, wie sie entstehen.

Anders ist die Lage bei zwei anderen »Abfallarten« des ge-sellschaftlichen Fortschritts: bei echten psychiatrischen Störungen und bei Kriminalität. Die von diesen Krankheiten Befallenen stel-len, sofern die Symptome deutlich genug hervortreten, die Per-version des Katalogs gesellschaftlich akzeptierter Werte dar. Sie müssen aus dem Blickfeld gerückt und in geschlossenen Anstalten untergebracht werden. Ihre Reaktion könnte Schule machen.

Bei den psychischen Störungen reicht die Skala von Nervosität, Reizbarkeit, Schlaflosigkeit bis zu schweren Neurosen und Psychosen. Ist hier schon die Klassifizierung der Krankheit oder Behinderung ein Problem, da »beträchtliche soziale oder kulturelle Unterschiede, in dem was als psychisch abnorm betrachtet wird«, bestehen, stellt der Nachweis der Ursachen die Wissenschaft vor noch größere Schwierigkeiten, da die Störungen »ihrem Wesen nach multifaktoriell« sind[309]. Ein Vergleich der Diagnosen verschiedener Ärztegruppen für ein und dieselbe Krankengruppe ergab Abweichungen von über 100 Prozent, die auf »unterschiedliche diagnostische Gepflogenheiten« verschiedener Schulen zurückgeführt wurden[310].

In einer Untersuchung über psychische Störungen bei Bewohnern einer neuen Wohnsiedlung in England gaben 22 Prozent der Befragten an, »an den Nerven zu leiden«, 17 Prozent von Depressionen und jeweils 12 Prozent von Reizbarkeit und Schlaflosigkeit befallen zu sein. In einer die große Verbreitung psychischer Störungen demonstrierenden Untersuchung der Bevölkerung Midtown Manhattans (New York) konnten nur 18,5 Prozent der Untersuchten als psychisch gesund eingestuft werden[311].

Wegen der erwähnten Schwierigkeiten ist es gegenwärtig nicht möglich, genaue Angaben über Bedeutung und Anteil der einzelnen Ursachen an der Verbreitung psychischer Störungen zu machen. Zwar lassen die bereits bekannten Ergebnisse keinen Zweifel an der Mitwirkung sozialer Faktoren, es wäre jedoch ebenso unwissenschaftlich zu behaupten, sie wären die einzigen, wie es unwissenschaftlich wäre, nur »die Krankheit« oder genetische Faktoren verantwortlich zu machen[312]. Ohne Zweifel spielen soziale Umgebung und die Anforderungen, denen das Individuum unterworfen ist, eine, wenn nicht die entscheidende Rolle. Die große Verbreitung psychischer Deformationen in den Industrieländern und ihre rasche Zunahme in den Entwicklungsländern, in denen sich die gesellschaftlichen, wirtschaftlichen und kulturellen Bedingungen denen der Industrieländer angleichen, weisen zwar nur allgemein, aber dennoch sehr eindeutig auf die Lebensbedingungen der technisch industriellen Welt als Ursachen[313]. Dort sind es also weniger die unzureichenden Bedingungen der materiellen Versorgung als gerade die Bedingungen ihrer Überwindung.

Das menschliche Gehirn ist das Objekt einer mit der frühesten Kindheit beginnenden Prägung durch Interaktion mit seiner Umgebung. Über Assoziationsfelder erfährt es den gesellschaftlichen Bedeutungszusammenhang der Dinge und Beziehungen, in das Frontalhirn werden grundlegende Normen und Werte eingeprägt. Dieser Sozialisationsvorgang ist mit der Pubertät im wesentlichen abgeschlossen; das Individuum vermag zwar noch dazuzulernen, vermutlich jedoch nur noch in einem sehr beschränkten Umfang die Orientierung seiner mentalen Grundausstattung zu ändern. Die Erfahrung bestätigt die enormen Schwierigkeiten auch geistig beweglicher Erwachsener, die in ihrer Jugend eingeübte Nomenklatur der Werte zu ändern.

Neben den allgemeinen Widersprüchen zwischen menschlicher Natur und zivilisatorischer Umgebung oder gesellschaftlicher Praxis gibt es demzufolge noch eine zweite Kategorie. Diese entsteht aus der Umorientierung der Werte und Normen, der Veränderung der Lebensgewohnheiten und der Art der Beanspruchungen, die durch den technischen und wirtschaftlichen Fortschritt notwendig werden. Sie kann von einem Teil der erwachsenen Bevölkerung nicht konfliktfrei nachvollzogen werden. Während die jüngere Generation den Wandel problemlos übersteht, geraten mittlere und ältere Jahrgänge zunehmend in Schwierigkeiten. Der Wandel scheint wirtschaftlich vernünftig, ist aber in der älteren Bevölkerung nur unter größten Schwierigkeiten vollziehbar. Er wird daher um den Preis psychischer oder organischer Störungen erkauft. Der wirtschaftlichen Notwendigkeit beispielsweise, daß ein großer Teil der Bevölkerung in zehn Jahren andere als die gelernten oder vertrauten Berufe ausüben muß, steht die beschränkte Fähigkeit der am meisten betroffenen Jahrgänge gegenüber, diese Veränderung auch zu überstehen. Ist die ständige wirtschaftliche Expansion Voraussetzung der steigenden Lebensqualität – wie behauptet wird –, muß das Paradoxon gelöst werden, daß als Preis der steigenden Lebensqualität die Verschlechterung des psychischen Wohlbefindens weiter Bevölkerungsschichten, also *ihrer* Lebensqualität, einkalkuliert werden muß.

In einer Untersuchung der sozialen Hintergründe des steigenden Verbrauchs psychotroper Mittel hat Jürgen Stössel auf die Unfähigkeit der Medizin hingewiesen, als eigentliche Ursachen der Krankheitssymptome den gesellschaftlichen Hintergrund offenzulegen. Nach Stössel können die gesellschaftlichen Ursachen von der dem System verbundenen Medizin nicht erkannt werden, da die Therapie nur über die Veränderung der Gesellschaft erfolgen könne: »Ihre wissenschaftlichen Bemühungen (der Medizin) sind noch immer auf den schmalen Ausschnitt im Feld der Bedrohung des menschlichen Lebens gerichtet, in dem sie ihre spektakulärsten Erfolge erzielte, von der Syphilisheilung bis hin zur Organtransplantation. Ausgespart wird der Aspekt menschlichen Leidens, der immer größere Bedeutung erlangt. So kommt es, daß der Krankheitsbegriff, auf den Forschung und Therapie fixiert sind, für das gewandelte Krankheitsbild nicht mehr paßt.«[314]

Als bequemste und systemkonforme Therapie bietet sich die »Abschmierung« (Stössel) der defekten Psyche, die den Kranken fortan die Welt durch die »Sonnenbrille für die Seele« (Werbung für Psychopharmaka) sehen läßt. »Solange die Arbeitsfähigkeit das einzige Maß für die Gesundheit ist, wird dem Arzt jedes Mittel recht sein, das ihm erlaubt, diesen Zustand wiederherzustellen. So greift er bereitwillig zu Tranquilizer und Thymoleptika, mit deren Hilfe sich die in einer ausschließlich erwerbswirtschaftlich orientierten Gesellschaft kostbarste Funktion des Menschen möglichst rationell ›reparieren‹ läßt. Auf diese Weise wird der defekte Motor ohne großen Zeitaufwand wieder flottgemacht. Er läuft, solange man ihn fleißig mit Psychopharmaka schmiert. Von seiner Leistung profitieren alle, nur er selbst nicht. Er verschleißt seine Kräfte weiter unter Bedingungen, deren Unannehmbarkeit ihm erst wieder bewußt wird, wenn die fortbestehenden psychischen und sozialen Schäden ihn endgültig zum Zusammenbruch führen.«[315]

Wie bei keiner anderen Krankheit ist der Übergang zwischen normal und pathologisch bei psychischen Störungen fließend. Demgegenüber steht die unüberwindbare Barriere, die gerade in unserer Zeit gegenüber den als krank Eingestuften errichtet wird. War in früheren Epochen der harmlose Kranke gesellschaftlich voll integriert, wachsen heute die Barrieren zwischen den als gesund und als krank Eingestuften gerade durch die sogenannte Rehabilitation. Nach seiner Heilung kann der ehemalige Kranke »seine Rolle nur unter den größten Schwierigkeiten aufgeben. Er sieht sich mit der verbreiteten Überzeugung konfrontiert, daß psychische Störungen ... nicht vollständig geheilt werden können.«[318] Es scheint, als schütze sich die kranke Gesellschaft durch die Errichtung dieser Mauern vor der Gefahr, daß auch die Normalen die

Krankheit, unter der sie leiden, erkennen, als habe die Gesellschaft Angst, im Pathologischen nichts anderes als das verzerrte Spiegelbild ihres eigenen Zustandes zu erkennen.

Eine ähnliche Beziehung zwischen Normalem und Pathologischem, nämlich zwischen ehrbar und kriminell, bei der die Trennungslinie nichts anderes ist als ein willkürlich von der Gesellschaft gezogener Strich in einem Kontinuum gesellschaftlich geförderter Verhaltensweisen, scheint für die Kriminalität zu gelten. In »Tatort Deutschland« weist H. W. Hammacher, der Leiter der Kölner Kriminalpolizei, auf die Proportionalität zwischen wirtschaftlicher und »krimineller« Entwicklung in einer Region hin[317]. Mit dem Wohlstand und der Verstädterung wächst nach den Erfahrungen der internationalen Kriminalistik die Zahl der großen und kleinen Verbrechen nach einer quasi naturgesetzlich, mathematisch faßbaren Relation. Dabei zeigen sich im Verbrechen nichts anderes als die unkontrollierten Fortsetzungen gesellschaftlich geförderter Verhaltensweisen: Gewaltverbrechen, Eigentumsdelikte, Wirtschaftskriminalität als Fortsetzung des Akkumulationszwangs, Verlust der Achtung vor der Integrität des Nächsten. Im einzelnen zeigt Hammacher: daß die Zahl der Gewaltdelikte mit der Fernsehdichte zunimmt; daß ab einer bestimmten Autodichte die Kriminalität sprunghaft zunimmt; daß Kriminalität in den dichtbesiedelten Stadtgebieten weitaus schneller wächst als die Bevölkerungszahl; daß die Zunahme des Wohlstands auch die des Eigentumsdeliktes bedeutet und letzteres keinesfalls mit Bedürftigkeit zusammenhängt.

In der bewußt gestalteten Atmosphäre weicher Verlockung, der künstlich hingeramschten Preiswürdigkeit von Massenware, der Verführung zum mühelosen Besitz und Verbrauch ist die Umgehung der Ladenkasse nichts anderes als die konsequente, die buchstäbliche Erfüllung des unüberhörbaren Wunsches der Ware – »nimm mich, ich möchte dir gehören«. So müßte der Rückgang des Ladendiebstahls den für die Präsentation Verantwortlichen eher Fehler ihrer Arbeit signalisieren als einen Anstieg der bürgerlichen Moral. Die Abnahme der Gewaltkriminalität wäre aus der Sicht der Unterhaltungsproduzenten auch ein Indiz der bedrohlichen Abnahme des Interesses an Kriminalstücken im Fernsehen und müßte zum Einkauf härterer amerikanischer Serien animieren.

Es sei nicht verschwiegen, daß Hammacher neben den erwähn-

199

ten sozialen Ursachen für die Verbrechenszunahme auch biologische anführt. Die größere Verbrechenshäufigkeit in den Großstädten liegt für ihn auch in einer biologischen Unverträglichkeit »des« Menschen zum Zusammenleben auf engstem Raum. Doch führt er als einziges Argument für »biologische Theorie« die als unhaltbar bekannten Verallgemeinerungen aus der Tierethologie an.

Lebensweise und organische Krankheit
(Selbstzerstörungsmechanismen)

Die Komplexität organischer Wirkungen psychischer Funktionen ist nicht nur einer der Gründe des nicht aufhörenden Streits verschiedener medizinischer Schulen, sondern auch der relativen Rückständigkeit dieses Gebiets der Medizin. So kontrovers vorerst die Meinungen und so wenig endgültig die Resultate sind, läßt sich doch nicht mehr leugnen, daß Zivilisationskrankheiten auch psychische Ursachen haben, die jenseits individueller Disposition oder Schuld in der Gesellschaft liegen. Während auf dem Gebiet der Bundesrepublik Infektionen 1927 noch für 20 Prozent aller Todesfälle verantwortlich waren, ist ihr Anteil auf heute 4 Prozent zurückgegangen. Dagegen stieg der Anteil der Todesfälle an Herz-, Gefäß- und Kreislaufkrankheiten im gleichen Zeitraum von 15 auf 43 Prozent fast auf das Dreifache und der an Krebs von 12 auf 20 Prozent um zwei Drittel[318]. Für andere Industrieländer gelten ähnliche Verhältnisse.

Dieser Vergleich wird sicher auch durch die erhöhte Lebenserwartung infolge medizinischer Fortschritte verzerrt. Doch ist die Zunahme der Lebenserwartung in diesem Zeitraum für einen Fünfjährigen etwa zwischen 1910 und 1968 um 15 Prozent[319] nicht so groß, um für sich diese Veränderung der Mortalitätsstatistik zu erklären. Das ergibt sich auch aus Vergleichen in Perioden mit nur wenig veränderter Lebenserwartung. So stieg in Hamburg der in bezug auf den veränderten Altersaufbau korrigierte Anteil der Todesfälle an kardiovaskulären Krankheiten zwischen 1958 und 1968 um 25 Prozent und bei Frauen um 33 Prozent, obwohl sich die Lebenserwartung nicht veränderte[320]. Ähnliche Rückschlüsse über die zivilisationsbedingte Zunahme dieser Krankheiten zeigt auch die Todesursachenstatistik mittlerer Jahrgänge in den meisten Industrieländern. Zwischen 1955 und 1967 nahm die Sterblichkeit an arteriosklerotischen und degenerativen Herzkrankheiten bei Männern von 45 bis 54 Jahren um folgende Prozentsätze zu: Italien: 31; Schweden: 25; Tschechoslowakei: 45; Bundesrepublik: 34; Holland: 66; in den USA dagegen wegen der bereits 1955 höchsten absoluten Zahl nur um 3[321].

Die wesentlichen Verbesserungen der medizinischen Versorgung der Bevölkerung seit dem Beginn der 50er Jahre haben sich nicht in adäquaten Verbesserungen des Gesundheitszustandes niedergeschlagen – ebensowenig wie durch wachsenden Wohlstand denkbare Erleichterungen des Alltags und Verkürzung der Arbeitszeit. Das Gegenteil ist eingetreten. Die Statistiken vermitteln den Eindruck der übermäßig gestiegenen Beanspruchungen der Menschen. Wenn trotz laufender Verbesserungen der medizinischen Technologie und der sozialen Betreuung die durchschnittliche Lebenserwartung der Bevölkerung stagnierte oder leicht sank[319], dokumentiert das im Gesundheits- und Sozialwesen das Gesetz des abnehmenden Ertragszuwachses.

Der Gesundheitsbericht der Bundesrepublik charakterisiert die gegenwärtige Situation folgendermaßen: »Außerdem brachte die zunehmende Industrialisierung, Technisierung und Urbanisation neue Schädigungsmöglichkeiten für die menschliche Gesundheit mit sich, die man zusammenfassend als Zivilisationskrankheiten bezeichnen kann. Herz-, Kreislaufkrankheiten und Krebs sind an die Spitze der Todesursachen getreten. Die Zivilisationskrankheiten drohen dem Menschen durch vorzeitige Invalidität und frühzeitiges Siechtum die Früchte der verlängerten Lebensdauer wieder zu entreißen.«[322] Als Risikofaktoren der Herz- und Kreislaufkrankheiten gibt der Gesundheitsbericht an[323]:

1. Erhöhung des Cholesterinspiegels im Blutserum
2. Einengung des Atemvolumens der Lungen
3. Erhöhung des Blutdrucks
4. starkes Zigarettenrauchen
5. Übergewicht
6. besondere psychische Belastung
7. Zuckerkrankheit
8. Bewegungsarmut.

Wenn der Vorsatz der Bundesregierung, »sich verstärkt um die wirksame Bekämpfung dieser Krankheiten«[340] zu bemühen, in die Tat umgesetzt werden sollte, würde sich das Problem der Abhängigkeit der Risikofaktoren von der Lebensweise in der Industriegesellschaft stellen. Zusätzlich müßte die wechselseitige Verbindung der einzelnen Risikofaktoren berücksichtigt werden; etwa: besondere psychische Belastungen erhöhen den Cholesterinspiegel und langfristig auch den Blutdruck. Personen, die besonderen psychischen Belastungen ausgesetzt sind, werden zum Zigarettenrauchen verführt und üben auch meist mit nicht sehr viel Bewegung verbundene Berufe aus, was die Neigung zum Übergewicht verstärkt usw.

Sieht man von einem relativ beschränkten Ausschnitt psychischer Belastungen ab, deren gesellschaftliche Ursachen nie zur Debatte standen (wie etwa Lärmbelastungen, denen sich der einzelne nicht entziehen kann), findet man in der offiziellen Argumentation jedoch eine bedenkliche Überbetonung der individuellen Verantwortung: »Die Gesundheitsvorsorge ist in erster Linie abhängig von der persönlichen Lebensführung jedes einzelnen ... Er muß aktiv seine täglichen Lebensgewohnheiten den natürlichen Lebensgesetzen anpassen und zudem seine Widerstandsfähigkeit und die natürlichen Abwehrorgane des Körpers durch Abhärtung, Übung und Konstitutionsverbesserung stärken.«[324] Diese individuelle Gesundheitsvorsorge könnte (so der Bericht) durch öffentliche Maßnahmen, höchstens in Form von Aufklärungskampagnen oder Vorsorgeuntersuchungen, unterstützt werden.

Die Privatisierung der Prophylaxe für Zivilisationskrankheiten ergänzt die Förderung der Verhaltenszwänge, die zu ihrer Entstehung führen. Die Epidemiologie der Herz-, Kreislauf- und Gefäßkrankheiten läßt recht gut die Übereinstimmung zwischen Krankheitsursachen und gesellschaftlich geförderten oder geforderten Verhaltensweisen im Beruf wie in der Freizeit erkennen. Zwar können individuelle Verantwortung ebenso wie eine bestimmte Disposition als Gründe nicht ausgeschlossen werden, doch verstößt die vollständige Privatisierung der Verantwortung nicht nur gegen die Gesetze der intellektuellen Redlichkeit, sondern entspricht auch nicht mehr dem Stand der medizinischen Erkenntnis.

Die Zusammenhänge zwischen Lebensweise und Gesundheitszustand deuten sich in einer Studie über eine kleine Gemeinde italienischer Einwanderer in den USA an. Trotz begrenzter wissenschaftlicher Allgemeingültigkeit zeigt dieser Fall eine sehr deutliche (und anderswo bestätigte) Verbindung von Gesundheitszustand und wirtschaftlicher und gesellschaftlicher Entwicklung, in diesem Fall Anpassung an ein vorgefundenes System[325].

Die Vorfahren der 1600 Einwohner der pennsylvanischen Gemeinde Roseto waren vor der Jahrhundertwende aus Apulien eingewandert. Aus ihrer Heimat hatten sie die bisherigen Lebensgewohnheiten mitgebracht und bis in die 60er Jahre durch starke Gruppenbindung gegenüber äußeren zentrifugalen Kräften abgeschirmt. Obwohl ihre Ernährung vom medizinischen Standpunkt unvernünftig war (sie bestand aus üppigen, fettreichen Mahlzeiten), betrug der Anteil der arteriosklerotischen Herzerkrankungen nur ein Drittel des US-Durchschnitts. Die Lebenserwartung dieser Gruppe lag deutlich über der ihrer amerikanischen Mitbürger. Zehn Jahre später hatten sich die Lebensgewohnheiten der Einwohner Rosetos denen in den USA angeglichen. Die starke Gruppenbildung löste sich, Statusdenken und Konkurrenzkampf wurden zu wichtigen Motiven des Sozialverhaltens. Die Zahl der Menschen, die in der Umgebung Büroarbeiten annahm, wuchs ebenso wie die der Berufspendler. In zwölf Jahren hatte sich das Einkommen fast verdoppelt. Im gleichen Zeitraum glich sich jedoch nicht nur der Lebensstandard an den amerikanischen Durchschnitt an, sondern auch der »Krankheitsstandard«: Herz- und Kreislaufkrankheiten nahmen rasch zu.

Auf ähnliche Zusammenhänge weist eine gründliche epidemiologische Studie, die 3100 Bewohner eines nordamerikanischen Distrikts, Evans County, umfaßte, darunter alle Personen über 40 und die Hälfte der 15- bis 39jährigen[179]. Hier waren die Verbindungen zwischen der Anfälligkeit gegenüber koronaren Erkrankungen und sozialem Status besonders deutlich: Individuen, die arm und physisch aktiv waren, konnten mehr tierische Fette essen, einen höheren Cholesterinspiegel und Blutdruck vertragen, ohne das gleiche koronare Risiko einzugehen als Vergleichspersonen aus den oberen Teilen der sozialen Hierarchie. Das zeigt: Obwohl Ernährung eine wichtige Rolle bei der Entstehung koronarer Schäden spielt, ist der von der sozialen Rolle geprägte Lebensstil der primäre und entscheidende Faktor bei der Entstehung dieser Schäden. Eine im Rahmen der individuellen Verantwortung »vernünftige« Lebensweise – wie gesunde Ernährung, wenig Alkohol und Nikotin, Ausgleichssport – vermag zwar das Risiko gefährdeter Personen zu verringern, jedoch nicht – und das ist das Ergebnis der erwähnten Untersuchung – in dem Maß, wie sie durch ihre soziale Rolle betroffen sind[326].

Das bestätigt eine zweite Untersuchung im gleichen Distrikt, die von 1967 bis 69 durchgeführt wurde. Waren in der ersten Untersuchung 1960 bis 62 vor allem Mitglieder der oberen Schichten gefährdet, hatten in der zweiten die der unteren Schichten gleichgezogen. Dieses auch in anderen epidemiologischen Analysen bestätigte Ergebnis weist auf die Veränderung der Beschäftigung und der Lebensgewohnheiten hin, die mit der Veränderung des täglichen Lebens durch zivilisatorischen Fortschritt einhergehen. In dies Bild paßt auch, daß Farbige und weiße Farmarbeiter, deren schlechte soziale Lage sich im Vergleichszeitraum in Evans County nur wenig veränderte, weiterhin von koronaren Schäden befreit blieben[179, 326].

Zwei amerikanische Kardiologen zeigten 1968, daß die Disposition eines Menschen für einen Herzanfall von programmierten Verhaltensmustern abhängt. Sie unterschieden zwei Typen von Menschen, A und B, von denen A als aggressiv aktiv, wettbewerbs- und leistungsorientiert, dem Idealtyp entspricht, dem die Industriegesellschaft gute Aufstiegschancen einräumt, im Gegensatz zu dem gleichgültigeren, wenig aktiven und nicht leistungsorientierten Typ B. Individuen der ersten Gruppe waren sechsmal mehr Herzanfällen unterworfen als solche der zweiten. Die Herzkranzgefäße von Toten der ersten Gruppe zeigten wesentlich stärkere Degenerationserscheinungen als die der zweiten[327].

Die Schäden werden durch den Widerspruch häufiger und sich über Jahre oder Jahrzehnte hinstreckender vegetativ ausgelöster, physiologischer Mobilisierungen des Organismus zu erhöhter körperlicher Aktivität und der gesellschaftlich bedingten Unmöglichkeit der Abreaktion verursacht. Ausgangspunkt der vegetativen Reaktion ist der durch Informationen aus anderen Bereichen des Zentralnervensystems alarmierte Hypothalamus. Ich zeigte bereits, wie zwei prinzipiell verschiedene Klassen von Umweltveränderungen derartige Reaktionen einleiten können:

1. Durch die abrupte Veränderung eines monotonen Informationspegels, etwa durch einen Knall, eine unvermutete Berührung, einen Schatten etc. erfolgt unabhängig von der Kontrolle durch das Bewußtsein die Einschaltung des Hypothalamus und über diesen die Vorbereitung des Körpers zur Flucht oder zum Angriff.

2. Eine andere Gruppe von vegetativen Reaktionen hat ihren Ausgangspunkt im Bewußtsein. Ein Konflikt zwischen den im Frontalhirn gespeicherten gesellschaftlichen Normen und Wertvorstellungen mit den individuellen momentanen Erfordernissen des

Handelns wird an das Hypothalamus signalisiert und leitet dort eine der ersten prinzipiell gleichartige Mobilisierung ein. In diese Gruppe von Reaktionen fallen also alle Entscheidungskonflikte zwischen objektiven Anforderungen und subjektiven Erfüllungsmöglichkeiten, dem Anspruch der Gesellschaft an das Individuum und seiner Unfähigkeit bzw. seinen Schwierigkeiten, diesen Anforderungen zu genügen. Das Spektrum reicht vom Erröten beim Verletzen geringfügiger Tabus bis zu dem anhaltenden Streß, den die Unfähigkeit hervorruft, den Anforderungen des Berufs, den Ansprüchen der Familie oder des Sozialstatus nachzukommen. Die Konflikte dieser zweiten Gruppe entstehen also nicht aus einer ursprünglichen biologischen Unverträglichkeit zwischen menschlicher Natur und Kultur. Vielmehr werden sie durch einen Widerspruch hervorgerufen: zwischen dem erst nach der Geburt in das Individuum gebrachten Katalog gesellschaftlicher Bedeutungszusammenhänge, Wertvorstellungen, Verhaltenszwänge etc. und der biologischen Fähigkeit des Individuums, sich den auferzwungenen Bedingungen konfliktfrei zu unterwerfen. Die Ursachen liegen im gesellschaftlichen Bereich und bedienen sich nur des biologischen Apparats in festgelegter und fataler Weise.

Von den Protagonisten der industriellen Leistungsgesellschaft wird immer wieder ein der menschlichen Art eigener Leistungswille unterstellt, der das Unvermögen oder die Weigerung, gesellschaftlich geforderte Leistung zu erbringen, als widernatürlich erscheinen läßt. Dieser Leistungswille liegt jedoch weniger in einem Trieb als vielmehr in dem Bestreben der Mehrzahl der Individuen, die Leistungsnormen der Gesellschaft als das oberste Gebot auch dann noch anzuerkennen, wenn sich die Folgen gegen sie selbst richten. Wäre *dem* Menschen ein biologischer Leistungswille in Form der unserem System aufgepfropften Leistungsnormen angeboren, müßten sich vergleichbare Manifestationen von Leistungszwang und Krankheit in allen menschlichen Gesellschaften finden lassen. Das aber ist, wie ein nur oberflächlicher Blick in die Epidemiologie koronarer Erkrankungen, in die ethnologische Literatur und in die eigene Geschichte zeigt, nicht der Fall.

Vielmehr wird die Leistungsnorm der Gesellschaft von den Gesetzen der Kapitalverwertung gesetzt. In dem Maß wie die – menschlicher Selbstbestimmung gegenüber – autonome Entwicklung nicht nur an den psychologischen und physiologischen Gegebenheiten des Menschen vorbeiläuft, sondern sich gegen sie richtet, werden sich die beschriebenen Schäden weiter verbreiten. Der Widerspruch zwischen dem gesellschaftlich Geforderten und dem individuell Möglichen vertieft sich damit. Die Folge ist Leistungsangst[328]. Aus diesem Widerspruch resultiert der Wunsch nach Entlastung, Aufschub und Flucht, auf den sich florierende Industrien spezialisiert haben. Von Psychopharmaka, Alkohol, bis zur Flucht in die illusionäre Welt der Unterhaltung bietet das System alles, was die Realität zu verdrängen hilft – nur eben nicht die Möglichkeit ihrer Bewältigung.

2. Zukunft

Lebensqualität und Produktionsweise

»Nicht was der Mensch gebrauchen oder gar verbrauchen kann, steht zur Diskussion, sondern was er braucht, um seine menschlichen Möglichkeiten zu realisieren. Wenn es um die Bedürfnisse des Menschen geht, sind Ökonomen, Psychologen, Soziologen, aber auch Philosophen und Theologen aufgefordert (man beachte die Reihenfolge und auch die Funktion des ›aber‹ J. H.) . . . Wir brauchen eine solche Wissenschaft der menschlichen Bedürfnisse.« (Erhard Eppler)[329].

Sieht man von dem grundlegenden Wert der bürgerlichen Welt ab, daß das Individuum Eigentümer seiner selbst sei, entdeckt man in der bürgerlichen Vernunft des hypothetischen Urzustandes keinen weiteren positiven Wert. Bei Hobbes zeigt sich deutlicher als bei anderen Theoretikern des Kapitalismus, daß alle anderen Begrenzungen eines Universums unendlicher Möglichkeiten – die Wertsetzungen darstellen oder einschließen – nichts anderes sind als Hilfskonstruktionen. Diese sollen vermeiden, daß das Individuum in den Strudel der ungehemmten Selbstverwirklichung aller anderen Individuen hineingerissen wird. Die Mehrzahl der Werte ist nur negativ bestimmt. Das zeigt sich deutlich an allen sozialen Werten, die nichts anderes sollen, als den Freiheitsraum zu garantieren, innerhalb dessen der Eigennutz optimiert werden kann. Die Gesetze und Verpflichtungen (mit Ausnahme des Besitzrechtes) legitimieren sich nur, indem sie das Chaos vermeiden helfen, von dem auch das Besitzrecht getroffen würde.

Das Mißverhältnis findet sich auch noch in einer Welt, die einen für die frühen Kapitalisten unvorstellbaren »Reichtum der Nationen« hervorbringt und die aus den Bedingungen, unter denen dieser Reichtum produziert wird, das Ziel einer gerechteren Verteilung ableitet.

Heute erscheint es geboten, neben dem traditionellen Wertekatalog der Sozialpolitik (soziale Sicherheit, Vollbeschäftigung, höhere Löhne, Arbeitszeitverkürzung) einen grundsätzlich neuen Wert (wenn er auch die bisherigen teilweise überlappt) einzuführen: die »Lebensqualität«. Neu ist am Begriff weniger das soziale Element. Auch frühere Reformvorstellungen orientierten sich an der Qualität des Lebens einzelner Bevölkerungsgruppen. Vielmehr ist die Erkenntnis neu, daß zur Steigerung des Sozialprodukts (als Voraussetzung der Kompensation sozialer Ungleichheit) Bedingungen eingegangen werden müssen, die nicht wünschenswert sind, da sie die Lebensbedingungen breitester Bevölkerungsschichten beeinträchtigen. Es wird unterstellt, daß eine Sättigung des Bedarfs überschritten sei, ab der es nicht mehr nur um größeres und besser verteiltes Sozialprodukt, sondern auch um die Bedingungen seiner Steigerung ginge.

Doch steckt auch im neuen Wert der »Lebensqualität« noch die gesamte Hinterlassenschaft der bürgerlichen Vernunft. »Lebensqualität« adaptiert sie nur auf die Verhältnisse der »Überflußgesellschaft«. Daß »Lebensqualität« nichts anderes ist als eine politische Leerformel, die sich nahtlos in den Rahmen des bisherigen Wertsystems einfügt, zeigt die mit großem rhetorischem Aufwand geführte Debatte. Auch »Lebensqualität« ist ein negativ bestimmter Wert, der dazu dienen soll, die soziale Explosion und die ökologische Implosion vermeiden zu helfen und damit die Kontiniutät der bisherigen Ordnung zu sichern.

So bekennt der hierzulande bekannteste Protagonist der Formel, daß Lebensqualität »vorläufig nur negativ«[330] bestimmbar sei, und »was eine höhere Lebensqualität ist, nicht von wenigen Wissenden dekretiert werden kann«, sondern in »einer möglichst breiten Diskussion ein Höchstmaß an Konsensus zu erreichen« sei. Dieses wäre nur »in demokratischer Mehrheitsbildung zu entscheiden« oder müsse, wo das nicht möglich sei, »der individuellen Entscheidung« überlassen sein.

Es kennzeichnet das Problem, daß unter den gültigen gesellschaftlichen Prämissen diese Rhetorik der Demokratisierung der Vorstellung von Lebensqualität im leeren Raum schwebt: Ein Jahr später, nachdem wenig mehr Öffentlichkeit als die Popularisierung der Leerformel perfekten politischen Opportunismus zustande gekommen ist, meldet der Minister Eppler: »Verschiedene Gruppen von Wissenschaftlern bemühen sich um die Quantifizierung (der Lebensqualität) durch Kennziffern«.[330]

In der »wissenschaftlichen« Bewertung von »Lebensqualität«, die erstens im Vakuum der völlig unzureichenden Kenntnisse über die Folgen der bestehenden und zukünftigen Produktionstechniken stattfinden muß, zweitens dann dem immer noch prinzipiellen

Problem der Rangordnung objektivierbarer und nichtobjektivierbarer Werte gegenübersteht, kann weder die Diskussion noch die Entscheidung an jedem einzelnen Mitglied der Gesellschaft vorbeigeführt werden, ohne auf jegliche demokratische Legitimation zu verzichten. Das Problem von Werten, die gegen Zahlen stehen, aber nicht, ohne ihren eigentlichen Charakter zu verlieren, quantifizierbar sind, kann nur subjektiv, nicht objektiv, nur demokratisch und nicht durch Delegation entschieden werden. Welchen objektiven Stellenwert würde man der schöpferischen Produktivität in der Arbeit, welchen der Gleichwertigkeit der Individuen nicht nur vor dem Gesetz, sondern auch im Alltag der Produktion, Konsumption und der Entscheidungsbefugnisse zuordnen, welchen der organischen oder psychischen Gesundheit – wenn sie auf die Notwendigkeit von Produktionen treffen, die die Zerstörung dieser Werte fordern.

Der objektive Stellenwert dieser Werte ist beliebig. Man kann sich zu ihnen als höchsten Werten bekennen, aber in Praxis so verfahren, als existierten sie nicht. Zu Recht wurde darauf hingewiesen, daß die negativen Folgen des industriellen Kapitalismus erst ins Bewußtsein der Öffentlichkeit gelangten, als auch das Bürgertum von ihnen erreicht wurde (nicht aber in der Anfangsphase, in der die Arbeitsbedingungen und die hygienischen Verhältnisse für die Arbeiterklasse um Größenordnungen katastrophaler waren) und sich in den bürgerliche Werte reflektierenden Begriffen »Umweltschutz« und »Lebensqualität« niederschlugen. In diesem Kontext hatten sie nichts anderes zu bedeuten, als die Beseitigung häßlicher Symptome zu bezeichnen, ohne daß die tieferen Ursachen der Zerfallssymptome je zur Debatte gestanden hätten.

So muß auch der Versuch, die Entwicklung durch »technology assessment« (TA) in Regie zu nehmen, auf den Spielraum der systemabhängigen wirtschaftlichen Reproduktionsfähigkeit beschränkt bleiben. Nicht umsonst muß im TA dem »Verfahren, in dem die sozialen, wirtschaftlichen, politischen und umweltbezogenen Auswirkungen sekundärer oder höherer Ordnung einer gegenwärtigen oder zukünftigen Technologie untersucht werden[331]«, zwischen harten (ökonomischen) und weichen Daten (Werten) unterschieden werden. Wie bereits die Begriffe vermuten lassen, können die weichen jederzeit den durch die harten Daten gegebenen Erfordernissen angepaßt werden.

Die Gefahr der Versachlichung von Werten wird bereits deutlich aus der systemanalytischen Diktion, die den Standort der Betrachtung und die Rangordnung der Werte offenbart: Jenseits der objektiven Notwendigkeit, die Folgen zu überdenken, bevor Technologien im großen Umfang kommerziell genutzt werden, demaskiert sich die vermeintliche Objektivität des Wertsystems bereits über Sprache. Wenn man etwa die Folgen der zukünftigen Energieproduktion in bezug auf »Atmosphäre, Hydrosphäre, Ökosphäre und *Soziosphäre*«[245] bedenken will, sollte diese Sprache nicht nur dem Philologen kalte Schauer über den Rücken jagen. Sie zeigt die Verdinglichung der Subjekte des »Fortschritts«: der Menschen. Subjekt der Entwicklung ist das Ding, hier die Energie, aus deren Perspektive die einzelnen »-sphären« reflektiert werden, mit zunehmender (auch sprachlicher) Gewaltanwendung von der »Atmosphäre« bis zur »Soziosphäre«.

Auf ein grundsätzlicheres, prinzipielles Problem der Produktion scheinbar objektiver Entscheidungsverfahren über Systemanalyse hat H. Klump hingewiesen. Sein Bericht über vier, vom Bundeswissenschaftsministerium bei namhaften Forschungsinstituten in Auftrag gegebene Studien, die die Verbindlichkeit unterschiedlicher Verfahren im Bereich forschungspolitischer Prioritätensetzung prüfen sollten, weist auf die mögliche Pseudowissenschaftlichkeit der Ergebnisse. Diese wird durch die intuitive Wertung einzelner, nicht objektivierbarer Kriterien eingeführt (weil es sich entweder um Approximationen zukünftiger Entwicklungen bzw. wissenschaftlich noch ungesicherter gegenwärtiger Zusammenhänge handelt oder aber um prinzipiell nicht objektivierbare Faktoren, etwa des sozialen Bereichs). Die Pseudowissenschaftlichkeit versteckt sich im »wissenschaftlich« auftretenden Ergebnis hinter einem Labyrinth von Formeln und Strukturen: »Eine Handlungsweise, die sich an wissenschaftlicher Rationalität orientieren will, wird erschwert, indem die tatsächliche Problematik des mangelnden theoretischen Wissens über zukünftige Entwicklungen und die Auswirkungen der verschiedenen Maßnahmen von einem Großaufwand an Formeln und Rechenoperationen verdeckt wird. Man kann dies, wie die Prognos-Studie, eine Pseudopräzisierung nennen. Weitgehend unsichere und spekulative Informationen erfahren durch die Einbringung in einen Formelapparat, der die Sprache exakter Wissenschaft spricht, eine Transformation zu wissenschaftlicher Dignität, die ihre Entstehung in Vergessenheit geraten läßt.«[332]

Ein weiteres Problem des Versuchs, Entscheidungsverfahren zu objektivieren, liegt gerade in der angeblichen Vernünftigkeit dieses Ansatzes. Da in der Regel nicht vergleichbare Größen miteinander verglichen werden müssen, ist Umrechnung erforderlich. Als Recheneinheit dient die fundamentale Größe, der universelle Wert unserer Gesellschaft, die Währungseinheit. Über sie ist es nicht nur möglich, Äpfel mit Toten des Straßenverkehrs zu vergleichen, sondern auch jeden Wert zu einer anonymen Größe zu machen. Er muß nur umgerechnet und damit auf das semantische Feld der gesellschaftlich akzeptierten Größen bezogen sein und hat schon aufgehört als Wert zu existieren. Diejenigen, die sich so sehr gegen Abtreibung und für den Schutz des Lebens einsetzen, nehmen als selbstverständlich die zigtausend Toten hin, die die sachliche Ka-gehört, als Wert zu existieren. Diejenigen, die sich so sehr gegen erwiesen.

Die Einbettung von Werten in das gesellschaftlich akzeptierte System der Marktbeziehungen löst diese Werte auf. Sie werden versachlicht, werden zur Ware und sind wie diese den Marktschwankungen unterworfen. Das gilt auch dann noch, wenn sich der Markt in eine Richtung entwickelt, die den ursprünglichen Prämissen, unter denen diese Werte eingebettet wurden, nicht mehr entspricht. Das trifft mit Sicherheit für alle Allusionen zu, die man als Illusionen der »Lebensqualität« verkaufen wollte. Die angebliche Mengenkrise für Erdöl zeigte das um die Jahreswende 1973/74 deutlich. Unter dem Aspekt der Krisensolidarität wurden Restriktionen der »Lebensqualität« akzeptiert, die noch einen Monat früher die Putschdrohung der betroffenen Industrien und Verbände nach sich gezogen hätte. Doch wo Knappheit nicht ein Hirngespinst bürgerlicher Futurologen ist, sondern wirtschaftliche Realität, nimmt man das Sinken der »Lebensqualität« in Kauf. Mit der Prosperität des Systems, die eine Funktion der Kapitalverwertung ist, verändert sich auch die Lebensqualität. Das erscheint nur zu selbstverständlich. Da die Reibungslosigkeit der Kapitalverwertung in Zukunft immer stärker gefährdet sein wird, muß es im Rahmen des Systems in gleichem Maße darum gehen, zunächst das System zu erhalten. Daher wird man in Zukunft das wirtschaftliche und gesellschaftliche Ziel darin sehen, daß Lebensqualität nicht zu schnell sinkt.

Nicht, daß das Problem ein spezifisch kapitalistisches wäre. Vergleicht man die Wirtschafts- und Gesellschaftssysteme des kommunistischen Blocks, mit Ausnahme Chinas, so werden dort, unter antikapitalistischen Bedingungen die der kapitalistischen Produktionsweise charakteristischen Symptome gesellschaftlicher Zerstörung und wirtschaftlichen Verfalls sichtbar. Man kann sogar so weit gehen, zu vermuten, ein Teil der wirtschaftlichen Rückständigkeit dieser Länder sei darauf zurückzuführen, daß sie in etwas geringerem Maß als die kapitalistischen bereit waren, ihre grundlegenden Werte des Kollektiveigentums an Produktionsmitteln und der Planwirtschaft dem Prinzip wirtschaftlicher Opportunität zu unterwerfen.

Die Geschichte der Industrialisierung der UdSSR und der Zwang zur raschen industriellen Entwicklung (die nichts anderes war als die forcierte Akkumulation von Kapital, das statt von Privatleuten von der Staatsbürokratie »besessen« und verwaltet wurde), entmenschlichte eine ursprünglich humane Gesellschaftskonzeption zusehends. Daß es ausgerechnet Linke sind, die darin einen Verrat der kommunistischen Ideale sehen, die Entartung also als Phänomen des Überbaus interpretieren, darf nur bei oberflächlicher Betrachtung verwundern. Es ist die logische Folge ihrer idealistischen Fehleinschätzung der gesellschaftlichen Konsequenzen industrieller Expansion. Sie hoffen noch bis zum Jüngsten Tag auf die schnelle Verwirklichung des wirtschaftlichen Paradieses auf Erden, die kommunistische Verkündigung des Schlaraffenlandes, die möglich sei, sofern die richtigen gesellschaftlichen Voraussetzungen erfüllt seien. Dabei verkennen sie, daß die wirtschaftlichen Mittel, die sie anzuwenden gezwungen wären, das Ziel bestimmen würden. Insofern unterscheiden sie sich von Apologeten des industriellen Kapitalismus ausgerechnet durch ihren größeren »Idealismus«, ihre Weltfremdheit.

Die Steigerung ökonomischer Effizienz über die Industrialisierung von Gesellschaften ist, wenn man sie auf ihre konkrete politische und gesellschaftliche Realität in sozialistischen wie in kapitalistischen Staaten und nicht auf unbestätigte Theorien hin analysiert, zu einem großen Teil Selbstverwirklichung des ökonomischen Prinzips und erst sekundär zu gesellschaftlichem Nutzen. Marx führte das auf den Widerspruch der kapitalistischen Produktionsweise, von gesellschaftlicher Erarbeitung und privater Aneignung des Mehrwerts zurück. So richtig diese Analyse war und noch ist, garantiert die Kollektivierung des Mehrwerts über dessen Überweisung an den Staat als Repräsentanten der Gesellschaft noch nicht die Auflösung des Widerspruchs. Denn in hochentwickelten expansiven Industriestaaten, und darin liegt die Voraussetzung ihrer hohen Entwicklungsstufe, muß auch der Staat darauf bedacht sein, das Prinzip der Maximierung industrieller Effizienz halbwegs zu wahren. Insofern ergibt sich die – für Fortschrittsgläubige alter Schule widersinnig erscheinende – Forderung, daß ab einer gewissen wirtschaftlichen Entwicklungsstufe die Zerstörung des Führungsanspruchs des industriellen Grundprinzips der fortwährenden Kapitalakkumulation geradezu Voraussetzung einer weiteren wirtschaftlichen und gesellschaftlichen Entwicklung sein muß.

Der Widerspruch zwischen wirtschaftlichem und gesellschaftlichem Anspruch ist sicher einer der Gründe dafür, daß autonome kommunistische Revolutionen (im Gegensatz zur marxistischen Theorie) bisher nur in feudalistischen Agrargesellschaften und nicht in kapitalistischen Industriestaaten stattfanden. Während sie den wenig entwickelten Agrargesellschaften die Vorteile rascher Industrialisierung bringen konnten, indem sie die gesellschaftlichen Strukturen beseitigten, die das verhinderten, hatte der Sozialismus den entwickelten Industriestaaten bisher nichts Neues zu bieten. Auf dem gegenwärtigen Entwicklungsstand selbst der fortschrittlichsten Industriegesellschaften sind, wie die gesellschaftliche Praxis auch sozialistischer Staaten zeigt, kapitalistische Produktionsverhältnisse nicht beseitigt. Das bedeutet, daß eine zukünftige Gesellschaftsordnung nicht nur die Widersprüche des Kapitalismus, sondern auch des »Industrialismus« überwinden muß.

Voraussetzungen der Veränderung

Die Symptome und das Krisenbewußtsein

Bereits in früheren Jahren erfuhr man hierzulande über Hungersnot und Seuchen in Ländern, die hinreichend entfernt waren, um die Notiz auf der siebten Seite der Tageszeitung zu verstecken. Zwar spielen sich die Katastrophen noch immer weit genug entfernt von Mitteleuropa ab; unser scheinbar größeres Bewußtsein für die Probleme der anderen ist zum großen Teil darauf zurückzuführen, daß uns sekundäre Wirkungen zu erreichen beginnen. Im Gegensatz zu früher sind diese Wirkungen sehr konkret (etwa über Preissteigerungen) spürbar, wenn auch der innere Zusammenhang nur unbewußt »verstanden« wird. Die Katastrophe wird noch als naturgegeben erklärt, allenfalls mit der zivilisatorischen Primitivität der Inder, Äthiopier oder Bengalen in Verbindung gebracht. Schuld sind die heiligen Kühe, die Bevölkerungsexplosion, Korruption einheimischer Eliten und schlicht Faulheit. Von unbewußten Schuldgefühlen kauft man sich durch Mitleid und Spenden frei und verurteilt im gleichen Atemzug Versuche der Exportländer für Rohstoffe (von denen ein großer Teil Entwicklungsländer sind), die bisher einseitig diktierten Austauschverhältnisse zu verändern.

Konsequenterweise erscheint aus dieser Sicht die seit Anfang der 70er Jahre beachtliche Häufung von Krisensymptomen als naturgegeben, zufällig oder aus der Willkür der Entscheidung von unfähigen oder korrupten Personen entstanden. Als typisch sei ein Ausschnitt eines Zeitungsartikels zitiert, dessen Autor zwar die apokalyptische Häufung von Krisensymptomen aufzudecken versucht, indem er Ursachen erklärt, aber, indem er den Zufall verantwortlich macht, das Gefühl menschlicher Hilflosigkeit und damit erst recht Katastrophenangst erzeugt: »Große sowjetische Käufe fegten den Weizenmarkt leer, weil die Sowjetunion 1972 eine Mißernte gehabt hatte. Ein knappes Viertel seiner eigenen Weizenernte kaufte China im Westen zusammen. Auch im weiteren Verlauf des Jahres trat dieses große Land als ständiger Käufer von Brot und Futtergetreide auf. Das Ausbleiben der großen Anchovis-Schwärme vor der peruanischen Küste ließ die Fischmehlproduktion stocken, so daß sich die Käufer auf andere Eiweißträger wie Sojamehl stürzten. Verschlimmert wurde die Situation durch das vorübergehende amerikanische Exportembargo für Sojaerzeugnisse, weil die Regierung einen Ausverkauf und noch höhere Inlandspreise für Futtermittel befürchtete. Ein Produktionsdefizit und ungünstige Witterung in Westafrika führten am Kakaomarkt zu einem zusätzlichen Preisauftrieb. Politisch bedingte Umstände hielten das Angebot an Zucker (Kuba) und an Kupfer (Chile) knapper als eigentlich nötig. Künstlich knapp wurde auch der Kaffeemarkt gehalten, weil sich die wichtigsten Erzeugerländer zu einem Exportkartell etabliert hatten.«

Als weitere natürliche Gründe für die Steigerung des Rohstoffindex um 76 Prozent innerhalb nur eines Jahres (Zink 370 Prozent, Kautschuk 155 Prozent, Baumwolle 135 Prozent, Weizen 118 Prozent, Kupfer 140 Prozent, Zinn 80 Prozent, Blei 100 Prozent, Erdöl- und Derivate 77 Prozent, Nahrungs- und Futtermittel 64 Prozent) führt der Autor des Artikels an: Ölboykott, welt-

weite Hochkonjunktur, Knappheitspsychose, schlechte Aktien-
märkte und unsichere Währungssituation lenkten Gelder in Warenspekulation, Zwangskäufe von Baissespekulanten, die sich ver-
kalkuliert hatten und sich zu steigenden Preisen eindecken mußten[333].

Bis zur Jahresmitte 1973 waren die Nahrungsmittelvorräte auf
der ganzen Welt auf den seit 20 Jahren niedrigsten Stand gesunken und die Lage nach den Worten des FAO-Generalsekretärs
Boerma »schwieriger, als zu irgendeiner Zeit seit den Jahren, die
auf die Verwüstungen des zweiten Weltkriegs folgten.«[334] Gleichzeitig ist jedoch eine seit dem zweiten Weltkrieg um durchschnittlich 50 Prozent, in den am meisten bedrohten Ländern um mehr
vergrößerte Bevölkerung zu ernähren.

Den inneren Zusammenhang, die Schwierigkeiten die Krisenerscheinungen zu überwinden, und die Systemabhängigkeit der Lösungsmöglichkeiten, scheint in den kapitalistischen Industrieländern
als erstes bedeutendes Subsystem die Spekulation verstanden zu
haben. Völlig unabhängig von konjunkturbedingten kurz- und mit-
telfristigen Schwankungen ist in den wichtigsten westlichen Industrieländern (mit Ausnahme Japans) der langfristige Trend an den
Aktienmärkten seit Jahren nach unten gerichtet. Wenn beispielsweise in den USA über mehrere Jahre eines anhaltenden konjunk-
turellen Aufschwungs (1970 bis 1973) und starker Inflationstendenzen (die zur Anlage in Produktionsvermögen verleiten müßten, da
Unternehmen ihre Preise »anpassen« können) die über Invest-
mentgesellschaften angelegten Mittel einer großen Zahl kleiner und
mittlerer Anleger sich fast ständig verringerten, zeigt das einen
beachtlichen Pessimismus des Bürgertums. Gleichzeitig floß ein
großer Teil der »heißen« Gelder im sicheren Bewußtsein der
»Endlichkeit« der Ressourcen in die Warenspekulation und machte dort glänzende Gewinne. Der konservativere und langfristiger
denkende bürgerliche Teil der Spekulation dagegen stieg um in
den »kleinen transportablen Sachwert«, Diamanten und Gold,
und »lag« damit ebenso gut.

Die Symptome der wirtschaftlichen Desintegration am Beispiel der
»Ölkrise«

Zunächst hat man die Krise als willkürliche Entscheidung sogenannter Ölscheichs verstanden. Und noch immer gibt es Experten,

die eine Lösung darin sehen, daß in ein paar Jahren die Interessen-
allianz der OPEC-Länder auseinanderbricht. Wie wenig willkürlich die OPEC-Beschlüsse sind, sondern die logische Folge einer
von den Industrieländern bewußt herbeigeführten Abhängigkeit,
mögen folgende Daten zeigen. Der Leiter der Abteilung Energiewirtschaft im Bundesministerium für Wirtschaft gab an, daß das
kurz vor der »Ölkrise« veröffentlichte Energieprogramm der Bundesregierung vorgesehen habe, den bis 1985 weiter stark zunehmenden (zu fast 100 Prozent importierten) Ölkonsum von 54 Prozent
auf 50 Prozent am gesamten Energieverbrauch zu verringern[335](!).

1. Umverteilung wirtschaftlicher Macht

Nach Angaben des Leiters des »Energiewirtschaftlichen Instituts«
an der Universität Köln, H. K. Schneider, werden die Einnahmen
der OPEC-Länder *nur* gegenüber den westlichen Industrieländern
1974 auf 65 bis 70 Milliarden Dollar ansteigen. Dieser Überschuß
müßte durch Exporte der Verbraucherländer in gleicher Höhe.
kompensiert werden. Das würde bedeuten, daß etwa 2 bis 3 Prozent des Sozialprodukts der Verbraucherländer nur zum Ausgleich
der Handelsbilanzbelastungen gegenüber den OPEC-Ländern mobilisiert werden müßten. Dieser gering erscheinende Prozentsatz
stelle eine immense Belastung der Volkswirtschaften der Industrieländer dar, gegenüber denen sich andere Belastungen, etwa durch
innere Reformen, gering ausnähmen[336].
Eine theoretische Lösung des immensen Zahlungsbilanzproblems
der Ölimportländer wäre die Rücküberweisung des von den Ex-
portländern in Form von Investitionen und Konsum im eigenen
Lande *nicht* absorbierbaren Teils ihrer Exporterlöse. Einer der
führenden Experten, Walter James Levy, schätzt die Einnahmen
der Produzentenländer aus dem Erdölexport für 1974 insgesamt
auf 89 Mrd. Dollar. Von dieser Summe sei nur (!) etwa die Hälfte
in den Produzentenländern sinnvoll auszugeben (und gelangt im
Tausch gegen Rüstungs-Investitions- und Konsumgüter zum größeren Teil wieder in die Ölimportländer). Es bliebe eine Summe an
»Überflußgeldern« von 42 Mrd. Dollar, die die Exportländer zum
geringsten Teil wohl den Entwicklungsländern zugute kommen
lassen, zum größeren Teil aber in den westlichen Industrieländern
in Form von Bankdepositen, kurzfristigen Anleihen, langfristigen
Investitionen anlegen würden[336a].

Im Vergleich zu diesem jährlich neu anfallenden Geldüberschuß von 42 Milliarden Dollar (zu denen sich Zinsen und andere Einkünfte von Kapitalinvestitionen noch addierten) nähmen sich die über Jahrzehnte angesammelten Direktinvestitionen amerikanischer Gesellschaften im Ausland mit 91 Milliarden Dollar und weiteren privaten, nicht flüssigen Investitionen von 51 Milliarden Dollar geradezu bescheiden aus[336a], obwohl sie in vielen Teilen der Welt den Eindruck eines Ausverkaufs an die Amerikaner vermittelten.

Die resultierende Umverteilung nicht nur wirtschaftlichen Wohlstands, sondern, indem ein jährlich wachsender Teil der Weltwirtschaftsressourcen sich in den Händen der Regierungen der Ölexportländern ansammelt, vor allem der wirtschaftlicher Macht dürfte langfristig politische und militärische Gefahren heraufbeschwören, gegenüber denen die sich heute abzeichnenden wirtschaftlichen Schwierigkeiten harmlos ausnehmen werden.

2. Auseinanderbrechen der internationalen Kooperation

Zur Verstärkung der wirtschaftlichen Probleme der kapitalistischen Industrieländer wird der Mechanismus der nationalen »Egoismen« beitragen. Aus einem wirtschaftlich und politisch heterogenen Wirtschaftsblock werden mit zunehmender Belastung der nationalen Handelsbilanzen zunächst die schwächeren Glieder herausgebrochen und einen internationalen Dumpingwettbewerb über Abwertungen, Exportsubventionen, Importrestriktionen etc. einleiten. Das Ziel des Zahlungsbilanzausgleichs kann dabei nur momentan und auf Kosten beschleunigter Inflation erreicht werden, da eine zunehmende Zahl von Ländern einbezogen und gezwungen wird, sich zu beteiligen. Das bedeutet, daß die internationalen wirtschaftlichen und politischen Institutionen gerade dann auseinanderbrechen, wenn Kooperation und Koordination der Maßnahmen am dringendsten wären[337].

Eine weitere Folge wird der Abbau der internationalen Arbeitsteilung sein, indem der freie Austausch von Waren über den Weltmarkt (wegen nationaler Zahlungsbilanzprobleme) eingeschränkt wird. Aktueller Anlaß dieser Störungen sind die Belastungen durch Preissteigerungen für Erdöl. Zukünftig werden andere dazukommen: Kompensationen für verringerte internationale Wettbewerbsfähigkeit nationaler Schlüsselindustrien, Ausgleich von Belastungen durch nationale Umweltschutzmaßnahmen, durch soziale Maßnahmen oder ganz einfach durch ungenügende Produktivität.

Zusammen werden diese Maßnahmen jedoch die nationalen Inflationstendenzen verschärfen und das reale Inlandeinkommen drastisch verringern. Sie haben zudem einen stark produktivitätssenkenden Effekt, da Güter nicht mehr dort bevorzugt hergestellt werden, wo es am günstigsten wäre; denn der internationale Handel ist unterbrochen. Angestrebt wird ja nationale Autarkie von Importen und Subvention von Exporten. Das behindert nicht nur technische und organisatorische Innovation, sondern führt auch über verkleinerte Märkte zu Kostensteigerungen.

3. Widerspruch zwischen Notwendigkeit und Möglichkeit internationaler Kontrolle

Bereits in der klassischen liberalen Theorie fällt es dem Staat zu, durch Kontrolle der partikularen Interessen für ein Minimum sozialer Verbindlichkeit der partikularen Interessen zu sorgen. Das setzt voraus, daß er sowohl über Informationen als auch über die Macht verfügt, nationale wirtschaftliche Aktivität zu überwachen. Die Geschichte der von 1970 bis etwa 1972 dauernden Rezession in den USA, die seit einigen Jahren regelmäßig das Weltwährungssystem erschütternden Krisen, die fatale und auf kurzsichtige Profitmaximierung bedachte Politik der Erdölkonzerne in der Energiekrise haben auf die besondere Macht der multinationalen Konzerne aufmerksam werden lassen. Deren wirtschaftliches Potential und ihre internationalen Verflechtungen und Verschiebemöglichkeiten lassen sie von jeder Kontrolle unabhängig sein. Die Währungskrisen und die Ölkrise sind nicht nur von den Konzernen mitverursacht und verschärft, sondern von ihnen zu einem wesentlichen Ausmaß erst ausgelöst worden. Einer Meldung der »International Herald Tribune« zufolge müssen auf dem Höhepunkt des israelisch-arabischen Kriegs im Herbst 1973 einige amerikanische Ölgesellschaften Daten über die Treibstoffversorgung amerikanischer Militäreinheiten an Saudi-Arabien weitergeleitet haben. Diese Daten seien dann mit Wissen der Ölgesellschaften dazu verwendet worden, die Treibstoffversorgung dieser Einheiten zu stören[338].

Eine kleine Zahl von Unternehmensleitungen ist heute in der Lage, sich nicht nur allen nationalen Kontrollmaßnahmen zu entziehen und den nationalen Interessen sich nahezu nach Belieben zu widersetzen, sondern auch die Wirtschaft ganzer Länder nach Gutdünken zu blockieren. Man erinnere sich der Versuche der großen Erdölkonzerne im Sommer 1973 (also schon vor den OPEC-Beschlüssen), die Energieversorgung großer Industriestaaten zu gefährden (USA und Italien), um eine ihren Interessen gemäße Energiepolitik zu erzwingen. Die große Ölkrise des Jahres 1973 hat dann anschließend nicht nur die totale Abhängigkeit der Volkswirtschaften aller Industriestaaten gezeigt, sondern auch die Abhängigkeit der staatlichen Kontroll- und Planungsorgane von den ihnen von weniger als einem Dutzend Erdölkonzernen zugeschobenen Daten. So war nicht nur Kontrolle unmöglich, sondern in der Bundesrepublik hatte man zeitweilig den Eindruck, als scheuten sich die Behörden, selbst die geringsten Möglichkeiten auszunutzen, um nicht die internationalen Konzerne (die den Markt nahezu nach Belieben manipulieren konnten) zu vergraulen.

Diesem Machtanstieg der internationalen Konzerne, die zu Verschiebezentralen von Kapital, Gütern und Gewinnen im weltweiten Maßstab geworden sind und die einzelne Nationen nach Belieben erpressen, indem sie sie gegen andere ausspielen, steht ein internationaler Kontroll- und Überwachungsapparat der Staaten gegenüber, der nicht nur bisher den Anforderungen nicht entsprechen konnte, sondern der unter den neuen Belastungen im Begriff ist, sich vollends zu desintegrieren.

Verallgemeinerung der äußeren Ursachen

Mit Sicherheit werden einige der gegenwärtigen Fiebersymptome, die noch Nachwirkungen einer weltweiten Hochkonjunktur in den Industrieländern sind, in nicht zu ferner Zeit verschwinden. Vielleicht werden sich die klimatischen Bedingungen in Sahel, in Rußland oder in Südasien und damit die Nahrungsversorgung temporär bessern. Auch mögen sich die Anchovis vor der Westküste Südamerikas wieder einstellen und über die Futtermittelpreise hierzulande auch die Fleischpreise stabilisieren. Es mag sein, daß die sich ankündigende weltweite Rezession den Preis einiger Buntmetalle sinken läßt und auch der Erdölpreis dann fällt, wenn die ersten Großverbraucher unter den Nationen zahlungsunfähig werden. Dennoch wäre es falsch, darin mehr als normale Schwankungen um einen langfristig eindeutigen Trend zu sehen.

Es wäre falsch, den Zusammenhang der Krisensymptome zu leugnen und für ihre Häufung den Zufall verantwortlich zu machen. Sie sind der vorläufige Höhepunkt einer Annäherung der wirtschaftlichen Expansion in den Industrieländern an eine Sicherheitsgrenze. Sie sind gleichermaßen Folge der sich vergrößernden Ungleichheit zwischen Industrie- und Entwicklungsländern. Es addieren sich die inneren Krisenerscheinungen, wie etwa die Zunahme der Zivilisationskrankheiten und -schäden. Die Sicherheitsgrenze, jenseits derer die eingebauten natürlichen, politischen und wirtschaftlichen Stabilisatoren zunehmend überfordert werden, ist nahe oder gar überschritten. Die Zukunftsprobleme lassen sich nicht mehr nur unter regionalen, nationalen oder auch kontinentalen Aspekten betrachten, sondern nur global. Auch wenn Schulden aus der Geschichte unberücksichtigt bleiben, zwingen der Abbau von Konfliktpotentialen, ökologische Verflechtungen, die Notwendigkeit des internationalen Austauschs von Waren und Rohstoffen immer mehr, globale Entwicklungstendenzen zu berücksichtigen:

1. Die wirtschaftliche Entwicklung für den größeren Teil der vorindustriellen Länder als Hoffnung, aber keinesfalls Garantie für das Ende von Elend und Bevölkerungsvermehrung wird nur mit weitaus umfassenderer Hilfe durch die Industrieländer möglich sein. Eine solche Entwicklung stößt jedoch auf zwei prinzipielle Hindernisse: den kurzsichtigen Egoismus der Industrieländer und, langfristig vielleicht noch grundlegender, den Wettbewerb um den beschränkten Wohlstand, den die Erde nur einem Teil von 3,5 oder 7 Milliarden oder mehr Menschen erlaubt. Wie sehr der Egoismus der Industrieländer eine Konkurrenz durch vorindustrielle Länder zu verhindern versucht (die nicht einmal den eigenen Wohlstand gefährdet und nur für einzelne Industriezweige verschärften Wettbewerb bedeutet), zeigt sich bereits gegenwärtig an Importbehinderungen für arbeitsintensive Produkte oder in den angekündigten Repressalien gegenüber nicht umweltschonend produzierten Erzeugnissen aus Entwicklungsländern. Die Entwicklungshilfe weiter hemmend, kommt die innere Situation der Industrieländer hinzu: Energie- und Zahlungsbilanzprobleme, Umweltschutz, Inflation, soziale Maßnahmen, notwendige Investitionen in Bildung, Forschung und Entwicklung belasten die öffentlichen Haushalte zusehends und verringern damit das Bewußtsein für die Probleme der »anderen«. Die gegenwärtige Hilfe der Industrieländer hat, wenn sie häufig nicht sogar nur konkrete macht-

politische Ziele verfolgt, kaum mehr als eine Alibifunktion. Heute geht bereits der größere Teil der Entwicklungshilfegelder in den Schuldendienst, und die relative wirtschaftliche Position der meisten Entwicklungsländer verschlechtert sich, absolut wie auch im internationalen Vergleich, zusehends. Damit ist die Hoffnung auf eine autonome Lösung des globalen Problems der wirtschaftlichen Entwicklung auch zur Verringerung des Bevölkerungsdrucks sehr unrealistisch.

2. Gehen wir (theoretisch) davon aus, daß das Pro-Kopf-Bruttonationalprodukt der Bevölkerung der vorindustriellen Länder auf das Durchschnittsniveau Europas von 1965 angehoben werden sollte – wobei das damals doppelt so große nordamerikanische unverändert bliebe –, müßte sich das Bruttoweltprodukt verzweieinhalbfachen[339]. Da die Bevölkerungsstruktur der vorindustriellen Länder eine Verringerung der Vermehrungsraten nur sehr zögernd erlaubt, ist auch unter der (theoretischen) Voraussetzung einer baldigen Wirtschaftsentwicklung mit dem Anstieg der Weltbevölkerung auf 7 Milliarden bis zum Ende des Jahrhunderts zu rechnen. Wenn nur der Lebensstandard von 1965 erreicht werden sollte, würde das immerhin bedeuten, daß das Weltprodukt auf das Fünf- bis Sechsfache gesteigert werden müßte (mit einer realistischen Entwicklung in den Industrieländern sogar weit mehr). Aber selbst unter den sehr theoretischen Bedingungen dieses Zahlenspiels läßt sich ahnen, daß Versechsfachung der Produktion und Verdoppelung der Bevölkerung die Ressourcen weit stärker belasten müßte. Ein großer Teil dieser Belastungen wächst nicht proportional, sondern überproportional mit dem Sozialprodukt. Daher wird es nicht möglich sein, den im Jahre 2000 lebenden Menschen Hoffnungen auf einen Lebensstandard zu machen, wie er im Europa des Jahres 1965 – das nicht nur das Ruhrgebiet, sondern auch Sizilien einschließt – durchschnittlich üblich war. Das kann und wird nicht ohne politische Folgen auch für Entwicklung der heute reichen und mächtigen Industrieländer bleiben.

3. Auch unter der Einschränkung, daß es nicht möglich scheint, die unterschiedlichen Lebensstandards in Zukunft dem europäischen Niveau anzugleichen, zeigt bereits die gegenwärtige Situation der Industrieländer und ihrer Entwicklungszwänge die Unhaltbarkeit der Situation: Ihre Abhängigkeit von Rohstoffen, die aus der sogenannten Dritten Welt stammen, wird mit Sicherheit noch andere Verkaufskartelle als das für Erdöl zeugen. Es ist da-

mit zu rechnen, daß unter diesen Bedingungen Rohstoffe nicht mehr als eben nur »Rohstoffe« betrachtet werden, sondern als Wirtschaftsgüter, deren bisher unangemessen niedriger Preis erst den Wohlstand der Industrieländer erlaubte. Das heißt, die Produzentenländer werden sich so orientieren, daß über den Preis für Rohstoffe »Wohlstand« transferiert und für die Investition in die eigene wirtschaftliche Entwicklung verfügbar sein wird. Dazu kommen die internen Probleme der Industrieländer: Umweltschäden und die Notwendigkeit, sie zu vermeiden; Zivilisationsschäden, die zu erheblichen volkswirtschaftlichen Belastungen bereits geworden sind und weiter um sich greifen; die soziale Situation und die zersetzenden Kräfte des Partikularismus wirtschaftlicher und gesellschaftlicher Macht; schließlich das Problem der nationalen Egoismen. All das weist auf einen enormen Nachholbedarf unerledigter Reformen in den Industrieländern. Stark steigende volkswirtschaftliche Belastungen sind die Folge, ganz gleich, ob die Lösung wirkungsvoll betrieben wird oder nicht. Gelingt es nicht, diese Belastungen durch technischen Fortschritt bisher unvorstellbaren Ausmaßes zu kompensieren – ein Thema, das dem nächsten Kapitel vorbehalten sein wird –, wird die Folge eine Stagnation oder gar ein Rückgang des Ausstoßes an Gütern und Dienstleistungen sein. Die Wirtschaft wird einen zunehmenden Teil ihres Potentials nur zur mühevollen Aufrechterhaltung des erreichten Lebensstandards einsetzen müssen.

Wirtschaftliche Mechanismen des Übergangs

So sind jetzige oder zukünftige Krisen nichts anderes als der Ausdruck der Unhaltbarkeit eines Zustandes, den die Entwicklung herbeigeführt hat. Demzufolge können sie (sieht man von der unwahrscheinlichen Möglichkeit grundsätzlich neuer Technologien ab), nicht überwunden werden, indem weiter wirtschaftlich expandiert und nur ein zunehmender Teil des Zuwachses in »die Reform« gesteckt wird. Vielmehr wird Veränderung unabhängig von der Expansion erfolgen, da Expansion zunehmend nur noch eine rechnerische Größe sein wird. Dann, wenn die Belastungen schneller steigen als die Produktivität, wird zwar das Sozialprodukt weiter steigen; die Steigerung wird aber weitgehend in erhöhten Aufwendungen für Rohstoffe, Umweltschutz, soziale Kompensationen für erlittene Schäden und für den Aufbau von Sanierungsindustrien bestehen.

Der Wirtschaftswissenschaftler H. Küng hat den wirtschaftlichen Mechanismus eines derartigen Übergangs beschrieben[340]. Komprimiert läuft seine Argumentation darauf hinaus, daß zwar das Sozialprodukt weiter steigen wird, dies aber von Stagnation oder Rückgang des privaten Konsumpotentials, wahrscheinlich auch der Investitionstätigkeit der Unternehmer begleitet sein wird. Das ist auf die einfache Formel zu bringen, daß nur das produzierbar ist, was auch materiell verfügbar ist. Mit steigendem Aufwand, der notwendig sein wird, die ungestörte wirtschaftliche Reproduktion aufrechtzuerhalten, kann nur immer weniger aus der Maschinerie herauskommen und den Konsumenten zur Verfügung gestellt werden. Anders ausgedrückt, muß vom Gesamtprodukt ein immer größerer Teil zur Aufrechterhaltung der wirtschaftlichen Reproduktionsfähigkeit um ihrer selbst willen abgezweigt werden.

Die Folge wird eine enorme, von den Herstellkosten ausgehende Beschleunigung der Inflationstendenzen sein, die die bisherigen, durch übergroße Geldmengen in den Händen der Konsumenten ausgelösten, weit übertreffen wird. Küng: »Ist die schleichende oder gar trabende Inflation ohnehin bereits zu einem Merkmal der Wirtschaftsgeschichte nach dem zweiten Weltkrieg geworden, so dürfte sie in den bevorstehenden Jahrzehnten noch einen Auftrieb sondergleichen erhalten.«[340]

Die gegenwärtige Praxis, gesellschaftliche Stabilität durch das ständige Wachstum des Konsumpotentials der Lohn- und Gehaltsempfänger zu sichern, wird mit dem Einsetzen der beschriebenen Restriktionen in Form von Rationierungen oder gleichwirksamen Preissteigerungen, die den Zuwachs des Realeinkommens weit übersteigen, aufhören müssen. Die Folge ist der Zusammenbruch des gesellschaftlichen Stabilitätspaktes: nämlich der Gewißheit, daß Stillhalten und Mitmachen sich lohnen. Mit dem Ende des Konsumzuwachses wird auch das Ende des sozialen Friedens und die Gefährdung des Kapitalismus wahrscheinlich: »Angesichts derartiger Perspektiven ist es nicht gänzlich ausgeschlossen, daß die Wachstumsperiode seit dem zweiten Weltkrieg abgelöst werden wird durch eine langfristige Depressionsphase ... Ein solches Resultat wäre namentlich dann ins Auge zu fassen, wenn der Rückgang der Investitionstätigkeit über den Akzeleratorprozeß potenzierte negative Folgen auf den konsumferneren Produktions- und Handelsstufen auslösen sollte oder wenn ein Multiplikator mit negativem Vorzeichen in Gang gesetzt würde.«[340]

Seitdem die Keynessche Theorie über Konjunktursteuerung in kapitalistischen Industrieländern längerfristige Depressionen verhindert hat, wäre auch hier zunächst ein Ansatz zur Überwindung der Krise denkbar. Doch vernachlässigt diese Hoffnung den realen Hintergrund zukünftiger Depressionen. Haben sich die bisherigen Wirtschaftszyklen vor dem Hintergrund unbeschränkter Nutzungsmöglichkeit der materiellen und menschlichen Ressourcen abgespielt, so wird das in Zukunft nicht der Fall sein. Waren in den Krisen der Vergangenheit Rohstoffe, Energie und der »Rohstoff Mensch« im Übermaß vorhanden und lediglich der Mechanismus ihrer Nutzung gestört, indem es an Kapital oder Initiative fehlte sie einzusetzen, wird die Ursache der zukünftigen Krise die materielle Restriktion sein. In einer solchen Situation müßte das Keynessche Instrumentarium vollkommen versagen, da es nur die Inflation beschleunigte.

Das bestätigt auch eine von der Bundesanstalt für Arbeit herausgegebene und ausdrücklich als »Modellrechnung« deklarierte Rahmenabschätzung der möglichen Folgen der »Energiekrise« für Wirtschaftswachstum und Arbeitsmarkt. Diese Untersuchung setzt einer Projektion des durchschnittlichen jährlichen Wirtschaftswachstums (Sozialprodukt real) von 4,7 Prozent, im Zeitraum von 1972 bis 1980, wie man es vor den Ölverteuerungen annahm, drei »Krisenvarianten« entgegen. Im ungünstigsten Fall würde das Sozialprodukt real durchschnittlich um 1 Prozent jährlich steigen, was, wie die Autoren meinen, dem Null-Wachstum des Club of Rome entspräche. Selbst in diesem Fall läge der jährliche Produktivitätsfortschritt je Erwerbstätigem »gesamtwirtschaftlich« noch zwischen ein bis zwei Prozent. Insgesamt würde das bedeuten, daß zwischen 1972 und 1980 etwa 1,8 Millionen Erwerbstätige (von 1972 insgesamt 26,4 Millionen) weniger benötigt würden. (Betroffen wären vor allem die Industrien des verarbeitenden Gewerbes.)[341]

Politische Mechanismen des Übergangs

Die Verminderung des Konsumpotentials muß noch keine Unterbrechung des Wirtschaftswachstums bedeuten, wohl aber Strukturkrisen in den am stärksten betroffenen Konsumgüterindustrien und den damit verbundenen Handelsbereichen nach sich ziehen. Ein makroökonomischer Ausgleich ist denkbar, nachdem der Rückgang im Konsumgüterbereich durch das Wachstum im »Sanierungsbereich« (z. B. Umweltschutzindustrien) kompensiert wird.

Ebensogut ist jedoch möglich, daß bereits der Rückgang des Konsumpotentials nicht nur die Gefahr von Strukturkrisen, sondern über Multiplikator und Akzelerator Depression einleitet. Unter welchen Bedingungen die Strukturkrise in Depression umschlägt, ist nicht abzusehen. Dazu gehen neben den prinzipiell objektivierbaren Faktoren zu viele subjektive Momente, wie die Neigung zu konsumieren, zu sparen und zu investieren, in die Rechnung ein. Sicher ist jedoch, daß mit den Mitteln klassischer Konjunkturpolitik (Investitionserleichterungen, Konsumanreiz, billiges Geld) eine Depression nicht überwunden werden kann, wenn die objektiven Voraussetzungen der wirtschaftlichen Expansion fehlen, nämlich Rohstoffe, Energie und andere Produktionsfaktoren wie Wasser zu angemessenen Preisen.

Die Fähigkeit des marktwirtschaftlichen Kapitalismus, mit diesen Problemen fertig zu werden, ist nicht nur mehr als fraglich. Schon das geringere wirtschaftliche Problem der signifikanten Einschränkung der privaten Konsumfähigkeit noch ohne Arbeitslosigkeit würde gegen die konditionierte Erwartung einer stetig wachsenden Konsumfähigkeit verstoßen. Da die Loyalität der Mehrheit eben nur durch Konditionierung im Konsum hergestellt wurde, wird ausbleibende Erfüllung erhebliche Kräfte gegen das System freisetzen. Das wird besonders dann geschehen, wenn den Verknappungen der Ressourcen marktwirtschaftlich begegnet wird, nämlich über den Preismechanismus. Das Wissen, daß sich fortan nur noch die Reichen Güter oder Bequemlichkeiten leisten können, die früher Allgemeingut waren, wird dem sozialen Frieden sicher nicht dienen. Potenziert würde diese Gefährdung durch wahrscheinlich lang anhaltende Arbeitslosigkeit.

Wie schnell wirtschaftliche Vernunft – nämlich das gesellschaftliche Stillhalteabkommen zur besseren Verteilung des jährlichen »Zuwachskuchens« – dann abgebaut wird, wenn kein Zuwachs zu verteilen ist, deutet die Entwicklung in der Bundesrepublik an und zeigt das Beispiel Großbritanniens seit einiger Zeit deutlich. Indem die relative Interessengleichheit der Sozialpartner mangels Masse gestört ist, fehlt es gerade dann, wenn vom Gesichtspunkt »wirtschaftlicher Vernunft« eine »gesamtgesellschaftliche Verantwortung« am notwendigsten wäre, an Bereitschaft zur Kooperation: Die sozialen und wirtschaftlichen Konflikte verschärfen sich.

Noch weit vor dem Klassenkampf hat der Anspruch einzelner Gruppen, die sich durchaus noch im Rahmen der bisherigen Vorstellungen bewegen und alles andere als systemüberwindend sein wollen, stark systemgefährdende Konsequenzen. Nimmt man das (im Vergleich zum englischen Bergarbeiterstreik) harmlose Beispiel der Angestellten des öffentlichen Dienstes in der Bundesrepublik zu Beginn des Jahres 1974, so zeigt sich am Verhalten einer vermutlich weitgehend systemkonformen Gruppe die unbewußt eingeleitete Systemüberwindung. Die wirtschaftlichen Konsequenzen derartiger Konflikte, bei denen den Kontrahenten nichts anderes als Kontinuität ihres bisherigen Vorstellungshorizonts vorschwebt, werden eines Tages das System sprengen müssen.

Vorerst in diese Konflikte Klassenkampf hineinzuinterpretieren, hieße, die Lage falsch einzuschätzen. Die Auseinandersetzung so beschleunigen zu wollen, müßte die Entwicklung aufhalten. Weder sind die Entwicklungen vorläufig irreversibel noch ist das Bewußtsein um die Systemgrenzen ihrer Überwindbarkeit genügend entwickelt.

In einer späteren Phase wird eine heute noch denkbare Krisensolidarität in dem Maße abbröckeln, wie es möglich sein wird, die Entbehrungen als systemgebunden zu verstehen. In dieser Situation ist es möglich, daß die innere Bedrohung abgewendet, indem die Krise nach außen verlagert wird. Man wird versuchen, die Ursache bei den Besitzern der Rohstofflager zu suchen und kann etwa Krieg gegen Erdölländer führen. Denkbar ist auch, daß der Zwang in einer Gesellschaft vermehrt wird, wenn Ordnung im Sinn ihrer bisherigen Nutznießer nicht mehr »freiwillig«, also durch innere Kontrolle, aufrechterhalten werden kann. Doch müßte auch eine repressive Stabilisierung letztlich nur vorübergehend wirksam sein. Auch eine Diktatur hätte keine prinzipiellen wirtschaftlichen Alternativen anzubieten. Es müßte auf Dauer um so schwieriger werden, den Zwang zu legitimieren, als offenbar würde, daß von ihm nur eine Minderheit profitieren kann und Fortschritt von gesellschaftlicher Veränderung abhängig wäre.

Technische Lösungen?

Eine der möglichen Lösungen der Zukunftprobleme wären neue Technologien. Sie könnten zwar nicht den Rahmen erweitern, innerhalb dessen sich wirtschaftliche Aktivität beschränken muß, wohl aber die Effizienz der »Ausbeutung« natürlicher und menschlicher Ressourcen steigern. Daher ist die Hoffnung verbreitet, daß nach einer Übergangsphase neue Technologien den »Normalzustand« einer »sozialen Marktwirtschaft« – also kontinuierlich wachsenden Wohlstand – wiederherstellen. Dieser Übergang sei – so die Annahme – praktisch im Marktmechanismus vorprogrammiert, indem steigende Preise für nicht beliebig vermehrbare Güter einen starken Innovations- und Substitutionsdruck ausübten.

Fast alle Zukunftsmodelle der bürgerlichen Vernunft, gleichgültig, ob aus den Wirtschafts- und Sozialwissenschaften oder aus dem Lager der Naturwissenschaftler und Ingenieure, zielen auf dieses Ergebnis. Fast ebenso verbreitet ist in diesen Modellen die unkritische Haltung gegenüber der technologischen Realisierbarkeit, den gesellschaftlichen und politischen Implikationen neuer Technologien und schließlich dem Zeitfaktor. Noch die geringste theoretische Chance muß dazu herhalten, nicht nur gesellschaftspolitische Gegenwart in die Zukunft fortzuschreiben, sondern auch die Übergangsphase mit dem Hinweis auf eine glücklichere Zukunft zu bewältigen.

Die Wahrscheinlichkeit einer kommerzialisierten Brütertechnologie bis etwa zum Jahr 1990 genügt schon, das Energieproblem als sekundär abzuhaken und die Kontinuität der Gesellschaft als bis zu diesem Zeitpunkt gesichert zu unterstellen. Die Begriffe recycling und Verursacherprinzip, gelegentlich weltanschaulich durch Müll- und Fäkalienkompostierung angereichert, dienen dazu, das Ressourcenproblem unter den Tisch zu wischen. Der statistische Vergleich der indischen mit der nordamerikanischen Landwirtschaft reicht, um auch das Ernährungsproblem als theoretisch gelöst zu betrachten. »Integrierte« oder »totale« Produktion sind die Schlagworte zur verbalen »Humanisierung der Arbeit«. Der Mensch hat sich an die Eisenbahn gewöhnt, wieso sollte das bei einer Energiewirtschaft mit Brüterreaktoren anders sein?

Damit sind nur einige Beispiele angeführt, die die Notwendigkeit einer weniger allgemeinen Argumentation und einer genaueren

Untersuchung technischer Möglichkeiten zeigen. Dies sei im folgenden versucht: Vor die Diskussion konkreter technischer Lösungen für die wichtigsten Zukunftsprobleme stelle ich zunächst die grundlegender Trends.

Komplexität und Innovation

Im Gegensatz zur Forschung bis in die erste Hälfte dieses Jahrhunderts, als große Erfindungen in der Regel das Werk von einzelnen waren, ist die Entwicklung der Technik heute an große Organisationen gebunden. Sie ist weniger eine Frage des glücklichen Einfalls eines Individuums als der organisierten Arbeit vieler und erfordert Integration verschiedener Arbeitsbereiche. Die große Komplexität der wichtigsten Bereiche der heutigen Forschung und Entwicklung setzt einen wirtschaftlichen, personellen und organisatorischen Aufwand voraus, der nur noch in Großforschungsstätten möglich ist. Das Labor Otto Hahns unterscheidet sich von einem beliebigen Kernforschungszentrum wie ein Heißluftballon von einer Saturn V. Umgekehrt verhält sich jedoch die Relation der Innovationsbeiträge.

Ein qualitativer Vergleich des Verhältnisses zwischen Aufwand und Erfolg zeigt die mit wachsendem wissenschaftlichem und technologischem Niveau deutlich abnehmende »Produktivität«. Obwohl die gegenwärtigen Aufwendungen für FE in den wichtigsten Industrieländern ein in der Geschichte einmaliges Niveau erreicht haben, die Zahl der Publikationen, Zeitschriften und Disziplinen gegen unendlich tendiert[342], zehren wir wirtschaftlich heute noch von den Verbesserungen aus der ersten Hälfte dieses Jahrhunderts. Die früheren Entdeckungen wurden zwar im Lauf der Zeit verbessert, und die heutigen Produkte sind qualitativ nicht mehr mit den früheren vergleichbar. Diese relativen Verbesserungen wurden jedoch meist mit überproportional wachsendem Aufwand erkauft. Beispiele: Etwa 50 neuen Arzneimittelpräparaten, die 1960 mit einem Aufwand von zusammen 200 Millionen Dollar in den USA entwickelt worden sind, standen 1970 nur noch 11 gegenüber, deren Entwicklung jedoch 500 Millionen Dollar erforderte[343]. Eine qualitativ vergleichbare Situation kennzeichnet das Verhältnis von Aufwand und Erfolg bei der Bekämpfung der jeweils dominierenden Krankheitstypen. Starben 1927 noch rund 20 Prozent aller Menschen in Mitteleuropa an Infektionskrankheiten und 12 Prozent an bösartigen Neubildungen, so sind es heute 4 Prozent und 20 Prozent[344]. Während tödliche Infektionskrankheiten mit einem vergleichsweise bescheidenen Forschungsaufwand nahezu ausgerottet werden konnten, arbeiten seit Jahrzehnten immer größere Forscherheere mit immer besseren Geräten, mit Computern, besseren Kenntnissen über die Biochemie der Zelle und größerem finanziellem Aufwand vergeblich an der Bekämpfung der Pest des 20. Jahrhunderts.

Das Automobil wurde in einer einfachen Werkstatt erfunden. Die wirtschaftlich vielleicht wichtigste technische Entwicklung dieses Jahrhunderts, die Anwendung des Fließbandprinzips für die Autoproduktion, wurde in einem Schuppen ausprobiert, in dem Henry Ford ein Chassis an mehreren Montagegruppen vorbeiziehen ließ und so die wirtschaftlichen Vorteile dieser Produktionsmethode erprobte. Vergleichen wir damit die heutigen Entwicklungszentren der Autokonzerne, in denen Hunderte hochqualifizierter Kräfte sich mit Problemen vom Innovationswert des Geräusches zuschlagender Autotüren beschäftigen, demonstriert sich in FE das Gesetz des abnehmenden Ertragszuwachses überdeutlich.

Das zeigt sich auch in der vergeblichen Entwicklung und Prüfung von 200 000 Substanzen zur Verbesserung der bisherigen bleihaltigen Antiklopfmittel. Die Entwicklung eines neuen Insektizids, das noch keine Verbesserung bedeuten muß, erfordert die Synthese und Erprobung von 10 000 Substanzen mit einem Aufwand von 15 Millionen DM. So ist auch das Sachverständigengutachten, was die FE-Möglichkeiten zu Umweltproblemen angeht, eher vorsichtig: »Hinsichtlich der Entwicklung neuer Produkte muß auf die großen Schwierigkeiten bei der Auffindung von neuen Stoffen mit bestimmten neuen Eigenschaften hingewiesen werden.«[345] In der realistischen Einschätzung dieser technischen Lösungsmöglichkeiten läßt das Sachverständigengutachten keinen Zweifel am Vorrang wirtschaftlicher vor technischen Lösungen des Umweltproblems. Daher hängt die Verringerung der Belastungen in erster Linie vom wirtschaftlichen Aufwand ab.

Der Zeitfaktor

Im Energieproblem der Industrieländer zeigt sich, wie trotz intensiver Bemühungen Technologien nicht dann zur Verfügung stehen, wenn sie wirtschaftlich notwendig wären. Obwohl die staatlichen Forschungs- und Entwicklungsausgaben zum Atomenergieprogramm allein in den USA bis 1969 26 Milliarden Dollar verschlungen hatten[346], kann die Verknappung relativ »sauberer« Öl-Energie nicht durch Kernenergie kompensiert werden

Kooperation und politische Hindernisse

Die Tendenz steigender Aufwendungen zur Erschließung neuer wirtschaftlicher Möglichkeiten in den Industrieländern ließe sich möglicherweise durch multinationale Kooperation auffangen. Doch zeigt sich hier ein anderes, zwar nicht naturgesetzliches, doch fast unüberwindbares Hindernis: die nationalen Egoismen.

Gerade die für die Zukunft der kapitalistischen Industrieländer wichtigsten Technologien zur Autarkie an Energie und Rohstoffen erfordern einen Entwicklungsaufwand, der internationale Kooperation erfordert. In einer Entgegnung auf die Meadowssche These der naturgesetzlichen Begrenztheit der Rohstoffvorräte wurde argumentiert, daß die bisherigen Explorationstechniken und die Ausbeutungsverfahren nur die Erdrinde anzuritzen erlaubten. Die darunter liegenden Reserven seien weder bekannt noch zugänglich, es sei jedoch denkbar, daß sie ausreichten, den Rohstoffbedarf der Industrieländer bis auf weiteres zu decken[347]. Obwohl nicht explizit ausgesprochen, wird angedeutet, daß es den Bemühungen der Industrieländer gelingen könnte, die erforderlichen Technologien zur Produktionsreife zu entwickeln.

Die Größe der Probleme und der mit ihnen verbundenen wirtschaftlichen Belastungen überfordern – soweit das gegenwärtig erkennbar ist – die wirtschaftlichen und auch die technischen Möglichkeiten isolierter wirtschaftlicher Weltmächte von der Größe der Bundesrepublik. Lösung wäre daher nur über Kooperation möglich. Wie schnell jedoch eine Zusammenarbeit an den Grenzen nationalen Eigennutzens scheitert, zeigt sich am europäischen Kernforschungsprogramm, am europäischen Weltraumprogramm, den verschiedenen Rüstungs- und Luftfahrtprojekten und an den europäischen Querelen um die Aufbereitungsanlage für Uran. Auf wie schwachen Beinen internationale Solidarität steht, sofern sich ein Partner gegenüber den anderen nur kurzfristige Vorteile ausrechnet, zeigte auch die (fehlende) europäische Solidarität beim Ölboykott gegen die Niederlande. Das Beispiel davor lieferten die Währungskrisen. Die Hoffnung auf politische Wunder ist ebenso vergeblich wie die auf technische.

Voraussetzung: politische und gesellschaftliche Stabilität

Das Beispiel einer wahrscheinlichen technischen Lösung eines »Menschheitsproblems«, nämlich der Energieversorgung, das sich im eklatanten Widerspruch zur politischen Realität befindet, liefert die Kerntechnologie. Mit der absehbaren Entwicklung schneller Brüter wird der Anteil der Kernenergie an einer weiter steigenden Energieproduktion fast explosionsartig zunehmen. Auf der ganzen Welt werden Kernkraftwerke wie Pilze aus dem Boden schießen, die ihren Brennstoff nicht nur aus natürlichem Uran selbst erzeugen, sondern darüber hinaus als »Abfallprodukte« große Mengen »überflüssigen« Spaltmaterials hervorbringen, das aufbereitet, abtransportiert und über Jahrtausende sicher gelagert werden muß. Hier ist die Möglichkeit nicht auszuschließen, daß einzelne Länder oder nur Terrororganisationen die dann relativ leicht abzuzweigenden Reaktorprodukte zum Bau eigener primitiver Kernwaffen oder zur Vergiftung ganzer Städte mißbrauchen (Plutonium ist die giftigste Substanz überhaupt, die erlaubte Dosis für einen Menschen beträgt weniger als ein halbes Millionstel Gramm während seines ganzen Lebens[348]). Daneben bleiben bei der Manipulation, der Aufbereitung, dem Transport und der Lagerung der Abfälle genügend Möglichkeiten auch ungewollter Katastrophen. Die Wahrscheinlichkeit von Terrorakten oder ungewollter Katastrophen wächst mit der Zahl der Kraftwerke und mit ihrem Vordringen in immer »unzivilisiertere«, das heißt sozial benachteiligte Länder.

Alvin Weinberg hat darauf hingewiesen, daß zur globalen Überwachung und Kontrolle dieser sich über den Erdball verbreitenden Technologie theoretisch eine Weltatombehörde notwendig wäre, deren Ausstattung mit Wissen, Unabhängigkeit und Macht sehr wohl eine Art Weltdiktatur bedeuten könnte. Die langfristige Sicherung eines steigenden Energiebedarfs kann daher, wie informierte Wissenschaftler meinen, auch einen »faustian bagain«[349] bedeuten, nämlich den Tausch von Freiheit gegen wachsenden Wohlstand.

Unabhängig von technischen Schwierigkeiten wird die globale Verbreitung der Energiegewinnung aus Kernbrennstoff gesellschaftliche und politische Stabilität voraussetzen, die entweder nicht wünschbar oder realisierbar ist (Weltdiktatur) oder aber politische und gesellschaftliche Veränderungen verlangt (Abbau der Konfliktpotentiale im nationalen wie im internationalen Rahmen durch Ausgleich).

Energie aus Wasser, Häufung grundsätzlicher Schwierigkeiten

Von den möglichen Energiequellen der Zukunft stellt die von vielen als endgültige, saubere Lösung angesehene Kernfusion die wohl gegenwärtig noch am wenigsten überschaubare Kombination von Schwierigkeiten dar. Die grundsätzliche, technisch-wissenschaftliche Frage, ob die Erzeugung und Kontrolle eines ausreichend heißen und stabilen Plasmas möglich sein wird, mag vielleicht erst zu Beginn der achtziger Jahre zu beantworten sein. Doch sind damit die entscheidenden Schwierigkeiten nicht gelöst. Erst danach wird sich herausstellen können, daß das Problem des Plasmas zwar im Versuch lösbar ist, wirtschaftlich operierende Anlagen aber vorerst oder für immer unmöglich sein werden. Nicht undenkbar wäre, daß entweder die Korrosion der das Plasma abschirmenden Wände durch Neutronen nicht kontrollierbar ist, die Mengen des schnell verschlissenen und nun hochgradig radioaktiven Wandmaterials nicht tragbar sind oder daß die Abdichtung des Systems gegenüber Umweltverseuchung durch radioaktives Tritium nicht möglich sein wird. Jede dieser Schwierigkeiten ist grundsätzlich und mag einer möglichen Realisierung des Fusionsreaktors prinzipielle technische oder wirtschaftliche Barrieren in den Weg stellen. Schließlich kommt das Problem der Abwärme: Bei den zum wirtschaftlichen Betrieb möglicher Fusionsreaktoren erforderlichen Größen wären nur wenige Standorte geeignet, in Europa beispielsweise nur die Atlantikküste, nicht aber das Binnenland oder Meere ohne ausreichenden Wärmeaustausch wie Nord- und Ostsee.

Diese Mischung grundsätzlicher und auf dem gegenwärtigen Wissensstand unberechenbarer Probleme – die von den technischen Grenzen der Belastbarkeit der Materie über die wirtschaftlichen Schwierigkeiten, Projekte dieser Größenordnung und unsicheren Ausgangs zu finanzieren, bis schließlich zur Frage möglicher Standorte reichen – läßt es denkbar erscheinen, daß sich die Hoffnung auf diese Energiequelle erst in einem sehr späten Zeitpunkt zerschlägt. Mehr noch, dann müssen nicht nur die bis zu diesem Zeitpunkt investierten immensen Summen abgeschrieben werden, sondern es können vielleicht entscheidende Jahre oder Jahrzehnte der vergeblichen Hoffnungen verstrichen sein.

Alternativen der Energiegewinnung

Daher sieht ein in den USA – dem Land mit den absolut und relativ höchsten Aufwendungen für Kernforschung – ausgearbeitetes Energieprogramm in sehr realistischer Einschätzung zukünftiger technologischer Möglichkeiten vor, die Zuwachsraten des Energieverbrauchs annähernd zu halbieren. Außerdem sei es notwendig die Kohleförderung um das Vierfache (!) zu steigern, also eine schon zu den Akten gelegte, seit Urzeiten bekannte Technik wieder auszukramen und auf den letzten Stand zu bringen. Dennoch erfordere dieses Projekt, zusammen mit dem Bau von Kohlehydrieranlagen zur Erzeugung von Erdölersatzprodukten, Investitionen in der Größenordnung des NASA-Programms[350].

Für den Energiebereich können folgende Schlußfolgerungen gezogen werden: 1. Dem Wirtschaftswachstum der Industrieländer und der Zunahme des Konsums sind vorläufig materielle Grenzen gesetzt. 2. Substitutionsmöglichkeiten durch neue Technologien sind begrenzt. 3. Der bereits seit Jahrhunderten bekannte, sehr umweltbelastende und daher teure Energieträger Kohle wird für absehbare Zeit an Aktualität gewinnen – und nicht Luftballontechnologien wie geothermische Energie, über Satelliten erzeugte Sonnenenergie und Gezeitenenergie. 4. Bekannte und vorhandene Technologien sind nicht ohne Zeitverluste, die viele Jahre dauern können, wiederbelebbar. 5. Das Brüterprogramm steht noch mindestens ein Jahrzehnt vor der kommerziellen Nutzung, das Kernfusionsprogramm ist höchstens ein Projekt des 21. Jahrhunderts.

Marktmechanismus und Innovationsdruck

Der Marktmechanismus versagt gerade dort, wo zur langfristigen Zukunftssicherung grundlegend andere Technologien benötigt werden. Die Entwicklungen auf dem Energiesektor übersteigen nicht nur die wirtschaftlichen Möglichkeiten der größten Unternehmen, sondern sprengen auch deren mittel- bis kurzfristig orientierten Planungshorizont. Während derartig entscheidende Projekte in staatlicher Regie betrieben werden müssen – ein möglicher wirtschaftlicher Nutzen aber wieder privatisiert werden soll –, beschäftigt sich der Forschungsapparat der Industrie überwiegend mit Projekten eines sichereren Ausgangs und kurzfristigeren wirtschaftlichen Nutzens, aber häufig nicht vorhandenen gesellschaftlichen Bedarfs. In diesen Fällen trägt die privatwirtschaftliche FE-Kapazität nicht nur wenig zur Lösung der Zukunftsprobleme bei, sondern verschlechtert die Situation. Große Forschungs- und Entwicklungsstäbe erschöpfen sich in der Veränderung von Details mit der Absicht, durch häufigeren Modewechsel Umsatz und Gewinn der Unternehmen zu steigern.

Als herausragendes – aber durch andere beliebig ergänzbares – Beispiel sei das des Fahrzeugbaus herausgegriffen. Obwohl das Ende des Automobils sich in den Industriestaaten aus einer Reihe von Gründen bereits deutlich abzeichnet und die Verkehrsmittel der Zukunft mit Sicherheit keine Autos sein werden, reagiert die Automobilindustrie ausschließlich mit Detailverbesserungen zu konventionellen Modellen. Im sicheren Bewußtsein, daß eine Branche, von der jeder siebte oder achte Bundesbürger abhängig ist, beim Auftreten selbstverschuldeter Strukturkrisen subventioniert werden muß, kann sie es sich leisten, auf *jede* Sicherung durch realistisch betriebene FE im Bereich zukünftiger Verkehrstechnologien zu verzichten.

Ein ähnliches Mißverhältnis zwischen gesellschaftlichem Bedarf und kurzfristigen privatwirtschaftlichen Profiterwägungen herrscht auf dem Arzneimittelsektor. Nach Angaben des Internisten H. Herxheimer setzen sich die 10 000 Präparate, die in der vom Bundesverband der Pharmahersteller herausgegebenen Liste aufgeführt sind, überwiegend aus wechselnden Mischungen einer sehr viel geringeren Zahl von Wirkstoffen zusammen. Jährlich werden etwa 1500 neue Arzneimittel in den Markt gedrückt. Die von der Pharmaindustrie als wissenschaftliche Information und Beratung deklarierte Propagandaflut übersteigt die Aufnahmefähigkeit der Ärzte. Daher ist eine auch nur annähernd adäquate Selektion nicht mehr möglich. Nach Herxheimers Schätzung stehen hinter dieser Unzahl von Spezialitäten nur etwa 500 in den letzten 50 Jahren entwickelte Wirkstoffe[351]. Somit ist die Mehrzahl der verkauften Arzneimittel nicht nur überflüssig, sondern wegen des verwirrenden Angebots auch schädlich.

Verallgemeinert läßt sich feststellen, daß in Sektoren technischer Entwicklung, die sich gegen bestehende festgewachsene gesellschaftliche Strukturen richten würden, mögliche Entwicklungen gegenüber schlechteren, konkurrierenden Partiallösungen, die jedoch besser mit den herrschenden Interessen harmonieren, zurückgesetzt werden, sich daher nie oder mit erheblicher Verzögerung auswirken. Hier könnten eine große Anzahl technischer Alternativen und Lösungen für Probleme genannt werden, die durch Bindung der individuellen Wünsche und Vorstellungen vom Glück an privat besessene und verwaltete Konsummittel erst erzeugt worden sind. Ein konkretes Beispiel ist der immense Erfindungsreichtum und die große finanzielle Opferbereitschaft unserer Gesellschaft zur Entwicklung partiell verbesserter, sicherer, abgas- und geräuschärmerer, schnellerer etc. Automobile gegenüber den mehr Alibifunktionen tragenden Vorstellungen zum Massenverkehr. Ein weiteres Beispiel ist der ungeheure Aufwand und die durch ihn verursachten Belastungen der Ver- und Entsorgung zu nennen, die durch die Isolierung der Individuen bzw. Familien in sich selbst genügenden kleinen Einheiten des privaten Alltags entstehen. Hier ist jeder dazu erzogen, das Glück oder wenigstens den erreichbaren Zustand von Zufriedenheit darin zu sehen, vor seinem eigenen Fernseher zu sitzen, Musik aus seiner eigenen Stereoanlage zu hören, seine eigenen Urlaubsfotos von millionenfach reproduzierten Motiven zu machen, seine Wäsche in der eigenen Waschmaschine sauberer als die des Nachbarn zu waschen etc. Die daraus entstandenen Belastungen der Ressourcen, der Umwelt, der Menschen im Produktionsprozeß, bis hin zur Prägung der Stadtstruktur, ziehen wiederum beachtliche Kreativität zur Entwicklung partiell verbesserter Möglichkeiten – von mikrobiell zersetzbaren Kunststoffen bis zu raffinierten Recycling-Vorschlägen, die jedoch das eigentliche Problem nicht lösen – nach sich.

Den Kulminationspunkt einer sinnlosen – wenn auch dem wirtschaftlichen Reproduktionsmechanismus entsprechenden – technologischen Innovation ist die Rüstungstechnologie. Ohne daß hierzulande das Problem der Opportunität sogenannter militärischer Sicherheit politisch je überdacht werden müßte (eine Frage, die, angesichts der geographischen Lage Mitteleuropas, der atomaren und konventionellen Verteidigungsstrategien beider Militärblöcke, offiziell besser nicht gestellt werden sollte, da sie, rational durchdacht, zu durchaus anderen als den offiziellen Entscheidungen führen würde[352]), bieten Rüstungsforschung und -produktion eine geradezu ideale Möglichkeit wirtschaftlicher Aktivität um ihrer selbst, nämlich der Reproduktion der kapitalistischen Wirtschaft willen. Das Fehlen öffentlicher Kontrolle (schließlich ist ja die Sicherheit der Nation betroffen), schnelle Obsoleszenz moderner Waffensysteme und Verdoppelung der Beschaffungskosten im Zeitraum von 10 Jahren machen diesen Wirtschaftssektor zur fetten Weide expansionshungriger Konzerne. Gegenüber der Behauptung, eine so betriebene Rüstung garantiere unsere militärische Verteidigung und sei daher unabdingbar, läßt sich mit größerer Rationalität das Argument vertreten, daß sie es nur ist, weil sie den Wirtschaftsinteressen entspricht.

Technische Möglichkeiten und menschliche Arbeit

Der theoretisch mit wachsender Arbeitsteilung und -organisation steigende Produktivitätszuwachs wird in vielen Betrieben durch krankheitsbedingte Ausfälle und verringerte subjektive Motivation der Arbeitenden kompensiert. Bei den früher erwähnten Arbeitsgruppen von Volvo nahm nach der Umstellung die Fluktuation gegenüber der Fließbandarbeit von 30 Prozent auf 10 Prozent ab, und die Qualität der Arbeit stieg beachtlich[353]. Ähnliche Erfahrungen wurden im amerikanischen Elektronikkonzern Motorola gemacht, als die Fließbandarbeit durch die »totale Produktion« ersetzt wurde[354].

Die positiven Erfahrungen können jeoch nicht verbergen, daß die veränderte Produktionstechnik Kostenerhöhungen mit sich brachte. Bei Volvo wurden die 10 Prozent höheren Investitionskosten durch staatliche Subventionen abgedeckt, bei Motorola war ein um 25 Prozent gestiegener Personalaufwand die Folge. Falls die wenigen Erfahrungen auf diesem Gebiet schon Verallgemeinerungen erlauben, so die, daß sich eine absolute Grenze der Produktivitätssteigerung abzeichnet, die Unfähigkeit der Menschen, sich den bisherigen Gesetzen der Leistungserhöhung zu unterwerfen.

Die Folgen der immer weitergehenden Vertiefung der Arbeitsteilung und der Rationalisierung zu überwinden, bedeutet, zu weniger arbeitsteiligen Produktionsformen zurückzukehren. Gegenüber den unmenschlicheren Arbeitsformen extremer apparativer Rationalität zu beobachtende Leistungsverbesserungen können nicht als Produktivitätssteigerungen im eigentlichen Sinn verstanden werden. Sie sind nichts anderes als sekundäre Folgen von Ausfallserscheinungen unter Bedingungen der extremen Unmenschlichkeit. Wären die Ausfallserscheinungen einmal durch die Verbreitung der humaneren Produktionsformen überwunden, entfiele gleichzeitig die bisherige Vergleichsbasis. Damit könnten Kostensteigerungen in der Produktion nur in sehr viel geringerem Maß als bisher durch Produktivitätserhöhungen kompensiert werden. Die Alternative, menschliche Arbeit durch vollautomatisierte maschinelle zu ersetzen, ist vorerst ein technisch und wirtschaftlich ungelöstes Problem, ebenso wie das gesellschaftspolitische der sich daraus entwickelnden Arbeitslosigkeit.

Ähnlich sind die Konsequenzen auf dem Dienstleistungssektor. Hier bestehen, auch wenn man die Folgen von Rationalisierungen in Kauf nehmen wollte, nicht annähernd die gleichen Möglichkeiten der Kompensation von Kostenerhöhungen durch Produktivitätssteigerungen. Der großen und rasch wachsenden Nachfrage nach Dienstleistungen, zu denen auch dringend benötigte soziale Leistungen gehören, steht ein beschränktes und nicht beliebig vermehrbares Angebot gegenüber. Betrachten wir einen Teil vorhandener und neuer Dienstleistungen als für die Sanierung der Gesellschaft unumgänglich, so deutet sich auch hier eine Beschränkung der wirtschaftlichen Entwicklungsmöglichkeiten an. Dieses Problem läßt sich auch nicht durch den kontinuierlichen Import von ausländischen Kräften lösen, deren ursprüngliches Elend sie hier dankbar auch die größten Schmutzarbeiten übernehmen läßt. Mit der Einbeziehung in unsere Arbeitswelt übernehmen wir mehr als nur eine Verpflichtung: nämlich, falls sie nicht eingelöst wird, erheblichen sozialen Sprengstoff.

So ist auch für den Sektor der menschlichen Arbeit wahrscheinlich, daß die Industriegesellschaft bisher weit über ihre Verhältnisse lebte. Die von den Produktivitätssteigerungen ausgelöste Reaktion auf die Entmenschlichung der Arbeit hat einen gegenläufigen Prozeß eingeleitet. Damit werden in Zukunft Produktivitätssteigerungen nicht nur sehr erschwert, sondern neue Produktionsformen müssen teilweise auch erhebliche Kostensteigerungen nach sich ziehen. Die Hoffnung auf technische Lösungen dieses Problems (mit Ausnahme des Ersatzes von Menschen durch Vollautomaten in den Bereichen der »stupiden« Produktion, der jedoch gegenwärtig technisch, wirtschaftlich und gesellschaftlich weit entfernt ist) ist vergeblich, da sich zwei prinzipiell entgegengesetzte Forderungen gegenüberstehen: die der Produktivitätssteigerung durch

Vertiefung der Arbeitsteilung und die der Vermenschlichung durch Verringerung der Arbeitsteilung.

Technik und Nahrungsmittelproduktion

In einem Zeitraum von 25 bis 30 Jahren wird die Nahrungsmittelproduktion in einer großen Anzahl von Ländern um das Doppelte bis Dreifache gesteigert werden müssen. Da gerade in diesen Ländern die Erschließung neuer Nutzflächen schwierig, wenn nicht unmöglich ist, wird man zu intensiverer Bewirtschaftung übergehen müssen. Das aber ist nach dem Stand der landwirtschaftlichen Technologie weniger eine Frage neuer Nutzpflanzen und besserer Tierarten, anderer Produktionsverfahren, Düngemittel und Schädlingsbekämpfungsmittel als der Verfügbarkeit von Kapital und geeigneter gesellschaftlicher Bedingungen und Produktionsverhältnisse. Neue Technologien können zwar das Problem erleichtern, lösen können sie es nicht, da es kein technisches, sondern ein wirtschaftliches und politisches ist. Daß die gestiegenen Rohstoffpreise (vor allem Erdöl) das Nahrungsproblem weiter verschärfen und sogar in den reicheren Industrieländern »Rückschritt« der landwirtschaftlichen Produktionstechnik mit sich bringen werden, ist offensichtlich. Wenn anstelle von Erdöl menschliche Arbeitskraft tritt, anstelle von synthetischem Dünger wieder verstärkt Mist und Jauche genutzt oder zwischen den Ernten stickstoffbindende Leguminosen angepflanzt werden müssen, findet der Prozeß der zunehmenden Mechanisierung und Produktivitätssteigerung seinen Umkehrpunkt. Doch wird das Problem zumindest gedanklich vom Tisch gewischt, indem man bereits konkrete Lösungen an die dahinterliegende Wand projiziert, die als Möglichkeiten vorerst noch in den Köpfen einiger Wissenschaftler spuken: Man zitiert Engels als Kronzeugen für die unbegrenzten Möglichkeiten der Wissenschaft, um anzudeuten, daß es das Nahrungsproblem eigentlich gar nicht gibt. Immerhin gäbe es bereits Wissenschaftler, die an stickstoffbindenden Kartoffeln arbeiteten, andere, die versuchten, die Energieausbeute der Photosynthese zu steigern[211]. Die Feststellung von D. H. Janzen verdient unterstrichen zu werden: »Ich meine, daß die Forderung nach technischem Fortschritt der Wissenschaftsgemeinde eine vollkommene Entschuldigung gibt, ihre vereinfachenden (reductionist) und esoterischen Ansätze fortzuführen, um ihre Kräfte nicht am sehr viel schwierigeren Problem zu verschleißen, dauerhaften Ertrag bringende tropische Agro-Ökosysteme zu entwickeln und zu gewährleisten, daß der technologische Fortschritt in diese integriert wird.«[355]

Verursacherprinzip und Recycling als Motive »umweltfreundlicher« und ressourcenschonender Innovation

Eines der marktwirtschaftlichen Postulate sieht die Lösung nahezu aller technischen Probleme vor, sofern es gelingt, sie ins marktwirtschaftliche Vokabular zu übersetzen. So werden die gegenwärtige Umweltsituation und das Rohstoffproblem als Folge einer ungenügenden marktwirtschaftlichen Steuerung gesehen. Gelänge es, über das Verursacherprinzip die bisher vernachlässigten externen Kosten mit in die Preise einzubeziehen, müßten sich nach einer Umstellungszeit deutliche Verbesserungen in der Schadensbilanz automatisch einstellen. Die Verteuerung knapp werdender Rohstoffe müßte sie in Massenverbrauchsgütern automatisch durch billigere, das heißt im Überfluß vorhandene ersetzen.

Beginnen wir mit der zweiten Behauptung. Die Analyse des Hausmülls zeigt, wie gering in ihm der Anteil der wirklich kostbaren Rohstoffe Kupfer, Zinn, Blei, Quecksilber usw. ist. Das ist eine natürliche Folge ihres bereits seit einiger Zeit recht hohen Preises. Der Wiedergewinnungswert aller Metalle, die in einer Tonne Hausmüll der Stadt Los Angeles enthalten sind, beträgt 0,81, der aller potentiell wiedergewinnbaren Materialien 3,56 Dollar und lohnt kaum den Aufwand des Sortierens und der Aufbereitung[356], der zudem mit hohem Energieaufwand verbunden ist.

Durch rigorose Anwendung des Verursacherprinzips – die allerdings gegenwärtig wegen der völlig unzureichenden Berechnungsgrundlagen noch lange nicht ins Auge zu fassen ist – ließen sich zweifellos bedeutende Verbesserungen der Schadensbilanz erzielen, vor allem dann, wenn es nicht nur auf den Bereich der traditionellen Umweltschäden beschränkt bliebe. Doch würden die so erzielbaren Korrekturen nicht das eigentliche Problem der wirtschaftlichen Entwicklungsfähigkeit der Industrienationen berühren: Diese entstehen nicht nur durch umweltbelastende Wettbewerbsverzerrungen, sondern durch das Grundprinzip des Wettbewerbs, der Notwendigkeit der ständigen wirtschaftlichen Expansion um ihrer selbst willen. Ich zeigte bereits, daß sich allein durch diese Grundbedingung des Wachstums die Umweltbilanz in Zukunft signifikant verschlechtern wird, obwohl teilweise einschneidende und kostspielige Schutzmaßnahmen vorgesehen sind. Zusätzlich entsteht mit wachsender Einengung des wirtschaftlichen Spielraums ein starker Druck, auf vorgesehene Schutzmaßnahmen zu verzichten, wenn durch sie das Wachstum gefährdet würde. Wir sehen das etwa am Beispiel der Energieversorgung.

Als weiteres Argument für die Abnahme der Belastungen und den schonenderen Umfang mit Rohstoffen wird die Zunahme des Dienstleistungsanteils und des Anteils von wenig belastenden Industrien am Sozialprodukt fortgeschrittener Industriestaaten angeführt. Dies wird durch das relative Zurückbleiben des Stahl- und Kupferverbrauchs mit wachsendem Sozialprodukt belegt. Schon für den Energieverbrauch gilt das nicht mehr, ebensowenig wie für die Zunahme von Umweltschäden, die vermutlich gegenwärtig rascher als das Sozialprodukt wachsen. Diese Situation zeigt: Auch wenn mit fortschreitender Entwicklung eine strukturelle Veränderung in der Zusammensetzung des Sozialprodukts zu erwarten ist, dennoch die deutliche Abhängigkeit dieses problemarmen »Überbaus« verfeinerter Technologien von einem um so belastenderen »Unterbau« bestehenbleibt und wenig Anlaß gibt zu hoffen, die Probleme erledigten sich tendenziell mit weiterer Expansion des Sozialproduktes von allein.

Natürliche Grenzen der Expansion

Eine letzte Kategorie von Hindernissen wirtschaftlicher Entwicklung, für die es prinzipiell keine technischen Lösungen geben kann, da die Naturgesetze nicht außer Kraft gesetzt werden können, stellen die möglichen Folgeerscheinungen der anthropogenen Energieabstrahlung dar. Klaus Meyer-Abich hat gezeigt, daß hier eine naturgesetzliche Obergrenze der wirtschaftlichen Expansion besteht, die nicht überschritten werden kann, ohne die globale Klimakatastrophe auszulösen.

Zusammenfassung

Die geschilderten Interferenzen zwischen Problemen der wirtschaftlichen Entwicklung und technischen Lösungsmöglichkeiten verstärken die Zweifel an der Chance, das Ende der kapitalistischen Expansionswirtschaft durch technische Entwicklungen aufzuheben: Erstens, weil die Beschleunigung der wirtschaftlichen und demographischen Entwicklung zunehmend weniger Entwicklungsspielraum läßt; zweitens der Markt Entwicklungstendenzen fördert, die fast nichts zur Lösung langfristiger und globaler – also der entscheidenden – Probleme beiträgt, im Gegenteil die Bilanz eher verschlechtert; drittens das Ertragsgesetz für den technischen Fortschritt selbst gilt, indem ständig wachsende FE-Aufwendungen prozentual zum Sozialprodukt festzustellen sind; viertens, weil es für entscheidende Probleme technische Lösungen nicht geben kann, da entweder naturgesetzliche Hindernisse der Entwicklung entgegenstehen oder die Lösung ein wirtschaftliches, politisches oder gesellschaftliches, aber kein technisches Problem darstellt.

Zukünftig wird daher technischer Fortschritt (wie wir ihn bisher verstanden) in weitaus geringerem Maß als bisher zur Lösung gesellschaftlicher Probleme beitragen können. Damit sei nicht die Möglichkeit neuer naturwissenschaftlicher Erkenntnisse und neuer Techniken negiert, wohl aber ihre relative Bedeutung für die Gestaltung der Zukunft. Man kann nicht mehr wie bisher für gesellschaftliche Schwierigkeiten technische Lösungen erwarten. Allenfalls könnte eine Verlagerung einzelner Schwierigkeiten erwartet werden. Diese im Rahmen der heutigen technischen und wirtschaftlichen Macht unsinnig erscheinende These wird verständlich, wenn wir den relativ geringeren Stellenwert technischer gegenüber gesellschaftlicher Problemstellungen erkennen.

Ethik, Ökonomie und Technik

Bisher konfrontierte ich die politischen, wirtschaftlichen und gesellschaftlichen Entwicklungsmöglichkeiten innerhalb der vorgegebenen inneren und äußeren Grenzen mit dem naturgesetzlichen Expansionszwang eines marktwirtschaftlichen industriellen Kapitalismus. Anstatt die erfolgreiche Tradition dieses Systems ungeprüft fortzuschreiben, sich der aus innerer Widersprüchlichkeit entstandenen Bedrohung durch fortwährende Flucht nach vorn zu entziehen, versuchte ich den Rahmen abzustecken, innerhalb dessen sich zukünftige Entwicklung vollziehen muß; nicht weil dieser Rahmen durch menschliche Einsicht – den vielbemühten Bewußtseinswandel – eingehalten werden soll, sondern weil er die materielle Grenze der bisherigen Entwicklung darstellt. Auf konkreten Inhalt wurde auch der Zukunftsglaube an die unbeschränkten Möglichkeiten der Technik untersucht, Lösungen aller Probleme anzubieten, die Erwartung des technisierten Paradieses des 21. Jahrhunderts, welches die Zukunftshoffnungen so entscheidend prägt. Daß dieser Erwartung – der kirchlichen Erlösungsversprechung vergleichbar – mittlerweile Aufgaben zukommen, von den Entsagungen der Gegenwart abzulenken, indem ungedeckte Wechsel auf die Zukunft ausgegeben werden, wird immer deutlicher.

Die konkrete Möglichkeit, technische Lösungen und nicht nur unerfüllbare Hoffnungen anzubieten, ist um so geringer, als sich zeigt, daß es in Zukunft mehr um politische und gesellschaftliche als um technische Veränderung geht bzw. technische Veränderung die Lösung der politischen und gesellschaftlichen Fragen voraussetzt. Die Behauptung ließe sich durch Zitate einer beliebig großen Anzahl anerkannter Futurologen aus allen Lagern belegen. Man betreibt Zukunftsforschung um so unkritischer, je näher man den Schaltzentralen der Macht im Industriestaat steht. Futurologie in diesem Sinn ist simpler, wenn auch wissenschaftlich aufgezäumter Religionsersatz. Der folgende Satz des Sektionschefs im Institut für Weltwirtschaft und Internationale Beziehungen an der Akademie der Wissenschaften der UdSSR könnte mit leichten ideologischen Modifikationen (die ich eingeklammert hinzufüge) auch dem bereits öfter zitierten Buch Herman Kahns, des Chefpropheten des Hudsons Instituts in New York, entnommen sein: »Die wissenschaftlich technische Revolution ermöglicht es, den jahrhundertealten Traum der Menschen vom materiellen Überfluß zu verwirklichen. In den sozialistischen (marktwirtschaftlichen) Ländern sind wir bestrebt, die kommunistische (post industrielle) Gesellschaft aufzubauen, wo alle von den Früchten dieses Überflusses Gebrauch machen können, wo der Grundsatz ›jeder nach seinen Fähigkeiten, jeder nach seinen Bedürfnissen‹ realisiert wird . . . Unsere Pläne sehen unentwegtes Wachstum des Volkskonsums (Sozialprodukts) und die Verbesserung der materiellen Bedingungen des Lebens aller Gesellschaftsmitglieder vor.«[357]

Ethik, die gesellschaftliche Verpflichtung individuellen Handelns, auf angeborene Dispositionen zurückzuführen, ist schlechthin dumm. Nicht daß derartige Bindungen nicht existent wären, doch betreffen sie eher die primären Mechanismen der biologischen als die der gesellschaftlichen Reproduktion. Sie sind daher ungeeignet, Formeln zum Verständnis dieser Normen gesellschaftlichen Handelns zu geben – ebensowenig wie Versuche, Ethik aus göttlichen Geboten oder prophetischer Einsicht in kosmisches Geschehen zurückzuführen. Ein Tier entwickelt keine Ethik, so sehr uns sein Verhalten danach auszusehen scheint. Seine »Ethik« ist biologische Zweckmäßigkeit, die sich in dem Rahmen, in den es »die Evolution« gestellt hat, bewährt oder nicht. In diesem zweiten Fall würde die Art über kurz oder lang aussterben.

Daher bezieht sich menschliche Ethik zunächst nicht auf die Art, sondern auf die Gesellschaft. Wir sehen etwa, daß das Töten von Artgenossen (das bei vielen wilden Tierarten biologisch »verboten« ist) in nahezu allen menschlichen Kulturen erlaubt war und ist, sofern es sich an die Vereinbarungen hält, die das Zusammenleben der jeweiligen Gesellschaft regulieren. Und diese, im biologischen Sinn willkürlichen Vereinbarungen beziehen sich auf die wirtschaftliche und gesellschaftliche Reproduktionsfähigkeit der Gesellschaften. Sie sind daher sowohl von den äußeren Umweltbedingungen, den politischen Beziehungen zu anderen Gesellschaften als auch von der internen Produktionsweise der Gesellschaft abhängig. Insgesamt zeigt diese Skizze, wie variabel Ethik nicht nur ist, sondern sein muß, da sie über Wertsetzungen und Normierung der individuellen und kollektiven Verhaltensweisen die Voraussetzung gesellschaftlicher und wirtschaftlicher Reproduktion schafft.

Im Versuch, die Organisation menschlicher Gesellschaften zu verstehen, hat sich empirisch der Marxsche Versuch bestätigt, ideologische Phänomene – zu denen auch Normierungen und Wertsetzungen gehören – aus den Produktionsweisen zu interpretieren. Daß diese von Marx auf den Kapitalismus angewandte Formel auf jede Art von Gesellschaft zu übertragen ist, hat Maurice Godelier etwa an einem Pygmäenvolk demonstriert. Seine Untersuchung zeigt, daß die Komplexität der Riten, Gebräuche und der gesellschaftlichen Organisation auf drei, von den Umweltbedingungen diktierte ökonomische Zwänge zurückzuführen sind[358].

Auf unsere Frage übertragen, inwieweit das historisch entwickelte System von Normen und Wertsetzungen des industriellen Kapitalismus der Gegenwart noch in der Lage sei, gesellschaftliche Reproduktionsfähigkeit zu sichern, wird uns die Methode helfen, zunächst die vielfältigen Versuche zu verstehen und zu interpretieren, die Entwicklung in Regie zu nehmen. Es läßt sich zeigen, daß einer großen Zahl dieser Reformvorschläge durchaus ehrliche

Absichten einer Veränderung unterliegen. Doch wird ebenso offenkundig, daß diese Vorstellungen, selbst wenn sie meinen, sich von den Zwängen der Gegenwart gelöst zu haben, um die Zukunft positiv zu bestimmen, noch eindeutig in die Vorstellungswelt des Systems eingebettet sind, das sie zu überwinden trachten.

Gerade die am tiefsten in der kapitalistischen Tradition liegenden Versuche, »Fehlentwicklungen« der technischen und wirtschaftlichen Expansion zu verhindern, demonstrieren die Richtigkeit der Marxschen Theorie zur Erklärung von Überbauphänomenen. Indem ihre Urheber a priori die Kontrolle der Entwicklung auf das bevorzugte System beschränken und aus dieser Limitierung Vorschläge machen, die sich im eklatanten Gegensatz zu der von ihnen mit Dringlichkeitsstufe eins versehenen Notwendigkeit der Zukunftssicherung befinden, demonstrieren sie ungewollt die Wirksamkeit einer von der herrschenden Produktionsweise ausgehenden Kontrolle des Denkens. Ebenso deutlich sind aber auch die Einflüsse des Expertenwissens. Indem in der realen Welt de facto der technisch-wissenschaftliche Experte den Einfluß des Kapitalisten zu überschreiten beginnt, enthält ein großer Teil der »Zukunftsmodelle« unabhängig von ihrer gesellschaftspolitischen Orientierung einen stark technokratischen Einschlag. Sie zielen tendenziell auf eine Maximierung der technischen und wirtschaftlichen Effizienz, wie sie nur in einer Gesellschaft möglich ist, in der die Entscheidung von Zielen und Richtung des gesellschaftlichen Fortschritts an Expertenstäbe delegiert ist.

Die Ambivalenz der vergangenen, gegenwärtigen und zukünftigen Technologien und die schmerzliche Erfahrung der gesellschaftlichen Folgen wissenschaftlicher Arbeit lassen die Diskussion um Probleme der Ethik auch in wissenschaftliche Kreise eindringen. Vor allem Naturwissenschaftler scheinen gelernt zu haben, daß technische Entwicklungen in Reichweite der Wirtschaft, der Militärs oder der Politiker nur noch schwer zu kontrollieren sind, und ziehen daher vor, sie in »statu nascendi« zu beeinflussen. Der Schock Oppenheimers hat in den Köpfen seiner Kollegen Kettenreaktionen ausgelöst. Wenn schon fatale Entwicklungen außerhalb der Labors nicht mehr zu beeinflussen sind, muß das Gewissen des Wissenschaftlers entscheiden, was nach außen dringen darf, ja sogar woran überhaupt gearbeitet wird. Die Ethik wird in den Laborkittel gesteckt und darf mitexperimentieren.

Wie weit die gesellschaftliche Verbindlichkeit einer derartigen

Ethik reicht, die sich über die Persönlichkeit des Wissenschaftlers legitimiert, möge folgendes extreme Beispiel zeigen. In der Diskussion des Vortrags »Wie kann der Mensch mit der Kernspaltung leben?«, den Alvin Weinberg, der Direktor des Oak-Ridge National Labratory in den USA, auf einer Konferenz internationaler Energiefachleute hielt, wurde die peinliche Frage gestellt, in welchem Verhältnis das quantitative Risiko einer von Brüterreaktoren betriebenen Energiewirtschaft zu dem stehe, das durch die auf der Erde schon vorhandenen Atomwaffen bestände. Das veröffentlichte Protokoll berichtet: »Mr. Weinberg antwortete, daß er das nicht genau wisse, aber als diese Frage informell mit einigen Personen besprochen wurde, die das wußten (who did know), sagten diese, das Risiko einer unbeabsichtigten Detonation einer Kernwaffe sei vergleichsweise groß. Eine gesellschaftliche Festlegung hätte somit schon bestanden, als die Atombombe entwickelt worden wäre.«[358] Die Logik, daß sich nach der Entwicklung der Atomwaffen aus der Sicht derer, die offensichtlich damit zu tun haben, aber ebenso offensichtlich mit ihrem Wissen zurückhalten müssen, alles mit geringerem Katastrophenrisiko rechtfertigt, ist zwingend. Sie ist aber auch deswegen unerträglich.

Eben diese Situation, in der die Abwesenheit allgemeinverbindlicher und institutionalisierter Regeln Ethik zu einer Angelegenheit des Privaten macht, kennzeichnet auch die Unverbindlichkeit der Resultate bei vielen Naturwissenschaftlern. So erkennt Hans Sachsse in seiner Darstellung der »Probleme der Ethik im technischen Zeitalter[386]«, daß mit der Fähigkeit, die natürliche Umwelt durch künstliche Eingriffe zu verändern, diese »ihren Wert als Orientierungsgröße« für einen verbindlichen Katalog gesellschaftlicher Regeln verliert und der Zwang entsteht, daß »wir unsere Verhaltensprinzipien in uns selbst finden (müssen), anstelle der Außenkontrolle bleibt nur Selbstkontrolle«. Die Folgerungen dieser Einsicht bleiben völlig vage, »Normen« müßten gefunden werden, »eine Leistung, die der Mensch dem Fluß der Zeit entgegenstellt, um sich trotz der Veränderungen noch orientieren zu können«, an den Schulen müßten wieder »Maßstäbe übermittelt« werden, das »moderne Leben verlang(e) mehr als je zuvor Gemeinschaft, Gemeinschaft verlang(e) Bindung, verlang(e) Mut zur Bindung.«[360]

Besonders deswegen bleiben die organisatorischen Bedingungen der Ethik Sachsses so profillos, weil er sie den technischen und ökonomischen Reproduktionszwängen unterstellt. Ethik dort, wo sie niemanden zwickt. Statt dessen verlangt er »innere Umkehr der Antriebsrichtung«, eine Zuwendung zur inneren Welt, die schon immer dann bemüht wurde, wenn man draußen nicht weiterkam: »Zunächst wäre es wohl gut, Meditation zu üben, um mit den Kräften des Innern überhaupt wieder vertraut zu werden, Meditation verlangt bekanntlich die Distanzierung von allen Reizen und Erregungen der Sinne und des Gemütes – eine sehr unpopuläre Vorstellung in unserer auf so vielfältige Sensationen bedachten Zeit. Auch müßte man sich um den Wiederaufbau des zwischenmenschlichen Vertrauens und der Verläßlichkeit bemühen.«[361]

Am Ende der Lektüre von Sachsses Entwurf einer »Ethik im technischen Zeitalter« bleibt wenig mehr als Resignation übrig. Der Aufruf zur Meditation ist im Licht der sehr konkreten sachlichen und gesellschaftlichen Forderungen nichts anderes als der zu ihrer kollektiven Verdrängung, zur Flucht in eine Welt der Träume, in der auch das Werturteil gratis ist.

Herbert Marcuse, dessen »Eindimensionaler Mensch« eine überzeugende Auseinandersetzung mit diesem Problem enthält, erklärt die Unfähigkeit zu einer Ethik aus den Prämissen des naturwissenschaftlichen Denkens: »Die Quantifizierung der Natur, die zu ihrer Erklärung in mathematischen Strukturen führte, löste die Wirklichkeit von allen immanenten Zwecken ab und trennte folglich das Wahre vom Guten, die Wissenschaft von der Ethik.«[362] Die Trennung des Denkens von einer Welt, »die ein Kosmos ist, strukturiert im Einklang mit Endursachen«, beginnt für Marcuse mit der naturwissenschaftlichen Methode, welche »die Einheit von Werturteil und Analyse« zerbricht, »denn es wurde immer klarer, daß die philosophischen Werte weder für die Organisation der Gesellschaft noch für die Umgestaltung der Natur richtungweisend waren«.[363]

Die Leichtfertigkeit, mit der Menschen zu Objekten technischen und wirtschaftlichen Fortschritts gemacht wurden, ist zugleich Folge und Ursache der damit verbundenen materiellen Vorteile. Nach Sachsse sind die »Exaktheit und Verläßlichkeit der modernen Naturwissenschaft ... die Folge ihrer kritischen Beschränkung und methodischen Normierung, die auf Erfassung der Gesamtwirklichkeit verzichtet«.[364] Die Konfrontation der Ergebnisse dieser kritischen Beschränkung auf nur einen Teil der Wirklichkeit, die vielleicht nicht aus dem Anspruch der Naturwissenschaft, sicher aber aus dem, der sie verwertenden wirtschaftlichen Interessen, wieder zur Gesamtwirklichkeit erhoben wird, muß daher zur Herrschaft der Technik und der Technik vermittelnden gesellschaftlichen Interessen über Menschen und Natur führen. Dieser Widerspruch läßt sich von seiten des Technikers Sachsse, und das ist zugleich die Essenz seiner »Abrechnung« mit Marcuse, folgendermaßen rationalisieren: »Aber wenn man schon den Komfort des technischen Fortschritts beansprucht, dann muß man die Nachteile dieser Entwicklung in Kauf nehmen.«[365] Wie aktuell doch die alte Schreinerweisheit, daß beim Hobeln Späne fallen, noch heute ist!

Quantifizierbarkeit als Voraussetzung der technischen und wirtschaftlichen entscheidet über die Richtung der gesellschaftlichen Entwicklung. Sie findet ihre letzte Bestätigung – und die Humanisierung genannte Anpassung des Fortschritts an den Menschen ihre Perversion – in dem, im Zusammenhang mit der Lebensqualitätsdebatte entstandenen Auftrag, auch den bisher unquantifizierbaren Teil der Gesamtwirklichkeit in Geldeinheiten umzurechnen, um eine Optimierungsfunktion aufstellen zu können. Am Ausgang des Kalküls besteht wenig Zweifel, die »härtere« wirtschaftliche Rationalität setzt sich gegenüber der »weicheren« durch.

In der Sprache des Naturwissenschaftlers Steinbuch, der »humane Absichten mit Sachverstand verwirklichen« möchte, endet, »wer alles und jedes, was auf dieser Erde an Unerwünschtem geschieht, ... zwangsläufig als heulender Derwisch«. Die von Steinbuch – der es vorzieht, statt mit den Derwischen mit den Wölfen zu heulen – vertretene Ansicht, das Versagen der Kontrollinstanzen des »Fortschritts« »beruh(e) auf der quantitativen Beschränkung unseres Bewußtseins«[366], lenkt auf die falsche Fährte: Steinbuch versucht als natürlich hinzustellen, was geschichtliche Praxis ist. Wer als Naturwissenschaftler unerwünschte Konsequenzen der Bemühungen seiner Disziplin auf »die quantitative Beschränkung unseres Bewußtseins« zurückführen möchte, hat bereits die methodische Normierung auf das Quantifizierbare als Grundprinzip seines Faches verdrängt. Die Verabsolutierung der Abbildung einer umfassenderen Wirklichkeit in der beschränkten Nomenklatur seiner Disziplin erscheint ihm legitim und selbstverständlich. Die bewußte Beschränkung auf Quantifizierbares gerinnt ihm zur quantitativen Beschränkung seines Bewußtseins.

Die Einschränkung der Realität im naturwissenschaftlichen Vokabular bedeutet für Marcuse, »daß die Wissenschaft auf Grund ihrer eigenen Methode und Begriffe ein Universum entworfen und befördert hat, worin Naturbeherrschung mit Beherrschung des Menschen verbunden blieb – ein Band, das dazu tendiert, sich für dieses Universum als Ganzes verhängnisvoll auszuwirken. Wissenschaftlich begriffen und gemeistert, erscheint die Natur aufs neue in dem technischen Produktions- und Destruktionsapparat, der das Leben der Individuen erhält und verbessert und sie zugleich den Herren des Apparats unterwirft. So verschmilzt rationale Hierarchie mit der gesellschaftlichen.«[367]

Das Argument, man könnte nicht die Vorzüge der Technik genießen, ohne ihre Nachteile in Kauf zu nehmen, erklärt Marcuse als Rationalisierung von Unterdrückung, dem primären Ziel: »In diesem Universum liefert die Technologie auch die große Rationalisierung der Unfreiheit des Menschen und beweist die ›technische‹ Unmöglichkeit, autonom zu sein, sein Leben selbst zu bestimmen. Denn diese Unfreiheit erscheint weder als irrational noch als politisch, sondern vielmehr als Unterwerfung unter den technischen Apparat, der die Bequemlichkeiten des Lebens erweitert...«[368] Die Aufgabe der menschlichen Autonomie und der Freiheit ist nicht auf der Einsicht in das technisch Wünschbare entstanden, sondern das technisch Wünschbare wurde zum Vehikel der Unterdrückung und führte zur Resignation in den status quo.

Marcuse bleibt jedoch nicht bei Analyse und Kritik. In einer logischen Volte läßt er sein eigenes Argument, Naturbeherrschung bliebe mit der des Menschen verbunden, im Stich, um eine »technologische Neubestimmung« zu entwerfen, die »befreit von allen partikularen Interessen, die die Befriedigung der menschlichen Bedürfnisse und die Entfaltung der menschlichen Anlagen verhindern, ... die geschichtliche Korrektur der verfrühten Identifikation von Vernunft und Freiheit herbeiführ(t), derzufolge der Mensch mit dem Fortschreiten der sich selbst perpetuierenden Produktivität auf der Basis von Unterdrückung frei werden und bleiben könne«.[369] Die Umwälzung der Produktionsverhältnisse würde für Marcuse »die Möglichkeit einer wesentlich neuen menschlichen Wirklichkeit eröffnen – nämlich eines Daseins in freier Zeit auf der Basis befriedigter Lebensbedürfnisse... Die Vollendung der technologischen Wirklichkeit wäre... die rationale Grundlage, die technologische Grundlage zu transzendieren.« »Sie bleibt die wahrhafte Basis aller Formen menschlicher Freiheit«, da sie die

»Befriedigung der Bedürfnisse und die Befreiung von harter Arbeit ermöglicht«.[370]

Hier spukt noch die schöne Marxsche Vision einer Gesellschaft, in der die Befreiung von ausbeuterischen Interessen, die Aufhebung der Entfremdung auf der Basis einer weit entwickelten und harmonisierten Technik erlaubt, in der »die Gesellschaft die allgemeine Produktion regelt und mir eben dadurch möglich macht, heute dies, morgen jenes zu tun, morgens zu jagen, nachmittags zu fischen, abends Viehzucht zu treiben, nach dem Essen zu kritisieren, wie ich gerade Lust habe; ohne je Jäger, Fischer, Hirt oder Kritiker zu werden«.[371]

Es bedarf wohl keiner näheren Begründung, daß dies nicht mehr möglich sein wird. Doch bleibt das Ziel aller gesellschaftlich realisierten marxistischen Entwürfe die Aufhebung der Entfremdung über die Entwicklung der Technik. Der so produzierbare Überfluß läßt materielle Anreize zur Stimulierung wirtschaftlicher Aktivität überflüssig werden und erlaubt »die allseitige Entwicklung des Menschen, seiner Fähigkeiten und Bedürfnisse«[372] auf der Basis einer automatisierten Produktion. Für Marcuse geht es nach der »Wiederherstellung der politischen Unschuld der Produktivkräfte« (Habermas) nicht um die »Wiederbelebung von ›Werten‹, geistigen oder anderen, die die wissenschaftliche und technologische Umgestaltung von Mensch und Natur ergänzen sollen. Im Gegenteil, die geschichtliche Leistung von Wissenschaft und Technik hat die Übersetzung der Werte in technische Aufgaben ermöglicht – die Materialisierung der Werte. Worum es folglich geht, ist die Neubestimmung der Werte in *technischen Begriffen* als Elemente des technologischen Prozesses. Als technische Zwecke kämen die neuen Zwecke dann bei Entwurf und Aufbau der Maschinerie zur Wirkung und nicht nur bei ihrer Nutzanwendung.«[372]

Marcuse scheint sich nicht darüber im klaren zu sein, wie sehr die Folge seiner Strategie der Umsetzung von Werten in technische Begriffe ist, daß technische Begriffe zu Werten werden. Darin fände eine bisher stillschweigend akzeptierte fatale Praxis ihre philosophische Legitimation. Auch wäre damit die Aufgabe jeder wirklichen Selbstbestimmung von Menschen eingeleitet, da in der Verrechnung von Werten in technische Begriffe die eigentliche Entscheidung auf Expertenebene vollzogen wird. So bleibt auch Marcuses Versuch der Auflösung des Widerspruchs von Werten und technischen Begriffen auf der Stufe des anderthalbdimensionalen

Menschen stehen, indem es nur einer Veränderung der gesellschaftlichen Machtverhältnisse bedarf, um eine bedenkliche Entwicklung
ihrem Happy-End zuzuführen, eine, wie ich zeigte, falsche Konsequenz.

In »Technik und Wissenschaft als ›Ideologie‹« lehnt Jürgen
Habermas[374] zu Recht die These von der Eigengesetzlichkeit des
technischen Fortschritts ab. Aus seiner Einsicht, daß in den USA
und vermutlich auch in der UdSSR Verteidigung und Raumfahrt-
behörde die beiden größten Auftraggeber der Forschung sind, leitet er über diese Abhängigkeit auch die Bestimmbarkeit des technischen Fortschritts ab: »Die Richtung des technischen Fortschritts
hängt heute in hohem Maße von öffentlichen Investitionen ab.«
Und diese Richtung wird für Habermas »heute weithin durch gesellschaftliche Interessen bestimmt, die naturwüchsig aus dem
Zwang zur Reproduktion des gesellschaftlichen Lebens hervorgehen, ohne als solche reflektiert und mit dem politischen Selbstver-
ständnis der sozialen Gruppen konfrontiert zu werden. Infolgedessen bricht neues technisches Können unvorbereitet in bestehende
Formen der Lebenspraxis ein; neue Potentials einer erweiterten
technischen Verfügungsgewalt machen das Mißverständnis zwischen
Ergebnissen angespanntester Rationalität und unreflektierten Zielen, erstarrten Wertsystemen und hinfälligen Ideologien offenbar.«[375]

In Habermas' »pragmatistischem Modell« soll unter veränderten »sozialen, ökonomischen und politischen Bedingungen« (die
er jedoch offenläßt) die zentrale langfristige Forschungspolitik auf
eine politische Diskussion bezogen sein, »die das gesellschaftliche
Potential an technischem Wissen und Können zu unserem praktischen Wissen und Wollen rational verbindlich in Beziehung
setzt«.[376] Er bezieht den »Übersetzungsprozeß von Wissenschaft
und Politik« in letzter Instanz auf öffentliche Meinung: »Die
Aufklärung eines wissenschaftlich instrumentierten politischen Willens kann nach Maßstäben rational verbindlicher Diskussion nur
aus dem Horizont der miteinander sprechenden Bürger selbst hervorgehen und muß in ihn zurückführen.« In diesem Übersetzungsprozeß spielen Experten eine entscheidende Rolle, da sie in Habermas' Modell für die Optimierung und Harmonisierung des Selbst-
verständnisses gesellschaftlicher Interessen mit den technischen und
wirtschaftlichen Möglichkeiten zu sorgen haben, die »über den
Gesprächskreis der Bürger hinaus« führt, als Resultat aber »nur
innerhalb der Kommunikation der Bürger Wirksamkeit erlangen«

darf. »Denn eine Artikulation der Bedürfnisse nach Maßgabe technischen Wissens kann ausschließlich *im Bewußtsein der politisch Handelnden selber* ratifiziert werden.«[376]

Drei Einwände sind anzumelden:

1. Die außerordentliche Komplexität technisch-wissenschaftlicher, ökologischer, medizinischer und gesellschaftlicher Interaktionen läßt eine eindeutige Formulierung rationaler Entscheidungsmodelle nicht einmal auf Expertenebene zu. Aus dieser Perspektive läßt sich die These, das Grundprinzip der technischen und wirtschaftlichen Entwicklung läge eben in der Realisierung von Veränderungen, *bevor* ihre Folgen eindeutig erkannt werden können, Mensch und Natur also zwangsläufig zum Experimentierfeld des Fortschritts werden müssen, gegen alle Einwände verteidigen.

2. Auch in Habermas' Modell obliegt die Formulierung der gesellschaftlichen Ziele nicht den Bürgern, da sachlich nicht anfechtbare und eindeutige Diskussions- und Entscheidungsmodelle vorausgesetzt werden müssen. Hier aber ist die Entscheidung praktisch schon durch den Bedeutungszusammenhang der Alternativen vorbestimmt. Präsentiert werden ja selten nur sachliche Alternativen, können es häufig gar nicht, wenn Gefühle gegen wirtschaftliche Argumente stehen. Beispielsweise geht es nicht nur darum, Anlagen zur Sicherung der Energieversorgung zu bauen. Wenn die betreffenden Anlagen Atomkraftwerke sein müssen, geht es auch um die Katastrophenangst der in der Umgebung lebenden Bevölkerung. Verfolgt man die Auseinandersetzung von Gegnern und Befürwortern nicht nur oberflächlich, so scheinen die zunächst archaisch anmutenden Ängste der Anlieger nicht so archaisch, wie die Experten mit ihrer Versicherung des minimalen Risikos vermuten lassen. Wenn zufällig zuvor von den Experten bewußt der Öffentlichkeit vorenthaltene Gegenargumente auftauchen – im obigen Fall etwa, daß die Nato dem Bau einer Kette von Atomkraftwerken entlang des Rheins nicht ohne Skepsis entgegensehe, da sie sich bei einem Angriff oder Satbotageakten als potentielle Atomminen entpuppen könnten, oder daß das angeblich so sichere Notkühlsystem in Praxis noch nie erprobt worden sei –, demonstriert das, völlig unabhängig von der sachlichen Richtigkeit der Befürchtungen, wie sehr der Experte sein *höheres* Wissen benutzt, die von ihm für richtig gehaltene Entscheidung vorwegzunehmen, ja sich sogar dazu verpflichtet fühlt. Das bestätigt aber auch das begründete Mißtrauen der stets neu düpierten Öffentlichkeit.

Gerd Hortleder hat diese Unfähigkeit einer gesellschaftsbezogenen Kommunikation der technisch-naturwissenschaftlichen Intelligenz auf die Soziologie eben dieser »Fortschritt« produzierenden Berufsgruppe zurückgeführt[377]. Von einer primär nach wirtschaftlichen Kriterien entscheidenden Industrie als gehobene Hilfskräfte angestellt, jedoch von den eigentlichen Entscheidungen ausgeschlossen, verdrängten die betroffenen Ingenieure und Naturwissenschaftler Resignation durch das Postulat ihrer geistigen Autonomie, dem Primat der übergeordneten technischen und naturwissenschaftlichen Rationalität. Diese verdrängte Resignation tauche dann wieder auf in Reformvorstellungen wie denen Sachsses, der Wissenschaftler oder Ingenieur habe ausschließlich mit seinem Gewissen zu verabreden, was er an technischen Möglichkeiten der wirtschaftlichen und gesellschaftlichen Verwertung anheimstelle. Es ist der (wie vorauszusehen, auch im Sinn seines »Erfinders« vergebliche) Versuch, die Negativität antidemokratischer Strategien innerhalb des Systems zu negieren durch Flucht in die, gesellschaftlicher Widersprüchlichkeiten befreite, Gemütlichkeit des eigenen Gewissens.

3. Wenn die Figur des Experten nicht nur als Träger eines höheren sachlichen Wissens, sondern als Symbolfigur auch einer totalen Desintegration und zugleich Herrschaft der instrumentalen Rationalität verstanden wird, er also die personifizierte Entfremdung ist (als Voraussetzung seiner Qualifikation als Experte), ist die Hoffnung, er könnte an zentraler Stelle zur Überwindung dieser Entfremdung beitragen, mehr als widersprüchlich. Habermas' Kritik an Marcuse, Sozialismus stelle noch nicht die politische Unschuld der Produktivkräfte wieder her, läßt sich ebensogut gegen Habermas richten, er garantiert keinesfalls die gesellschaftliche Integration des Experten. Die Ablehnung der These von der Eigengesetzlichkeit des technischen Fortschritts impliziert jedenfalls noch nicht die These, daß es nur der richtigen gesellschaftlichen Verhältnisse bedürfe, ihn nach Belieben und ohne vervielfachte wirtschaftliche Reibungsverluste zu steuern. Das ist auch ein wirtschaftliches Problem:

Die technologische und wirtschaftliche Überlegenheit der kapitalistisch-marktwirtschaftlichen Industrieländer ist teilweise auf eine günstigere Ausgangsbasis gegenüber den sozialistischen zurückzuführen. Sie resultiert zu einem wesentlichen Teil auch daraus, daß bei prinzipiell ähnlichen Ausbeutungstaktiken die Durchführung technischer Projekte an die Interessen von Personen gebunden ist, die Entwicklung der Wirtschaft also zumindest tendenziell von der ökonomischen Basis einer sich verwirklichenden Technik her erfolgt und normativ nur wenig begrenzt wird. Ohne daß zuvor die Frage geklärt werden müßte, wem das Entwickelte und Produzierte dient, sofern nur geeignete Strategien des profitablen Verkaufs gefunden werden, können sich Konsum und Produktionsstrukturen einspielen, die primär darauf zielen, den technischen und wirtschaftlichen Nutzen partikularer Kräfte zu optimieren und erst sekundär den der ganzen Gesellschaft. Die Überlegenheit eines solchen Systems ist das Ergebnis seiner Flexibilität in der Durchsetzung möglicher Projekte und der Koppelung sachlicher an private Interessen. Das System ist auf die Produktion und nicht auf den Nutzen hin orientiert.

Stellen wir diesem ein zweites System gegenüber und setzen als dessen einziges Produktionsziel den gesellschaftlichen Nutzen der erzeugten Güter und die langfristige Sicherung der Produktionsbasis. Es folgt, daß hier die wirtschaftliche und technische Effizienz wesentlich geringer sein muß: 1. muß eine wesentlich längere Zeit zwischen Entwicklung und Produktion verstreichen – nämlich die Zeit, in der die Konsequenzen der Produktion und des Verbrauchs unter x-möglichen Aspekten geprüft und zur öffentlichen Debatte gestellt werden müssen, 2. muß ein wesentlich größerer Teil der entwickelten Produkte eliminiert werden – teilweise in sehr späten Phasen der Entwicklung, ja sogar noch nach Produktionsbeginn. Damit sind die investierten Mittel abzuschreiben. Es müßte also nicht nur ein wesentlich größerer FE-Aufwand betrieben werden, zusätzlich ständen auch wesentlich weniger mögliche Produktionen offen – nämlich nur die, bei denen gesellschaftlicher Konsensus hinsichtlich Unbedenklichkeit und Wünschbarkeit erreicht wurde. Was von den gegenwärtigen Produktionstechniken übrigbliebe, sei dahingestellt – sicherlich nur ein Bruchteil. Als Schlußfolgerung bleibt die Erkenntnis, daß die Zerstörung des Primats technischer und wirtschaftlicher Innovation als Instrument der gesellschaftlichen Entwicklung in erheblichem Maß Sozialprodukt und wirtschaftliche Zuwachsraten kostet.

Wie Marcuse von Habermas richtig vorgehalten, kann eine alternative Wissenschaft nicht erdacht werden, ebensowenig wie eine mit der Natur versöhnende Technologie, um die geschichtliche Überwindbarkeit der jetzigen als Instrumente der Zerstörung und der Repression zu demonstrieren[378]. Wohl aber kann, was Habermas mit dem Hinweis auf die Notwendigkeit ihrer Reflektion sich allenfalls offenläßt, ihre gesellschaftliche Funktion überwunden werden.

Versucht man, Wissenschaft nicht als die Platitüde des »Instruments, dessen sich *der Mensch* im Guten wie im Bösen bedienen könne«, zu verstehen, sondern als ein auf die historischen Ursachen seiner Entstehung und Entwicklung, die wirtschaftlichen Gründe seiner Förderung und den politischen Bezug seiner gesellschaftlichen Schiedsrichterrolle bezogenes Instrument der bürgerlichen Vernunft, leitet sich daraus auch die grundlegende Verhaftung der Wissenschaft in den Mechanismen der Reproduktion des bürgerlichen Staates ab. Diese Verhaftung erklärt die Fragwürdigkeit des Versuchs, die Mechanismen der »naturwüchsigen« Reproduktion durch eine langfristig angelegte Forschungspolitik zu durchbrechen. Sie erklärt, warum dieser Versuch dem Münchhausens gleichkommt, sich mitsamt Entourage am Schopf aus dem Sumpf zu ziehen.

Die Frage nach Kontrolle und Steuerung der wirtschaftlichen und technischen Entwicklung muß noch erweitert werden. Die Wertsetzung muß den äußeren Rahmen mit einbeziehen, innerhalb dessen zukünftige Entwicklung sich realisieren muß. Folgende Punkte müssen berücksichtigt werden: Erstens wird die Weltbevölkerung sich innerhalb von etwa 35 Jahren verdoppeln (mit den größten Zuwachsraten in den armen Ländern). Zweitens reichen die Ressourcen der Erde – Abwesenheit aller anderen Entwicklungshemmnisse einmal vorausgesetzt – nicht annähernd aus, diese Massen auf dem Niveau der Industrieländer zu versorgen. Drittens verbinden globale Zusammenhänge diese Probleme des größeren Teils der Weltbevölkerung und die Hoffnungslosigkeit ihrer Lage mit den unseren.

Aus diesen Fakten leitet sich unmittelbar die Frage ab, ob sich die Industrieländer weiter nur mit der Lösung ihrer internen Probleme beschäftigen können. Daraus entwickelt sich folgende Möglichkeit:

1. Die Entwicklung wird mit aktiver Hilfe der Industrieländer so weit vorangetrieben, daß sich die Bevölkerung der Entwicklungsländer etwa stabilisiert und ausreichend mit Nahrung und Gütern versorgt ist. Eine weitere Angleichung des Niveaus an unseres müßte, aus unserer Sicht, aus den erwähnten Gründen verhindert

werden. Diese zwei Drittel der Menschheit wären so arm wie notwendig, um unseren Wohlstand zu ermöglichen.

2. Das würde die Situation der betroffenen Länder zwar erheblich verbessern, gleichzeitig aber auch ihren Wunsch und besonders ihre Fähigkeit, weitere industrielle Entwicklung autonom voranzutreiben. Aus Gründen der Konkurrenz setzte es die wirtschaftliche oder politische Diktatur von Industrieländern voraus.

Daher ist die Frage nach den unterschiedlichen Kriterien, die in diesem Fall für unsere eigene Entwicklung und die der anderen angelegt werden müßten, gleichzeitig die einer doppelten Moral. Das ist jedoch nicht nur ein Problem von Moral, sondern der politischen und wirtschaftlichen Instabilität einer auf Unterdrückung aufbauenden ungleichen Verteilung. Wenn wir diese Alternative als untragbar erkennen, erzwingt bereits das heutige Wissen um die Begrenztheit der Ressourcen die Einsicht in die Unvereinbarkeit der gegenwärtigen Entwicklung mit den Voraussetzungen einer langfristigen Zukunftssicherung. Daher müssen wirtschaftliche und gesellschaftliche Alternativen entwickelt werden, deren Ziel nicht mehr das alte Konzept des uneingeschränkten materiellen Überflusses, die Schlaraffenlandökonomie, ist.

Diese Alternativen müssen nicht nur den überhängenden Anspruch des ärmeren Teils der Menschheit berücksichtigen, sondern auch den Anspruch des Menschen auf Lebens- und Arbeitsformen, die seiner Veranlagung entsprechen: Damit entfällt nicht nur die wirtschaftliche Grundlage, sondern auch jedes Motiv zur Schlaraffenlandökonomie, des Konsumentenparadieses des bisherigen »goldenen Zeitalters«. Das goldene Zeitalter wird sich vielmehr darin äußern, daß Arbeit und Leben wieder auf den Menschen bezogen sind. Das bedeutet nicht Rückfall in die vermeintliche Idylle der Postkutschenzeit. Inwieweit dieses goldene Zeitalter nicht auch eine Utopie ist, bleibt offen. Doch gibt Utopie mehr einen Weg an, als sie einen möglichen Endzustand beschreibt. Sie ist die Abstraktion einer Bemühung und stellt ein nur fiktives Ziel dar.

Das aber verlangt eine Kontrolle der Produktion und der Verteilung, die vor (und nicht hinter) den wirtschaftlichen und gesellschaftlichen Bedingungen der Technik steht. Diese Kontrolle, die nichts anderes enthält als die Bedingungen einer die bürgerlichen Vorstellungen von Freiheit und Nutzen überwindenden Ethik, muß folgende Kriterien einschließen: 1. den Anspruch aller Menschen (also auch der in vorindustriellen Ländern Lebenden) auf eine gleichrangige Nutzung der globalen Ressourcen und des vorhandenen und planbaren wirtschaftlichen Wohlstandes; 2. innerhalb dieses Rahmens die Demokratisierung der nationalen und internationalen Entscheidungen über die Richtung zukünftiger Entwicklung.

Daß diese Forderungen rasch in den Verdacht eines utopischen Idealismus geraten, liegt auf der Hand. Dem ist entgegenzustellen, daß sie sich weniger weit von der politischen, wirtschaftlichen und gesellschaftlichen Realität entfernt haben als die Zukunftsträume derer, die ihre eigenen Utopien durch die Realität bedroht sehen. Diese Forderungen bezeichnen nichts anderes als Notwendigkeiten, die sich aus einem Zwang ableiten, der für alle menschlichen Gesellschaften gilt: nämlich daß sich die Produktionsweise den Gegebenheiten des Wirtschaftsraums anzupassen hat. Da die Entwicklung menschlicher Gesellschaften diesen in bezug auf die erreichten und möglichen Veränderungen hat klein werden lassen, entsteht erst der Zwang, die neuen Realitäten zu berücksichtigen.

Utopie, Spekulation und Wirklichkeit

Zwischen Mittelalter und Neuzeit veröffentlichte Thomas Morus 1516 seine Vorstellung einer neuen Gesellschaft: In ihr gibt es weder Privateigentum noch Ausbeutung, alle haben freien Zugang zu Bildung und geistigen Gütern, jeder nimmt an den gesellschaftlich notwendigen Arbeiten teil und kann sich seinen Bedürfnissen entsprechend versorgen. Es ist bereits die Antithese der sich entwickelnden bürgerlichen Welt. Ihr Titel: »Vom besten Zustand des Staates und der neuen Insel Utopia«.

Morus, Lordkanzler Heinrichs VIII., wurde 1535 liquidiert, da er sich weigerte, den Eid auf den königlichen Supremat über die Kirche zu leisten. Seine Vorstellung einer gerechten Ordnung und sein persönlicher Einsatz führten zu seinem Tod. Morus lebte zugleich in einer alten wie in einer fiktiven neuen Ordnung, nicht aber in der bürgerlichen.

Galilei starb sieben Jahre nach Morus eines natürlichen Todes. Auch er geriet in Konflikt mit der Macht, als seine Erkenntnis das Weltbild der Kirche in Frage stellte. Doch konnte er getrost vor der Inquisition abschwören. Er wußte, daß deswegen die Erde nicht aufhören würde, sich zu bewegen. Der Wissenschaftler und Bürger

Galilei mußte nicht zum Märtyrer werden, da Naturgesetze unabhängig von Werten sind und daher die Erkenntnis auch nicht verteidigt werden muß. Und objektiv gesehen unterscheidet Morus von Galilei nicht der Mut, sondern das Wissen: Morus' Welt baut auf einem System positiver Werte auf, dessen Fragilität, da von Menschen abhängig, er durch seinen Tod erhärten mußte. Die bürgerliche Ordnung, die nur den einen positiven Wert der Interessen des Individuums kennt, braucht keine Märtyrer, die sie verteidigen, höchstens Macht. Galileis Methode, Untersuchung und Aussage auf objektivierbare Vorgänge zu beschränken, hat die Welt verändert. Von Morus blieb nur eine schwache Erinnerung und der Begriff der Utopie.

Die bürgerliche Welt ist nicht auf Utopien oder Theorien errichtet worden, noch können Utopien sie verändern. Die politische Ökonomie der bürgerlichen Welt bezieht sich auf gesellschaftliche Wirklichkeit. Hobbes, Adam Smith, Lord Keynes und die anderen Theoretiker analysierten realisierte Zustände, leiteten sie aber nicht ein. Wie bei Keynes halfen Theorien allenfalls eine chaotische Entwicklung zu kontrollieren, nicht sie grundlegend zu verändern. Die Abweichung von der ursprünglichen sozialistischen Theorie in den Industriestaaten des Warschauer Pakts, die in Wirklichkeit eine Angleichung an »Kapitalverwertungszwänge« ist, bestätigt die schwache Stellung hier der sozialistischen Theorie gegenüber der ökonomischen Wirklichkeit der industriellen Expansion.

Die durch Text vermittelte Information kann mit der Wirklichkeit nur über das Zentralnervensystem des Adressaten in Beziehung treten. Bedeutsam werden kann sie nur, wenn sie auf ein latentes Bedürfnis nach Erklärung trifft und zu befriedigen vermag, das außerhalb dieses Dialogs von der gesellschaftlichen Wirklichkeit bestimmt ist.

Der biologische Mechanismus der Verständigung erklärt auch die Fähigkeit der bürgerlichen Gesellschaft, sich jeder Infragestellung über »Theorie« zu entziehen. Es ist die Unabhängigkeit einer in ihrer Reproduktion ungestörten Gesellschaft, deren Wertordnung von der materiellen Wirklichkeit des Marktes, der Politik und der Wissenschaft festgelegt ist, und die, solange diese materielle Reproduktion von Waren und »Warenwerten« ungestört ist, keiner weiteren ideologischen Legitimation bedarf. Sie kann in diesem Zustand nicht durch Theorie verändert werden. Damit soll nicht gesagt werden, diese Gesellschaft sei ideologiefrei, sondern nur, daß ihre Ideologie wenig mehr als ökonomische Werte zu verteidigen hat.

Daher können alle Versuche der geistigen Subversion problemlos verschluckt und teilweise nutzbringend wieder in den Wirtschaftsprozeß eingegliedert werden. Nachdem sie den Verdauungstrakt passiert hat, erscheint »Subversion« als gängige Handelsware. Auf dem Markt der sogenannten Subkultur spielen Poster von Marx, Mao und Che Guevara die gleiche Rolle wie massenhaft in Öl reproduzierte Motive von röhrenden Hirschen oder der Jungfrau Maria auf dem normalen. Guerillacamouflage oder Hippielook wird zum Dirndl oder Trachtenanzug der »Nichtangepaßten« und inspiriert zuletzt auch noch die Haute Couture. Die politische Intention avantgardistischer Kunst ist nach einer kurzen Schockperiode, in der sich der Markt und die »Szene« umorientieren, verpufft, da sie konsumiert und als materielle wie als ideelle Ware vom Bildungspublikum, von der Werbung, von Händlern, Sammlern und Auktionshäusern und nicht zuletzt von Künstlern, die fortan nur »Markenware« liefern, verramscht wird.

Nur in Gesellschaften, die außerhalb der ökonomischen Verwertung liegende Werte als Voraussetzung ihrer Reproduktion benötigen, findet die ideologische Attacke einen Gegenpol. Nur in ihnen hat die Negation dieser Werte einen Sinn und Aussicht auf Erfolg. Denn nur in einem solchen System begegnen sich These und Antithese in der gleichen Wirklichkeitsebene, den Köpfen der Menschen.

Wenn aber in der bürgerlichen Welt literarische Appelle die Welt nicht verändern noch Utopien andere als literarische Alternativen der Wirklichkeit sein können, ist die literarische Aufforderung zur Verwirklichung der Utopie eine zweifache Lüge oder doppelt naiv. Daher kann Utopie, die keine Alternative der Wirklichkeit ist, auch keine des Todes sein, wie das René Dumont[379] meint. Niemand wird die Utopie, jeder den Tod erleben. Daher kann es auch kein »Überlebensprogramm« geben, das nicht bloß Literatur wäre. Biedert sich die Utopie als Gegenrealität an, verkommt sie schnell als Spekulation.

Verständlich ist die Spekulation »Untergang oder . . .« bzw. ». . . und dann habt ihr das Paradies« schon. Da ein nichtvorhandenes Wertsystem keinen Bezugspunkt für Literatur hergibt, sind es Urängste und Erlösungshoffnungen, auf die sich ein geschickter Autor beziehen kann, um vorzutäuschen, er habe das

Rezept zum Glück entwickelt, eine Gebrauchsanweisung für die Benutzung der Zukunft. Doch was sollen die hungernden 400 oder 500 Millionen Analphabeten, die es auf der Welt gibt, mit dem Hinweis auf die katastrophalen Folgen der »Bevölkerungsexplosion«, was die Direktoren der Konzerne mit der Untergangsdrohung für das 21. Jahrhundert? Wer sind die Verantwortlichen in der Welt, die dafür zu sorgen hätten, daß . . .? Wer anders als die anderen hat einsichtig und vernünftig zu sein? Die einzige Zukunft, der mit dieser Art von Zukunftsspekulation gedient ist, ist die des Autors.

Ein Text kann also Wirklichkeit nur reflektieren, die Utopie bleibt Text und zusätzlich irreal. Die Utopie einer zukünftigen Gesellschaft ist daher nichts anderes als eine Fiktion ohne Aussicht und ohne Anspruch auf Realität. Sie ist letztlich auch nicht auf Zukunft, sondern auf Gegenwart bezogen, da sie nur einen anderen Zustand von Gegenwart beschreibt und in die Zukunft projiziert.

Utopien bestehen in der Regel aus der Verbindung eines technisch-wirtschaftlichen Rahmens mit der Vorstellung eines wünschenswerten gesellschaftlichen Zustandes. Dieser gesellschaftliche Bestandteil der Utopie enthält also ein Wertsystem, das auf einer Vorstellung von der Natur des Menschen und seinen sozialen Fähigkeiten aufbaut. Und in dieser Verbindung ist es prinzipiell der gesellschaftliche Teil, der den Vorwurf des Utopischen auf sich zieht. Während seit einiger Zeit technisch-wirtschaftliche Imagination sich nie so weit von der Gegenwart entfernen konnte, um den Vorwurf der Unmöglichkeit auf sich zu ziehen, genügten dazu bereits kleine Korrekturen am gesellschaftlich realisierten Menschenbild. Gesellschaft ohne Aggression wird für möglich gehalten, wenn die Kontrolle durch Medikamente erfolgt, für utopisch, wenn sie eine Veränderung des institutionellen Rahmens voraussetzt. Eine Gesellschaft, in der kein Leistungszwang mehr besteht, da Roboter die Arbeit übernehmen, ist denkbar, eine Eliminierung des Leistungszwangs durch Veränderung der Produktionsweise wird für utopisch gehalten.

Das aber bedeutet, daß im Vergleich zwischen gesellschaftlicher Realität und einer utopischen Gesellschaft die Wirklichkeit eine mindestens ebenso utopische Behauptung aufstellt wie die beste Utopie: Aus der Praxis der gesellschaftlichen und ökonomischen Zusammenhänge und den daraus erzwungenen Verhaltensweisen entwickelt sie eine Theorie über die angeblich unveränderbare Natur *des* Menschen, die nichts weniger als objektiv ist. In bezug auf die gesellschaftliche Vorstellung von der menschlichen Natur leben wir Wirklichkeit, aber erleben Utopie: Nämlich, daß der Mensch nicht anders sein könnte.

Die Fehlentwicklung der Industriestaaten war Thema dieses Buches. Diese Entwicklung ist langfristig unhaltbar. In Zukunft werden sich Ordnungen bilden, die heute als utopisch angesehen würden. Doch ist die Katastrophe oder der Untergang keine Alternative der Utopie. Sie waren es noch nie und werden es nie sein. Sie sind höchstens Möglichkeiten. Untergegangen sind Gesellschaftsordnungen und mit ihnen Menschen, nicht aber die Menschheit.

Veränderung wird aus dem Bruch hervorgehen, auf den die Industriestaaten zwangsläufig zutreiben. Oberflächlich betrachtet liegt die Ursache im steigenden Aufwand, der zur Versorgung jedes einzelnen mit privaten wie mit öffentlichen Gütern getrieben werden muß. Das hängt nicht mit der partiellen Fehlleitung wirtschaftlicher Ressourcen, etwa Verschwendung durch überflüssigen Konsum, zusammen, sondern bereits mit der Definition und dem Verständnis von Fortschritt. Dieser wird, ohne daß die Bedingungen der Realisierung berücksichtigt werden müßten, als die Quantität der privat verfügbaren Güter verstanden, denen öffentliche nur erzwungenermaßen zugeordnet sind. Die Festlegung liegt bereits in der ökonomischen Definition von Fortschritt und Freiheit in der bürgerlichen Vernunft. Und da die Produktionsweise der heutigen sozialistischen Industrieländer eine im wesentlichen kapitalistische ist (in der die Rolle des Kapitalisten umbesetzt wurde) und ihre Vernunft bürgerlich, werden sie mit ihr genauso ans Ende kommen, wenn auch möglicherweise erst später.

Die Bedingungen, die eingehalten werden müssen, einen solchermaßen (miß-)verstandenen Fortschritt zu ermöglichen, prägen das öffentliche Leben, die Art der gesellschaftlich notwendigen Arbeiten und die Lebensweise der Individuen. Sie haben ganz wesentlich zur Etablierung des sozialen Gefälles beigetragen, ebenso zum extremen wirtschaftlichen Ungleichgewicht zwischen Industrie- und Entwicklungsländern. Umweltbeeinträchtigungen, Zivilisationskrankheiten, Verknappung von Ressourcen, die Gestaltung der Städte sind nicht nur Folgen; das gesamte Spektrum der Deformationen ist Voraussetzung der Verwirklichung dieser Art von Fortschritt. Daher wird die materiell erzwungene Veränderung nicht nur die unmittelbaren Bereiche der Produktion und des Konsums erfassen, sondern die politischen und gesellschaftlichen Verhältnisse mitreißen und neu bestimmen.

Rekapitulieren wir, daß der bürgerliche Freiheitsbegriff im wesentlichen ein ökonomischer ist: Die bürgerliche Revolution befreite die Menschen aus der zu eng gewordenen Welt persönlicher Abhängigkeiten, in die sie der Feudalismus gesteckt hatte. An Stelle dieser Bindungen trat eine Freiheit, die nur einen Wert kannte: die partikularen Interessen des Individuums. Diese nahezu totale Freiheit, die als Wert absolut gesetzt wurde, findet sich gleichermaßen in den Gesetzen des Marktes, der Politik wie in den von den »objektiven« Wissenschaften reflektierten Gesetzen der Natur. In einem Universum noch unbegrenzter Möglichkeiten mußte es darum gehen, den Überfluß der Natur in einen der »Nationen« zu verwandeln. Den homo oeconomicus zum Urbild des Menschen zu machen, war das Gebot mehrerer Jahrhunderte. Sein Nutzen war Motor des Fortschritts.

Mit den sichtbar gewordenen Grenzen unseres Universums und den Möglichkeiten, es zu nutzen, wird sich auch die Vorstellung von Freiheit wandeln. Denn wenn die Entwicklung der Zukunft an Grenzen stoßen wird, werden diese Grenzen nicht aufgehoben. Vielmehr werden sie die Interpretation von Freiheit bestimmen.

Das Bewußtsein wird die unumgänglichen Veränderungen reflektieren. Damit löst es auch die gesellschaftlich verbindlichen Normen und Werte, die Vorstellungen von Freiheit und Glück vom bürgerlichen Versandhauskatalog. Es wird sich zeigen, daß zwischen funktionalen und emotionalen Eigenschaften von Gegenständen keine natürlichen, sondern nur willkürlich gezogene Verbindungen bestehen. Unter diesen Umständen kann die Trennung nur bedeuten, daß sich Freiheit vergrößert. Die Veränderung schließt daher auch die Bedingungen ein, unter denen Gegenstände nicht nur besessen, sondern auch produziert und verwaltet werden. Hier öffnen sich neue Formen menschlicher Arbeit und sozialer Beziehungen. Auch darin kann sich Freiheit vergrößern.

Der Vorstellung des Kollektiven haftet der Ruch von Unterdrückung, Zwang und Entindividualisierung an. Doch ist das nichts als Verallgemeinerung des bürgerlichen Vorurteils, nachdem der bisherige Bedeutungszusammenhang zwischen Dingen und ihren angeblich natürlichen Bedeutungen das Bewußtsein einnebelt. Die emotionale Fixierung der Wünsche und der Vorstellungen von Freiheit und Zufriedenheit an Besitz und die Exklusivität privatisierter Nutzung wird sich im selben Maß aufheben, wie sich zeigt, daß die Bedeutung des Dinges nur in seiner Funktion liegt, die Versorgung mit Funktionen aber gesellschaftlich erarbeitet und verwaltet wird und für alle gleichermaßen sichergestellt ist.

Der Übergang zu einer Gesellschaft, in welcher nicht mehr der Markt der *zentrale* Handlungsraum der Öffentlichkeit ist und der Verbrauch nicht mehr von Kapitalverwertungszwängen bestimmt wird, ist begleitet von direkten demokratischen Formen von Produktion, Verwaltung und Verteilung, die *nicht* Rückfall auf ein vorindustrielles Niveau bedeuten. In den meisten Ländern würde die Bevölkerungsdichte eine vorindustrielle Produktionsweise nicht mehr erlauben, es sei denn, man hielte den Zustand der Entwicklungsländer für ein wünschenswertes Ziel.

So läßt sich auf einer hohen Abstraktionsstufe die Lösung in kollektiven Nutzungsarten materieller Güter sehen. Eine vergleichbare oder bessere Versorgung jedes einzelnen könnte mit wesentlich geringerem Aufwand an Rohstoffen, Energie, Umweltbelastungen und menschlicher Arbeit (die zudem modifizierbar würde) erreicht werden. Außerdem würden diese vergesellschafteten Produktions- und Nutzungsarten den bisherigen materiellen Leistungsanreiz und Leistungszwang der bürgerlichen Gesellschaft und damit eine der wesentlichen Ursachen für psychische und psychosomatische Krankheiten weitgehend eliminieren.

Die gegenwärtigen individuell besessenen und konsumierten Massenartikel durch langlebige und kollektiv benutzte Güter oder Dienstleistungen zu ersetzen, heißt auch, Massen- und Fließbandproduktion in zunehmendem Maß aufzugeben. Zur gleichwertigen Versorgung der Gesellschaft mit Funktionen und Gebrauchswerten muß wesentlich geringerer Aufwand getrieben werden. Damit läßt sich nicht nur die Quantität der gesellschaftlich notwendigen Arbeit verringern, sondern auch ihre Qualität entscheidend verbessern. Arbeit wird ungleich mehr als heute Identifikation erlauben.

Damit kann die Spezialisierung als Voraussetzung der gesellschaftlichen Nützlichkeit der Individuen tendenziell überwunden werden und damit eine der Ursachen sozialer Ungleichwertigkeit. Wirtschaftlich ist dieser Prozeß der »Entspezialisierung« tragbar, indem die Voraussetzung zum Spezialistentum, der Zwang einer kontinuierlichen Steigerung des wirtschaftlichen und technischen Potentials zur Befriedigung des Multiplikators, aufgehoben sein wird. Damit ist nicht nur der Versuch einer möglichst umfassenden Ausbildung und Betätigung der produktiven Menschen denkbar und lohnend. Mit der unterschiedlichen sozialen »Honorierung« unterschiedlich qualifizierter, jedoch gleichermaßen notwendiger Arbeit entfällt auch die willkürlichste Ursache der gesellschaftlichen Ungleichwertigkeit der Individuen.

Die Sicherheit einer ausreichenden und komfortablen Versorgung mit Gebrauchswerten läßt einen großen Teil der Ursachen entfallen, die Lebensziele der Bürger in die Selbstfindung durch Besitz und Konsum zu fixieren und dadurch erst den inzwischen verhängnisvoll gewordenen Expansionszwang zu stabilisieren. Eine der Ursachen von Zivilisationskrankheiten und -schäden, die »Verschwendung« von Menschen und Material, wird aufgehoben. Indem öffentliche Dienstleistungsbetriebe und öffentliche Einrichtungen zu zentralen Handlungsräumen der Individuen werden, kann zu einem großen Teil die verhängnisvolle Isolierung in der privaten Konsumsphäre durchbrochen werden, die das gegenwärtige Desinteresse an fundamentalen politischen und gesellschaftlichen Entscheidungen nach sich zieht. Damit wird eine der Voraussetzungen für das Interesse der Individuen an Belangen der Gesellschaft erfüllt, das erst allgemeine Beteiligung an wichtigen Fragen öffentlichen Interesses ermöglicht und Demokratie nicht bloß auf Akklamation verpflichtet.

Die neuen Produktions- und Konsumformen werden die Lebens- und Arbeitsbereiche in den Städten wieder integrierbar machen und damit deren gegenwärtige Funktionalisierung in Wohn-, Arbeits-, Verwaltungs-, Amüsier- und Erholungsbereiche beenden. Diese Städte werden ungleich mehr als die gegenwärtigen aus kleinen Einheiten mit weitgehend verflochtenen Lebens- und Arbeitsmöglichkeiten bestehen: Wohnen, Arbeiten, Erholung, Verwaltung, Kultur, Sport, Schulen etc., und sich erst in höheren Organisationsstufen zu zentraleren Verbänden zusammensetzen. Nur ein kleiner Teil der Einrichtungen muß zentralisiert sein; zentrale Verwaltung, Energieerzeugungsanlagen, zentrale kulturelle Einrichtungen etc. Die weitgehend veränderten Produktionsformen und der relative Rückgang der Bedeutung wirtschaftlicher Aktivität werden auch einen wesentlichen Teil der Produktionen wieder in die Stadt integrieren. Das, zusammen mit dem Ende des Individualverkehrs, wird die Städte nicht nur bewohnbarer machen, sondern auch lebensfähig.

In einer zukünftigen Gesellschaft, in der Technik, Wissenschaft und Wirtschaft zwar eine wichtige, aber nicht mehr die heutige beherrschende Rolle spielen werden, haben sich die Menschen aus der Anpassung an Apparate und einseitige Interessen befreit. Indem die Arbeit zwar nicht entfällt, aber auf Menschen bezogen ist, der Überfluß zwar nicht absolut, die Menge der produzierten Güter und Dienstleistungen aber ausreicht, materielle Not zu vermeiden und die Bedürfnisse zu befriedigen, wird die Erfahrung, daß sich der bisherige Überfluß nicht ohne die bekannten Folgen steigern lassen wird, auch das Ende von Unterdrückung bedeuten, da die Voraussetzungen entfallen sind. Die Sicherung eines ausreichenden und nicht wesentlich steigerungsfähigen materiellen Lebensstandards wird Ökonomie, Technik und Wissenschaft aus ihren heutigen zentralen Positionen in die Reihe anderer Beschäftigungen rücken. Man wird sich mit wirtschaftlichen Fragen aus der gleichen Motivation beschäftigen wie mit musikalischen, bildende Kunst wird gleichrangig mit technischen Neuerungen sein, und die Wissenschaft muß aus etwa gleichen Gründen gefördert werden wie die Poesie.

Das bedeutet keinesfalls Flucht in eine idyllische Kulturlandschaft, in der die heute unter dem Begriff Kultur subsummierten geistigen Konsumartikel der bürgerlichen Gesellschaft nun in den Vordergrund gerückt würden und, wie einige schon zu erkennen meinen, zur neuen umweltschonenden und ressourcenfreundlichen Handelsware der Zukunft werden. Vielmehr wird man unter dem Begriff Kultur die schöpferische Arbeit aller Menschen verstehen, die ebenso vom Vorgang wie vom Produkt her bestimmt ist. Damit wird Kultur das Phänomen menschlicher Produktivität als eines zeitlichen, subjektiv bedeutsamen Vorganges charakterisieren, ganz gleich, ob sich dieser auf materielle oder geistige, wirtschaftlich nutzbare oder künstlerische Produkte bezieht.

Diese Utopie wird nicht zukünftige gesellschaftliche Wirklichkeit sein. Sie kann es nicht werden, weil Zukunft nicht verwirklicht werden kann. Verwirklichen lassen sich nur die Interessen handelnder Menschen. Eine zukünftige Gesellschaft wird ebenso von Widersprüchen durchsetzt sein wie die Utopie von ihnen frei ist. Entscheidend sind die Art der Widersprüche, wie sie ausgetragen werden, und die institutionelle Regelung von Konflikten. Doch nähert sich die Utopie der Wirklichkeit, da sie zeigt, daß gesellschaftliche und ökonomische Zustände unmittelbar voneinander abhängen. Sie belegt, daß die veränderten Voraussetzungen einer zukünftigen Wirtschaft nicht nur zu neuen Produktionstechniken, effizienteren Ausbeutungsverfahren, sondern auch zu neuen gesellschaftlichen Verhältnissen führen werden. Das heute als utopisch zu betrachten, bedeutet nichts anderes, als die mit den Produktionstechniken veränderten Produktionsverhältnisse, also die unumgängliche Revolution der Gesellschaft, zu negieren.

Auch die zukünftige Gesellschaft wird nicht widerspruchsfrei sein. In einer der Utopie entsprechenden hypothetischen Gesellschaft entstehen Tendenzen zu neuen herrschenden Klassen und zur Dominanz einzelner Staaten oder Wirtschaftsblöcke. Gerade daß in dieser Gesellschaft Reichtum hauptsächlich durch Umverteilung (und nicht wie heute durch intensivierte Ausbeutung natürlicher, scheinbar im Überfluß vorhandener Ressourcen) anzusammeln wäre, hat einen stark konfliktweckenden Effekt. Damit könnten Auseinandersetzungen zwischen Staaten oder Klassen an der Tagesordnung sein. Widersprüche könnten zweifellos auch auftreten zwischen Möglichkeiten ökonomischer Expansion und der gesellschaftlichen Notwendigkeit, sie zu verhindern, da fundamentale gesellschaftliche Werte verletzt würden. Wir kennen das chinesische Beispiel, hochqualifizierte Experten für Arbeiten einzusetzen, die unseren Maßstäben von sinnvoller Verwendung wirtschaftlicher Ressourcen ad absurdum führen. Doch wird die uns so willkürlich und unökonomisch erscheinende Maßnahme verständlich, wenn wir vom Standort des Individuums zu dem der Gesellschaft, von der Ökonomie zur Politik wechseln.

Versucht man die Aussichten wirtschaftlicher Expansion und politischer wie gesellschaftlicher Ungleichheit abzuschätzen, wird wahrscheinlich, daß langfristig einseitige wirtschaftliche oder politische Macht auch ihren unmittelbaren Nutznießern nicht Gewähr einer Weiterentwicklung bietet. Dazu sind moderne Industriestaaten zu sehr von internationaler Arbeitsteilung und dem Austausch von Waren und Rohstoffen abhängig, zusätzlich von innerer und äußerer gesellschaftlicher und politischer Stabilität. Diese Stabilität kann mit zunehmender Komplexität immer weniger durch Gewalt oder Macht erzwungen werden, sondern muß auf freiwilliger Übereinkunft beruhen. Das bedeutet nicht, daß Unterdrückung unmöglich wird, wohl aber, daß sie über längere Zeiträume keine Alternative wirtschaftlicher Weiterentwicklung, noch nicht einmal ihre eigene Sicherheit garantieren kann und daher zu überwinden ist.

Anmerkungen

1 Arnold Gehlen, *Anthropologische Ansicht der Technik,* zit. nach Jürgen Habermas, *Technik und Wissenschaft als ›Ideologie‹,* Frankfurt 1971, S. 56.

2 Arnold Gehlen, *Die Seele im technischen Zeitalter,* Hamburg 1972, S. 17.

3 ebda, S. 14.

4 Hoimar v. Ditfurth, DIE ZEIT Nr. 17, 1972.

5 Hans Sachsse, *Technik und Verantwortung,* Freiburg 1972, S. 52 und 56.

6 Maurice Godelier, *Ökonomische Anthropologie,* Hamburg 1973, S. 293 f.

7 Claude Lévi-Strauss, *Das Wilde Denken,* Frankfurt 1968.

8 Claude Lévi-Strauss, *Strukturale Anthropologie,* Frankfurt 1967, S. 226.

9 L. S. B. Leakey u. V. M. Godall, *Fossile Funde und die Sintflut,* Unesco Kurier, Nr. 8/9 1972, S. 59 f.

10 Jacques Monod, *Zufall und Notwendigkeit,* München 1971, S. 171 f.

11 Arthur Koestler, *Das Gespenst in der Maschine,* Wien 1970, S. 180.

12 P. Cloud u. A. Gibor, *The Oxygen Cycle,* Scientific American 223 Nr. 3, 1970, S. 111 f.

13 G. E. Hutchinson, *The Biosphere,* ebda, S. 45 f.

14 Maurice Godelier, 1973, a. a. O., S. 54.

15 Darcy Ribeiro, *Der zivilisatorische Prozeß,* Frankfurt 1971, S. 47.

16 ebda, S. 111.

17 Arnold Gehlen, 1972, a. a. O., S. 7.

18 Arthur Koestler, 1970, a. a. O., S. 356 f.

19 Roland Barthes, *Mythen des Alltags,* Frankfurt 1970, S. 112 f.

20 Paul A. Samuelson, *Volkswirtschaftslehre,* Köln 1970, Bd. 2, S. 498.

21 Maurice Godelier, 1973, a. a. O., S. 298.

22 Karl Steinbuch, *Mensch Technik Zukunft,* Stuttgart 1971, S. 27.

23 ebda, S. 335.

24 Herbert Marcuse, *Der eindimensionale Mensch,* Neuwied 1970, S. 18.

25 vgl. z. B. Hans Sachsse, 1972, a. a. O.

26 Michael Schneider, *Neurose und Klassenkampf,* Hamburg 1973.

27 ebda, S. 88 f.

28 Friedrich Hacker, *Aggression, Wien 1971,* S. 71.

30 Selg, Belschner, Jacocbi, Litschke, Schott, *Zur Aggression verdammt?,* Stuttgart 1971, S. 150.

31 Konrad Lorenz, in: Friedrich Hacker, 1971, a. a. O., S. 150.

32 ebda, S. 149.

33 Konrad Lorenz, *Die sieben Todsünden der zivilisierten Menschheit,* Süddeutsche Zeitung, 23. 12. 1972.

34 Patricia Draper, Science Vol. 182, 1973, S. 301.

35 Alexander Alland, *Aggression und Kultur,* Frankfurt 1974.

36 Konrad Lorenz, *Das sogenannte Böse,* Wien, 30. Aufl., S. 199 f.

37 ebda, S. 337.

38 ebda, S. 383 f.

39 Selg et al., 1971, a. a. O., S. 127.

40 Arthur Koestler, 1970, a. a. O., S. 356.

41 ebda, S. 366.

42 ebda, S. 391.

43 ebda, S. 335.

44 ebda, S. 315.

45 ebda, S. 328.

46 Eric H. Lenneberg, *Biologische Grundlagen der Sprache,* Frankfurt 1972, S. 213.

47 ebda, S. 199 f.

48 ebda, S. 178.

49 Alfred Lorenzer, *Zur Begründung einer materialistischen Sozialisationstheorie,* Frankfurt 1972.

50 Claude Lévi-Strauss, 1968, a. a. O., S. 229 f.

51 J. Habermas u. N. Luhmann, *Theorie der Gesellschaft,* Frankfurt 1971, S. 19 f.

52 Arnold Gehlen, 1972, a. a. O., S. 15.

53 Noam Chomsky, *Sprache und Geist,* Frankfurt 1970, S. 50 f.

54 Eric H. Lenneberg, 1972, a. a. O., S. 320.

55 ebda, S. 465.

56 Peter Nathan, *Nerven und Sinne,* Frankfurt 1973, S. 207.

57 Immanuel Kant, *Kritik der reinen Vernunft,* Hamburg 1956, S. 343.

58 Noam Chomsky, 1970, a. a. O., S. 115 f.

59 Eric H. Lenneberg, 1972, a. a. O., S. 337 f.

60 ebda, S. 365.

61 Noam Chomsky, 1970, a. a. O., S. 55.

62 ebda, S. 53 f.

63 B. F. Skinner, *Beyond freedom and dignity* (übersetzt), London 1972, S. 150.

64 B. F. Skinner, *Science and human behavior* (übersetzt), New York 1965, S. 244.

65 ebda, S. 252 f.

66 Noam Chomsky, 1970, a. a. O., S. 120 f.

67 B. F. Skinner, 1972, a. a. O., S. 181.

68 Eric H. Lenneberg, 1972, a. a. O., S. 321 f.

70 R. M. Hartwell, *Die Ursachen der Industriellen Revolution,* in: *Industrielle Revolution,* Köln 1972, S. 35 f.

71 zit. nach P. Mathias, *Naturwissenschaften und technischer Wandel,* in: *Industrielle Revolution,* Köln 1972, S. 121 f.

72 C. M. Cipolla, in: K. Borchardt, *Die Industrielle Revolution in Deutschland,* München 1972, S. 9.

73 Wolfgang Pohrt, in: *Wissenschaftspolitik – von wem, für wen, wie?,* München, S. 55.

74 zit. nach G. Stavenhagen, *Geschichte der Wirtschaftstheorie,* Göttingen 1969, S. 97.

75 Barrington Moore, *Soziale Ursprünge von Diktatur und Demokratie,* Frankfurt 1974, S. 26 (Hervorhebung J. H).

76 ebda, S. 39 f.

77 W. Vogt, in: *Seminar: Politische Ökonomie,* Frankfurt 1973, S. 182 f.

78 Adam Smith, *An inquiry into the nature and the causes of the wealth of nations,* in: *The works of Adam Smith,* Reprint of the edition 1811-12, Aalen 1963, S. 44 u. 102 (übersetzt).

79 ebda, S. 100.

80 David Ricardo, *Grundsätze der Volkswirtschaft und Besteuerung,* zit. nach Stavenhagen, 1969, a. a. O., S. 70.

81 ebda, S. 71.

82 Adam Smith, 1963, a. a. O., S. 25.

83 F. Crouzet, *Die Kapitalbildung in Großbritannien während der industriellen Revolution,* in: *Industrielle Revolution,* 1972, a. a. O., S. 165 f.

84 L. Bergeron, F. Furet, R. Koselleck, in: *Fischer Weltgeschichte,* Frankfurt 1969, Bd. 26, S. 20.

85 S. Kuznets, *Die wirtschaftlichen Vorbedingungen der Industrialisierung,* in: *Industrielle Revolution,* 1972, a. a. O., S. 23 f.

86 Ernest Mandel, *Marxistische Wirtschaftstheorie,* Frankfurt 1971, S. 591 f.

87 W. O. Henderson, *Die Industrielle Revolution,* Wien 1971, S. 122 f.

88 vgl. G. Stavenhagen, 1969, a. a. O., S. 70.

89 Karl Marx, *Das Kapital,* Frankfurt 1971, Bd. 3, S. 228.

90 ebda, S. 229.

91 Paul A. Samuelson, 1970, a. a. O., Bd. 2, S. 466.

92 ebda, S. 470.

93 Meadows, Meadows, Randers, Behrens, *The limits to growth,* New York 1972.

94 Paul A. Samuelson, 1970, a. a. O., Bd. 2, S. 521.

95 ebda, Bd. 1, S. 298 f.

96 ebda, Bd. 1, S. 331 u. 268.

97 ebda, Bd. 1, S. 268 f.

98 E. Preiser, *Wirtschaftspolitik heute,* München 1967, S. 144.

99 Winfried Vogt, in: *Seminar: Politische Ökonomie,* 1973, a. a. O., S. 199.

100 E. D. Dohmar, in: *Wachstum und Entwicklung der Wirtschaft,* Köln 1968, S. 56 f.

101 H. König, in: ebda, S. 31.

102 Paul M. Sweezy, in: *Seminar: Politische Ökonomie,* 1973, a. a. O., S. 169.

103 Winfried Vogt, in: ebda, S. 204.

104 Ota Sik, *Der dritte Mann,* Hamburg 1972, S. 248.

105 Paul A. Samuelson, 1970, a. a. O., Bd. 2, S. 292.

106 Forschungsbericht (IV), Bonn 1972, S. 9.

107 W. Krelle, *Beeinflußbarkeit und Grenzen des Wirtschaftswachstums,* in: *Wachstum und Entwicklung der Wirtschaft,* a. a. O., S. 321 f.

108 Manfred P. Wahl, in: *Das 198. Jahrzehnt,* München 1972, S. 427 f.

109 Jürgen Senger, in: *Wissenschaftspolitik – von wem, für wen, wie?,* a. a. O., S. 91 f.

110 Hartmut Neuendorf, in ebda, S. 146 f.

111 zit. nach Neuendorff, ebda.

112 Jürgen Senger, ebda, S. 87 f.

113 W. Hill, *Die Planung der industriellen Forschung und Entwicklung,* in: *1980 ist morgen,* Düsseldorf 1969, S. 333 f.

114 *Forschungsbericht (IV),* a. a. O., Tabelle 29, 30.

115 ebda, Tabelle 25.

116 ebda, S. 24.

117 Ulrich Albrecht, *Wissenschaftspolitik – von wem, für wen, wie?,* a. a. O., S. 118 f.

118 Manfred P. Wahl, 1972, a. a. O., S. 420.

119 ebda, S. 414.

120 ebda.

121 Karl Steinbuch, *Programm 2000,* München 1971, S. 107.

122 zit. nach ebda, S. 105.

123 zit. nach ebda, S. 100.

124 zit. nach ebda, S. 105.

125 Katona, Stümpel, Zahn, *Zwei Wege zur Prosperität,* Düsseldorf 1971, S. 121.

126 Hildegard Hamm-Brücher, *Unfähig zur Reform,* München 1972, S. 62.

127 Hartmut v. Hentig, *Cuernavaca,* München 1971, S. 93.

128 Paul A. Samuelson, 1970, a. a. O., Bd. 1, S. 85.

129 Ota Sik, 1972, a. a. O., S. 194. Sik »vergißt«, daß in wirtschaftlichen Schlüsselbereichen die Marktkontrolle durch Oligopole absolut ist. Neugründungen zur Belebung des Wettbewerbs sind praktisch ausgeschlossen (z. B. Ölindustrie, Fahrzeugbau, Waschmittelindustrie, Elektronik etc.).

130 Eike Hennig, in: *Manipulation der Meinungsbildung,* Opladen 1972, S. 27 f.

131 Paul A. Samuelson, 1970, a. a. O., Bd. 2, S. 186.

132 Henri Lefebvre, *Das Alltagsleben in der modernen Welt,* Frankfurt 1972, S. 123.

133 H. J. Richter, *Die Strategie schriftlicher Massenbefragungen,* Bad Harzburg 1970, S. 264 und 268.

134 Katone, Stümpel, Zahn, 1971, a. a. O., S. 141.

135 ebda, S. 23.

136 ebda, S. 83.

137 E. Günther, in L. Brawand, *Wohin steuert die deutsche Wirtschaft,* München 1971, S. 99.

138 Beides zitiert nach: Umwelt, 3/73, S. 33.

139 berechnet nach Daten von Claessens, Klönne, Tschoepe, *Sozialkunde in der Bundesrepublik Deutschland,* Düsseldorf 1970, S. 45.

140 ebda, S. 99 f.

141 Urs Jäggi, *Macht und Herrschaft in der Bundesrepublik,* Frankfurt 1969, S. 81.

142 ebda, S. 81.

143 ebda, S. 79.

144 André Gorz, *Der schwierige Sozialismus,* Frankfurt 1968, S. 9, zitiert nach Jäggi, ebda, S. 97.

145 zitiert nach ebda, S. 103.

146 Claessens, Klönne, Tschoepe, 1970, a. a. O., S. 48 f.

147 ebda, S. 51.

148 ebda, S. 54.

149 *Bundesimmissionsschutzgesetz* (Entwurf), Umweltschutz Nr. 6. Hrsg. v. Bundesmin. des Innern, Bonn 1971.

150 K. Rudzinski, in Frankfurter Allgemeine Zeitung (FAZ) 28. 3. 1973.

151 Karl Steinbuch, 1971, a. a. O., S. 329.

152 Süddeutsche Zeitung 19. 9. 1973.

153 International Herald Tribune 3. 4. 1972.

154 International Herald Tribune 14. 11. 1972; DER SPIEGEL 10. 7. 1972.

155 International Herald Tribune 23. 5. 1973.

156 Süddeutsche Zeitung 28. 12. 1972.

157 zit. nach Jürgen Peter Stössel, *Psychopharmaka – die verordnete Anpassung,* München 1973, S. 23.

158 Bundeszentrale für gesundheitliche Aufklärung, Köln, Ostmerheimer Straße 200, Bogen 200, 234 u. 169.

159 H. Schäfer, in: *Ermüdung, Schlaf, Traum,* W. Baust Hrsg., Stuttgart 1970, S. 1 f.

160 ebda, S. 25.

161 Claessens, Klönne, Tschoepe, 1970, a. a. O., S. 158.

162 G. Weber, in: *Politisierung des Alltags,* H. E. Bahr Hrsg., Neuwied 1972, S. 96 f.

163 H. Bausch (Stuttgarter Rundfunkintendant), zitiert nach: FAZ
16. 8. 1972.

164 DER SPIEGEL, Nr. 52 1971, S. 53.

165 M. Fensterer, B. Gutknecht, F. Schneider, *Die Krise der Stadt –
eine Krise der Verwaltung,* Umwelt 4/73.

166 nach: DER SPIEGEL Nr. 10. 1972, S. 48.

167 zitiert nach: DER SPIEGEL, Nr. 10. 1972, S. 44.

168 Jürgen Peter Stössel, 1973, a. a. O., S. 13.

169 ebda, S. 64.

170 *Die Wirtschaft 1972,* München 1973, S. 206.

171 nach: Süddeutsche Zeitung, 30. 11. 1972.

172 Stefan Wiesner, *Das Trinkverhalten der Deutschen,* Herford, zitiert
nach DER SPIEGEL Nr. 1. 1973.

173 Horst Holzer, *Gescheiterte Aufklärung,* München 1971, S. 171 f.

174 DER SPIEGEL, 8. 1. 1973, S. 36.

175 Freeman, Jahoda, *Zukunft aus dem Computer,* Neuwied 1973.

176 G. R. Taylor, *Das Selbstmordprogramm,* Frankfurt 1971.

177 Hans Magnus Enzensberger, *Zur Kritik der bürgerlichen Ökologie,*
Kursbuch 33, Berlin 1973, S. 1 f.

178 J. W. Forrester, *World Dynamics,* Cambridge/Massachusetts 1971.

179 C. M. Hames, *Evans county cardiovascular study,* Archives of In-
ternal Medicine, Vol 128, 1971, S. 883 f.

180 K. H. Hausmeyer, R. Rürup, Umwelt Nr. 30, 1974, S. 25 f.

181 Umwelt 2/73, S. 10.

182 zitiert nach Umweltschutz. Hrsg. Bundesinnenministerium, Nr. 15.
2. 6. 1972, S. 23.

183 International Herald Tribune, 8. 1. 1974.

184 Nathan Keyfitz, in: *Wovon können wir morgen leben?,* München
1971, S. 76 f.

185 International Herald Tribune, 10. 7. 1972.

186 Ward, Dubos, *Wie retten wir unsere Erde?,* Freiburg 1972, S. 192.

187 Presidents Science Advisory Panel on the World Food Supply,
zitiert nach Meadows et al. 1972, a. a. O., S. 46.

188 UN Food and Agriculture Organisation, FAO, zitiert nach ebda,
S. 48 f.

189 L. R. Brown, *Human Food Production as a Process in the Biosphere,*
Scientific American, Vol 223, Nr. 3. 1970, S. 161 f.

190 Norman Wright, in: Weltgesundheitsreport, München 1971, S. 176.

191 W. Häfele, *Energy Systems,* in: IIASA-PC-3, Laxenburg/Austria,
1973, S. 66.

192 Berechnet nach: SCEP, *Mans Impact on the global Environment,*
Cambridge/Massachusetts 1970, S. 294 (Bevölkerungszahlen aus
193.).

193 H. Kahn, A. Wiener, *Ihr werdet es erleben,* Wien 7. Aufl., S. 150.
194 Gunnar Myrdal, *Politisches Manifest über die Armut in der Welt,* Frankfurt 1972.
195 ebda, S. 167 f.
196 International Herald Tribune, 7. 8. 1973.
197 Ward, Dubos, 1972, a. a. O., S. 187.
198 W. R. Bihn, Süddeutsche Zeitung, 24. 10. 1972, Verlagsbeilage »Der Mensch und die Technik«.
199 Bruno Fritsch, ebda.
200 E. Mittelsten Scheid, ebda.
201 Rudolf Herlt, DIE ZEIT, Nr. 18, 1972.
202 Inter American Economic and Social Council, Unctad Document TD/B/SR 247, zit. nach Süddeutsche Zeitung, 24. 10. 1972, Beilage a. a. O.
203 Agency for. Int. Development, US Overseas Loans and Grants, Special report for the house of foreign affairs Comitee., zit. nach Süddeutsche Zeitung, 24. 10. 1972, Beilage a. a. O.
204 nach: DIE ZEIT, 5. 5. 1972 und 7. 4. 1972.
205 SCEP, 1970, a. a. O., S. 115.
206 Presidents Science Advisory Panel on the World Food Supply, zitiert nach: Meadows, 1972, a. a. O., S. 49.
207 *Tropical Forest Ecosystems in Africa and South America,* Smithsonian Institute Press Hrsg., zitiert nach: FAZ, 6. 8. 1973.
208 Provisional Indicative World Plan for the Agricultural Development, FAO Hrsg., zitiert nach Meadows, 1972, a. a. O., S. 49.
209 Daniel H. Janzen, *Tropical agroecosystems,* Science, Vol. 182, 1973, S. 1212 f.
210 D. Pimentel et al., *Food production and the energy crisis,* Science, Vol. 182, 1973, S. 443.
211 K. Blaxter, *Power and agricultural revolution,* New Scientist, 14. 2. 1974, S. 400.
212 G. M. Woodwell, *The energy cycle of the biosphere,* Scientific American, Vol 223. Nr. 3, 1970, S. 64 f.
    W. E. Ricker, in: *Wovon können wir morgen leben?,* 1971, a. a. O., S. 135.
213 N. Wright, in: *Weltgesundheitsreport,* München 1971, S. 180.
213a nach FAZ, 13. 9. 1972.
214 SCEP, 1970, a. a. O., S. 158
215 UN Statistical Yearbook 1967, zitiert nach: ebda, S. 118.
216 *Fertilizers,* FAO (Hrsg.), 1965, zitiert nach: ebda, S. 283.
217 *Production Yearbook,* FAO (Hrsg.), 1963, zitiert nach: ebda, S. 119.
218 zitiert nach: ebda, S. 282.
219 H. L. Penmatt, Scientific American, Vol. 223, Nr. 3, 1970, S. 99 f.
220 Ward, Dubos, 1972, a. a. O., S. 205 f.

221 DER SPIEGEL, 4. 12. 1972, S. 117.

222 SCEP, 1970, a. a. O., S. 120.

W. Schwenke, *Zwischen Gift und Hunger,* Heidelberg 1968.

223 zitiert nach Süddeutsche Zeitung, 9. 11. 1971.

224 SCEP, 1970, a. a. O., S. 125.

225 *Ernährungsbericht 1972,* Deutsche Ges. f. Ernährung e. V. (Hrsg.), Frankfurt 1972, S. 147.

226 Ward, Dubos, 1972, a. a. O., S. 215.

227 ebda, S. 212.

228 Meadows et al., 1972, a. a. O., S. 147.

229 ebda, S. 146.

230 DER SPIEGEL, 4. 12. 1972.

231 Meadows et al., 1972, a. a. O., S. 148.

232 FAO Vollvers., zitiert nach Süddeutsche Zeitung 25. 11. 1971.

233 International Herald Tribune 23. 11. 1971.

234 Nathan Keyfitz, 1971, a. a. O., S. 82.

235 *UN Statistical Yearbook* 1972, zitiert nach International Herald Tribune 11. 7. 1972.

236 A. Wolman, in *Weltgesundheitsreport,* 1971, a. a. O., S. 194 f.

237 International Herald Tribune, 28./29. 4. 1973.

238 K. P. Krause, FAZ 13. 6. 1973.

239 SCEP, 1970, a. a. O., S. 294 f.

240 ebda, S. 289 u. 294.

241 Meadows et al., 1972, a. a. O., S. 58.

242 M. King Hubbert, in: *Wovon können wir morgen leben,* München 1971, S. 213 f.

243 International Herald Tribune, 7. 7. 1973.

244 W. R. Cherry, Vortrag auf der Tagung: *Energie als Herausforderung,* Akademie f. Pol. Bildung, Tutzing 1974.

245 W. Häfele, »*Energy Systems*«, 1973, IIASA-PC-3, a. a. O., S. 9 f.

246 W. Throm, *Die Angst vor der Energiekrise,* FAZ 25. 8. 1973.

247 G. Materne, *Riesige Ölreserven in Sand und Gestein,* FAZ 29. 10. 1973.

248 berechnet nach King Hubbert S. 200 u. SCEP S. 294 f., a. a. O., vgl. W. E. Barrat, *Oil and the Energy Crisis,* in: IIASA-PC-3, Laxenburg, Austria, 1973, a. a. O., S. 97.

249 Süddeutsche Zeitung, 10. 9. 1973; u. International Herald Tribune 10. 9. 1973.

250 King Hubbert, 1971, a. a. O., S. 203.

251 ebda, S. 231.

251a A. J. Surrey u. A. J. Bromley, in: *Zukunft aus dem Computer,* Neuwied 1973, S. 160 f.

252 International Herald Tribune 23./24. 3. 1974.

253 King Hubbert, 1971. a. a. O., S. 236.

254 Kahn Wiener, *Ihr werdet es erleben,* 7. Aufl. Wien, S. 88.

255 SCEP, 1970, a. a. O., S. 291 u. 301.

256 H. Schmidt, in: *Die Energiekrise,* Hamburg 1974, S. 24.

257 H. Schlipköter, in: *Umweltreport,* Frankfurt 1972, S. 199 f.

258 Umwelt 2/71, S. 8.

259 H. E. Stockinger, D. L. Coffin, in: *Air pollution,* New York 1968, S. 445.

260 J. R. Goldsmith, in: ebda, S. 547.

261 H. O. Hettche, in: Naturwissenschaften 1971, S. 409.

262 *Materialienband zum Umweltprogramm der Bundesregierung,* Bonn 1971 (= Sachverständigengutachten), S. 216.

263 ebda, S. 205.

264 Umwelt 2/73, S. 24 f.

265 *Materialienband zum Umweltprogramm der Bundesregierung,* 1971, a. a. O., S. 211.

266 ebda, S. 206.

267 ebda, S. 609, 610.

268 SCEP, 1970, a. a. O., S. 40 f.

269 ebda, S. 64 u. 96.

270 Klaus Meyer-Abich, Umwelt 4/73 S. 26 f.

271 Klaus Meyer-Abich, in: *Die Zukunft des Wachstums,* H. v. Nussbaum (Hrsg.), Düsseldorf 1973, S. 163 f.

272 H. E. Klotter, in: *Umweltreport,* Frankfurt 1972, S. 113.

273 ebda, S. 114.

274 R. Guck, in: *Umweltreport,* 1972, a. a. O., S. 116.

275 H. J. Otway, *Risk estimation and evaluation,* in: IIASA-PC-3, 1973, a. a. O., S. 354.

276 R. E. Lapp, *Nuclear safety and the public debate,* New Scientist, Vol. 61, Nr. 885, 1974, S. 394.
Colin Norman, *More criticism of nuclear safegards,* Nature, Vol. 249, 1974, S. 100.

277 Carrol L. Wilson, in: *Die Energiekrise,* Hamburg 1974, S. 105 f.

278 Alvin Weinberg, *How can man live with fission,* in: IIASA-PC-3, 1973, S. 262 f.

279 vgl. Klaus Meyer-Abich, *Bedingungen der mittel- und langfristigen Energieversorgung,* Vortrag auf der Tagung *Energie als Herausforderung,* 1974, a. a. O.

280 Meadows et al., 1972, a. a. O., S. 110 f.

281 H. Brown, *Human materials production as a process in the biosphere,* Scientific American, Vol. 223, Nr. 3, 1970, S. 195 f.

282 Meadows et al., 1972, a. a. O., S. 56 f.

283 zitiert nach: International Herald Tribune 10. 5. 1973.

284 T. S. Lovering, in: *Wovon können wir morgen leben,* 1971, a. a. O., S. 138 f.

285 zitiert nach International Herald Tribune 5. 4. 1974.

286 A. Staines, *Digesting the raw materials threat,* New Scientist, 7. 3. 1974, S. 609.

287 Preston Cloud, in: *Wovon können wir morgen leben,* 1971, a. a. O., S. 187 f.

288 *Materialienband zum Umweltprogramm der Bundesregierung,* 1971, a. a. O., S. 72 f. u. S. 80.

289 K. E. Quentin, Umweltschutz Nr. 12, Bundesinnenmin. (Hrsg.), S. 4.

290 Materialienband zum Umweltprogramm der Bundesregierung, 1971, a. a. O., S. 132.

291 *Umweltprogramm der Bundesregierung,* Bundesinnenmin. (Hrsg.), S. 43.

292 SCEP, 1970, a. a. O., S. 127 f. u. 227.

293 K. E. Quentin, Umweltschutz 12, a. a. O., S. 24.

294 *Materialienband zum Umweltprogramm der Bundesregierung,* 1971, a. a. O., S. 131 f.

295 ebda, S. 129.

296 ebda, S. 147.
1971 und 1972 wurden nach Angaben des Innenministers jedoch nur 630 bzw. 730 Millionen DM in Kläranlagen investiert. Das sind nur 60 % dessen, was das, gegenüber dem *Materialienband* ananspruchslosere *Umweltprogramm der Bundesregierung fordert* (Umwelt Nr. 26, S. 43).

297 Hartkopf, zitiert nach Umwelt 1/73, S. 11.

298 Umweltschutz Nr. 18, S. 23.

299 *Umweltprogramm der Bundesregierung,* a. a. O., S. 47 u. 48.

300 G. Rincke, Umweltschutz 12, S. 3 f.

301 *Materialienband zum Umweltprogramm der Bundesregierung,* 1971, a. a. O., S. 158.

302 ebda, S. 63.

303 R. Rasch, Umwelt 1/73, S. 50 f.

304 R. D. Bargmann, Umwelt 1/73, S. 54 f.

305 *Materialienband zum Umweltprogramm der Bundesregierung,* 1971, a. a. O., S. 335 f.

306 ebda, S. 605.

307 ebda, S. 615.

308 L. Kroeber-Keneth, FAZ 16. 9. 1972.

309 M. Shepherd, B. Cooper, in: *Psychische Krankheit als sozialer Prozeß,* Berlin 1972, S. 129.

310 J. K. King, in: ebda, S. 148.

311 M. Shepherd, B. Cooper, in: ebda, S. 142 f.

312 *Gregor Bosch, in: Sozialpsychiatrie,* Neuwied 1972, S. 39.

313 T. Adeoye Lambo, in: *Weltgesundheitsreport,* 1971, S. 125 f.

314 Jürgen P. Stössel, 1973, a. a. O., S. 52.

315 ebda, S. 77.

316 K. T. Erikson, in: *Sozialpsychiatrische Texte,* Berlin 1972, S. 15.

317 H. W. Hammacher, *Tatort Deutschland,* Bergisch-Gladbach 1973.

318 *Gesundheitsbericht der Bundesrepublik Deutschland,* Bonn 1970, S. 52.

319 ebda, S. 178.

320 ebda, S. 49.

321 ebda, S. 50.

322 ebda, S. 37.

323 ebda, S. 87.

324 ebda, S. 73.

325 J. G. Bruhn, B. U. Philips, *Social readjustment and illness patterns: Comparisons between first, second and third generation Italian-Americans living in the same community.* J. Psychosom. Research, 16, 1972, S. 387.

326 J. Cassel, *Summary of major findings of the Evans County cardiovascular studies,* Arch. Int. Medicine, Vol. 128, 1972, S. 887.
   J. Cassel et al., *Incidence of coronary heart disease by ethnic group, social class and sex,* ebda, S. 901.
   J. Cassel et al., *Occupation and physical activity and coronary heart disease,* ebda, S. 920.

327 Rosenman, Friedman, zit. nach: M. Caruthers, New Scientist 11. 3. 1971, S. 542 f.

328 E. E. Levitt, *The psychology of anxiety,* London 1967, S. 143.

329 Erhard Eppler, in: *Qualität des Lebens,* Arbeitstagung der IG Metall 1972 in Oberhausen, Frankfurt 1973, S. 89 u. 99.

330 Erhard Eppler, Vortrag evangel. Akademie, Tutzing, zitiert nach: Süddeutsche Zeitung 14./15. 7. 1973.

331 B. Bartocha, *Lebensqualität in Mark und Pfennig,* Umwelt 6/72, S. 30 f.

332 H. Klump, in: *Wissenschaftspolitik – von wem, für wen, wie?,* a. a. O,. S. 117.

333 K. P. Krause, in FAZ 28. 12. 1973.

334 Boerma, zitiert nach International Herald Tribune 30. 8. 1973 und Süddeutsche Zeitung 18. 9. 1973.

335 U. Lantzke, Vortrag auf der Tagung *Energie als Herausforderung,* Tutzing 1974, a. a. O.

336 H. K. Schneider, ebda.

336a W. J. Levy, *Neureiche, die die Welt erschüttern,* DIE ZEIT 15. 3. 1974.

337 vgl. Ralf Dahrendorf, in: *Die Energiekrise,* Hamburg 1974, S. 69.

338 International Herald Tribune 24. 4. 1974, Bericht über die Arbeit eines Senatsausschusses der USA.

339 berechnet nach Zahlen von Kahn, Wiener, *Ihr werdet es erleben,* a. a. O., S. 150.

340 E. Küng, *Von der Konsumgesellschaft zur Kulturgesellschaft,* Umwelt 1/73, S. 12 f.

341 W. Klauder, G. Kühlewind, P. Schnur, W. Thon, *Zur Arbeitsmarktentwicklung bis 1980,* Mitteilungen aus der Arbeitsmarkt- und Berufsforschung, 7. Jahrgang, Stuttgart 1974, S. 1 f.

342 z. B.: Der Mediziner R. Gross, Univ.-Klinik Köln, berichtet, daß es auf der ganzen Welt 10- bis 20tausend medizinische Fachblätter gebe und pro Jahr etwa 1,5 Millionen Publikationen erschienen. Ein Mediziner, der nur lesen würde, könnte nur etwa 1 % der Fachliteratur auswerten. Außerdem wären etwa 50 % der Veröffentlichung überflüssig, da sie keinen Informationszuwachs bedeuteten, sondern nur aus dem Zwang »publish or perish« entstanden seien (nach FAZ 27. 3. 1974).

343 R. Rathscheck, *Konfliktstoff Arzneimittel,* Frankfurt 1971, S. 85.

344 Gesundheitsbericht, a. a. O., S. 52.

345 Materialienband zum Umweltprogramm der Bundesregierung, 1971, a. a. O., S. 350.

346 W. Häfele, J. Seetzen, in: *Das 198. Jahrzehnt,* München 1972. S. 441.

347 W. Page, in: *Zukunft aus dem Computer,* Neuwied 1973, S. 45 f.

348 C. L. Wilson, in: Die Energiekrise, Hamburg 1974, S. 106.

349 Alvin Weinberg, *How can man live with fission,* IIASA-PC-3, 1974, a. a. O., S. 275.

350 Süddeutsche Zeitung 16. 8. 1973.

351 H. Herxheimer, zitiert nach: FAZ 27. 4. 1974.

352 Ulrich Albrecht, in: *Forschungspolitik – von wem, für wen, wie?,* a. a. O., S. 125 f.

353 International Herald Tribune 14. 11. 1972.

354 DER SPIEGEL, Nr. 41, 1971, S. 134.

355 D. H. Janzen, *Tropical agroecosystems,* Science, Vol. 182, 1973, S. 1212 f.

356 R. Rasch, Umwelt 1/73, S. 50 f.

357 German Diligenski, *Sozialismus und Probleme der Zukunft,* in: *Qualität des Lebens,* Frankfurt 1972, a. a. O., S. 174.

358 Maurice Godelier, 1973, a. a. O., S. 45 f. u. 101 f.

359 Alvin Weinberg, in: IIASA-PC-3, 1973, a. a. O., S. 277.

360 Hans Sachsse, *Technik und Verantwortung,* Freiburg 1972, S. 34–40.

361 ebda, S. 48.

362 Herbert Marcuse, *Der eindimensionale Mensch,* Neuwied 1970, S. 161.

363 ebda, S. 141 u. 142.

364 Hans Sachsse, 1972, a. a. O., S. 16.

365 ebda, S. 26.

366 Karl Steinbuch, 1971, a. a. O., S. 333.

367 Herbert Marcuse, 1970, a. a. O., S. 180.

368 ebda, S. 173.
369 ebda, S. 245.
370 ebda, S. 242.
371 Karl Marx, *Mega,* 1. Abt. Bd. 5, S. 22, zitiert nach E. Fromm, *Das Menschenbild bei Marx,* Frankfurt 1969, S. 48.
372 vgl. Diligenski, 1972, a. a. O., S. 176.
373 Herbert Marcuse, 1970, a. a. O., S. 243.
374 Jürgen Habermas, *Technik und Wissenschaft als »Ideologie«,* Frankfurt 1971.
375 ebda, S. 116 f.
376 ebda, S. 137 f.
377 Gerd Hortleder, *Ingenieure in der Industriegesellschaft,* Frankfurt 1973.
378 Jürgen Habermas, 1971, a. a. O., S. 55.
379 René Dumont, *L'Utopie ou la mort,* Paris 1973.